中國古代地理總志叢刊

輿地紀勝

三

〔宋〕王象之撰

中華書局

輿地紀勝卷第四十八　文選樓影宋鈔本

東陽王象之編　甘泉岑鎔淦壵校刊

淮南西路

和州　歷陽　濡須　烏江　東城　南豫

州沿革

和州　上　歷陽郡防禦九域志　禹貢揚州之域寰宇記　於天文直南斗魁下劉禹錫和州壁記　在春秋時爲楚地此據寰宇記而寰宇記又云春秋左氏吳取楚太子建之母於巢象之謹按左傳昭公二十三年楚太子建之母在郹冬十月吳太子諸樊入郹取楚夫人以歸乃取太子建母於郹非取於巢也又定公二年吳軍圍巢克之獲楚公子蘩乃取公子蘩於巢非取太子建之母也寰宇記乃合二事爲一以書之非傳之本旨也又云子

囊師于棠按棠乃棠君尚之封寰宇記已附之於眞州六合之下不應又指以爲和州二者俱不同劉禹錫壁記以爲吳之封亦不同**戰國猶爲楚地**寰宇記**秦爲歷陽縣隸九江郡**此據元和郡縣志又劉禹錫壁記云亦爲九江治所**漢屬淮南國後屬九江郡**西漢志云九江郡秦置高帝四年更名爲淮南國武帝元狩元年復故**而歷陽爲九江都尉治所**西漢志歷陽縣下**後漢揚州移理於此**此據元和郡縣志又東漢志歷陽國下書云爲刺史治所**三國時屬吳爲重鎭**此據寰宇記然元和郡縣志以爲吳魏交爭之所按吳魏交爭乃在居巢東關濡須塢之間然歷陽雖密邇諸處而考之通鑑戰爭之迹不顯輿地廣記屬吳爲重鎭**晉屬淮南郡**晉志淮南郡下有歷陽烏江二縣及阜陵縣又於阜陵縣下注云漢明帝時淪爲麻湖或者云麻湖即歷湖歷字與麻字相類後人訛耳**惠帝分立歷陽郡**晉志不載分立歷陽郡一節元和郡縣志云晉平吳立淮南郡

後改歷陽郡而不言其時寰宇記云東晉改爲歷陽郡象之謹按晉志淮南郡立於漢武非晉武平吳之時也又按宋志云歷陽太守晉惠帝永興元年分立劉禹錫亦云立於永興時又非分於東晉也今不取

歷陽烏江龍亢三縣隸焉沈約宋志或爲內史通鑑明帝太寧三年蘇峻爲歷陽內史或爲太守通鑑成帝咸康元年袁耽爲歷陽太守揚州刺史或治歷陽南齊志云穆帝永和中胡僞楊州刺史王浹以壽春降而刺史或治歷陽宋分豫州爲南豫州治歷陽通鑑宋高祖永初二年詔分豫州淮以東爲南豫州治歷陽以彭城王義康爲刺史南齊志云宋永初二年分淮東爲南豫州治歷陽而淮西爲豫州齊志歷陽郡有歷陽龍亢雍邱三縣此據齊志而烏江縣乃隸臨江郡注云建元二年罷郡併歷陽梁侯景攻歷陽太守莊鐵以城降景遂渡江通鑑在梁武太清二年自景亂江北之地盡屬東魏寰宇記其

後北齊文宣送正陽侯淵明至歷陽與齊盟于江北
而後濟江通鑑在梁敬帝紹泰元年齊以二國協和故謂之和州
元和郡縣志及隋志云後齊立和州領歷陽齊江二郡寰宇記云改臨江郡爲齊江郡
後又省齊江併烏江並入歷陽爲一郡寰宇記隋文帝
罷郡爲和州寰宇記在開皇十三年改歷陽郡隋志云大業初復置郡唐
初復爲和州通鑑唐高祖武德三年以杜伏威爲和州刺史又改歷陽郡天寶元年
復爲和州乾元元年五代楊氏李氏更有其地周世宗
平淮南地歸版圖通鑑在顯德四年皇朝因之隸淮南西道
指掌圖在熙甯五年中興以來爲淮西路帥治尋罷歷陽志云乾道二年太守胡昉就除本路帥因爲治所五年罷
兼管內安撫太守題名淳熙二年郭剛除和州兼

管內安撫至今不廢今領縣三治歷陽

縣沿革

歷陽縣 緊

倚郭元和郡縣志云本秦舊縣項羽封范增爲歷陽侯縣在水北故曰歷陽前漢志屬九江爲都尉理所莽曰明義後漢志云歷陽爲楊州刺史治所沈約宋志云晉置歷陽郡於此元和郡縣志云北齊以兩國通和改曰和州隋唐及皇朝因之

含山縣 中

在州西五十五里歷陽志云本漢龍亢縣屬沛郡然沛郡乃在淮北去江北差遠其名雖同似難牽强寰宇記云本晉龍亢縣太興二年元帝置今縣南有龍亢村雖有年月可攷而晉志淮南郡下止載歷陽烏江二縣而無龍亢縣二者俱不同象之謹按沈約宋志歷陽郡下載龍亢令漢舊名屬沛郡晉江左流寓

立斯爲得之元和郡縣志云本歷陽縣地晉於此置龍亢縣城在縣西八十里武德六年改置含山縣八年廢長安四年改置武壽縣神龍初廢武壽復爲含山縣隸和州皇朝因之

烏江縣 中

在州東北三十五里寰宇記云本秦烏江亭漢東城縣地項羽至烏江烏江亭長艤船待卽此處也元和郡縣志云魏黃初三年曹仁據烏江以討吳晉太康六年始於東城置烏江縣隸歷陽郡又按晉志淮南郡下始有烏江縣沈約宋志於歷陽郡下書云烏江令二漢無有晉書有烏江太康地志屬淮南而南齊志臨江郡下有烏江縣隋志云梁置江都郡後齊改爲齊江郡陳又改爲臨江郡周又改爲同江郡開皇初郡廢屬和州大業初置歷陽郡唐志隸和州

國朝會要云紹興五年廢爲鎮七年復爲縣

提舉司

紹興三年三月壬午通判和州賈直清提舉淮西茶鹽公事兩淮舊爲分鎮地至是始命監司繫年錄

風俗形勝

歷陽之都一夕反而爲湖淮南子梁山博望關扃楚濱夾據洪流寔爲吳津李白天門山銘元元有臺彭鏗有洞名山曰雞籠名塢曰濡須異有血闘禅有沸井劉禹錫壁記鎮曰梁山浸曰歷湖劉禹錫廳壁記女工尚全堅一經一緯無文章交錯之奇男夫尚墾闢工苦戀本無卽山近鹽之逸市無嗤眩工無雕形無游人異物以遷其志劉禹錫廳壁記亞父所封亞父封歷陽侯劉禹錫詩曰亞父所封城亞父所營劉禹錫壁記謂城壂而高亞父所營灌嬰所築土人傳古羅城漢灌嬰所築吳爲重鎮通典二國協和故更名和劉禹錫和州刺史壁記云北齊圖霸據正陽侯淵明以歸

王僧辯來迎會于兹地天險之地李太白天門山銘瀕江畫中流爲水疆劉禹錫壁記濡須之塢陸士衡辨亡論云濡須之塢孫權聞曹公來築此塢狀如偃月自孫權距陳六代常宿重兵劉禹錫城高而堅劉禹錫至魏闕則思大禹治水之功而觀魏吳齊梁用兵之處其遺臺廢址隱約尚在何其壯也郭祥正含山縣記方用兵時而含山爲內險之地當江淮水陸之衝故銳師宿將嘗屯營於此郭祥正含山縣記吳魏相持於此南岸吳築城北岸魏置柵晏公類要上岸擊賊洗足入船吳欲築塢諸將曰上岸擊賊洗足入船

景物上

棲鳳在郡圃見補遺　狎鷗在郡圃見補遺　採芝在郡圃見補遺　浮香在郡圃見補遺

舫齋在設廳之後　陋室唐劉禹錫所闢又有陋室銘禹錫所撰今見存　天門有天門山

地軸劉禹錫詩曰憶昔衆源變斯須｜｜傾　東城烏江縣學記曰烏江號｜｜　東關即魏關　南豫劉禹錫作和州刺史廳壁記云宋臺建目爲｜｜州　西園在鎮西樓之西　梅堂在水心亭西　梅山在歷陽縣南五十里昔曹操指山上梅林軍士渴遂止蓋此山也王安上詩云將軍馬上設㝵謀遥望青山指梅樹　桃塢在歷陽縣紫極觀舊傳張籍讀書之處王安上詩云歷陽城外桃花塢　楊林渡也　楊橋在歷陽縣北二十里昔張悌下張喬於揚荷橋即此地也

柵江在歷陽縣西南一百五十里與無爲軍分界按古輿地志柵江口古濡須口也吳魏相持於此吳築兩城於北岸魏置柵於南岸今柵江裕溪當利三處皆爲南北衝要　橫江元和郡縣志云在歷陽縣東南二十六里直江南採石渡處東漢建安初孫策自壽春經略江都揚州刺史劉繇遣將屯橫江

孫策擊破之於此隋將韓擒虎平陳自橫江濟亦此處也

大江 自岷山西南流過歷陽烏江二縣界劉禹錫詩云海潮隨月大江水應春生

梁山 元和郡縣志云在歷陽縣南七十里俯臨歷水侯景之亂梁王僧辯軍次蕪湖與景將侯子鑒戰于梁山大破之江東有博望山屬姑熟二山隔江相對如門南朝謂之天門山兩岸山頂各有城並王元謨所築自六代爲都皆於此屯兵扞禦

滁河 在歷陽縣北六十里源出梁縣縣麗事亘歷陽含山烏江三縣界九域志六合縣楚之堂邑也吳赤烏十三年遣軍十萬築堂邑涂塘以淹此道卽此今名瓦梁河

灃湖 在歷陽縣西六十里名次⿰氵麻湖郡人稱曰丨丨受麻湖水至當利港入于江

⿰氵麻湖 在歷陽縣西三十里爲郡之浸東西闊二十里南北一十五里元和郡縣志云歷湖在縣西三十里又引淮南子云歷陽之都一夕爲湖古歷字作麻今誤爲麻今謂之麻湖者謬也晉地理志淮南郡阜陵縣下注云漢明帝時淪爲麻湖象之切謂晉志之注有牴牾處蓋淮南子卽淮南王安所作劉安以漢武元狩元年坐罪國除使歷陽之湖至東漢永平之時始陷則淮南子

生於西漢其著書也不應預指東漢時事蓋巢湖歷湖自是兩處歷湖屬歷陽巢湖屬巢縣兩縣之分自是分曉淮南子所指歷陽之湖意者即今之麻湖也東漢史謂永平十一年巢湖出金非始陷也二湖之陷俱非明帝年間事惟晉志合二湖以爲一故亂而無統不可以不辨建炎三年敵騎來寇郡城既陷土人相聚爲水寨以自保敵復來攻大敗而退

沸井 古圖經云和州舊有沸井在郡西一百步古城內晉元帝時郭璞筮云郡縣有陽名者井當沸已而歷陽縣中井沸劉禹錫詩云沸井今無湧今失其處

湯泉 在烏江縣東北五十七里韓熙載爲之記元豐初秦觀與孫覺僧道潛來遊皆有詩觀又爲賦并蘇軾跋後孫覺結菴其上榜曰寄老劉邠有記

關要 天門山南朝謂之大江之關要故又謂之江闕

善部 劉禹錫壁記云唐本朝混一爲||

遨頭 莊嚴寺在歷陽縣寺有海棠洞承平暇日春遊競集地主時爲遨頭元豐間有碑存焉

景物下

惠政堂在衙廳之西孝宗居青宮時親洒宸翰大書惠政堂三字以賜守臣胡昉仁樂堂在郡廳之後衣錦亭劉忠肅公詩云陰陰佳木與城齊襟袖迎風弄晚暉雲蔭軒劉忠肅公詩云古木無年歲新亭托舊棲凌雲亭劉忠肅公詩云軒宇憑虛出半天忽驚身寄碧雲端連雲觀在郡圃城上郭祥正詩云久持使節別堯天故起朱樓北斗邊勢壓江淮盤地厚影分吳楚與雲連鎮西樓在儀門之外西山閣補遺在郡圃三覺堂在梁山廣教院謂賈公易龔公原及圓智師冲會也三老堂元祐間孫賁所建三者郎劉摯傅堯俞范純仁也三瑞堂在郡治水心亭在三老堂前唐張籍詩云送客特過山口堰看花多向水心亭峨眉亭在宋石東梁山犀照亭在歷陽縣東一十里當利河口北岸昔溫嶠聞水底有音樂之聲燬犀照之因以名亭須濡山在含山縣西南七十五里與無爲軍七寶山對峙中爲石梁鑿石通水山川險阻最爲控扼之雄吳魏必爭之地吳據其北築濡須塢以拒魏濡須水在含

山縣西七十里即濡須山東關之水也三國時吳孫權築濡須塢以拒曹操建安二十年操自圍之不克黃武二年魏又攻之不拔

龍洞山在含山縣西南五十里有詩酬唱

龍鬬山在雞籠山之南

龍角山在湖之西南

龍亢寺在含山縣漢桓榮墓遺址尚存

鳳凰山在歷陽縣西北五十里下有龍洞

牛屯洞在歷陽縣南四十里與江東牛渚磯相對吳志孫策攻劉繇牛渚營即此晉譙王尚之破庾楷軍於牛渚亦此

牛渚山杜牧和州詩江湖醉度十年夢牛渚山邊六問津

雞籠山在歷陽縣西北四十里道家第四十福地也淮南子云麻湖初陷之時有一老母提雞籠以登此山因化爲石今有石狀如雞籠因名之劉禹錫詩云雞籠爲石顆王安石詩云巉巉直浸麻湖上倒看山影清波中

烏江浦元和郡縣志在烏江縣東四里即亭長艤船之處

白雲山在歷陽縣西北五十里其山之龍洞人言能爲霖雨雲氣觸石而出英英連山故號此山日白雲山

白石山在歷陽縣唐志云本白石山天寶六載更名禱應山山有長眞觀按列仙傳有

彭祖仙室今　白馬河在歷陽縣　黃龍城在烏江縣如伏龍
山下有洞　舊傳有異官因斸
斷其脉以　銅城堰在歷陽縣西南六十里分屬歷陽
厭勝之　含山兩縣周回幾一百里散注田
三千頃皆膏腴賦　鑠石港在烏江縣東北　金推河在
入當本州十之三　五十里入于江　烏
江　石門山在含山縣南二十里有谷道十　紹
縣　里許商旅經行其壁峙立如門　石湖關　興
辛酉兀朮再犯境張俊以兵　海棠洞　莊嚴寺在歷陽
五千守｜｜｜敵遂遁去　縣西二十五里
本雞籠山臨福寺太平興國中徙苦竹村因呼爲苦
竹寺寺有海棠洞王瑜詩云千株相對復相重裊娜
繁枝夾路紅徐申詩云深　桃花塢在歷陽縣西五里
春苦竹寺細雨海棠花　廢紫極觀後舊傳
張籍讀　東華山在烏江縣東北五十里有老君臺云
書處　老君煉丹之所劉禹錫詩云土臺遊
杜史　西採石在歷陽縣東二十里治平　大峴山在含
是也　三年太守傅堯俞刱開　山縣
西北十三里有大峴亭齊末裴叔業據　又名
壽陽叛蕭懿據大峴拒之即此處也　小峴山　昭關

在含山縣北二十里兩山峙立盧濠往來之衝其口可守禦隆興壬午張魏公因山築城置水櫃遏敵

半湯泉在含山永興院倅呂愿忠詩曰郡境水多四沸陳村泉類湯人情尚冰炭地脉亦炎涼

瓚山在烏江縣西北三十里直陰陵山項羽既敗于垓下走至東城所從惟二十八騎漢兵追者千餘乃引騎依｜｜｜為圓陣卽此山也今山石上有走馬足痕

六合山一名方山在歷陽縣西北七十里郡國志曰梁武帝登此山以望六合因名之

八公山在郡城北北未山之左世說有八仙八圍碁會飲於此故名張祁謂仙風對八公蓋一郡之勝槩也

千秋澗在歷陽縣西北一十七里

萬柳堤自橫江門出至楊林江口九三十五里栽柳萬餘株號｜｜｜

廣聖寺在烏江縣東北一里其水陸院側有虛樂亭

興教院在含山縣西南七十李常孫覺秦觀來游孫秦有詩五里寺當東關之巔有關羽飲馬池

褒禪山本名華山在含卓刀泉故阮詩云兩關三寺山無數山縣北一十五里山有起雲峯

棲隱山在歷陽縣西南五十里以龍洞羅漢洞龍女泉白龜泉

山多梅故亦曰梅山唐志云天寶更名棲隱

當利浦 在州城東一十二里晉將王濬過三山王渾遣人邀之濬曰風利不得泊遂先入石頭故曰當利浦

天門山 本名梁山在歷陽縣南五十五里俯瞰大江宋書云大明七年孝武帝登梁山大閱永師於江中因立雙闕於博望山今二山之巔各有城皆王元謨所築李白銘云梁山博望關扃楚濱夾據洪流寔爲吳津自採石臨江觀梁山博望二山若蛾眉然

陰陵山 在烏江縣西北四十五里即項羽迷失道處

歷陽山 在歷陽縣西北四十里吳志天璽元年歷陽山石文理成字凡二十云楚九州渚吳九州都楊州士作天子四世治太平始江表傳曰歷陽縣有石山謂之石印又云石印封發天下當太平孫皓遣使以太牢祭歷山

華陽山 在含山縣北十八里本名蘭陵山下有華陽亭因名山有洞曰華陽洞至和初王安石遊焉爲之記洞有二前洞遊者甚衆後洞則安石所遊也寺僧言山之巔又有天梯洞

安陽渡 元和郡縣志云在烏江縣東北八十里與上元縣對岸

韋游溝 在烏江縣東南二里唐志烏江縣有丨丨丨溉

田五百頃開元中丞韋丑開正元十六年令游重彥以治之故以二姓名溝

新裕港 在含山縣南八十里昔浦口有婦孝因名新婦港今訛爲｜｜｜

斗米逕 在含山縣南八十里隋末杜伏威將季子建欲穿渠入麻湖通運率部下人賫米一斗就役米盡逕成饋運無缺故謂之斗米逕 㵋

溪河 在歷陽縣西一里其源出金泉寺之山縈紆繚繞於形勢爲宜唐李聰詩云水通滴瀝落冰崖蓋其流雖小而泠然也王安上詩云泠泠一帶清溪水遠遠來穿歷陽市蓋指此水也

仙宗山 近尉子橋見繫年錄

橫江河 開寶八年九月始發利州三縣丁夫鑿｜｜｜以通糧道從京西轉運使李符之策也

古迹

廢龍亢縣 寰宇記云在含山縣南四十里輿地志云舊屬譙國周大象元年併入歷陽依舊爲龍亢縣隋平陳復以其地還歷陽唐分歷陽爲含山縣此地屬焉

亞父城 劉禹錫壁記云城堅

而高亞父所營**晉王城**在含山縣符堅侵晉以姚萇爲先遏鋒築城於此以禦之又有姚萇城**胡城**在歷陽之西郡國志歷陽西有過胡城王導築以拒石虎**太子泉**昭明太子嘗浴湯泉**袁天罡宅**在歷城縣西三十里地名南義**張籍宅**在城通淮門裏報恩光孝禪寺父老傳唐張水部籍宅基也又有書堂山在烏江縣東一里舊傳張籍讀書處**許由宅**在歷陽縣西二十里壽甯宮相傳以爲許由故宅也**彭祖宅**列仙傳云———在歷陽又云有彭祖仙室後圖經云尼寺基是也舊傳有井曰煉丹井**老君基**在烏江東華山**項王亭**和州志李德裕有項王亭賦**項王飲馬池**在東關之巔興教寺**項王繫馬柱**在烏江霸王祠**范增女廟**昭順威顯妃廟在衙門內舊傳歷陽侯范增女號東城九娘子慶歷初東寇王倫攻歷陽見堞南角若有見巳而潰散勦除無噍類封威顯夫人錢藻爲記繫年錄云紹興元年詔和州威顯妃增封昭順二字**西楚霸王廟**靈祐王廟在烏江縣東南二里號西楚霸王祠紹興辛巳逆亮

欲渡江乞極玟不從亮怒欲焚廟俄大蛇遶出屋梁殿後林木中鼓噪發聲若數千兵然亮大驚左右皆駭散又繫年錄紹興二十九年六月名烏江縣西楚霸王廟日英惠

魏武帝廟 在含山縣西南七十里之東關劉禹錫詩云曹操祠猶在濡須塢未平

旌忠廟 在含山縣西北四十八里紹興辛巳逆亮入寇統領姚興與敵軍鏖戰援軍不至馬跌墜澗死朝廷爲之立廟實在孫莊之西桑木橋也敵酋有詩褒之云獨領孤軍將姓姚一心忠孝爲南朝元戎若假微兵援未必將軍死尉橋繫年錄云紹興三十二年爲姚興立祠于和州賜名旌忠

漢桓榮墓 在含山縣南二十里龍亢寺寺側有亘榮墓象之謹按亘榮乃東漢人而晉惠帝始僑置龍亢縣不應預葬此必江左諸桓之墓後人以其姓同而附會之不攷龍亢縣始置於晉耳

王僧辯墓 在歷陽縣南六十里梁山之西廣教院僧辯嘗納蕭淵明于歷陽既而爲陳霸先所害因葬于此象之謹按通鑑梁敬帝紹泰元年王僧辯屯石頭陳霸先同侯安都引兵襲之縊殺僧辯于石頭今乃葬于歷陽殊不相應當攷

官吏

楚范增封爲歷陽侯 晉謝尚尚爲歷陽太守政尚清簡 甘卓卓爲歷陽內史外柔內剛爲政簡惠善能撫綏 宋劉湛湛博涉經史弱年便有宰物之情常自比管葛爲歷陽太守尚剛嚴下莫不震肅 齊蔡約約爲淮南太守約曰南豫密邇京師不化自理臣亦何人爝火不息 梁張齊齊爲歷陽太守在郡清整吏事甚修 唐張知謇知謇清介有守爲和州刺史有威嚴武后時降璽書存問焉 穆甯甯初爲藍山尉安祿山反遣使誘甯甯斬之後爲和州刺史增戶數倍 張無擇元宗時拜和州刺史公在郡水潦害農公請蠲穀籍之損者什七八時李知柔爲本道採訪使素不快公之諒直密疏誣奏以附下爲名遂貶蘇州別駕老幼攀泣而遮道者數百人信宿方得去見白樂天集 張萬福萬福爲和州刺史德宗曰江淮草木亦知威名以爲濠州刺史 劉禹錫爲和州刺史有和州刺史壁記及陋室銘又白樂天答劉和州禹錫詩換印雖頻命未通

歷陽湖上又秋風不教才展休明代爲罰詩爭造化功

國朝范純仁劉摯傅堯俞鄭居中胡宗愈吳居厚國朝太守爲宰執者六人

劉沆東都事略云仁宗朝奉使契丹其館伴杜防強之以酒沆既不能飲因詆曰番狗坐是降知和州

傅堯俞東都事略云英宗朝以濮議堯俞與呂誨等極論其事出知和州

李師中東都事略云神宗朝言時政闕少乞召司馬光蘇軾等復置左右遂貶和州團練副使安置

范純仁東都事略云神宗朝爲成都路轉運坐失察僚佐燕遊左遷知和州

呂希道希道嘗知和州東坡有詩送之云去年送君守解梁今年送君守歷陽解梁鄆州也

呂希哲東都事略云字原明紹聖初知懷州坐元祐黨和州居住

游酢言行錄云嘗知和州因家焉

宋昌祚繫年錄云建炎四年兀朮既渡江和人共推都監宋昌祚權領州事率軍民固守逮敵北歸復圍之兀朮攻城軍士胡廣伏城角發強弩射之中左臂兀朮大怒登時擊破之昌祚死後贈三官錄其二子

趙霖繫年錄云建炎四年兀朮破和

州時士多不降潰圍而出保西麻湖霖間關
赴難因命爲和州無爲軍鎮撫使兼知和州

姚興 繫年錄云紹興三十一年建康駐劄破敵軍統制||與金人戰于尉子橋死之贈容州觀察使即其地立廟

人物

後漢桓榮 龍亢人有墓在龍亢寺側龍亢今爲含山縣則榮乃含山人然龍亢縣在東漢尚屬沛郡至晉惠帝永興二年始於歷陽僑置龍亢縣不應桓榮在東漢時便來居於歷陽也特以故老相傳姑兩存之

晉紀瞻 本丹陽人徙歷陽以方直知名事元帝上疏諫諍多所裨益朝廷稱其忠亮雅正

梁昌義之 烏江人嘗守鍾離抗元英之師

唐何蕃 和州人朱泚反諸生將從亂蕃正色叱之故六館之士無受汚者韓愈爲之傳

張籍 字文昌烏江人從韓愈游與元稹白居易孟郊爲時宗匠謂之元和體姚鉉詩云妙絕江南曲淒涼怨女詩古風無力敵新語是人知白樂天讀籍詩集

云張公何爲者業文三十春尤工樂府詞舉代少其倫

本朝沈立字立之歷陽人官至諫議大夫熙寧間力言邪正有識嗟服平生手不釋卷儲書至三萬卷中旨就其第傳錄以補官書之遺晏殊而下皆作歌詩以記其美

彭思永明道先生程顥之外舅也明道方年十二三時思永一見異之許妻以女其鑒裁賢於人遠矣熙寧間論朋黨

龔原字深父括蒼人爲時儒宗出入四朝多忤時宰崇寧中謫和州居住因家焉孫楫相皆知名

龔楫建炎三年兀术據歷陽遺萬騎築堡新塘楫率家僮往襲之俘數百人敵救大至楫爲所得罵不絕口而死

魏砡歷陽人爲監察御史會敵入寇砡勸高宗親征乞罷講和二字與秦檜議不合退寓常山僧舍不磨勘者十四年

張邵烏江人建炎使敵議論不出留敵中十九年全節而歸時以埒蘇武

沈文通張孝祥二人廷對嘗魁多士沈在皇祐二年張在紹興二十四年

錢藻邱鄘藻登第又中材識兼茂科鄘登第又中博學宏詞科

蔣子春繫年錄云敵之得歷陽也有士人丨丨丨者平日教授鄉里敵見其人物秀整

喜欲命之以官子春怒罵爲敵所殺

何宋英繫年錄云紹興三十一年和州布衣何宋英上書論敵必渝盟宜先事爲備與其坐困一隅不若進幸建康以壯國勢書數萬言大指如此

仙釋

彭祖白石山長眞觀在含山縣西南六十五里按列仙傳歷陽有彭祖仙室今山下有洞深淺叵測中有池及石壇有石如龍鱗甲皆具世傳卽彭仙之室洞前有松楊云彭祖自此飛昇仙履猶存

道士商栖霞唐大歷中歷陽｜｜｜｜居于白石山下彭仙洞中善吐納之術絕粒三十餘年

唐浮屠惠褎褎禪山在含山縣北一十五里惠空寺唐正觀時浮屠惠褎之廬冢也自淳化中太守錢儼禱雨有應王安石記可攷今賜號法護大師

圓智禪師冲會王之道梁山廣教院三覺記云三覺者蓋爲秀溪居士賈易括蒼先生龔原及冲會也賈與龔以危言正論而蔡京指二公爲姦黨和州居住會居和之梁山廣教院二公訪會同道蕭然宴坐終日

僧守密初僧守密

築菴于含山縣西七十里號曰野雲今爲淨戒院密頗聰明識道理多遊公卿間如范仲淹趙槩歐陽脩蔡襄亦有贈篇碑碣猶存

碑記

和州刺史廳壁記在設廳西唐劉禹錫文其略云歷陽古楊州之邑於天文直南斗魁下在春秋實吳之封後爲楚所取秦併天下以隸九江而亦爲九江治所晉平吳復隸淮南至永興初因析爲郡而益之以烏江宋建臺目爲南豫州又益之以龍亢梁之亡也北齊圖霸功擁正陽侯淵明以歸王僧辯來迎會于茲地二國協和故更名和州　唐劉禹錫和州詩在設廳東　唐劉禹錫陋室銘柳公權書在廳事西偏之陋室　唐李思聰雞籠山詩在小廳東　唐李白天門山銘御史邢夢臣書在小廳東　唐柳公權書金剛經在含山褒禪寺　唐李陽冰篆西楚霸王靈祠額在烏江廟　唐張

鄒白字碑在烏江廟 唐李德裕項亭賦在烏江廟賦云望牛渚之蒼然嘆烏江之不渡思項氏之入關按秦圖而割據恃八千之剽疾棄百二之險固咸陽不畱王業已去雖未至於陰陵誰不知其失路恥沐猴之醜詆乃烹韓而泄怒謂天命之我欺何霸王之不寤 唐姚闢烏江圖經詩在烏江項王廟碑陰 李宗重修碑在烏江廟 南唐保大中碑在烏江廟 舊圖經治平間余從周修 新圖經程九萬序

總和州詩

一夕爲湖地千年列郡名霸王迷路處亞父所封城劉禹錫

沸井今無湧烏江舊有名劉禹錫

土臺遊柱史石室隱彭鏗曹操祠猶在濡須塢未平海潮隨月大江水應潮生劉禹錫

沙浦王渾鎮滄洲謝守城望夫人化

石夢帝日還營劉禹錫湖魚香勝肉官酒重於錫雞籠爲石顆軀眼入泥坑憶昔泉源變斯須地軸傾劉禹錫採石風傳柝新林暮擊鐘劉禹錫山狀雞籠攢翠黛水通滴瀝落冰崖誰知內隱神仙宅金疊雲房玉琢堦唐李思聰雞籠山江湖醉度十年春牛渚山邊六問津歷陽前事知虛實高位紛紛見陷人杜牧和州絕句雞籠山上雲多處自斸黃菁不可尋許用晦題勒尊師歷陽山居昔見歷陽山雞籠已孤秀李文饒思平泉詩深春苦竹寺細雨海棠花太平興國中徐申苦竹寺海棠山扼平湖蓄不東地分南北指撝中二關形勢千年壯三國英雄一笑空張祁東關南北安危限

兩關迅流一去幾時還淒涼千古干戈地春水方生鷗自閑 龔相濡須寺詩 細雨斜風入亂山濕雲堆裏見東關一節來訪林間寺杜宇數聲春又還 阮閱佛惠寺詩 節杖芒鞋上小蓬半篙春水飽帆風兩關三寺山無數藏在濛濛煙雨中 阮閱濡須寺 歷陽賓主昔多賢三老流風二十年獬豸冠中曾補衮鳳凰池上迭擎天 胡彦國三老堂詩三老謂范公純仁劉公摯傅公堯俞也 將軍馬上設良謀遙望青山指梅樹日往月來時已久萬古千秋名未朽 王安上梅山詩 泠泠一帶清溪水遠遠來穿歷陽市涓涓出自碧湖中流入楚江煙霧裏 王安上歷溪 盤堆白玉鱸魚美手擘黃金

蟹殼肥　范純仁　當利江頭最僻州懷人惟是數登樓緣樽連日不成宴飛蓋滿城無舊游　傅堯俞寄王微之詩　千株相對復相重裊娜繁枝夾路紅疑是當時錦步障至今留得罩春風　王瑜莊嚴寺海棠洞詩　堂成相業思三老山揖仙風對八公　張祁詩　歷陽城外桃花塢臺榭廢來名已古王安上桃花塢詩

烏江詩

拔山力盡霸圖隳倚劍空歌不逝騅明月滿營天似水那堪回首別虞姬　胡曾垓下詩　爭帝圖王勢已傾八千兵散楚歌聲烏江不是無船渡恥向東吳再起兵　胡曾

烏江勝敗兵家事不期包羞忍恥是男兒江東子弟多才俊卷土重來未可知杜牧題烏江亭百戰未言非孤軍驚夜圍山河意氣盡淚濺美人衣儲嗣宗垓城詩中分豈是無遺策百戰空勞不逝騅大業固非人事及烏江亭長又何知孟遲烏江詩爲虜爲王盡偶然有何羞見漢江船停分天下猶嫌少可要行人贈紙錢李山甫項羽廟北伐雖全趙東歸不王秦空歌拔山力羞作渡江人于季子詠項羽不修仁德合文明天道如何擬力爭隔岸故鄉歸不得十年空負拔山名汪遵項亭詩兵散弓殘挫虎威單鎗疋馬突重圍英雄去盡羞容在看却江東不得歸汪遵

烏江天意降時雨山川潛出雲鋤秦將授漢此力半因君齊唐烏江廟詩千載興亡莫淚愁漢家功業亦荒邱空餘原上虞姬草舞盡春風未肯休許表時項羽廟詩拔山力盡烏江水今古悠悠空淚花唐詩紀事云僧棲一垓下懷古百戰疲勞壯士哀中原一敗勢難迴江東子弟今雖在肯與君王卷土來王荆公烏江詩圖秦爭漢兩無成霸勢先隨玉斗傾惟有烏江夜深淚至今猶作楚歌聲徐兢項亭詩霸祠題玉筯龍窟受金波琬琰存吳事兒童記楚歌秦觀詩

四六

地在江淮俗參吳楚劉夢得謝和州表烏江入望往事依然

雞籠傷心舊圖備載事迹

輿地紀勝卷第四十八

輿地紀勝卷第四十九　文選樓影宋鈔本

東陽王象之編　甘泉岑鎔涂長生校刊

淮南西路

黃州　齊安　黃岡　黃城　黃陂　赤壁

州沿革

黃州　下　齊安郡軍事九域志又唐志云本永安郡天寶元年更名齊安郡禹貢荊州之域齊安志楚地翼軫之分野西漢志云楚地翼軫之分野今之南郡江夏盡楚之分野晉志云自張十七度至軫十度爲鶉尾於辰在巳而江夏入翼十度春秋時爲黃國之地春秋威公八年黃隨不會注云黃國今弋陽縣元和郡縣志云黃國故城在光州定城縣西二十里則今之黃州非古黃國之都特黃國之地耳楚滅黃而有其地

左傳僖公十二年黃人不共楚職曰自郢及我九百里焉能害我夏楚滅黃楚宣王滅邾徙其君於此城故又名邾城元和郡縣志春秋時邾國地後爲黃國之境是指邾封在先黃境在後已失元後後之序矣而李宗詩圖經及寰宇記皆云邾卽曾附庸邾國之地今以地里考之曾國去黃州二千餘里豈能附庸又左氏傳曰曾擊柝聲聞于邾則非黃州明矣孟子序曰鄒本春秋邾子之國爲楚所并而歐陽忞輿地廣記曰邾縣故城在今縣東南一百三十里楚宣王滅邾徙之於此故曰邾象之謹按東漢志引地道記云楚滅邾徙其君此城則邾城之號猶蔡之有新蔡下蔡耳非邾曾之故地也寰宇記以爲曾附庸之國非是今從孟子序輿地廣記及東漢志是正之戰國屬楚楚滅邾徙其君此城是屬楚也秦屬南郡元和郡縣志項羽立吳芮爲衡山王都邾西漢在高祖元年注云邾縣名屬江夏郡西漢志江夏郡邾縣注云衡山王吳芮都邾漢爲西陵縣及邾縣地屬江夏郡此據元和郡縣志而二漢

志江夏郡下有西陵及邾縣漢景帝以廬江王邊越數使使相交徙爲衡山王王江北漢諸侯王表在景帝十三年東漢仍屬江夏郡東漢志同魏爲重鎭元和郡縣志云文帝黄初中吳先揚言欲敗江北豫州刺史滿寵度其必襲西陽遂先爲之備權聞之尋亦退還宋志又云西陽太守屬江夏魏立弋陽郡又屬焉後吳兗邾城使陸遜以三萬人守之寰宇記在吳赤烏三年晉惠帝分弋陽爲西陽國屬豫州宋志封子弟爲王元和郡縣志晉弋陽郡下有西陽縣及邾縣晉志東晉以樊峻爲西陽太守毛寶爲豫州刺史治邾城通鑑在咸康五年宋志在咸康四年不同宋爲西陽郡此據寰宇記然宋志亦有西陽郡蕭齊分西陽爲齊安郡此據元和郡縣志及寰宇記而南齊志既有西陽郡而又有齊安郡而齊安郡下卻不言建立年月

北齊別置衡州寰宇記云北齊天寶六年於舊城西南別置衡州隋志永安郡下注云後齊置衡州陳廢後周又置隋改曰黃州陳廢衡州後周又置衡州並見隋志隋改爲黃州隋志注在開皇五年元和郡縣志云因古黃國爲名也煬帝改永安郡大業間唐復立黃州武德三年置總管府於麻城縣置亭州於黃陂縣置南司州尋亭州及南司州並廢屬黃州已上並寰宇記改齊安郡唐志在天寶元年復爲黃州乾元元年隸鄂州觀察使元和郡縣志移州治於舊邾城與武昌縣對岸寰宇記在僖宗中和元年五代楊氏李氏更有其地五代史職方攷周世宗征淮南惟廬舒蘄黃未下唐主盡獻江北四州地歸版圖通鑑在顯德五年國朝因之後隸淮南西路國朝□□

君子東坡方山子傳

景物上

柯山在東坡高寒亭之東

松湖在黃陂郡國志云黃陂有喬松故謂之松湖

竹樓王元之作記云公退之暇披鶴氅戴華陽巾手執周易一卷焚香默坐銷遣世慮江山之外第見風帆沙鳥煙雲竹樹而已

溫水在黃崗其溫如湯

武湖元和郡縣志在黃陂縣乃黃祖習戰閱武之所宋謝晦走丨丨戍主生執之即此地也

巴河在黃崗縣東四十三里上丨丨有東尉司

甑山在麻城

冶城在黃陂東南十五里梁武爲刺史治戰守之具今火跡猶存

沙湖東坡云黃州東南三十里爲丨丨東坡嘗買田其間見漁隱叢話

東館在長圻澳去州南二里立館驛以爲過客憩息之地名曰丨丨

東坡在州治之東百餘步元豐三年蘇軾謫居寓臨皋亭後得此地立雪堂而徙居焉七年移汝州去黃之日遂以雪堂付潘大臨兄弟居焉崇寧工午黨禁既興堂遂毀焉其後

邦人屬神霄宮道士李斯立重建**雪堂**道士沖妙大師李斯立重建東坡｜｜何斯舉作上梁文其警聯云歲在辛酉蔚成鸞鳳之棲堂毀崇甯奄作鼪鼯之野又上梁文云前身化鶴嘗陪赤壁之遊故事傳鵝無復黃庭之字蓋其雪堂有觀道士作堂故也**夏澳**在州之西南二里許夏英公守是州鑿水入陂以藏舟名曰｜｜**赤山**在黃岡楊林店之裏**赤壁**東坡有赤壁賦**烏林**在赤壁相近**鴻軒**｜｜者張文潛讀書舍也**鳳陂**在麻城之東舊傳曾有鳳浴于此東南五里有山名鳳凰臺**酹月**在知錄廳取東坡一樽還酹江月之句**五關**李皐奏乞復｜｜之險夫

虎頭關形勢最險兩山千仞一澗衝激自經殘破城牆猶存女頭盡毀居民星散而甕門塡塞行者沿澗而過黃土關形勢聳峭白沙關相去密邇敵人往來俱由此關城壁悉行毀壞此三處修復用丁頗多其他如木陟關山路峭壁委折而上城壁猶存敵樓燒毀北諸關爲易修大城關山勢不甚高峻而橫斜盤遶據高臨下北望二十里皆在目中城壁敵樓一一仍舊猶有居民二百餘家寨屋空存無兵居守霖雨

積雪日見壞爛切聞去春敵人初破黃土白沙亦由小路以犯大城騎兵數十先至關內適有射雉者六七人與之遇進退不可遂用射雉之弩連斃兩騎敵疑有伏竟以退走不敢犯關修善關亦在其旁併得保全五六十里之內居民無傷屋宇如故者六七輩射雉之力也皃使諸關之兵據險効死敵豈能遽入乎

柯邱 東坡圖云柯山四望直南高邱也故亦名｜｜坡詩｜｜｜海棠吾有詩

蘭溪 隱漁叢話云東坡遊清泉寺下臨｜｜溪水西流作歌云山下蘭芽短浸溪松間沙路靜無泥蕭蕭暮雨子規啼誰道人無再少時君看流水尚能西休將白髮唱黃雞

海橋 秦少游在黃州飲於｜｜橋南北多海棠有老書生家海棠叢間少游醉臥於此明日題其柱曰喚起一聲人悄衾枕夢寒窗曉瘴雨過海棠晴春色又添多少社甕釀成微笑半破癯瓢共留覺其健倒急投床醉鄉廣大人間小東坡愛之恨不得其腔

白龜 輿地廣記云東晉毛寶守邾城為石季龍所敗有卒投江遇白龜之救

快哉亭張夢得即其廬之西南爲亭以覽江流之勝東坡以快哉目之欒城爲之記坡詩云一點浩然氣千里快哉風

睡足堂舊在郡治王元之建取杜牧之憶黃州詩云平生睡足處雲夢澤南州之義今廢

枂隱堂在司理廳罷公籍初爲郡司理後邦人即廳建｜｜｜

坐嘯堂在州治無倦齋後

淨治堂在設廳後

無慍齋在無盡藏之下

無倦齋在郡廳竹樓之下

無盡藏在郡治張安國大書其榜曰｜｜｜取赤壁賦｜｜｜之義

遺愛亭元豐中徐猷守齊安有善政既去東坡以｜｜名其亭

思賢堂在黃陂尉廳昔二程先生俱生於此

味道齋在州治無倦齋後

一枝堂在黃岡縣曰｜｜｜蓋堂之前有大梅取一枝向暖之意

雙鳳亭黃陂縣治有清遠亭父老傳是二程先生｜｜｜故基

三賢堂在郡學內翰王公文忠蘇公忠獻韓公

四望亭在雪堂南高阜之上唐太和中刺史劉嗣之所立李紳作記

風月堂在麻城縣柳氏家陳慥李常妻家也東坡名之曰｜｜｜

月波樓在郡

廳之後

覽春亭在州治韓魏王居黃嘗作丨丨丨詩序

棲霞樓在儀門之外西南軒豁爽塏坐揖江山之勝爲一郡奇絕東坡所謂賦鼓笛慢者也又問邱太守孝終公顯嘗守黃州作丨丨丨爲郡之絕勝東坡次韻王鞏詳云賓州在何處爲子上棲霞

涵暉樓即無盡藏也後易名無盡藏丁寶臣爲之記

延暉閣即涵暉樓曾史君有詩曰雪浪逾千頃雲沙列萬艘

臨皐館在朝宗門外元名瑞慶堂以故相秦公檜之父艤舟其下秦公於是乎生又有臨皐亭東坡曾寓居焉

橫江館在赤壁南李宗諤圖經以爲晉龍驤將軍蒯恩杜牧有題丨丨丨詩曰孫家兄弟晉龍驤馳騁功名業帝王畢竟江山誰是主苔磯空屬釣魚郎

寒碧堂在何氏所居州東門之外何氏兄弟作丨丨丨以待東坡之至東坡爲作書竹石及賦詩

春草亭在東門外齊安志云門外猶有丨丨丨故基韓魏公所爲作春亭者是也

春風嶺在麻城縣嶺多梅花東坡自新息渡淮由是嶺見於詩詠

甘露山在黃陂陳高宗時甘露降曾於南司州建甘露寺

陰山關元和群縣

志云在麻城縣西北一百里

穆陵關

穆陵山見方輿記元和郡縣志云在麻城縣西北八十八里關在穆陵山上

木陵山晏公類要云在麻城縣東一十里上有城

木蘭山在州西一百二十里舊廢縣取此山以爲名寰宇記云今有廟并木蘭鄉其神名木蘭將軍唐志云廟在黃岡

梅子港在黃岡縣北五十里

栢子山在麻城縣東北三十里

桃花廟在黃岡縣東三十里杜牧所謂息夫人廟也

桃黃庵在州岐亭有王翊者得雄黃如桃人呑之甚甘自是斷葷肉翊有庵名丨丨東坡所記如此此地又有桃丹井翊自號桃黃山人

紅花山在麻城縣西九里

白米河在黃岡縣西北一百十九里

白沙關晏公類要云在黃岡縣北元和郡縣志唐志在黃陂縣今按齊安志在麻城縣不同

黃土山在麻城縣西一百五里

白額山在麻城

黃泥坡在高寒堂之西過黃泥之坂是也

赤亭河在麻城縣東南十里

赤壁磯在州治之北東坡作赤壁賦謂爲周瑜破曹喿處

獨家村北齊於古黃州

城西南四十里｜｜｜置南司州

二程祠在郡學朱晦翁爲之記

三臺河在黃崗縣北一十三里

三江口去黃崗縣三十里在團風鎮之下有江三路而下至此會合爲一

三角山在麻城縣西北一百里

七丈山在黃崗縣一百五十里山上有潭亦曰七丈潭

九螺山在麻城縣故縣鎮有張憨子爲九螺山逸人

十勝景在麻城山有仙女臺仙女洞看花臺龍潭瀑水崖龍池仙源亭馬頭泉師姑臺仰天窩號爲十勝景

萬年松在麻城西北十里有古松一株相傳以爲萬年松

萬松嶺在麻城縣西一百里縣令張毅夾道植松萬株立亭其中號萬松亭

萬松亭碧溪詩話云麻城縣界有萬松亭連日行清陰中其館亭亦可愛適當關山路往來東坡詩云千年栽[illegible]日年規好德無人助我儀又云爲問幾株能合抱慇懃記取角弓詩

聚寶山在州治之後赤壁上山多小石紅黃粲然東坡所作怪石供即此石也

斯羅潭在麻城縣東五十里

栲栳潭在麻城縣北七里

香爐山在黃崗縣之一百七十里以其形似故名

金甲井在州治之西近赤壁古塚傍有一井世傳以謝晦塚紹興間浚井得金甲一副乃晦死以甲投井中至今名爲丨丨丨

金鼓山在黃陂縣北一百五十里

龜鶴山在麻城

鼉龍橋在黃崗昔有一鼉出沒港中狀類鼉故以名橋

龜頭山元和郡縣志云在麻城縣東南八十里舉水所出春秋吳楚戰于栢舉即此

鴟翅山在黃陂

鷰巢港在麻城縣南五十里

馬鞍山在黃崗

龍驤水元和郡志在黃陂縣南七十二里相傳晉龍驤將軍王濬屯軍於此

雞鳴城在黃陂縣北二十五里

雞鳴關在麻城縣東一百五十步

卧龍石在麻城縣東北有大石石勢如丨丨丨

金雞山在黃崗縣東北五十里

白龜渚在黃崗大江之側按晉史毛寶守邾城城陷初毛寶軍人有於武昌市買一龜養之漸大放之江中及邾城之敗養龜者投于水如墮石上視之乃先所養龜送之東岸獲免

駱駝橋在黃陂縣東二十里魏人來伐以駱駝載輜重墜橋下因以爲名

鳳凰山在麻城黃陂一縣

崢嶸洲晉劉毅破

極元處寰宇記云在黃崗與武昌相近　**飛來石**在黃崗縣板塔寺太平興國中因雷雨有石墜于寺西號｜｜｜　**長生藥**東坡居黃有記蒼朮帖云黃州山中蒼朮至多就野人買之斤數錢耳此｜｜｜｜也　**大活關**元和郡縣志在黃陂縣北二百里　**孔子山**在黃崗縣北九十里

古跡

故南司州唐武德三年於黃州黃陂縣置｜｜｜七年廢其初蓋北齊武帝置也坡詩云五年一夢南司州　**故木蘭縣**隋志云梁曰梁安置梁安郡後齊置湘州又有永安義陽二郡後改為北江州開皇初創置廉城縣尋及州三郡相繼並廢十八年改縣曰木蘭　**岐亭故縣**九域志在麻城縣　**石陽故城**元和郡縣志云在黃陂吳征江夏圍石陽不尅而還即此地　**大活故城**元和郡縣志云在黃崗縣北二百三十五里隋於此置關鎮　**西陽故城**元和郡縣志云在黃崗漢舊縣也　**安昌故城**在黃陂元和郡縣志云齊高帝築以捍陳寇　**永**

安城即楚黄歇所都也隋改黄州為永安郡今黄岡縣有永安鄉 舊州城寰宇記云在黄岡縣西北一百一十七里齊安志云舊為齊安鎮又曰古邾城 古邾城齊安志云黄人伐邾俘其民徙其君于黄之故墟築城居之號曰邾城今在黄岡西北一百二十里 岐亭河晏公類要云在麻城唐於此置亭州齊安志云今有岐亭鎮 舊州河在郡北一百二十里入于大江 君子泉雲夢澤南君子泉水無名字托人賢兩蘇翰墨人爲重未刻他山世已傳言黄倅孟震公宇中有此泉東坡名子由記 女王城齊安志云初春申君相楚受淮北十二縣之封以其地介于蘄春申息之閒故曰春申今之女王城蓋昔之楚王城之訛耳東坡有詩序云正月二十日往岐亭郡人潘古郭三人送余於丨丨丨唐禪莊院 東坡故居即今之臨皋亭及臨皋館後又居雪堂 方山子故居在岐亭鎮 韓魏王讀書堂在安國寺初王允琦守齊安王侍兄之官即安國寺廡爲書齋遂志勵學郡人思之就書齋立生祠 趙龍圖思顯廟在城東懷化門之外

建炎三年金人犯黃州公自武昌夜歸守禦城陷不屈見殺隆興初張浚請于朝卽其地立廟賜額忠顯

木蘭廟 在黃陂縣北七十里卽古樂府所謂俗載女子詐爲男夫代父征行者也

謝晦墓 謂之謝鐵龍墓在州治之西乃謝晦也傍有井紹興間有人得金甲於其中

官吏

左震 通鑑肅宗乾元元年王璵請遣中使女巫乘驛分禱天下名山大川巫恃勢煩擾州縣有巫盛年美色從少年十數爲虐尤甚至黃州刺史丨丨曳巫斬之所從少年悉斃之籍其贓數十萬具以狀聞元次山集云丨丨爲黃州刺史下車黃人歌曰我欲逃鄉里我欲去墳墓左公今既來誰忍捨之去後一歲又歌曰吾鄉有鬼巫惑人人不知天子正尊信左公能殺之又云左震將去黃人多去思元結爲黃人作表

唐石洪 罷黃州錄事參軍隱居不出公卿數薦辟皆不答烏重允鎭河陽具書幣邀辟洪洪欣然戒行

杜牧之 本傳云丨丨爲刺史孔氏六帖

國朝王禹偁 字元之爲齊安守

蘇軾 字子瞻眉山人元豐三年謫居黃州居東坡凡在黃五年復量移汝州齊安拾遺云郡多名賢至此王禹偁以文章事業超冠今古擧世之人謂之王黃州蘇端明軾居此五年題詠著書最多時亦謂之蘇黃州魯直稱元祐間郡守江懋相爲江黃州黃州不詳繼二公之事

韓琚 字子溫魏公兄也嘗自濠倅徙知黃州魏公有詩云余兄天聖中尙抑齊安守兄材無不宜吏治孰可偶公庭當寂然所樂在文酒臨江三四樓次第壓城首原鶴欸集間萬景皆吾有

龐籍 籍爲齊安戶曹後人郎掾廳建龐隱堂温公集以爲龐作黃州司理不同

孟震 東平人嘗爲黃州通判東坡有||同遊常州僧舍詩云忽見東平孟君子夢中相對說黃州

張耒 字文潛嘗謫監黃州酒稅後通判黃州復坐元祐黨宮觀初未在潁聞蘇軾之訃以師弟子禮擧喪言者以爲言貶黃州安置凡三至黃見事畧

劉摯 字莘老元祐中爲相紹聖初落職知黃州

洪駒父 黃魯直之甥爲黃州酒官

陳軾 元豐中||知黃州時蘇公軾謫黃州人皆畏避懼其累己公獨願交期與同憂患事見臨川志

趙令晟 建炎

初公知黃州金人入寇敵脅之降不屈罵敵而死黃人歛其遺體葬之於武昌

韓駒 氏族編｜｜字子蒼有詩名穎濱題其詩卷云唐朝文士例能詩李杜高深到者稀我讀君詩笑無語恍然再見儲光羲予蒼嘗云作詩文當得人印可乃自不疑所以前輩汲汲於求知也後知黃州

陳過庭 東都事畧云字賓王山陰人徽宗朝爲中丞方臘反睦州｜｜言致寇者蔡京養寇者王黼竄二人則自平又論朱勔父子本刑餘之人罪惡顯著宜正典刑以謝天下由是大忤權貴罷知蘄州未半道責海州團練副使黃州安置

周憲之 言行錄云徽宗朝爲童貫蔡攸所擠謫居黃州及攸敗妻子過黃中途失船適公有一大舟其子欲求而不敢言公聞即輟以與之

人物

程遹 西洛｜｜終於黃陂子珦因寓居後戴乞黃陂尉生二子明道先生伊川先生父子爲時名賢從人於尉廳建忠賢堂

潘大臨 潘大觀 潘鯁福唐人寓居于黃登元豐第子大臨字邠

老大觀字仲達皆有詩名與蘇軾黃庭堅張耒游又冷齋夜話云黃州潘大臨工詩有佳句然貧甚東坡山谷尤喜之臨州謂無逸以書問近新作詩否潘答曰秋來景物件件是佳句恨爲俗氣所蔽翳昨日清臥聞攪林風雨聲遂起題壁曰滿城風雨近重陽忽催稅人至遂敗意止此一句奉寄聞者莫不笑其迂闊

何頡之字斯舉黃岡人自號樗叟篤學善屬文東坡謫居齊安斯舉少年因侍教誨連蹇場屋曉得一官韓子蒼守是邦獨與唱和蓋所謂友其士之仁者

陳慥字季常寓居于黃之岐亭號龍邱子蘇軾謫居與之往來唱和東坡有方山子傳

仙釋

徐仙有徐公祠在州治之後聚寶山赤壁之上無復洞穴但山嶮深邃王黃州詩云右顧徐邈洞精靈知在否蓋徐邈曾得道於此洞故也

仙女臺在黃陂縣北一里枕湖世傳東晉時有民家女學道仙去

浮屠泓孔氏六帖云黃州人嘗爲張燕公說市宅戒曰無穿東北王隅也他日見說曰

宅氣索然云何與說並視隅隅有坎坎丈餘泓泓驚曰
公富貴一世而已諸子將不終說懼將平之泓曰客
土無氣與地脉不連譬身瘡痏補
他肉無益也說子皆汙賊死斥
僧寶曆 東坡過光州之加祿
鎮見壁上有題詩云滿院秋光濃欲滴老僧倚杖青
松側只恠高聲問不應嗔予踏破青苔色其後題云
淦水僧寶曆主人云此光黃間狂僧也年百
三十歲死於熙甯十年既死人有見之者

碑記

嘉定兵火後石碑多焚毀不存

圖經 李宗諤編 **齊安志** 厲居正編 **齊安集** 許端夫編 **齊安拾遺** 許端夫編

齊安故實 王中實編 **春亭記** 韓琚爲亭魏公記之其後魏
公因黃人孫貢來見感念作
詩有嘗念春亭記烏敢示不朽之句
貢以魏公詩刻石東坡爲之記云云

詩

黃州使持節 杜牧之詩云青雲馬生角｜｜｜｜｜ **使君家似野人居**

杜牧之齊安晚秋太守政如水杜牧之詩平生睡足處雲夢澤南州一夜風欺竹連江雨送秋杜牧之憶齊安郡齋嗚軋江樓角一聲微陽瀲瀲落寒汀不用凭欄苦迴首故鄉七十五長亭杜牧題齊安郡樓詩池上笙歌絕不聞樓中愁殺碧虛雲玉壺凝盡重重淚寄與風流舊使君趙嘏寄詩賓使君床頭只有黃州印鑑裏看成白髮翁王元之樓中遣興郡守愛詩兼愛酒王元之詩帝憐守土舊詞臣添賜春光入酒尊王元之詩詩情不負齊安郡王元之詩丨丨丨丨丨丨杜牧當年與我齊山州過夏如山寺銷盡機塵見道心王元之詩又爲太守黃州去依舊郎官白髮生王元之詩淮甸爲內地黃岡壓上游

（王元之月波樓詠詩）學士舊班雲捧日，使君新政雨隨車。（王元之冒雨上事詩）二月探供三月酒，今年未得去年錢。（王元之偶書官況）草屨布裘輕紫綬，角冠紗帽換朝簪。（王元之過夏詩）黃州號詞伯，兩朝專文章。（石徂徠贈李常李堂。詞伯指王禹偁也）南篇司馬青衫濕，北句郎官白髮生。堪與江黃永傳唱，離騷經外此歌聲。（王軫）臨江三四樓，次第壓城首。山光拂軒檻，波影撼窗牖。（韓魏公詩）長江遶郭知魚美，好竹連山覺筍香。（東坡詩）江遠欲浮天。（坡詩）黃州鼓角亦多情，送我南來不辭遠。（東坡去黃州，回望東坡，泫然泣下，乃作詩云）雨洗東坡月色清，市人行盡野人行。（坡詩）又是邯鄲枕中見，卻來雲夢澤南州。

坡詩春蔬黄土軟凍笋蒼崖坼東坡和袁革五年一夢南司州東坡黄州小郡夾谿谷茆屋數間依竹葦東坡黄州在何許想像雲夢澤東坡黄州豈云遠但恐朋友闕東坡謫居我來黄岡下欹枕江流碧東坡江南武昌山向我如咫尺東坡此行我累君乃反得安宅東坡一别臨平山上塔五年雲夢澤南州東坡索漠齊安郡從來著放臣東坡卻下關山入蔡州爲買烏犍三百尾東坡詩黄州出水牛忽見東平孟君子夢中相對説黄州東坡夢裏黄州空自疑東坡臨皋亭中一危坐三月清明改新火溝中枯木空笑人鑽灼不能誰似我東坡徐使君分新火詩舟楫自能通蜀道

林泉眞欲老黃州蘇子由試問淮南風月主今年桃李爲誰開山谷雲夢澤南君子泉水無名字托人賢山谷詩見黃州通判孟震公守中有此泉單車又向黃州去風月相望一嘆嗟張耒自復州倅黃州別鴻軒薔薇詩異時小杜高眠地幾向秋風聽楚江張耒詩黃州逐客未賜環江南江北飽看山山谷次子瞻韻爲公喚起黃州夢獨載扁舟向五湖山谷雙井茶送子瞻詩黃泥坂西春欲同雪堂萬木連雲栽錢世雄次東坡韻官閒無一事蝴蝶飛上階舒州人朱載上爲黃州教授有詩云云東坡見之稱賞再三遂爲知己豈是齊安無一事自緣太守有餘不廖平詩使宇高連徐邈洞人家都食武昌魚董乂雲影萬重連鄂渚風

帆一日到潯陽董乂經營一頭將歸老眷戀羣山爲少留百日使君無足記空餘詩句在江樓韓駒去黃州日詩縹渺煙中漁父槳坡陀山上使君衙董乂望江南詩六月涼窗涼衽袖二蘇辭翰照青冥同上水腹魚龍宅山腰鼓吹衙譚贊詩齊安無一事臺榭若天成同上地據淮西盡江呑石壁寬孫載題棲霞樓雲夢南州富物華孫載

赤壁詩

折戟沉沙鐵未銷自將磨洗認前朝東風不借周郎便銅雀春深鎖二橋杜牧赤壁詩烈火西焚魏帝旗周郎開國虎爭時交兵不假揮長劒已□英雄百萬師胡曾

赤壁會獵書來舉國驚祇因周魯不教迎曹公一戰奔波後赤壁功傳萬古名孫元晏赤壁可憐赤壁爭雄渡唯有蓑翁坐釣魚杜牧齊安郡晚秋詩片語能令孫仲謀氣如山湧劒橫秋莫言諸葛成何事萬古忠言第一流胡安國烏林荒草遠赤壁健帆歸坡詩威稜赤壁千尋峻德量黃陂萬頃寬岳陽先生黃治上黃州太守詩中流望赤壁石脚插水下昏昏煙霧嶺歷歷樵漁舍張耒離黃州詩白浪高於屋風回熨帖平周郎呼不醒久立聽江聲曾宏甫爲守有子曰用孫九歲作此詩君看赤壁終陳跡生子何須似作謀陸游黃州詩

四六

惟是齊安居於淮右元之遺墨坡老新篇登覽故迹多名勝嘯詠之餘參攷前聞亦豪傑驅馳之舊呂東萊地連雲夢城倚大江王元之謝表前有牧之之風流後有元之之篇詠吳中復清暉堂棲薄乎黄泥之坂夷猶乎赤壁之間弔千古之風流念三方之興廢橫槊釃酒悼孟德一世之雄揮扇岸巾想公瑾當年之銳收拾江山於吟牋醉墨之妙陶冶物象於絺章繪句之餘徐[illegible]訟牒晝稀吏無餘事戎亭夜寂民獲奠居切觀雲夢之南州素號江淮之要地豪傑之遺跡具存商賈之危檣相繼韓彥質上葉相黄堂勝槩傳王杜之風流赤

壁威稜餘孫劉之雄烈東萊藹然郛邑舊資擊柝之聞歸爾黃岡今據楚波之匯曾郎中棲霞樓上梁文念異時郡國其理之賢多鳳閣鸞臺之舊顧前日燕寢凝香之地爲兔葵燕麥之場　訪臨皐之故基獨棲霞之最勝同上孫仲謀之圓壇對峙元次山之窊罇在傍　何用橫槊賦詩繼烏鵲南飛之句但當舉酒屬客歌大江東去之詞同上　惟黃岡之要地據赤壁之上游韓彥質　班春擲觴追健筆於東坡瀝酒叩舷弔英資於赤壁東萊

維郛城之名郡爲淮甸之要衝余日華賀黃州王守　赤壁風月笛藂坐嘯於黃堂彤庭鵷鷺班卽入儀於紫禁同上

輿地紀勝卷第四十九

輿地紀勝卷第五十　文選樓影宋鈔本

東陽王象之編　甘泉岑鎔塗長生校刊

淮南西路

濠州

領縣二治鍾離

縣沿革

鍾離縣 望

倚郭濠梁志云古附庸鍾離子國後爲楚邊邑自秦漢以來皆爲鍾離縣元和郡縣志云漢置鍾離縣不同寰宇記云漢舊縣西漢志云王莽改爲蠶富縣東漢志有鍾離侯國沈約宋志云晉武太康二年復立鍾離縣未詳前此所省元和郡縣志云晉安帝時東郡燕縣流人在鍾離者衆於是置燕縣至高齊復爲鍾離縣象之攷宋志並無鍾離縣而南齊志北徐州領鍾離而以燕縣爲郡治隋於此置濠州唐志武德七年省塗山縣入焉有塗山

定遠縣 望

在州南九十里元和郡縣志云本漢東城漢文帝封淮南王子良爲東城侯通典云漢曲陽縣又秦漢東

城縣隋志云舊曰東城梁改曰定遠置臨濠郡隋開皇初郡廢改爲定遠縣唐志云本名臨豪武德三年更名定遠寰宇記云梁武帝改東城曰豐城元和郡縣志云梁天監初置定遠郡齊改大安郡隋廢郡改丨丨丨爲臨濠縣唐爲丨丨丨與此不同

風俗形勝

濠初作豪 唐書地理志云濠州鍾離郡濠字初作豪元和三年改從濠今州西遺碑村有唐彭晁書社亭記碑陰云武德四年省下州印用豪字元和郡縣志曰濠字中間誤去水元和三年又加水焉

鍾離天險 元魏邢巒表見通鑑梁天監五年

州有東西二城 昔魏中山王英圍鍾離梁韋叡救之曹景宗募軍士賫勑潛行水底得達東城則知州有東西城舊矣自建炎間連南夫作守謂濠水介于兩城間城不合一始決濠水徑達于淮而不復介于城中城始合一矣

阻淮帶山爲淮南之險 元和郡縣志

南北朝皆爲重鎭 元和郡縣志

渦

山爲控扼之地遺錄云五代時｜｜｜｜｜｜｜控淮之要唐白樂天行史備制濠｜｜｜｜從容濠上詳見人物門莊子注濠濮間趣見後脩然亭下濠自是佳處見後脩然亭下禹以六月六日生見古迹門塗山禹廟下注莊生吏隱之地呂文靖公作漆園詩序有曰漆園｜｜｜｜｜｜藍採和登仙之所市橋東舊有酒樓卽｜｜｜｜｜｜莊子所游著書處遺錄云在開元寺後僧徒居之今廢梅呂讀書之所見官吏門梅呂注下背渦口之曲流兮望馬邱之高澨三國魏王粲浮山賦性率眞直賤商務農其食粳稻其衣絁布地帶淮濠皆通舟楫寰宇記濠之爲城也長淮引桐柏之源橫其北石梁會衆山之流環其西兩水中注介于城間連南夫修城記濠水之上江淮之

間惠莊隱士昔所遊處淮南賓客集而著書流風所被文辭並興非南北二邊比也錢文子修學記竟陵山水鍾陵控扼李義山代爲李兵曹祭兄濠州刺史文塗山巖巖界彼東國惟禹之德配天無極柳子厚塗山銘雲山左右長淮縈帶下遶清淮旁闞城邑唐李紳四望亭記濠有渦口之險李吉甫云見唐書

景物上

濠水圖經云隋開皇三年改鍾離爲濠州州臨丨丨故名濠梁昔莊惠遊於濠梁之上所謂濠梁者濠水中有石絶故曰丨丨塗山寰宇記云在鍾離縣西九十五里左傳昭公四年穆有丨丨之會杜預注曰在壽春東北卽此地也今有禹村晉太康志云丨丨古當塗國禹所娶也帝王世紀云揚州

輿地紀勝卷第五十

輿地紀勝卷第五十五 文選樓影宋鈔本

東陽王象之編 甘泉岑鎔 淦 長生校刊

荊湖南路

衡州

衡山郡 衡陽 湘東 臨蒸 鴈峯 耒陽 衡湘 岣嶁

州沿革

衡州 上 衡陽郡軍事 九域志 禹貢荊及衡陽惟荊州 尚書於天文當鶉尾之次翼軫之分野 西漢地理志云楚地翼軫之分埜今之南郡江夏零陵桂陽武陵長沙及漢中汝南盡楚分也後漢郡國志注云帝王世紀曰自張十八度至軫十一度曰鶉尾之次按今州境得長沙桂陽零陵三郡地於天文分野宜同三郡而李宗諤舊經亦曰翼軫之分野 春秋以來屬楚 輿地廣記 秦屬長沙郡漢屬桂陽

郡及長沙國元和郡縣志云漢爲酃縣地又西漢吳志長沙國有酃茶陵桂陽郡有耒陽分長沙之東部爲湘東衡陽二郡湘東郡理酃縣沈約宋志在吳少帝太平二年晉惠帝立湘州而長沙湘東衡陽零陵桂陽皆隸焉通鑑永嘉元年分荊江等八郡爲湘州晉書地理志年月亦同宋文帝改封淮陽王爲湘東王此地又爲國通鑑元嘉二十九年徙淮陽王或爲湘東王齊初改國爲郡明帝又封武帝子建爲湘東王通鑑齊明帝永泰元年有湘東王子建梁分湘廣二州置衡州梁本紀在天監六年梁武帝封皇子繹爲湘東王通鑑太清元年以湘東王繹爲荊州刺史陳置東衡州以本衡州爲西衡州太建十四年隋平陳省衡陽湘東二郡置爲衡州因衡山之陽以取州名

寰宇記在開皇九年舊志衡山郡衡山縣注云隋罷湘東郡爲衡州改臨蒸爲衡陽縣 煬帝改州爲衡山郡隸荊州刺史部 事見隋志 唐平蕭銑復爲衡州 武德四年 隸江南道 唐志初｜｜｜｜後隸江南西道 又改衡陽郡 天寶元年 復爲衡州 至德二年 置防禦使領州八治衡州尋廢後又置湖南觀察使領州五亦治衡州 按唐方鎮表云肅宗至德二載置防禦使領州八衡涪岳潭郴邵永道治衡州上元二年廢廣德二年置湖南都團練守捉觀察處置使領州五衡潭永道邵亦治衡州 五代馬氏劉氏王氏周氏更有其地 五代史 國朝平湖湘地歸版圖 九朝通畧在建隆三年 隸荊湖南路 咸平二年 領縣六 舊領縣五乾德四年添置安仁縣凡領縣六淳化四年以衡山縣隸潭州故領縣五開禧嘉定間又置酃縣今亦領縣六 治衡陽

縣沿革

衡陽縣　緊

附郭本漢長沙國元和郡縣志云本酃縣地東漢郡國志云屬長沙郡晉志酃縣屬湘東郡寰宇記云吳少帝太平二年分長沙之東部立湘東衡陽二郡湘東理酃縣又分蒸陽立臨蒸縣去酃縣十五里東晉太元二十年省酃縣入臨蒸宋齊因之故南齊志湘東郡有臨蒸而無酃縣隋志平陳省臨蒸入衡山縣唐志云武德四年置衡陽不同以隋志參之非置衡陽縣也特改衡山為衡陽耳

茶陵縣　中

在州一百一十五里詳見茶陵軍下

耒陽縣　中

在州東南一百三十五里元和郡縣志云本秦耒縣因耒水以為名二漢並屬桂陽郡晉志及南齊志於

桂陽郡下並有耒陽縣隋更曰耒陽衡陽志云隋更曰耒陰屬衡州不同按縣在漢名耒陽顏注曰在耒水之陽也漢高帝割長沙南境置桂陽郡領縣十一耒陽其一也梁陳間移縣治在鰲山口隋平陳始更曰耒陰唐志云本耒陰武德四年更名耒陽當從唐志

常甯縣 中

在州南一百二十里元和郡縣志云本秦耒縣地漢屬桂陽郡吳分耒縣置新平縣然晉志有晉甯而無新甯元和志又云宋元徽中三洞蠻抄掠州縣遂移縣就江東因蠻寇止息遂號常甯即今理也隋隸衡州唐志云天寶元年更名常甯

安仁縣 下

在州東一百四十里祥符圖經云本安仁鎭後唐清泰二年割潭州地置安仁場國朝會要云乾德三年以安仁場爲｜｜｜咸平五年析衡陽衡山二縣地以益之

酃縣衡陽志不載緊望
國朝會要云開禧
嘉定間置酃縣

監司沿革

荊湖南路提點刑獄司

在鴈峯內舊衡陽縣治也有卹敎
堂平反堂華遠樓愛梅堂楚觀　按國史景德四年
始選朝臣及諸司使副爲提點刑獄每路二員武臣
爲同提點與運使分部廉察皇祐三年仁宗嘗謂輔
臣曰諸路轉運提點刑獄官廨宇同在一州非所以
分部按舉也宜析處別州衡陽爲提點治所蓋昉乎
此郡志所載雖不甚明了而長沙志監司門所載甚

詳則自潭州移治衡州當在皇祐三年

提舉常平茶鹽司

在子城東南舊通判廳也有均政堂惠民堂泰定齋五峯閣　按國史熙甯四年以太常博士吳審禮爲湖南提舉官而常平亦在其中崇甯二年以張莊提舉鹽事宣和七年改爲茶鹽公事建炎元年併常平歸提刑司紹興七年復置提舉而合鹽茶爲一司舊治長沙自建炎四年敵寇長沙始移治衡陽云云長沙志云自建炎後徙治衡陽與此亦同

風俗形勝

湘川之奥民豐土閒南齊志東傍湘江北背蒸水元和郡縣志衡陽縣下地有舜之遺風人多純朴寰宇記南方之山巍然高大者以百數獨衡山爲宗水土所生神氣所感意必有魁奇忠信才德之民生其間韓愈山川之秀麗稱衡湘人居其間得之爲俊傑歐陽公湖南清絶杜甫居衡山之陽圖經云衡陽自隋始爲州以其居衡山之陽故名沿湘上下九向九背湘中記云遥望衡山如陣雲沿湘上下九向九背有七十二峯十洞九溪三澗周迴八百里回鴈爲首嶽麓爲足南嶽記曰南嶽｜｜｜｜｜｜｜金簡玉牒湘水記禹於衡山獲金簡玉牒治水之法瀟湘帶其左圖經云衡之爲郡直鴈峯之北｜｜｜｜｜氣清嶽秀李白云｜｜｜｜｜有如此渾化景祐元年張唐卿榜所薦皆中第鄉人號

日渾化嶽濱柳文呂化誄陟于｜｜謂爲衡州刺史文學儒林大唐｜｜｜｜之碑

石鼓書院景祐三年知州劉沆奏請賜名｜｜｜｜龍穴內蒸零雨所儲吳都賦飛輕觴而薦酃淥吳都賦宿當翼軫度應璣衡寰宇記｜｜｜｜｜｜｜｜故曰衡山

景物上

衡嶽山海經曰衡山南嶽寰宇記曰宿當翼軫度應璣衡故曰衡山南嶽國初緣舊制祠官所奉止東西北中四嶽開寶元年九月有司按祭典請祭｜｜｜衡山於衡州從之長編南館呂溫有衡州登樓望｜｜｜臨水呈房戴段李諸公詩東巖在合江亭東正觀十五年刺史宇文氏建西谿在合江亭西鷺山在耒陽縣東北四十餘里其形獨秀不與衆山相連祥符圖經云昔有白鷺翔於其上因名馬水在耒陽縣東北百餘里舊經云昔人於此江見白馬躍出因名湘水自陽

海發源至零陵而營水會之二水合吳水源出永州
流謂之瀟湘瀟湘者水清深之名也至常甯縣
與湘宜水出常甯縣界酈道元水經云略塘在衡陽
水合出湘東泉川瀉浪共成一津縣祥符
圖經云周迴三十里湘水記云客寄塘鄗湖祥符圖
有銅含神聞鐘聲則水變綠魚爲之飛經云在
衡陽縣東二十里傍有水深八尺綠色瀾可二十里
冬夏不竭元和郡縣志云晉武帝平吳始薦酃酒於
太廟即春山見漢書歷山祥符舊經云在耒伊山在
此也地理志陽縣七十餘里衡
陽西三十餘里世耒水寰宇記云耒山在郴州耒水
傳爲亘伊書堂出於此西北過耒陽縣右注
湘水謂肥水酈道元水經云耒陽有溪蒸水寰宇記
之耒口水出侯計山其水清澈云出衡
陽縣西桑欽水經云出重安縣界合樟水源出常甯
湘水郡國志云水氣如蒸故日臨蒸縣會宜水
括地志臨蒸縣百餘里有茶茶溪洣水桑欽水經云
溪寰宇記云茶陵縣有茶水出茶陵地理
志謂之雷池在衡陽縣北五十塔山在常甯縣山腰
泥水二里岣嶁山頂白石七級如疊

高七十餘丈盟山在常甯縣北七十里軍山在安仁縣潭水源出桂陽軍流至常甯縣與宜水會歷水郡國志云耒陽有歷水一名池水中有大歷可容百斛其字應作鬲鼎鑊類也黃溪呂温衡州早春偶遊｜｜詩偶尋｜｜日欲没早梅未盡山櫻發無事江城閑此身不得坐待花間月

景物下

尊樂堂在郡治朱陵道院中坐嘯堂在郡治珠玉堂之左與春堂在郡治浮香堂在郡治思政堂之後濯清堂在郡治綠陰堂在郡治練光亭在郡治平反堂在憲司治所華遠堂在憲司治所思政堂在郡治珠玉堂在郡治中有坐嘯和衷之名東江亭在郡治北浦水在衡陽縣望嶽亭在縣南唐天寶二年採訪使韋虛舟置東望清湘北瞻碧嶽合江亭在石鼓山後唐刺史齊映

建韓愈有詩云江亭枕湘江蒸水會其左瞰臨眇空濶淨綠不可唾注云亭在衡州負郭今之石鼓頭即其地也地形特異巋然崛起於二水之間旁有朱陵洞亦謂之朱陵仙府

岣嶁峰在衡陽縣北湘水記云衡山南有一山名岣嶁東西七十里南北三十里高一千五百丈禹登山獲金簡玉牒治水之書

逍遥山輿地廣記在常甯縣東南一百六十里

瀟湘水柳宗元湘口館詩序云瀟湘三水所會

白雲峯在南嶽下有龍潭

明月峯在南嶽

碧雲峯在州城南

白石峯在衡陽縣

朱陵洞慶歷中林槩作迎雲閣詩序曰此山昔謂之｜｜｜

紫蓋峯在南嶽有紫霞華籠之狀其形如蓋

白沙水源出常甯縣東下盆山

白茫水源出常甯縣界白茫嶺東

青草渡在衡陽縣北一里蒸水

黃茅墟在常甯縣

清泉山在衡陽縣

清陽水在衡陽縣會蒸水可通小舟

上瀟水在衡陽縣出岣嶁山屈曲流六十里會湘水勝小舟

下瀟水在衡陽縣東北

斜陂水在衡陽出窟山會湘水

靈巖泉

在茶陵縣**翻石山**祥符圖經載郡國志云昔耒陽與湘潭爭界立碑爲誌翻復倫送因名**砇**

石水源出常甯縣砇石山會宜水**大別水**水經注云十三州志大別水南出耒陽縣**平**

陽水在耒陽縣西三十餘里**分水岡**在衡陽縣北百餘里與湘鄉縣分水**界浦山**

在衡陽縣東百餘里高百餘丈**天柱峯**在南嶽其形如雙柱兩頭聳**雲蓋峯**在耒陽縣

東北二十里**雨瀨灘**在耒陽西南耒水中盛宏之荊州記云歲旱百姓壅塞之則雨若一鄉獨

壅雨亦偏應**雨母山**寰宇記在衡陽縣南三十里每旱祭祀多致雨**雲阜山**在衡陽縣

西湘水記云舜南遊經此後立祠每祭有雲氣起故日雲阜山**吐霧峯**與白雲峯相連峯頂吐霧

定雨**朝日峯**在屏障山下殷先生負暄朝日之所**採霞峯**在南嶽**道士巖**即雲

蓋峯有夏道士巖**佛城巖**在耒陽縣西南五十里**仙上峯**在衡陽縣**侯堂山**

在安仁縣西南**侯計山**在耒陽縣東七十餘里昔有諸侯避難潛於此因名**侯曇山**在耒

陽縣東南百餘里嶮峻獨出不與衆山相連**芙蓉峰**傳云昔赤精子授顓帝微言經於此**蓮華峰**下有寺昔人題詩云寺在蓮花裏群峯附花葉**柹蔕峰**巖壑中有萬歲藤**豉江水**在衡陽縣出雲阜山會蒸水**梅浦水**在衡陽縣東源出龍岡山會耒水**樟隍嶺**在耒陽縣卽羅訓隱居之地**桃源溪**出雲陽五洞溪北流至桃源江口合茶水過三江口**花藥山**在衡陽縣城西**花光山**在城南**黃龍岡**在衡陽縣西一百八十里**獅子巖**在耒陽縣西三十里嘉祐中始有道人穿石竅得之一夕雷雨竇大開明見四壁第二巖有石乳滴成獅子狀高五尺巖前有僧舍曰峯林**回鴈峰**在州城南或曰鴈不過衡陽或曰峯勢如鴈之回徐靈期南嶽記曰南嶽周迴八百里回鴈爲首嶽麓爲足**石羊山**在常甯縣南六十餘里**金牛浦**在耒陽縣東北**金烏井**在衡陽縣北二十里**馬嶺岡**在衡陽縣東南五十餘里以形似名**熊耳山**在安仁縣東南七十里**石廩峰**在南嶽其峯聳峙如倉廩**石**

盤山在衡陽縣西南百九十里山有石盤故名**石鼓山**在城東三里有東巖西溪朱陵後洞酈道元水經注云臨蒸縣有石鼓高六尺湘水所逕鼓鳴則有兵革之事**石窟山**在衡陽縣東湘水記云昔有人掘山作穴高十丈長一里**石盧塘**酈道元水經注云在肥川之北塘地八頃其深不測有大魚常至五月輒一奮躍水湧數丈細魚奔迸隨水登岸不可勝計湘水記耒陽縣東北有漢太守谷昕傍約嶮築塘貯水名瀘淹地八頃**香爐峯**在南嶽**蔡子池**在耒陽縣西南郭中蔡倫宅有池曰|||**馬王濼**在城西北入蒸水**二守祠**在州治朱陵道院祀劉翼晉人王應之**三賢祠**在州學三賢者故丞相李迪劉摯中書舍人劉攽也皆以忠言直行嘗謫於衡**五相橋**在耒陽縣**七里津**在衡陽縣北四十里**百丈嶺**在衡陽縣

古迹

新城縣故城在衡陽縣東一百二十里**黃楊縣故城**在衡陽縣西百四十五里

金州故城在耒陽縣北八十里桂陽郡故城在耒陽縣西耒陰縣故城在耒陽之鷲山口鍾武故城晏公類要在衡陽縣西八十里蒸陽故城晏公類要在衡陽縣西一百七十里古鄖縣城寰宇記在衡陽東十二里蔡倫宅寰宇記在耒陽縣西南一里後漢小黃門蔡倫桂陽人也今有蔡子池又有魚池并搗網為紙石臼存焉見郡國志諸葛宅在石鼓山晉亘伊書堂言行錄云向子忞居衡陽故之伊山乃丨丨丨丨丨基舜廟在衡陽縣仙上峯諸葛武侯祠在衡陽縣北石鼓山按昭烈駐荊州時侯以軍師中郎將駐臨蒸今其祠乃廣漢張栻記杜甫祠在耒陽又有杜甫墓羅含墓寰宇記在耒陽縣南四十里碑文訛缺其墓猶存杜甫墓寰宇記在耒陽縣北三里又舊史云歸葬偃師而唐詩紀事裴說經杜甫墳有詩云擬掘孤墳破重教大雅生又韓持國過杜甫墳有詩云三尺孤墳在空留萬古名風騷誰是主天地太無情入夜月虛白逢春草自生耒陽江色迴弔罷恨難平杜甫

遷葬偃師 唐詩紀事云適子美之孫嗣業啓子美之柩襄祔事於偃師途次于荆楚旅殯嶽陽合窆我杜子美於首陽之山前又皇朝類苑云杜甫終耒陽藁葬之至元和中其孫始改葬於鞏縣元微之爲誌而鄭刑部文寶謫官衡州有經耒陽子美墓詩豈但爲誌而不克遷或以遷而故冢尙存耶

官吏

蜀龐統 字士元先主以統守耒陽令在縣不治免官吳將魯肅遺先主書曰龐士元非百里才也使處治中別駕之任始當展其驥足耳

晉習鑿齒 爲衡陽太守在郡注晉漢春秋斥亘温覬覦之心

顧憲之 南史顧憲之爲衡陽內史其土俗病輙云先亡爲禍皆開塚剖棺名爲除祟憲之曉諭爲陳生死之別事不相關風俗遂改吳郡志云憲之吳郡人覬之之孫仕齊爲衡陽內史出公祿葬疫死者雖累經宰郡資無僭石及歸環堵不免飢寒

唐曹王皐 上元中爲衡州刺史法成令修觀察使使誣奏貶潮州刺史楊炎相德宗還任于衡以直前謏大歷十四年重拜衡州刺史

齊映 正元

三年爲衡州刺史建合江亭韓退之有詩

呂温 元和五年爲刺史治有善狀元和中有李寛中者爲石鼓書院温爲刺史訪之且贈以詩事見呂温集中

令狐楚 劉禹錫集云穆宗朝自宣歙等州團練等使又貶衡州刺史

本朝李昉 長編云乾德元年遣給事中李昉祭南嶽尋詔知衡州

張齊賢 長編云太平興國二年廷試唱名得旨一榜盡除通判齊賢通判衡州時州鞫劫盜十餘皆論死齊賢始至辨理存活者五人獄官及知州恐懼譴責齊賢齊賢曰齊賢初成一名豈欲委罪衆人而自爲功乎第令改正而已不十年作相

寇準 東都事略云準之貶雷州也天下莫不冤之初過零陵行囊爲溪寇所掠其酋長聞而趣還之踰年遷衡州司馬

朱昂 長沙志云｜｜嘗爲衡州錄事參軍

李虚己 祥符二年知州事以循良清白預選上曰眞得良二千石矣

李迪 乾興元年貶衡州團練副使簽書本州公事爲丁謂所排也

劉沆 嘗知衡州大姓尹氏爲僞券以欺鄰人之孤訟久不得直沆至其孤纔二十詰尹氏曰若券曾取證他鄰否其人當有存者尹氏詘服而歸其田事略

劉摯神宗朝爲御史裏行以疏論常平免役法十害責監衡州鹽倉事略 **劉邠**元豐六年責監衡州鹽倉 **孫沔**東都事略云字元規會稽人嘗知衡山縣沔上書言時事以切直貶監衡州酒稅 **孔平仲**紹聖二年知州事 **呂陶**東都事略云字元鈞眉州人哲宗即位除殿中侍御史論罷蔡確韓縝章子厚坐元祐黨謫衡州居住 **劉安世**東都事略云哲宗朝爲右正言嘗論蔡確章子厚等妄要定策功責英梅安置後移衡州 **楊異**元祐八年初楊異爲布衣時夢遊蓬山及守衡陽見石鼓山宛若夢中所見 **胡銓**紹興七年任密院編修官上書力排羣議責新州又改吉陽軍斥海外二十年紹興三十一年量移衡州自便言行錄 **王庭珪**安福人繫年錄云澹庵胡銓之竄也庭珪爲茶陵縣丞以詩送之有曰癡兒不了公家事男子安爲天下奇銓鄉人歐陽安永告之以爲謗訕遂斥居辰陽 **辛次膺**中興遺史紹興二十六年正月丨丨丨爲湖南提刑聞金人遣張通古來詔諭江南會上書言父之讐不與共戴天豈有降萬乘之尊屈己稱藩者乎書奏不報即丐祠遂主

管台州崇道觀

人物

劉巴丨丨蒸陽人蜀諸葛孔明稱薦爲左將軍西曹掾張飛嘗就巴宿巴不與之語謂亮曰大丈夫當交四海英雄如何與兵子共語耶**羅含**丨字君章嘗晝夢一鳥紋采異常飛入口中自此藻思日新謝尚曰君可謂湘中之琳琅桓温曰此自江左之秀豈惟荊楚而已**李寬中**唐元和中始於尋眞觀栩石鼓書院刺史呂温有詩**李士正**衡陽人也至道三年會境內儒業講學于石鼓而書院之名聞于京師**胡安國**崇甯中爲湖南提舉官嘗講道于南嶽之下以其學傳之三子寅甯宏云**胡宏**言行錄云五峯先生胡宏文定公之季子幼志於道嘗見楊中立于京師又從侯師聖于荊門而卒傳文定公之學優游南山之下餘二十年玩心神明力行所知嘗被召旨不克造朝而卒

仙釋

黄奉先 天寶中修九華丹法於衡陽棲朱陵後洞杜甫憶昔行云更憶衡陽董煉師南游早鼓瀟湘

何仙姑 歐陽公集古錄載慶[歷]中衡山女子 中泰柁何仙姑者絶粒輕身人皆以爲仙

芝 貞人行狀云天師姓申名泰芝嘗煉丹於靈山之北餘湖之頂丹成有神異開元中明皇遣使召與語異之遂於舊居置宜唐觀後飛昇而去

賣薑翁 夷堅壬志云衡州市常有老翁荷擔賣薑三十餘年顏皃不改嘗遇道人於茶肆謂曰吾有黄白之術求有常德者授之今奉傳此術翁未應但就擔取薑一塊納口中少頃取出則成黄金笑曰吾有此技未嘗輙爲市人聚觀驚嘆翁暫起不返自是不復見道人亦不知所往 中興遺史云初丨丨丨編見王明清投轄錄

僧宗果 隷衡州紹興二十五年十一月僧繪宗果頂相請頌丨丨曰往福州見登庵主求頌僧往祖登作頌曰先賜袈裟後賜巾一身兩度受皇恩人言南嶽阿羅漢我道天台第六尊至是復賜度牒令宗果依舊爲僧

碑記 圖經無碑記門而碑記散見諸處年月無考

神禹碑　韓文岣嶁山詩云岣嶁山尖丨丨丨字青石赤形摹奇科斗拳身薤葉披鸞飄鳳泊拏虎螭事巖迹秘鬼莫窺

石柱　在耒陽縣西五十里其上有字今磨滅所可識天寶十缺年而已

唐文學儒林碑　有大唐文學儒林碑

銓德觀碑　上有開元二十年衡州司馬趙頤眞

漢桂陽周府君碑　上載東漢耒陽人谷朗爲九眞太守朗既爲耒陽人則碑疑在耒陽縣又有周府君碑

聶氏墳石誌　在衡陽縣西九十里

羅彥墓碑　在耒陽縣西南二十里

谷昕墓碑　在耒陽縣東北五十里墓碑云延康五年葬于此

元次山茅閣記　在子城西永泰二年記

元次山寒泉銘　在平陽江口

東巖記　在合江亭東正觀五年刺史宇文氏記

西谿記　在合江亭宇文氏有銘

衡陽志　宋剛仲序

吳九眞谷府君碑　集古錄云隸書不著書撰人名氏碑以鳳凰元年立在耒陽

臨海谷侯碑　集古錄云隸書不著書撰人名氏碑無名字年月不知其何時所立也在耒陽

詩

郡邑地卑饒霧雨，江湖天濶足風濤。唐詩紀事云郭受寄杜子長詩

片帆在郴岸，通郭前衡陽。華表雲鳥埤，名園花草香。杜甫入衡陽詩

湖南爲客動經春，燕子銜泥兩度新。杜甫春興

不知凡幾首，衡陽紙價頓能高。杜甫

祝融五峯尊，峯峯次低昻。紫蓋獨不朝，爭長業相望。杜甫詩

湖南清絶地，中有古刺史。盛才冠巖廊，扶顛待杜石。杜甫詩

獨坐飛秋霜。杜甫入衡州詩

更憶衡陽董煉師，南游早鼓瀟湘柂。杜甫

江亭枕湘江，蒸水會其左。維昔經營初，邦君實王佐。韓退之合江亭詩邦君謂太守齊映也

須臾淨掃衆峯出，仰見突兀撑

青空韓詩紫蓋連延接天柱石廩騰擲堆祝融韓愈宿衡嶽寺詩猿到夜深啼嶽麓鴈知春近別衡陽杜荀鶴詩湘竹斑斑湘水春衡陽太守虎符新唐韓翃詩獨上雲梯三百級回眸失笑萬山低毛季子詩深邃門墻三楚外清虛池館五峯前石仙詩可獨衡山解識韓坡詩我家衡山公淸而畏人知臧否不出口默識如蓍龜東坡送王竦赴闕詩衡山公指蘇渙也五千里路望皆見七十二峯中最高盧戴南嶽詩曾到祝融孤頂上步隨明月宿禪關夜深一陣打窗雨卧聽風雷在半山陶弼詩始有諸葛翁柯亭寄幽藹諸葛亮在臨蒸時嘗有宅臨蒸且莫嘆炎方爲報秋來鴈幾行故蔣防詩云

柳子厚得盧衡州書因以詩寄之注云臨蒸衡州縣名後改爲衡陽孤棹遲遲悵有違沿湘數日逗清輝人生隨分爲憂喜迴鴈峯南是北歸呂温自江華之衡陽途中絶句乘夕棹歸舟緣源路轉幽月明看嶺樹風靜聽溪流張九齡詩片石叢花畫不如芘身三徑豈吾盧主人千騎東方遠唯望衡陽鴈足書權德輿寄李衡州迴鴈峯前鴈春迴盡却迴元微之哭呂衡州詩耒水波紋細湘江竹葉輕同上七十峯前敞縣扉湘雲湘樹滿郊圻衡陽春暖鴈飛過兠率雨昏龍戰稀陶弼秀色八百里古今題畫難望高三楚近影轉七州寒北拆知蠻盡南低見斗寛路盡祝融寺江傾兠率灘陶弼詩兠率一

峯旁林開見寶幢鳥行高避縣山骨下連江陶弼曾觀工部集中載赤沙湖陶弼過赤沙湖詩云杜子美嶽麓山道林二寺詩云殿脚插入赤沙湖火透波穿不計春根如頭面幹如身偶然題作木居士便有無窮求福人韓愈題木居士鳥噪殘陽草滿庭此求枯木似人形只應水物長爲主未必浮槎卽有靈羅隱泊木居士廟詩元豐初耒陽縣令禱旱無雨析而薪之今所祀者乃寺僧刻而更爲之

四六　闕

輿地紀勝卷第五十五

輿地紀勝卷第五十六　文選樓影宋鈔本

東陽王象之編　甘泉岑鎔淦長生校刊

荆湖南路

永州

二水　瀟湘　零陵　浯溪　泉陵　東安

州沿革

永州中　零陵郡軍事九域志　禹貢荆州之域十道志　楚地翼軫之分野零陵志不載分野象之謹按史記天官書翼軫爲楚分傍一小星爲長沙星今零陵乃自長沙郡析置則星分當從長沙爲楚地翼軫之分野　春秋戰國爲楚之南境秦并天下屬長沙郡寰宇記　漢屬長沙國武帝分置零陵郡屬荆州西漢志在武帝元鼎六年然漢書長沙王發傳應劭注曰景帝後二年諸

王來朝長沙王曰臣國小地狹不足回旋帝乃以武陵桂陽零陵益焉謹按景帝後二年先以武帝元鼎六年蓋三十有二年已先有零陵之號恐未爲郡之時已有零陵縣之名耳當攷初領縣十（曰零陵營道始安夫夷營浦郡梁冷道泉陵洮陽鍾武而泉陵即今之永州也）東漢領縣十三（西漢十邑之外又增置湘鄉昭陽烝陽三邑而泉陵即零陵郡治所居十三邑之首）東漢末曹公敗於赤壁蜀先主遂領荆州零陵屬焉（通鑑建安十三年劉備下武陵長沙桂陽零陵四郡）先主既得益州乃分荆州以湘水爲界長沙江夏桂陽以東屬吳南郡零陵武陵以西屬蜀（通鑑建安二十年）及關羽敗而零陵諸郡始盡屬吳（通鑑在建安二十四年）吳孫皓分零陵南部爲始安郡（甘露元年）又分北部爲邵陵郡（寶鼎元年）晉穆帝分零陵立營陽郡（梁改曰永

陽宋封晉恭帝爲零陵王國於此寰宇記在永初元年以爲三恪傳國四葉寰宇記南齊爲零陵郡南齊志零陵郡領縣七以泉陵爲治所梁陳皆爲郡寰宇記隋平陳置永州隋志云平陳初置永州因水以爲名元和郡縣志在開皇九年煬帝更爲零陵郡元和郡縣志在大業三年唐平蕭銑復置永州寰宇記在武德四年又割營道永陽爲道州唐地理志在武德四年改零陵郡天寶元年復爲永州乾元元年五代馬氏又割湘源灌陽二縣爲全州全州圖經在晉天福中其後劉言王逵周行逢更有其地零陵志　國朝平湖湘地地歸版圖九朝通略在建隆四年今領縣三治零陵

縣沿革

零陵縣 望

倚郭本漢零陵郡之泉陵縣漢武帝元朔四年封長沙定王子賢爲泉陵侯後漢郡治於此歷晉宋齊梁陳並無所改元和郡縣志云隋平陳郡廢爲永州改泉陵縣爲零陵縣自改泉陵卽移於此圖經云依舊屬永州又廢應陽永昌祁陽三縣入焉大業初復置郡於縣唐復置永州仍治於此

祁陽縣 中

在州東北九十里元和郡縣志云本漢零陵郡泉陵縣地吳分置泉陵縣於今治祁陽東北九十里屬零陵郡輿地廣記云歷晉宋齊梁陳並無改隋平陳廢入零陵縣唐地理志云武德四年析零陵置州正觀元年省四年又置零陵志云縣在祁山之南故曰祁陽

東安縣

在州西南一百二十里本零陵縣地湖南馬氏割據時以丙申歲置東安場國朝會要云雍熙元年置爲

縣寰宇記云太平興國七年陞爲縣而九域志亦在雍熙元年不同又零陵志云景德元年移今治所｜｜

風俗形勝

湘水一曲淵洄旁山元結浯溪銘湘江東西中直浯溪石崖天齊可磨可鐫元結中興頌文南去湘水八里去瀟水三十步寰宇記州因永水爲名元和郡縣志古泉陵一縣之地零陵志云隋置永州之後割營道永陽置道州馮乘爲賀州又析灌源灌陽二縣爲全州所存者惟零陵祁陽爾本朝雖析零陵增置東安爲三南接九疑北縣然大要不過古泉陵｜｜｜｜云接衡嶽舊經云云見白鶴山下背負九疑面傃瀟湘周中行撰元次山祠堂記居楚越間其人鬼且機柳宗元永州龍興寺息壤記無土山無濁水劉夢得云瀟湘間｜｜｜｜｜｜民乘是氣往往清慧而文清慧而文同上湘

川嘉致王仲詩｜｜｜｜有浯溪二水所會柳子厚湘口館記云瀟湘二水所會也九疑之麓柳子厚新堂記曰永州實｜｜｜｜｜豈獨草木土石水泉之適同上公之因土而得勝豈不欲因俗以成化公之擇惡以取美豈不欲除殘而祐仁公之蠲濁而流清豈不欲廢貪而立廉公之居高以望遠豈不欲家撫而戶曉然則韋公之立是堂｜｜｜｜｜｜｜｜｜｜｜歟山原林麓之觀歟環以羣山延以林麓即柳子厚陪崔使君游宴南池序云零陵城南｜｜｜｜｜｜｜｜｜｜其上多楓柟竹箭哀鳴之禽其下多芡芰蒲蕖騰波之魚游觀之佳麗同上柳文序云其崖谷之委會則泓然爲池誠游觀之佳麗也山水奇秀殆非中州所有宣和庚子倪均父題浯溪詞序零陵富山水而浯溪之名獨取重於天下三吾序云自元次山始也壓湘源之會郡守柳拱辰風土記地多螻蟻澤無黿鼉柳拱辰風土記競船舉棹則有些聲

樵夫野老之歌則有欸乃聲（柳拱辰風土記云些助語即楚詞之楚些欸乃即所以發歌即柳司馬所謂欸乃一聲山水綠者也）大舜南巡所憩之處（見晏公類要焦山下）浯溪水石爲湘中之冠（周中行撰元次山祠堂記）編木爲城（後漢書云零陵太守陳球先爲郡下濕土城不得乃｜｜｜｜）風浮俗鬼（柳集惟是南楚｜｜｜｜）山水之勝一經柳司馬品題遂號佳郡（零陵志序）貢香茅以縮酒（吳錄）永州於楚爲最南狀與越相類（柳文與李建書）瀟湘參百越之俗（柳文謝李吉甫相公啓云淮海劇九天之遙｜｜｜｜｜｜｜）左衽居椎髻之半可墾乃石田之餘（柳子厚代韋永州謝上表）

景物上

新堂（舊在九疑山之麓今在郡治因柳司馬之記而名之）愚亭（在愚溪）鑑亭（在郡治九

巖堂之後**梅亭**在郡圃**三亭**在零陵縣東山叢石林立有足佳賞唐元和中刱三亭於其間記亦柳子厚所作**西軒**在高山報恩寺有柳子厚記即唐僧覺照居寺時子厚所作也**南樓**在子城東下臨東湖**西亭**在零陵之法華寺柳文注遊法華寺遂登西亭詩注永泰元年元結自道州以事至永州愛其郭中有水石之異泊舟尋之得巖與洞以其東西遂以朝陽命名焉西亭即法華寺

||**東邱**在零陵縣之龍興寺事見柳子厚集**西山**在零陵縣西五里柳子厚愛其勝境有西山游宴記云過湘江緣染溪斫榛莽窮山之高則凡數州之土壤皆在袵席之下**永山**寰宇記在零陵縣南九十里州因山爲名**南池**在子城東柳子厚序云連山倒垂萬象在下橫碧落以中貫陵太虛而徑度今歲久湮淺半爲平地無復當時泛舟之趣矣**黃溪**據楚越之交其間名山水而州者以百數永最善永之名山水而村者以百數黃溪最善今在州北九十里**丹崖**在州南百里零陵隴下石色如丹唐永泰中有瀧水令唐節去官家于崖下自稱丹翁元結刺道州路出崖下見節甚重

之因爲作宅刻銘乳穴在零陵縣煙塘在州東北一百餘里其深不可測或云昔有民得一白鱔甚偉將烹之有老叟曰此湘江之龍耳恐禍及人怒以爲虛誕排之翌日一村俱陷瀟水在零陵縣三十步其源出道州九疑山中自道州界合湘水又云其間異勝處麻灘爲最湘水在零陵縣北一十五里源出桂州陽朔縣由衡陽入洞庭湘中記云湘水至清雖十丈見底兩岸石壁高者不啻千仞如武夷仙人換骨崑崙之類永水在零陵縣南九十五里出永山流入湘江浯溪在祁陽縣南五里唐上元中元結居此所以著中興頌刻之崖石顏眞卿書之結又爲晤臺庴亭石堂諸銘元祐間練潛夫爲笑峴亭記曰次山之意以爲好嗜與世異而我所獨也故以吾名之其言曰命曰浯溪旌吾之所獨有也又陳衍題浯溪圖云元氏始命之意因水以爲浯溪因山以爲峿山作屋以爲庴亭三吾之稱我所自也制字從水從山與广我所命也三者之自皆自吾焉我所擅而有也祁山在祁陽遠望如城壁與衆山裹其縣縣在山南以此號祁山愚溪在州西一里色如藍謂之染水或曰冉氏嘗居

於此故名冉溪又曰染水柳子厚更名曰愚溪作八愚詩紀于溪石上云**蒲洲**在州東十里瀟水之傍見子厚詩**蘭巖**王昭之神境記云丨丨山其路阻險絕人行跡有石室常有石如雙白鵠翔集其上復有孤松千丈石路松磴乃雲霞之中館矣**高溪**在州北九十里有唐叟者世居溪上乾德中一旦厭其喧雜謂諸子曰吾船居矣於是攜器用登舟而去覆以疎蓬生涯蕭然往來垂釣伏臘暫歸受子孫謁見而去如此僅三十年矣**泉陵**今之零陵本漢丨丨縣**湘南**柳子厚巖司空啓水州丨丨**石鏡**在中興崖石之側以水灑之能鑑鬚眉劉愿石鑑序曰以水澤之其光粲然若水行秋空而江山之盤紆草木之榮悴然皆不得所遁殆可數而有也**石鼓**在東安縣晏公類要云若鳴有軍旅扣之鳴者勝扣之不鳴者敗**化石**在州南八十里有石狀如人郡國志云昔淮南王兵敗被逐至此化爲石**焦山**晏公類要云在州西北一百里傳云是舜南巡所憩之處**大漫**湫名也在州北七十里湘水中其下有穴不知通何許每春夏江漲數百步外皆奔入穴中有聲如雷雖瞿塘

之險不是過也開寶中有崑崙沉水視之但見歷年所沉板木縱橫其間兩蚌大如車輪曰此此已有珠恨氣未充足耳

筆冢 懷素塔在州東五里有墨池筆冢見存

龍山 在東安縣寰宇記云山下有湧泉嘗有龍影見因號龍山云

鴉山 寰宇記在州南一百五里有徑石壘成形望之似鴉

義水 在州東南六十里昔有高士蔣羲居於此

賢水 在州南六十里昔秦時有賢士周正實居此

歸山 在州東四十里巋然獨立父老云秦始皇驅山山之際衆山皆行惟此山去而復歸

息壤 在州南故龍宮寺中狀若鳴吻色若青石自地出尺餘寺之初興欲除以為堂夷之益高凡役者俱斃自是人不敢犯子厚以為息壤所以埋洪水事非經見因為記以辟之

嶠道 通鑑章帝元和元年云交趾七郡貢獻路皆從東治郎閩中也風波艱險沉溺相繼鄭弘奏開零陵嶠道於是大為通濟

九洲 在州北一百七十里林木深邃麋鹿居焉

九巖 在郡治嵓出池中者凡九跨池為橋先賢題識具在又創九嵓亭於其上

都溪 水經注云｜｜水出春陵縣西有五溪俱會於縣有五色山山有一溪水

會於其間故曰丨丨。香茅輿地廣記云零陵縣自禹貢荊州貢菁茅磬石按荊州記云零陵郡界出石磬亞於徐州石屏出祁陽白鶴山

景物下

清源堂在郡治胡侯寅所建石林亭在郡圃環碧亭在郡圃覽秀亭在高山寺東廡瀟湘樓在子城西前指江山之勝衡州圖經云湘水陽海發源至零陵而營水會之二水合流謂之瀟湘小山堂在郡治雙鳳亭在州門石上有文隱然舞鳳之象南軒張栻爲之記三省堂在光華堂後魏國張忠獻公寓居時所建仍爲之記九巖亭在郡治萬石亭在州子城北有泉積而爲池池之東又有叢石嵌空峭拔綿亘數百步不可名狀唐刺史崔公能刱丨丨丨柳司馬爲之記云崔公嘗六爲二千石漢之三公秩號萬石漢有禮臣惟萬石君宗元敢專筆削以附零陵故事衆樂亭熙甯辛亥陶商隱罷西邑守還家太守蘇公袞邀遊東湖

坐新亭上而觴公俾陶敘衆樂之實**紅蕖堂**在東湖唐太和八年刺史李衢所刱**玩鷗亭**故基在州西恩波亭之右內翰汪公藻寓居時建有記見集中**故人亭**在州北瀟湘所會之地

思范堂在芙蓉館侍郎胡公建蓋東山乃忠宣故居榜乃南軒先生書**思賢堂**在州學繪周濂溪范忠宣范內翰鄒道鄉張忠獻共爲一堂傍曰丨丨**稽古閣**在州學內翰汪藻記彭侯合建大門而魏國張公爲之銘**詠歸亭**在教授廳張忠獻公寓居時所刱**楊柳源**在縣北七十里有鐵坑**香燈寺**在祁陽縣**鈷鉧潭**在州西五里卽冉溪別派也其間水石尤異柳子厚有記**黃華山**在東安縣晏公類要按寰宇記云有獵者見二鹿有人問云見二馬否答曰但見二鹿人云吾爲虞帝五至衡山與安上道士相聞是五馬也**黃溪水**在零陵縣東七十里蓋九疑之西境柳宗元遊彼愛其山水又有黃溪廟子厚黃溪記云神王姓莽之世也莽死更姓黃逃居此民爲立祠**白水山**在祁陽縣東南二百里山下有水飛如白練因以爲名**白水場**

在祁陽縣西四十里掌竹征霸國時稅竹四十餘萬竿以備戰船纜索國朝黃河橋索亦出于此加舊額數倍後悉委於縣場遂廢

朱砂坑 在州東八十里歷代採砂之迹具存故老云忽有人掘地得砂一塊大如數石甕自是砂遂絕

寶興場 在州每歲征鐵數萬斤

紫極觀 在州南五里與開元觀相並開元置有明皇金銅御容父老云常時刺史朔望皆先朝御容乃見寮屬

白鶴山 在祁陽縣舊經云南接九疑北連衡嶽昔白公奔避於此有元孫改姓屈名處靜於此得道

白鶴觀 今為天慶觀舊經云昔屈靜得道之處唐開元中改開元觀以處靜唐宏道元以屈靜乘鶴上昇在祁陽故移建焉今觀有一鐘會飛入江今以鐵鎖縻之

黃龍寺 在祁陽北宋昌鄉

黃羆嶺 在縣北三十里嵩鑿深邃熊羆居之

黃龍嶺 在州北二百里唐順宗朝有申天師者居其下即黃龍觀也

中宮寺 在浯溪本元次山故宅溪上猶有元氏居焉其前即次山及顏魯公祠堂又度香橋記曰三吳天下之佳山水也中宮禪寺乃元次山故宅

三門石 在州南巫江下與袁

冢渴相鄰**四望山**在州西北二百里最高頂上望往往見衡郡永道四郡上有應天寺**五色山**在零陵寰宇記云有五溪俱會於縣有五色山山有一溪五水會於其間故云都溪**九疑山**寰宇記及元和志並云舜之所葬按舜之所葬今屬道州蓋道州舊爲營道縣屬永州故耳**九龍巖**在東安縣北一百里有山嵓室九龍居之有壽聖院**九龍寺**在祁陽縣歸北鄉**萬石山**在零陵縣北二百步山多怪石下瞰碧沼唐元和九年刺史崔能樂是水石爲萬石亭司馬柳宗元撰記紀其事**多寶寺**在祁陽縣北郭外有鐘狀如鐔有文曰大爲山同慶寺鐘**獅子石**在浯溪口狀如狻猊又爲佳草所間而眉目鼻口視之儼然**石鷰山**輿地廣記云祁陽有石鷰山石色紺而狀似鷰或大或小若母子若雷風相薄則羣飛頡頏唐仲雍湘州記零陵有石鷰得風雨則飛翔如眞鷰風雨止還爲石也**石馬潭**在城北五十里湘水中有石狀如馬**石牌灘**在州北四十里其石皆片段聯綴狀如簰筏或云秦始皇造橋於海上有異人乘牌往助之始皇死遂棄去

石門嶺在州東五十里嶺半有雙石門其上崛起如城壁廣數里復有石如樓閣羚羊嘗往來其間

石鼓巖在零陵西南八十里湘水之壖有石如鼓故以為名

石室山寰宇記云山西臨湘水聳峻萬峯又元和郡縣志云在零陵縣呂蒙所築

石角山在郡東北十里連屬十餘小石峯奇峭如繪畫柳子厚嘗游而賦詩

石城山在城之東北柳子厚有上石城山記

苦竹山在祁陽縣東一百七十里山多苦竹故名

澮山巖在零陵縣南二十五里舊經云秦人周正實肥遯之地始皇累召不就遂化為石巖有二門中有澮山寺樓殿屋室隱隙罅中雖風雨不能及四顧石壁削成萬仞傍有石竅古今莫測其遠近目之者有長往之志黃山谷有二詩又巖中石壁所鐫先賢題識高下鱗次窮日之力乃能盡閱

福田嶺在州東北五十里與貨溪相近崖壁斗絕中有孤峯峙立望之一塔巋然可十餘丈故老謂之阿育王塔故名福田

秦川山寰宇記在零陵山之水聲如秦川水嗚咽

大陽山在州西二百四十里大陽水際

朝陽巖在零陵縣南二里下臨瀟江舊

云道州刺史元結以地高而東其門故以朝陽名之今所刊記猶在巖下有洞石澗自中出流人湘江亭臺凡十六所自唐迄今名賢留題皆鑱于石

華嚴巖 在州南三里有壽聖院傍巖巖碑刻略遍

丹霞館 在州西前臨湘水面西多落霞故以名之

霹靂琴 柳文｜｜｜贊引云零陵湘水西震餘枯桐之為也辭曰惟湘之涯惟石之危就伏之靈雲焚之奇既良而異爰合其美超實為之贊者柳子

景星觀 在州南五里南臨大江即女道士唐法信焚修之所

乳泉山 在州西北百四十里有泉垂流如乳

甘泉寺 在祁陽縣西北郭外有山前後相映泉湧其間極冷

太平寺 在州南二里本唐開元寺山谷有登慈氏閣詩見集中輪藏乃張忠獻公母夫人所建忠獻自為之記

承平洞 在州西百里林嶺深邃咸平間有雌野人當移苗時㚇入田中擒一少年負而去置於巖中與之臥起家人尋訪不獲既而逃歸

太平穴 在州城一百里穴中平野可以游樂故稱

仙居觀 在州東南五里本仙居閣明道中如真何氏縣人也見三女環坐井中遺以一桃受而食之自

是不復食頗能言人禍福郡人因爲建閣使居名曰封居閣嘉祐辛丑端坐而化正和四年准勑封冲懿眞人

靈隱寺在州西二里隔瀟水當崗皐回環之所前臨愚溪

瀟湘水輿地廣記云經零陵縣境

雷石鎮在州南百餘里當瀧水口有觸石聲如雷霆

畫錦鋪在祁陽縣南三十里

垂幔灘在州西南水行百里杭湘江之岸峭壁倚空不知幾千仞今遥望石壁皆如帷幔之狀下有灘謂之｜｜｜

零陵香生湖源葉如羅勒所生處香聞數十步唐世上供人苦之刺史韋宙奏罷

古跡

泉陵故城輿地廣記在今縣北二里亦晉應陽縣地惠帝分灌陽縣置隋省入零陵縣

故永昌縣在祁陽西八十里隋開皇九年廢

故祁陽城在縣東九十里隋開皇九年廢

之**呂蒙城**寰宇記云在零陵縣北二里昔呂蒙收瀟湘惟永州刺史郝普不降蒙築城以守之

象之謹按隋開皇九年平陳始置永州不應三國時已有永州刺史又通鑑漢獻帝建安二十年孫權遣呂蒙攻零陵零陵太守郝普城守不下則永州刺史四字後人誤書耳

有鼻墟輿地廣記在零陵縣象所封也

秦馳道在郡東八十里闊五丈餘類今之河道兩岸如削成夷險一致史記命天下修道以備遊幸即此也

袁家渴在州南十里嘗有姓袁者居之兩岸木石奇怪子厚記敘之

羅含巖在州北一百五十里或謂羅含湘中人嘗著山水記意是巖曾爲含所居也

丹崖翁宅元次山集｜｜｜｜銘序云零陵瀧下三十里得｜｜｜｜有唐節者曾爲瀧水令去官家於崖下自稱斗崖

元次山居漫郎宅即浯溪先生元次山居也紹聖間曹輔詩曰唔臺倚溪雲唐亭枕溪石水石競奇麗中有漫郎宅

柳先生祠堂在愚亭內內翰汪公藻有記

元次山祠堂在祁陽縣南五里浯溪度香橋記曰唐亭翼其左唔臺襟其右而有唐中興石刻屹立乎浯溪之側

舜帝廟在州城南八十步父老云舜南巡嘗憩於此今在零陵縣治之側祁陽亦有｜

｜｜湘娘廟在零陵

零陵王廟在州南舊經云魯國唐世旻字昌圖本零陵人年十七在郡為裔校唐季寇盜充斥世旻能擁州兵以全郡邑後為人所害湖南馬氏以王爵享之後朝廷亦累封焉

呂將軍廟在郡東一里即吳呂蒙也三國時初隸蜀孫權使蒙來攻軍令整肅人皆感悅為之立廟

舜葬九疑元和郡縣志曰舜葬九疑即此也

龍伯高冢在州西隔湘水一里見類要

官吏封建附

漢召信臣為上蔡令其視民如子超為零陵太守

龍伯高東漢時人馬援戒其子曰龍伯高敦厚周謹口無擇言後擢零陵太守楊萬里為作祠堂記

張羨東漢末｜｜為守十年甚得江湖間民心零陵志牧守門

楊璇東漢楊璇烏傷人為零陵太守時蒼梧桂林賊相聚來攻璇製馬車載石灰囊繫布索於馬尾又為兵車載弩尅期會戰馬車順風鼓灰賊不得視以火燒布布燃馬驚

奔突賊陣弓弩亂發羣盜駭散

沈豐 東都紀丨丨爲零陵太守到官一年甘露降芝草出

梁范雲 爲零陵內史在任潔己省煩苛去游費百姓安之

孫謙 爲零陵太守吏民安之先是郡多虎暴謙至絕迹及去官之夜虎卽害民

唐崔遜 柳文崔君遜序云崔既來其政寬以肆其風和以廉

崔敏 元和中爲刺史柳子厚紀其政曰修整部吏黜侵陵牟漁者數百人

柳宗元 爲永州司馬本傳

戎昱 爲刺史能詩有遠客歸去來在家貧亦好之句

李峴 孔氏六帖云峴爲零陵太守峴爲政得人心時京師米翔貴百姓乃相與謠曰欲粟賤追李峴

韋宙 爲永州刺史州負嶺傳餉艱險每飢人輒莩死宙始築常平倉收糴羨餘以待乏罷

馬從祐 丨丨丨五代龍德初爲刺史時尚軍旅而從祐獨獎進後學

蕭結 五季蕭結爲祁陽令不畏彊禦方暮春時有州符下取競船刺史將臨觀結怒批其符有秧開五葉蠶長三眠人皆迫忙撶甚閑船之語守憚其正直而止

本朝

李琯 琯當國初以著作郎知州時承五季後累政廢弛琯以身率下奉行詔條綱領大振

王顧

皇祐三年知永州六一先生萬石亭詩爲顧作也

尹瞻 成都志尹瞻嘉祐時通判永州永故無學瞻親爲諸生講說孔氏六帖

周頤 字茂叔號濂溪先生治平中通判永州嘗著拙賦今倅廳有拙堂取此名也

范祖禹 東都事略云紹聖初責永州安置

蘇軾 東都事略云紹聖中責昌化軍安置徽宗朝再徙永州

蘇轍 東都事略云哲宗朝爲門下侍郞轍以李清臣言熙豐事累責雷循安置徽宗卽位徙永州

范純仁 哲宗朝上疏忤章子厚意永州安置

鄒浩 東都事略云爲右正言崇甯時責永州安置

胡安國 紹興五年知永州

胡寅 紹興三年知永州並繫年錄

張浚 紹興七年分司永州十六年連州居住二十年移永州言行錄

羅長源 繫年錄云紹興十四年御筆除永道郴州四州桂陽監茶陵縣氏丁身錢絹米麥自馬氏據湖南四州始增丁賦至是｜｜｜知永州還以爲請故除之

方疇 中興小曆紹興二十四年疇爲武岡通判坐與胡銓通書得責永州

人物

鄭產 按楚國先賢傳云鄭產泉陵人爲白土嗇夫泉陵故城在縣北三里舊有白土鄉漢末民凡產子一歲輒出口錢人多不舉子產乃勸百姓勿得殺子口錢當自代出其郡縣爲表上言錢因得除更名白土爲更生鄉是也

蜀蔣琬 零陵湘鄉人爲蜀丞相見晏公類要

吳黃蓋 零陵泉陵人也赤壁之役建策火攻領武陵太守

蜀劉巴 烝陽人事劉璋璋迎劉先主討張魯巴諫不聽後巴卒葬岳陽因號巴邱云

唐史青 零陵人上書自薦乞五步成詩遂應詔作除夜詩云今歲今宵盡明年明日催寒隨一夜去春逐五更來

唐孝子 唐傑東安人生兩歲卽以知孝繼祖母蔣病目以舌舐之目輒有見劇賊犯邑傑號泣冒賊營負奪以出賊義而捨之母病刲肉以進卽愈父喪廬墓哀動山谷郡守以聞詔宣付史館郡守熊彥詩爲敘其事作丨丨丨贊

路振 皇朝路振祁陽人舉進士試卮言日出賦獨知所出太宗嘉之仕至知制誥嘗采五代史九國君臣事作世家列傳行於世

陳

亨伯 零陵人也名犯高宗御諱以字行徽宗朝爲廣西轉運使以忤蔡京罷欽宗朝守中山府爲兵馬元帥目圍入城爲堅守計城陷死之敵曰忠臣也殮而葬之弟適欽宗割兩河路敵命適諭旨適臨城亨伯遙語曰吾兄弟以名節自期甯能賣國乎適感泣曰兄但盡力勿以弟爲念後死于雲中

錢卽 言行錄云崇甯中帥鄜延童貫用事公力詆之貶永州安置

陳襄 有經筵薦士藁號古靈先生

蔣湋 零陵人山谷在宜州病革湋往見焉山谷大喜以身後事委君及卒湋爲具棺斂具舟送歸雙井鄒道卿謫永州湋從之遊道卿有韶州之行湋爲經紀其家其後楊萬里爲湋作傳

仙釋

秦周正實 丨丨丨丨屏迹遁世居於淡山成敗之數皆先知之始皇三召不起後尸解焉

漢屈處靜 丨丨丨丨祁陽人楚白公之後幼而悟道絕迹人表凡十二年一旦駕鶴而去

唐女眞法信 女眞法信姓唐氏零陵人喪夫入道居星星觀修煉二十年忽紫雲鸞鶴來迎遂輕舉

何仙姑　東軒筆錄云有何氏女幼遇異人與桃食之遂不飢能逆知人禍福世謂之何仙姑又曰皇朝類苑云潭州士人夏鈞過永州謂何仙姑而問曰世人多言呂先生今安在何笑曰今日在潭州興化寺設齋鈞到潭日於興化寺取齋歷視之其日有華州回客設供

唐僧懷素　丨丨丨丨零陵人素覩二王眞跡及二張草書而學之書漆盤三面俱穴贈之以歌者三十九人皆當世名流顏魯公爲之序有筆冢墨池

碑記

大唐中興頌　在祁陽浯溪石崖上元結文顏眞卿書大歷六年刻俗謂之磨崖碑又按練潛夫熙甯間作笑峴亭記曰次山文章道逕魯公筆畫渾厚皆有以驚動人耳目故中興頌寶之中州士夫家而浯溪之名因大著稱

峿臺銘　集古錄云唐元結撰書不著名氏峿臺巨石也銘以大歷二年刻又有庴亭東崖浯溪石堂四銘皆結撰眞書不著名氏大歷六年刻

朝陽巖記　元結所刊

記尚在巖下，自唐迄今，名公留題皆鑱于石。

小磨崖　山谷《浯溪詩後》人目爲｜｜｜。又王明清《揮麈錄》云：崇甯三年，黃魯直竄宜州，泊于零陵時，外祖曾空青坐鉤黨，先徙是郡，約遊浯溪，觀中興碑。太史賦詩，書姓名于詩左，外祖止之，云：某方爲流人，豈可出郊？公又遠從，豈可不過爲之防？太史從之，但詩中云：亦有文士相追隨，蓋爲外祖設。

秦少游中興頌碑　秦少游詩云：玉環妖血無人掃，漁陽馬厭長安草。潼關戰骨高於山，萬里君王蜀中老。

零陵志序　張埏

浯溪前集　李仁剛編

浯溪後集　侍其光祖編

詩

瀟湘水國傍黿鼉　杜甫酬高蜀州

流水傳湘浦，悲風過洞庭　唐錢起詩

湘江永州路，水碧山崒兀。古木暗魚潭，陰雲起龍窟　唐太和四年李諒湘中行

疾如奔羽翼，清可鑑毛髮　同上

石鸞

雨中飛霜鴻雲外別同上朝陽巖下湘水深朝陽洞口寒泉清零陵徒有先賢傳水石爲娛安可羨元結朝陽巖下歌零陵郡北湘水東浯溪形勝滿湘中元結扁舟欲到瀧口湍春水湍瀧上水難投竿來泊丹崖下得與崖翁盡一歡元結宿丹崖翁宅殘臘泛舟何處好最多吟興是瀟湘杜荀鶴詩草望零陵路千峯萬木中劉長卿送梁侍御竄身楚南極山水窮險艱柳子厚法華寺西亭寓居湘岸四無隣世網難嬰每自珍柳子厚從崔中丞過盧少府郊居縲囚終老無餘事願卜湘西冉溪地柳子厚冉溪詩冉溪卽愚溪也元和五年公易其名爲愚溪日晴瀟湘渚雲斷岣嶁岑柳文零陵春詩綠荷包飯趁虛人柳子

厚詩欸乃一聲山水綠柳子厚詩窗外秋聲湘瑟怨檻前行色楚帆飛開寶初補闕劉能奉詔之九疑維舟白沙驛懶向九疑岐路望渡頭雲雨正霏霏同上劉能詩天約羣山來附郭沈林題報恩寺詩遠山秋色捲簾看孟賓于題報恩寺詩唔臺倚溪雲唐亭枕溪石水石競奇麗中有漫郎宅曹輔詩零陵郡北雲帆落信美臺前江月明石淺風高灘瀨急孤舟一夜聽寒聲右常侍李當遇信美臺詩賢才思述作崖石尙磨礱元子詞華麗顏公筆跡雄祥符中臨賀太守周繕磨崖碑詩筆跡因難泯詞華詎可磨二賢名不朽千古著山阿同上周繕詩畫舫行春處瀟湘二水涯陶弼詩二江明月九峯雲雲月堂中

希靜人芙蕖池淺蛙迎雨鈷鉧潭空草送春陶弼希靜堂詩只今中宮寺在昔漫郎宅黄魯直浯溪詩青玻璃盆插千岑湘江水清無古今何處拭目窮表裏太平飛閣暫登臨朝陽不聞皂蓋下愚溪但有古木陰黄魯直太平寺慈氏閣詩淡山淡姓人何在徵君避秦亦不歸閬州城南果何似永州淡巖天下稀黄魯直題淡山巖兩首春至瀟湘水風鳴澗谷泉黄魯直玉芝園詩意行到愚溪竹輿鳴擔肩冉溪昔居人埋沒不知年偶託文字工遂以愚溪傳柳侯不可見古木蔭濺濺黄魯直同徐靖國到愚溪過羅氏脩竹園入朝陽洞詩零陵太守吟情逸惟過浯溪未有詩祁陽令齊術送永州守柳公拱辰歸闕術

送至白水夜夢一儒衣冠者曰我元結也今柳公游浯溪無詩而去子盍求之覺而心異之遂獻詩於公云云元公具述魯公書文象相參翼軫區語氣一時揚盛德詞鋒千古挫兖徒翟天翼詩臣姦雖杜前朝失國體終輕二子閑不使忠嘉傳後世祇將詞翰許元顏李徽卿書磨崖碑詩亭溪山號悉從吾占得聲光萬古無不似零陵柳司馬貶他好景亂名愚紹聖甲戌阮之武詩湘川嘉致在浯溪元結雄文向此題想得後人無以繼高名長與白雲齊皇朝永守王伸詩見紹聖問陳衍題浯溪圖水部胸中星斗文太師筆下蛟龍字張文潛詩巍巍顏魯公筆正心亦正凜凜元道州高節抱幽正洙泗釣翁詩唐室末應嫌季晚相爲

不朽有元顏（戴字中詩）元顏文字照浯溪神物于今常護持崖邊尚有堪磨處留刻中興第二碑（紹興五年李益虛詩）湘江東西中浯溪雲埋雨洗三吾碑（紹興丁己黄次山詩）湘裏難爲別湘江易得秋（熊祠部詩）三頌遺音和者稀丰容甯有刺譏辭絶憐元子春秋法却寓唐家淸廟詩（范成大詩）魯國筆端昭日月次山書法得春秋（郡丞趙不息詩）地老天荒元子宅煙霏霧結魯公碑（楊長孺詩）柳侯好倔奇頗類元道州遂令舂陵行至今猶風流（楊永節詩）

四六

地連楚越水合瀟湘元次山之遺蹟柳子厚之芳聲

事迹 零陵雖小有社有民（見下）往讀中興之頌無亡平日之音竹馬懽迎相望數舍（並胡安國知永州制）春洞暖而石鼈生夜火明而天蝦落（柳拱辰風土記）況二水之分邦乃九疑之舊麓後依列嶂前瞰重江家閑禮義而化易孚地足漁樵而人皆樂（曹中丞永州謝表）地極三湘俗參百越（柳子厚代韋永州表）地產香茅山藏石鷰（記室新書）

輿地紀勝卷第五十六

輿地紀勝卷第五十七 文選樓影宋鈔本

東陽王象之編　甘泉岑鎔 淦 長生 校刊

荆湖南路

郴州　靈壽　宜章　郴義

綠水　盧陽

州沿革

郴州 中 桂陽郡軍事九域志 禹貢荆州之域晏公類要 翼軫之分野史記天官云翼軫爲楚分 春秋戰國時屬楚秦屬長沙郡甄烈湘中記云秦始皇二十五年併天下分黔中以南爲長沙 項羽徙義帝於長沙都郴即此地也通鑑漢高帝元年項羽陽尊懷王爲義帝曰古之帝者必居上游乃徙義帝於江南都郴漢書項羽傳曰徙之長沙都郴 漢高祖分長沙南境立桂陽

郡領縣十一郴屬荆州東漢地理志與西漢同三國時吳蜀分荆州以湘水爲界長沙江夏桂陽以東屬吳通鑑在建安二十年晉屬江州通鑑惠帝元康元年又屬湘州晉懷帝永嘉元年分諸部置湘州桂陽郡預焉宋齊梁皆子弟爲桂陽王宋有桂陽王休範隋平陳廢桂陽郡立郴州因漢縣名也隋志云平陳置寰宇記云因漢縣名也唐平蕭銑置郴州寰宇記在武德四年改桂陽郡天寶元年復爲郴州乾元元年五代時馬氏劉氏王氏周氏更有其地零陵志國朝平湖湘地歸版圖九朝通畧在建隆四年中興因之舊領縣四甯宗時溪峒擾攘創置資興縣今領縣五治郴縣

縣沿革

郴縣 緊

倚郭元和郡縣志云本秦漢長沙郡地漢高祖分長沙南境置桂陽郡治郴縣莽曰宣風隋平陳改桂陽郡爲郴州郴縣屬焉大業初復隸桂陽郡唐隸郴州寰宇記云晉天福初避廟諱改郴州爲敦州改郴縣爲敦化漢初州縣名悉復舊

桂東縣 中

在州東二百里元和郡縣志云本漢郴縣地至東晉始分郴縣置汝城縣屬桂陽郡郡縣亦屬焉寰宇記云陳文帝太建五年改汝城縣爲盧陽縣及置盧陽郡陳志云隋平陳廢郡元和郡縣志云隋改爲盧陽縣唐天寶改爲義昌輿地廣記云後唐改爲郴義國朝會要云太平興國元年避太宗諱改爲桂東縣

永興縣

在州北九十里元和郡縣志本漢便縣地晉省陳復置至隋省入郴縣唐開元十三年宇文融奏割郴縣北界置安陵縣天寶元年改爲高亭縣國朝會要云熙寧六年改爲永興縣

宜章縣 中

在州南八十五里元和郡縣志云本漢郴縣地隋大業末蕭銑析郡縣南界置義章縣屬郴州唐因而不改開元二十二年自縣北移於今理卻據騎嶺前臨大江國朝會要云太平興國元年避太宗舊名改爲宜章

資興縣 元和郡縣志爲中下縣

在州西一百二十里元和郡縣志云本漢郴縣地後漢於此置安寧縣吳改曰安陽縣晉改爲晉寧縣至隋省開皇十一年又改爲晉興縣唐貞觀中廢咸通二年又改爲資興南俯來江北帶長嶺皇朝縣廢失其年月寰宇記有資興縣九域志無資興縣則是廢在於太平興國至熙寧之閒中興以來寧宗開禧嘉

定開湖南溪峒李元勵平因舊縣名爲資興縣

風俗形勝

其地多崇山大澤引衡嶽而帶九疑中州清淑之氣蜿蟺鬱積于其間亦天下佳山水處也郴州興造記

郴陽自唐以山水名天下有沈杜韓柳相繼發揮之郴江前集序

郴州古桂陽郡也在湘之東南五六百里其地皆山谷實嶺之北麓也當五嶺未開之時郴爲南方極遠之地今南有廣西有桂廣桂猶爲善部則郴可知張浮休百詠詩序

州在百重山之內張浮休南遷錄

郴之爲州北瞻衡岳之秀南直五嶺之衡陳純夫郴州學記

郴爲湘楚之上游也郡守麥伯裕郴江前集序

郴環山而爲州在海嶠之北衡湘之南練亭甫靈壽山記

郴

之爲州無以異乎中邦薰蒸太和生齒蘩夥練亭甫天堂山塔記郴州之山川深閎氣象清潤控扼交廣襟帶湖湘誠一佳郡阮閱休跋郴山奇變兮間見層出郴水清駛兮浤浤汨汨郡教授石才孺忠靖王廟記詞昔杜草堂慨橘井之淒清韓昌黎詫北湖之空明二公筆端有神鈎抉郴江景象殆無遺賞李□□郴江續集序郴古郡也號爲楚之上游而實嶺麓斗僻之地吳仲權皇華館記郴爲州其山奇變其水淸瀉其氣宛潬旁薄其民魁奇而忠信洪內翰重建城門樓記郴古桂陽郡地其民俗愿朴而勁朱伯潛剛仲社稷壇記郴之爲州又當中州淸淑之氣蜿蟺扶輿磅礴鬱積其水

土之所生神氣之所感意必有忠信魁奇才德之民生其間韓昌黎送廖道士序南方之山衡山為宗衡之南八九百里其最高而橫絕者嶺郴之為州在嶺之上側南其高下得三之二焉中州清淑之氣於是焉窮同上郴山奇變其水清瀉韓文郡濱南州風俗脆薄許荊傳悼楚懷之徙嘉唐相之節敘三賢之政績紀三仙之功行李若谷郴江集後序蠟屐東山誦劉公之忠擊楫北湖味韓子之窮吳仲權弔古賦

景物上

郴水在郴縣南四十里源出黃岑山至郴口耒水灌田二百四十頃即韓愈所謂其水清瀉泊沙倚

石是也北溪入洞庭湖**章水**元和郡縣志云在宜章縣之北六十五里**耒水**輿地廣記云桂陽縣有耒山耒水所出也東北過便縣耒陽縣及酃縣注于湘水**耒山**在桂陽縣南十里四面孤絕漢地理志云郴有｜｜寰宇記云｜｜在郴州**龍泉**在郴縣西五里分三派流城中一出劍泉今崇德河入郴州一出通波堰過郴縣自烏石入郴水一自光孝寺後出仙鶴橋出城北永慶寺前入郴水灌田**騾岡**郎武丁岡其友人見仙人乘白騾今石壁上有騾跡故名其岡曰騾岡**燕泉**在城西以燕來時泉生燕去時涸極清冷葆眞居士折彥質居郴時鬋茅爲亭**羊山**郴江志載安陵廢縣碑云豹江之北羊山之西**桂水**在郴縣西南六十里合耒陽水**橘井**在漢蘇仙君宅傳云仙君將去世謂母潘曰明年郡有災民大疫母取橘葉井飲之水如期疫果作郡人憶前言競詣飲下咽即愈**莽山**在宜章縣西南百一十里接英韶界延袤六十里有九十九山舊碑言山形如寒蘆在宿莽中故名長編慶歷六年冬十一月猺賊遁入郴州黃莽山恐即此山**孤山**在桂陽縣南獨孤秀

圓泉在永興縣南十五里陸羽著茶經定水品張又新益爲二十||第十八潮水在永興縣西舊經云清冷瑩徹日夜兩潮後鑿渠引水彌年不潮淚井郡國志云郴州有潮井又黃岑山有||一日三湧摺嶺在宜章縣北三十五里圖經云路登陟盤旋摺疊故名摺嶺愈泉在城內愈泉坊湘中記云清冷甘美故曰甘泉人患疾飲之立愈唐天寶中改爲||旦山在宜章縣太平鄉武水在宜章縣出臨武縣西畱硐元和郡縣志云在郴縣北二十三里出偃鼠如牛將爲災乃出畝畝散落其尾悉爲小鼠嵐嶺輿地廣記云在宜章縣石室輿地廣記云在郴縣室有鐘乳上悉生靈壽木下有千秋溪槃澗在宜章縣劒泉在城內康泰坊渠泉中石罅閒躍沙而出浮休張居士刻銘其上熱水在桂陽縣東一百里爽益將水作兩泉眼一出石穴一出沙中其沸如湯不可跣涉熱石輿地記云臨武縣有||置物其上立見焦爛寒泉在郴縣南三十里源出黃岑山灌田三十頃春夏尤冷故曰寒泉唐天寶六年改爲黃岑水流入郴水溫

泉去郴縣北十餘里平地湧出如湯不可插手沐浴可以已瘍 溫水元和郡縣志云在郴縣北常溉田十二月種明年三月熟又一歲三熟又東漢志注所引荆州志亦同 貪泉元和郡縣志云橫溪水俗謂之｜｜飲者輒目於貨財今在郴縣寰宇記云同於廣州石門｜｜矣 窮水在黃沙寨之側凡四傍小澗水皆匯入于穴深不可測故名 漏天在宜章縣西一百二十里與桂陽縣接境萬山環合多雨少晴 漉水元和郡縣志云自楊侯山注來輿地廣記云｜｜出郴縣東注于程鄉溪 程鄉吳錄云｜｜出酒輿地廣記云在郴縣之｜｜溪昔置官醞于山下名曰程酒獻同酃酒焉

景物下

中和堂在州治 清淑堂在州治 仰賢堂在州治 思政堂在州治 誠意堂在州治 修己堂在倅廳 流憩亭在倅廳 覽秀閣在倅廳 黃相山在郴縣東南九里郡國志云｜｜｜嶺上有池地多衆鳥產乳人取輒迷路置之乃可去

觀音巖在永興縣仙人壇湘中記云郴縣馬嶺山上有｜｜｜道人山寰宇記在資興縣君子嶺在桂陽縣雲秋山在郴縣東北二百餘里山川黯慘俗號秋山雷溪山在郴縣東六十里雲秋水在郴縣源出雲秋山雕玉山在宜章縣遠望色如雕玉話石山在郴縣西北六十里郡國志云話山孤石特竦仙人於此談話又湘中記云常聞山間如人語聲因號｜｜｜寶雲山寶蓋山在郴縣東四十里玉履石在宜章縣東四十里俗傳越王渡水遺玉履于岸石舍山在桂陽縣北二百餘里山有石室因名石峯山在桂東縣屋嶺山北即耒山耒水所出屋嶺水在桂陽縣南六十里出屋嶺山下通流合韶州仁化大江至曲江下廣州窊尊石在江畔浮休先生有刻銘彈子巖在永興縣郴江志云李廣彈子巖黃岑山在郴縣南三十里上有浪井三日一湧寰宇記云一名黃箱山即五嶺之一從東第二騎田嶺也黃沙水即潦溪水黃袍水在郴縣東北百

餘里下至百斛村**清溪水**在郴縣源出靈壽水**白石渡**在宜章縣**綠溪水**寰宇記云水如眞綠可以染色**高亭山**在永興縣西三十里縣舊名高亭因此山也**白虎岡**郎武丁岡也**白豹山**在永興縣西九十里又有白豹水源出丨丨丨**白鹿洞**在蘇仙山口**烏龍白驂山**在永興縣寰宇記引湘中記云汝城縣東有丨丨丨丨丨遠望有黑石如龍白石如馬兩面羅列故號曰丨丨丨丨丨**棲鳳水**在郴縣北五十里自桂陽軍甘陂出**檐魚嶺**在桂陽縣**鹿角巖**在桂陽縣**龍宮灘**韓文宿丨丨丨浩浩復湯湯灘聲折更揚奔流疑激電驚浪似浮霜灘不詳所在詩意則公自陽山徙掾江陵與張功曹竢命于郴而作**龍耳山**在永興縣西二十餘里**騾溪水**在郴縣西三十里源出迷穴水口有石狀如騾因名**馬嶺山**寰宇記云在郴縣湘中記云永興縣南有馬嶺山蘇耽升仙之後其母每來候之見耽乘白馬飄然故謂之馬嶺**長安水**在郴縣西南六十里源出鬱鳳山水側舊有長安館因名**長樂**

水在宜章縣出莽山

久留岡在郴縣東北二十里郡國志漢太守衛颯能郡還京父老留戀送別于此故日久留岡

桄榔山在宜章縣舊多丨丨木奇石

楊梅堂在郴縣兜率巖中有洞方廣如堂皇可容百人有二盤石泉水湧出纍纍如楊梅

桃花湯在宜章縣西六十里九域志云冬夏常暖

洞靈山在桂陽東十餘里有洞穴

王翕山在宜章縣

古鉧泉在郴縣東百餘里山下有一泉方圓十餘里泉傍石壁峭立其泉深邃清澄莫測名曰古鉧泉

酒官水舊名醽醁水在郴縣吳錄并郡國志俱云郴程水鄉出美酒晉太康地理志云水味甘美南史任昉嘗云酒有千日醉劉杳云桂陽程鄉有千日酒飲之至家而醉

野石巖在宜章縣北十餘里臨官道石崖壁立其傍

大章小章水出王翕山之東流至縣北二十五里合流至靈石合白清水至三沌合遼水長樂水武水

孤山水在桂陽縣東一十七里屈曲流一百五十里至將入上猶縣合江通船至贛州

五蓋山在郴縣東南六十里湘中記云山有五峯望之如蓋鄉人每歲

以雪占年豐云五蓋雪普米賤如土雪若不均米貴如銀**七里谷**在桂陽縣西四十里**九疑山**寰宇記臨武縣有｜｜｜其山峯數有九秀峙若一**百丈山**在桂陽縣舊名義通山**百斛村**在郴縣**千秋水**在郴縣南三十里源出萬歲山湘中記云出萬歲山與溪合故曰千秋水抱朴子云飲｜｜｜｜不死即此也**萬歲山**在郴縣郡國志云｜｜｜｜有靈壽杖漢平帝賜孔光靈壽杖出於此山天寶六年改爲靈壽山寰宇記云有圓泉一邊冷一邊暖**羣玉林**在宜章縣**靈壽山**輿地廣記云在郴縣即萬歲山也**流富巖**在桂陽縣**延壽場**在桂陽縣**萬王城山**在桂陽縣東北抵龍泉

古迹

郴侯山在郴縣漢昭帝四年封楚王孫暢爲郴侯因名**三翁塞井**在郴縣土富山郡國志云土富山有銀井鑿之轉深於半道見三老翁以杖授之忽不見覗其杖悉是銀因名爲｜｜｜遂廢

井

劉相讀書堂桂陽守劉彭老有詩云湖光渺渺浸朝霞十里中存舊相家

伏羲廟在郴縣

堯帝廟在郴縣

義帝廟九域志

女郎廟韓文郴州祈雨乞雨女郎魂炮羞潔且繁廟開鼯鼠叫神降越巫言旱氣期銷蕩陰官想駿奔行看五馬入蕭颯已隨軒

義帝陵九域志元和郡縣志云義帝祠在郴縣南一里墓在縣西一里

官吏

衛颯後漢范曄傳循吏舉天下郡國歷三百餘年方得十二人桂陽幸有其三河內衛颯南陽茨充會稽許荆皆以桂陽政得名郡與交州接境頗染其俗不知禮颯下車修庠序之教期月邪俗從化

茨充代衛颯爲桂陽亦善其政教民種殖桑柘麻紵之屬勸令養蠶織屨民得利益

許荆爲桂陽太守郡濱南州風俗脆薄不識學義荆爲設喪紀婚姻制度使知禮樂縣人有爭財互訟者荆對之嘆曰教化不行咎在太守乃使吏上書乞詣廷尉爭者感悔求受罪

楊於陵當淮西用兵高霞寓怯懦

不進於陵於上前疏陳霞寓遲遐出爲郴州刺史其爲郴州躬勤於治不以卑遠爲薄

李吉甫 爲刺史誅破姦盜窩穴治稱流聞

張勳 乾德二年衡州刺史||與丁德裕潘美帥兵攻郴州克之勳爲郴州刺史長編

唐介 字子方仁宗朝爲御史裏行以論張堯佐及宰相文彥博貶介英州別駕尋徙監郴州酒稅見事畧

周茂叔 郴令移桂陽令皆有治績

劉奉世 字仲馮儆之子也元祐僉書樞密院事後坐元祐黨責光祿少卿郴州居住中丞邢恕劾奉世再責郴州安置事畧

秦觀 字少游元祐蘇軾以賢良薦于朝紹聖初坐黨籍安置郴州事畧云

阮閱 阮美成名閱政和中在郴州喜吟詠時號爲阮絕句今阮戶部詩集是也事見合肥志又閻孝忠有寄郴州阮戶部詩

曹輔 徽宗朝除秘書省正字上書得責郴州言行錄

折彥質 中興遺史云紹興十五年初趙鼎爲相屢薦彥質秦檜以彥質爲鼎所引郴州安置

李光 紹興二十五年秦檜之死自昌化軍安置移郴州安置光年八十矣繫年錄

陳師錫 建甯人與陳瓘等在言路時號七諫以殿中侍御史言事

責衢州監酒後安置郴州 **張舜民** 謫監郴州酒稅有百韻詩

人物

胡騰 桂陽人爲竇武掾坐武死行喪禁錮及黨錮解官至尚書 **谷儉** 桂陽人晉元帝時舉茂才除中郎不仕 **唐孟琯** 郴人舉進士嘗著嶺南異物志韓愈以詩送琯稱其爲文 **劉瞻** 桂陽人方懿宗怒韓宗紹諫官御史依違退縮莫敢言者公拜疏固爭竄逐海上瀕死而不悔卒還朝列復秉鈞軸其餘烈遺風至今照人耳目唐史臣謂公公行己終始全潔信不誣矣 **皇朝曹靖** 郴人嘉祐中爲益陽令有美政仕至尚書比部郎知賓州事見黃庭堅文集曹侯善政頌云

仙釋

蘇仙 前漢蘇耽者長自郴邑稟性秀異幼則適野初因牧牛得與仙遊每於虞芮之畔遂有閑原之田縣人王懷陟周值羣鶴乃跪白其母潘氏曰忝在仙籙又逢眞侶迫以騏驥之便切以庭闈之戀兒橋

井愈疾爲取給之資藥苗蔬畦爲調膳之費有關就養將昇上清又輿地記云昔有仙人蘇耽入山學道因號曰蘇仙山今山上有巨石曰沈香石圖經云蘇仙山在郴縣東北七里中嘗蓄雲霧沈佺期有蘇仙詩

武丁岡在郴縣西南五里桂陽先賢傳後漢仙人成武丁葬此其友人見仙人乘白騾去

武就爲吏議所侵貶郴縣尉地有南嶽靈仙遺跡於是浩然自得與道爲徒且曰窮通在吾靈龜耳外物其如予何權載之集

唐居士長慶初山人楊隱之在郴州有｜｜｜土人謂百歲人楊謁之因留止白氏六帖云

廖師韓文送廖道士序云｜｜郴民而學於衡山氣專而容寂多藝而善遊豈吾所謂魁奇而迷溺者耶

智儼師智儼曹氏子世爲郴之右姓在孕不嗜葷成童不嗜戲生九年爲僧抱經笥入岣嶁山從名師執業曹王皐鎮湖南請爲人師登壇三十八載得度者萬有餘人劉禹錫集云

碑記

義帝碑在義帝廟

詩

滔滔武溪一何深後漢馬伏波武溪詩兹山界夷夏天際橫寥廓梁江文通淹自樂昌郡泝流入郴故鄉臨桂水今夜渺星河張曲江旅宿淮陽亭飄飄桂水遊悵望蒼梧暮杜工部送崔舅錄事攝郴州朔風吹桂水杜工部夜雪懷盧侍御郴州頗涼冷橘井尚淒清杜工部送舅氏之郴雲橫秦嶺家何在雪擁藍關馬不前韓愈左遷至藍關示姪孫湘山作劒攢江瀉鏡扁舟斗轉疾於飛回頭笑向張公子終日思歸此日歸韓愈郴口詩梅嶺寒煙藏翡翠桂江秋水露鰅鱅同上游鱗出陷浦唳鶴遶仙岑風起

三湘浿雲生萬里陰柳子厚和楊侍書郴州夏日登樓旌節下朝臺分圭從北同城頭鶴立處驛樹鳳棲來劉禹錫詩注蘇寂傳云後化爲仙鶴止城東北隅按鳳麟圖經云常有威鳳降于寒梧也新辭金印拂朝纓臨水登山四體輕猶念天涯未歸客瘴雲深處守孤城劉禹錫南方足奇樹公府成佳境綠陰交廣除明豔透蕭屏劉禹錫和郴州楊侍郎玩齋紫薇花詩歸日併隨迴鴈盡愁腸正遇斷猿時桂江東過連山下相望長吟有所思劉禹錫酬柳儀曹贈別地盡湘南戍山分桂地林火雲三月合石路九疑深戴叔倫過郴州詩孤舟上水過湘沅桂嶺南枝花正繁戴叔倫送人郴州義帝南遷路入郴國亡身死亂山深不

知埋恨窮泉後幾度西陵片月沈胡曾郴縣詩洞庭波渺渺君去弔靈均幾路三湘水全家萬里人劉文房送李侍御貶郴州毒霧郴江闊愁雲楚驛長羅昭諫郴江遷客詔移丞相木蘭舟桂水潺潺嶺北流青漢夢歸雙闕曙白雲吟過五湖秋許用晦答李相公移拜郴州南土殊風氣冬林葉盡丹越天無雁度楚澤有龍蟠張少愚郴州道詩浮舟始興廨登踐桂陽郭沈佺期行入郴州郴江幸自遶郴山為誰流下瀟湘去秦少游到郴州詞橘井蘇仙宅茶經陸羽泉張舜民｜｜｜｜｜｜｜｜｜｜｜｜萬峯圍雉堞二水匯城隈義帝憑祠宇梅眞隱市鄽張浮休郴江百韻何處轉添孤客恨兩溪流水一城花張浮休東山寺詩人

傳桂嶺與郴關南北相望一水間張浮休寄桂陽鮑年兄瘴嶺只將梅作雪湘山今見麥爲春陳了翁自廉到郴無水不如三峽險有山皆似七閩深阮美成千峯險似三川峽一水聲如八月潮同上一溪清泚萬峰環人過重重紫翠間綠竹喬松三十里雲中猶未見蘇山阮美成萬壑深連郴水出千山高擁石門開阮美成石門詩嶺南爲貪泉飲者生貪黷嶺北爲愈泉宿病皆袪逐張浮休貪泉詩越絕孤城千萬峰空齋不語坐高春印文生綠經旬合硯匣留塵盡日封柳儀曹寄周韶州百紫千紅一徑深臙脂爲地粉爲林有人來問春何在向道花間無處尋阮美成藏春亭

三仙一相有遺風清淑誰言到此窮寄語郴陽忠信士得名端合謝韓公阮美成清淑堂詩詹楹山影水光中攜酒時來伴釣翁四岸煙雲芳草綠一欄風雨落花紅阮美成湖亭溪東舊觀仙人宅城北高樓刺史家阮美成北園巒雲瘴雨千峯外邑屋人家十里間阮美成南樓郴陽古名邦四座拱山色秀氣鍾異人闤闠儼仙宅閻孝忠寄郴守阮戶部不辭遠作瀟湘客且入三仙洞裏來閻孝忠過石門詩橘柚人家黃壓帽松篁僧寺翠爲鄰閻孝忠遊東山寺城上危亭可摘雲四邊山色翠爲鄰下窺城郭無餘蘊草色花光盡是春閻孝忠俯春亭東帶連山接五羊西分郴水

下三湘路人到此休南去嶺外千峯盡瘴鄉閻孝忠黃相山醒心亭下水涵天吏部風流三百年羅□□遊北湖詩靈橋無根井有泉張文潛蘇仙宅詩蘇仙宅古煙霞老義帝墳荒草木愁千古是非無處問夕陽西下水東流沈彬東山詩家鄰漢室眞人宅路入唐朝宰相鄉百歲峯前秋色靜三賢祠下菊花香朱國器過石門得移郴嶺清涼地幸免邕江瘴癘侵張浮休南遷錄始意鍾陵參馬祖卻尋橘井訪蘇仙朱丞相述懷郴嶺最高處桐軒臨水開晚晴東北望直見鬱孤臺朱丞相浦溪地藏堂中坐天鵝嶺下行朱丞相浦溪詩石橋步月公居後橘井烹茶我在先折樞密晉題寓居郴

山峩峩水濺濺清淑之氣鍾神仙李泰發靈壽杖歌北望三湘西九嶷箇中無處不嶔崎黃夢得廖老贈靈壽杖燕居九見歲華周晚得湘湖斗大州王希居送丁端叔守郴州山來分楚越水落會蒸湘丁端叔逢贈尹推官攝邑永興地高風易作天漏雨偏多訪橘蘇仙井看碑義帝坡王道原恕郴陽郡事太守班春五嶺邊王恕次韻立春日憶惜韓退之南征過吾州持觴看又魚妙句落芳洲王恕次韻地俯梅谿新棟宇源通橘井近煙霞商侑再題玉雪詩郴山足奇變其水復清美張栻送吳仲權還郴漁笛同寒浦樵歌入暝煙張浮休百韻亂山深處出樓臺秋入羣松萬壑哀嵐翠逼人清似霧灘聲落石響如

雷郴江集潘都尉正夫悟性寺賢如贈扇揚風日貧似關門臥雪時郴江志閻孝忠袁氏書堂記人世幾番更面目仙山依舊鎖煙霞郴江集郭震蘇仙山詩

四六

惟郴古郡號楚上游中州淑氣之所鍾前輩鉅公之繼出吳仲權移學上梁文橘暗蘇仙之井苔荒義帝之碑楊侍講冏丁守到任啟地藩青茅水涵丹桂記室新書自楚都而析壤因桂水以爲名郴守齊光乂唐安陸縣碑

輿地紀勝卷第五十七

輿地紀勝卷第五十八　文選樓影宋鈔本

東陽王象之編　甘泉岑鎔淦長生校刊

荊湖南路

道州

江華　九疑　營道　春陵　營陽　南營

州沿革

道州　中　江華郡軍事　九域志　禹貢荊州之域　十道志晏公類要並同　舜封象於有庳國卽其地也　寰宇記　楚越之分翼軫之星　圖經云世以楚地爲翼軫零陵入軫十一度而江華析白馬乘舊隸蒼梧蓋越地也由唐而上郡境實楚地至益以馮乘則有越焉　春秋及戰國皆爲楚南境　此據寰宇記零陵郡下而圖經以爲荊州南境越之北境有小不同　秦屬長沙郡　元和郡縣志　漢武

帝分長沙置零陵郡漢書地理志在元鼎六年屬荆州部寰宇記東漢因之寰宇記吳分零陵郡置營陽郡今州是也元和郡縣志又寰宇記云吳寶鼎元年分零陵北部爲營陽郡始理營浦今郡是也輿地廣記及晉志並以爲晉穆帝分長沙零陵營陽等八郡立湘州則是懷帝時已有營陽郡矣非置於穆帝也恐中間廢而後復置姑兩存之以郡在營水之南因以爲名元和郡縣志南齊營道郡領縣四見南齊地理志梁改永陽郡寰宇記在天監十四年隋平陳郡廢併其地入永州寰宇記唐平蕭銑置營州唐書志在武德四年改南營州唐書志在武德五年以其北有營州故改爲南營州隸潭州總管府寰宇記潭州下載在武德四年隸江南道太宗正觀三年尋改道州唐志在正觀八年州廢入永州唐志在正

觀十七年復置道州唐志在上元二年寰宇記載在乾元元年不同然自上元二年卽繼以乾元元年恐申請於上元而復置於乾元耳隸湖南道雖無年月可攷然元和郡縣志載在湖南觀察使下則隸湖南在元和已前矣五代馬氏劉氏王氏周氏更有其地零陵志國朝平湖湘其地復歸版圖通略在建隆四年今領縣四曰營道曰江華曰寧遠曰永明治營道

縣沿革

營道縣 緊

附郭元和郡縣志云本漢營浦縣隋改永陽縣正觀八年省入營道置道州以縣隸焉天寶六年改爲洪道縣寰宇記亦在天寶六年又唐志云營道縣天寶元年更名洪道年月小不同輿地廣記云國朝建隆三年復曰營道九域志云熙寧五年省永明縣爲鎭入營道輿地志又云元祐二年復置永明縣

甯遠縣　緊

九域志在州東七十五里寰宇記云本漢泠道縣地屬零陵郡今縣東四十里泠水東故城即漢泠水所理隋廢泠道入營道唐武德四年移營道附郭唐志云於此置唐興縣長壽中改爲武盛神龍中爲唐興天寶中爲延唐寰宇記云梁爲延昌後唐爲延唐晉改延熹國朝會要云乾德二年改爲甯遠又云三年廢大歷來屬

江華縣　緊

九域志在州南九十里元和郡縣志云本漢蒼梧郡之馮乘縣地馮乘故城在縣南七十里今馮乘市在賀州之富川縣地至隋不改武德四年分馮乘縣置江華縣屬營州正觀八年屬道州唐志云武德四年析賀之馮乘縣置江華縣文明元年曰雲漢神龍元年更名有錫圖經云神龍元年爲江華小有不同

永明縣　上

元和郡縣志云在州東北一百一十里本漢營浦縣隋改爲永陽縣武德四年移於州西南天寶元年改爲永明因永明嶺以爲名國朝會要云熙甯五年省永明縣爲鎮入營道元祐二年復置

風俗形勝

郡城營水之南元和郡縣志云以｜｜｜故名營州　庳國之地輿地廣記　波溪之陽亘九疑爲長沙漢書表　南楚之表道爲名郡掌禹錫鼓角樓記　湘水導其源疑山盤平險南控百越之徼北湊三湘之域掌禹錫鼓角樓記　元陽二賢掌禹錫壁記　唐室多以名儒刺部陽城以優政擅其美元結以雄藻推其高掌禹錫鼓角樓記　李唐開國多聞人刺部掌禹錫壁記　地居越徼俗兼蠻左掌禹錫壁記　僻在嶺隅永泰二年元次山請于朝曰臣州｜

｜｜｜其實邊裔春陵志與五嶺接有炎熱而無瘴氣寰宇記俗尚韶歌晏公類要云｜｜｜｜因舜二妃泣望瀟湘號曰湘夫人又云湘君遂作此辭其來尚矣島夷卉服晏公類要引風俗記云別有山傜白蠻倮人三種類與百姓異名親俗各別書曰｜｜｜｜｜也是州產侏儒陽城傳城爲道州刺史｜｜｜｜歲貢諸朝城奏州民盡短[illegible]罷州人感之以陽名子矮奴晏公類要按道州記云地產名多矮每年配鄉戶貢其男號爲｜｜陽城爲刺史不平以良爲賤又憫其編甿歲有離異之苦奏停其貢民皆賴之無不泣荷蒼梧之川其中有九疑山焉山海經註曰｜｜｜｜｜｜｜｜｜｜｜舜之所葬在零陵縣界九疑三湘之佳麗劉禹錫含輝洞述云江華者九疑三湘之佳麗地也搜覽佳處被之詩歌元結字次山永泰中爲刺史當支吾日不暇給時酒｜｜｜｜｜｜｜｜由是此邦山水甲天下此邦山水甲天下同上水之名不一營與瀟最

著山之大者曰九疑云云山有異禽水有嘉魚春陵舊圖經云九疑山｜｜｜｜

｜｜｜｜｜｜山有九峯峯有一水四水流灌于南海五水北注于洞庭一曰朱明峯湘水出焉二曰石城峯沲水出焉三曰石樓峯巢水出焉四曰娥皇峯池水出焉五曰舜源峯瀑水出焉六曰女英峯砅水出焉七曰簫韶峯洊水出焉八曰桂林峯洑水出焉九曰梓林峯湎水出焉

父慶其子長勵其幼化用與行人無爭訟唐柳宗元道州文宣王廟碑云儒師河東薛公伯高爲道州明年用牲幣于文宣王廟由是邑里之秀民感道懷和更來門下咸願服儒衣冠由公訓程公攝衣登席親釋經旨丕諭本統云云

春陵故地元次山集云此州是｜｜｜｜故作春陵行以達下情

景物上

西樓在子城之西

南樓呂溫公有道州南樓換柱詩

北池呂溫公有道州｜｜放鵝

詩

左湖 在州東

右溪 在城西百餘步元次山有記

漫齋 在州治

勝槩 在萊公樓下

燕堂 在勝槩之後

天湖 在寧遠縣九疑麓牀山外中有禽大如鴈錦羽尾長六尺又有石洞門外左右有石人立如冠劍

青澗 ｜｜在九疑山王部之神境記九疑山半其路皆植松竹下夾路有青澗澗下生黃色蓮花香氣盈谷

泠水 元和郡縣志云今名遲水出九疑山輿地廣記云｜｜出九疑山北流逕泠道西南又北流入都溪水晏公類要云在寧遠縣

暖谷 在寒亭傍治平四年邑尉李伯英得之邑大夫蔣祺名之蔣之奇作記謂方盛寒入之其氣溫然雖挾纊熾炭不若也

寒亭 在江華縣隔江專瞿令間棧險道入洞穴作亭石上元次山大暑登之疑天時將寒故名又江華縣亦有冬泠山在縣南一百二十里接賀州界其山高廣陰寒故名

秦巖 在江華縣秦山洞戶在半山間深一里許水石異狀象物得名

秦山 在江華昔秦人避亂於此故名

秦水 在江華縣出吳望山南流五十里與冬泠水合水聲如秦隴故名

舜溪 在寧遠

舜池 在寧遠

舜壇在寧遠

舜峯在寧遠去舜祠四十里三峯鼎立最高至其下則衆山環合三峯乃在奧突間如列屏焉

象水在寧遠

龍巖在寧遠縣丹桂鄉或云巖有龍聲則其鄉有登賢書者

洞樽在城下涍泉之陽有怪石焉石有雙目一目命爲洞樽

窊樽在城報恩寺之西元次山集云道州城東左湖湖東二十步有小石山山巔有丨丨可以爲樽乃爲亭樽上次山詩云巉巉小山石數峯載窊亭窊石堪爲樽狀類不可名

穿巖在營道縣西四十里形如圓廩中可容數萬斛東西兩門通道其間望之若城門又如偃月岩高三十丈盛夏不知暑氣石壁仰視欲壓著石上如走猊伏犀其狀不一云

營山營道縣西四十五里有營山始曰營陽又曰南營

營水元和郡縣志云在營道縣自江華縣北流入寰宇記云在營道縣西一里合巢水自東南西流合營水輿地廣記云丨丨出冷道縣西流逕九疑山下又西逕營道又屈而東北逕營浦又東北注于湘又謂之營陽峽

瀟山在營道縣西

沲水輿地廣記在江華縣晏公類要云源從九疑山沲洞出自江華縣女茲潭流經

過營道縣

春山 寰宇記云在甯遠東北七十里五山相接山勢峭秀春水出焉

石溪 元次山遊｜｜勸學者詩云時時溪上來勸引辭學輩

潓泉 元次山遊隱泉示泉上學者詩每到｜｜上性情安可舒此中若可安不佩銅虎符

濂溪 在州城西三十里周茂叔故居也

洄溪 在江華縣三十里元次山有宿｜｜｜翁宅詩又招｜｜隱者

菊圃 在州治近燕息之堂元結有記

荼醾 公廚酒名也九疑山永福寺有蓮池廣數里取蓮花爲酒名曰｜｜

七泉 元次山｜｜銘序道州東郭有泉七穴命其五泉曰潓淲涍汸淔銘之泉上欲求者飲漱其流而有所感發畱一泉命曰漫泉蓋欲自旌漫浪一泉出山東命曰東泉引來垂流更復殊異

道峽 張說和朱使欣｜｜似巫山之作江如曉天淨石似暮霞張征帆一流覽宛若巫山陽

警水 在永明縣出自青山

遨水 在永明縣出賀州富川縣木馬山流入縣界

左湖 左營道縣元結有銘

古溪 在城西水流石間元結有遊石溪勸學者詩辭伯昂於其傍建學云

景物下

粲粲亭 在州治後取杜詩春陵行||元道州之意 欣欣亭 在州治後取白樂天道州民歌行老者幼者何||之意 振振亭 在州治後取柳文宣王廟碑||薛公之意 蕭蕭亭 在州治後取杜子美餞裴道州||秩初筵之意 白雲亭 元次山詩云出門出南山喜逐松逕行窮高欲極遠始到|||| 潓泉亭 在潓泉北元次山詩云問吾常讌息泉上何處好獨有|||令人可終老天寒宜泉溫泉寒宜大暑誰到|||其心肯思去亭亦元次山所立今失其處

瀟陽樓 在子城之東 妙觀閣 在紫極宮 平易堂 在州治 宅生堂 在州治 楚富堂 在倅廳 環翠亭 在倅廳 萊公樓 在倅廳 南樓勝槩 在倅廳 三牛石 在甯遠之嶂山角足類牛 三元亭 馮公京父爲兵官讀書此亭後爲鄂首薦省殿皆第一故名又有三元閣 五老廟 詳見官吏門陽城註 五如亭 元次山所立

五如石 五如石在江北岸元次山序云涍泉之陽得怪石焉左右前後及登石巔皆相似故名之曰五如石

五龍井 在營道縣北相傳龍之所居禱旱有應

七勝泉 泉道州有七泉皆元次山名七勝泉在五如石間次山云石皆有竇竇中湧泉異於七泉故命爲｜｜｜

九疑山 湘中記｜｜｜在營道縣北有峯參差互相隱映九山相似行者疑惑故名九疑也元和郡縣志云｜｜｜在延唐縣東一百里舜所葬也山下有舜祠杜詩回首叫虞舜蒼梧雲正愁

九疑都 列仙傳云舜遊南有玉城瑤闕曰｜｜｜

萬歲山 九峯之外嶂山曰｜｜｜在甯遠

仙梯亭 在甯遠

天柱山 在甯遠

月帔巖 梁武帝時雙師隱去留所衣月帔在杉林之間數百年不壞

天門山 寰宇記在甯遠縣東南四十里平地直上一十餘尺雖晴霽望之於下不見其頂

含暉洞 劉禹錫集云薛君景晦爲道州得異境有石穹然如夏屋因名其地曰｜｜｜

含暉巖 在營道縣南唐劉夢得有記曰白石嵓亦曰金華嵓

陽華巖 在江華縣東南六七里有回山南面峻秀

下有大巖巖當陽端故以陽華命之作銘瞿令問作篆三大字刻之座右**陽華洞**元次山招陶別駕家陽華詩云海內厭兵革騷騷二十年|||中人似不知亂焉又云蒼蒼滿前山巖高暖華陽飛灑何潺潺洞深迷遠近**大陽原**元和郡縣志云在營道縣南五十里多小斑竹相傳云舜葬九疑二妃尋湘水以手拭淚把竹遂成斑也**永明嶺**寰宇記在郡界**營陽峽**寰宇記在營道縣

營道山寰宇記云在營道縣北五十里先名龍山天寶六年改爲洪道山**白茫嶺**寰宇記在郡界**紫極宮**在州城丁晉公自海外量移來此**紫虛洞**在甯遠古木蒼煙石田碁布巖竇中深不可極必炬而入但見峻崖峭壁寒泉冷風唐薛伯高名曰紏巖至道初太守張觀名曰紫虛洞有寇萊公題名**碧虛洞**在甯遠元次山名曰無爲洞上有正元間李嶠篆刻**黃庭觀**在甯遠**桃李坡**在開元寺王初寮謫居每乘舟往刻石在|||又有初寮石**桂林峯**九疑第八峯也馬明遠過安期授丹於此**桃花洞**在甯遠魯女觀前**龍迹山**在營道縣

北昔有龍虎跡石在營道縣南上有虎跡龍遙水在營道縣北出自遙山白馬巖在寧遠縣嘉魚洞即寧遠縣碧虛洞也元次山名曰無爲洞鸞鶴峯在州學三元亭之前亂石中聳然故名驚兔山在城東形如脫兔石魚湖有亭亦元次山立名失其處元次山｜｜｜上詩序云潓泉南上有獨石在水中狀如遊魚魚凹處可以貯酒乃命湖曰｜｜｜詩云吾愛石魚湖石魚在湖裏魚背有酒樽繞魚是湖水兒童作小舫載酒勝一盃且欲坐湖畔石魚長相對斑竹巖劉長卿｜｜｜詩蒼梧在何處斑竹自成林點點留殘淚枝枝寄在心金花水九水中之第七水也金華泉在含暉巖何子應名之玉琯巖在寧遠古舜祠之側漢哀帝時零陵郡文學得王琯十二於此巖前有天皇元年舜碑無爲觀元次山宿｜｜｜詩九疑山深幾千里峯谷崎嶇人不到山中舊有仙姥家十里飛泉遶丹竈無爲洞元次山詩｜｜｜口春水滿無爲洞口春雲白愛此踟躕不能去令人悔作衣冠客逍遙巖在寧遠簫韶

峯九峯之一也

彭祖石在甯遠地名彭祖有池池內有石若釣磯上有人跡世傳彭祖曾到此

巢父水在營道縣南

萊公樓在州治之西公貶道州司馬既去人爲之建樓以萊公名之

許由水在甯遠縣南

金剛巖在江華崖口有巨石卓然如人立

高士巖在甯遠縣舊名嘯父巖

上流山　下流山晏公類要並在甯遠縣

吳望山晏公類要云在江華縣南五十里按湘中記云山本名秦山其水嗚咽如秦川瀧水孫權未建號初山忽聲如雷因開洞穴石有文彩孫權以爲瑞天寶六年勅改爲｜｜｜山下有巖名秦巖長二百九十一丈從巖口入用火而行至一處如毬場平正穴有透明

都麗嶺寰宇記在郡界

春溪水輿地廣記云故大歷縣有｜｜｜郎所謂都溪也西北流入于營水

脩眞四壇在甯遠九疑山第一壇有茜草長丈餘如虎鬚第二壇有清池東流齊永明年所鑄鐵磬十二枚第三壇上有石林筆竹圓大者幾二尺第四壇有石盆水出不竭

追涼山在甯遠縣東北七十里

冬冷山在江

華縣南二百里 **宜陽山**在宜陽縣北又有冬冷水 宜水之陽

古迹

春陵故城在甯遠縣又呼爲光武城元和郡縣志云春陵故縣在延唐縣北五十里長沙定王封中子買爲春陵侯是也晏公類要云有廟在甯遠縣北八十里 **故大歷縣**元和郡縣志云本漢營道縣地大歷二年析延唐縣置輿地廣記云本漢營道縣之春陵鄉春陵節侯之所封也唐大歷二年析延唐縣置於春陵故城十五里名曰大歷屬道州皇朝乾德三年省入甯遠縣 **廢泠道縣**晏公類要在甯遠縣東四十里隋開皇九年廢入營道縣其縣臨泠道水齊蕩寇將軍之所封也

齊蕩寇將軍李道辯所封之邑晏公類要云有蕩寇將軍古城在甯遠縣東六十里齊朝以道辯爲南道開拓南蠻大使築城於此今唐樂洞姓李皆其裔也 **鼻亭**皇朝類苑云道州永州之間有地名丨丨窮崖絕徼非人跡可歷其下乃瀟水無湍險俗謂之麻灘去兩州各二百

餘里岸有廟即象祠也孟子曰舜封象於有庳蓋此地也

南陽春陵漢長沙定王發之子春陵侯買自元朔五年封傳國至戴侯仁以地形下濕上書求徙南陽元帝以蔡陽白水鄉徙仁爲春陵侯蔡陽屬南陽郡望氣者蘇伯阿見春陵城郭唶曰氣佳哉鬱鬱葱葱則｜｜之｜｜也故有兩春陵

春陵濂溪九江濂溪年表云濂溪在道州營道縣之西距縣二十餘里先生既不能返其故鄉卜居廬山之下築室溪上名曰濂溪書堂南軒道州祠堂記云先生春陵之人言曰濂溪吾鄉之里名也先生世家其間及寓於他郡而不忘其所自生故亦以是名溪晦翁江州書堂記云世家春陵而老於廬山之下因取故里之號以名其川曰濂溪清獻趙公自成都寄詩先生云君向濂溪湖外行倅藩仍喜便歸程指道州之濂溪也楊傑無爲集濂溪詩云山爲康仙傳舊姓溪因廉士得新名此指江州廬山之濂溪也二者不可不辯

堯廟在永明

舜廟元和郡縣志云延唐縣下有舜祠晏公類要云先在九疑山甯遠縣界永泰二年刺史元結奏置在營道縣西三里寰宇記云舜廟在甯遠縣南六十里

九疑山乾德六年勑置元次山集論||狀云按地圖舜陵在九疑之山||在太陽之溪舜陵古老以失太陽溪今不知處秦漢已來置廟山下時永泰二年也

舜祠下王珵 元和郡縣志云漢景帝時零陵文學於泠道舜祠下得玉珵

娥皇廟 在永明縣

象祠 輿地廣記云營道縣亦虞時庳國之地有||唐元和中刺史薛伯高毀之柳宗元作斥庳亭神記今舟度瀧險過者必禱焉

五刺史祠 在州城西公孫刺史失其名裴刺史液竇刺史瓚許刺史子良柳八大使

皐陶廟 在州治又日士師廟

褒忠廟 在甯遠縣東南都巡檢使山東王政廟乾道元年郴寇犯縣境政禦之既勝而賊再至罵賊以死贈廣州觀察使官其親屬五人賜廟額

寇萊公祠堂 在州治內

周濂溪祠堂 在州學胡銓為記淳熙重建張栻為記

舜葬零陵之九疑 檀弓云舜葬于蒼梧之野是舜葬在蒼梧之地然湘中記云九疑舜之所葬為永陵是也秦皇漢武皆望祀焉晉習鑿齒云虞舜葬零陵元和郡縣志亦云九疑舜之葬也皇覽云舜冢在零陵營浦縣漢武紀元

封五年望祀虞舜于九疑應劭註曰舜葬蒼梧九疑山名今在零陵之營道諸書所載似與檀弓不合又文穎註曰九疑山半在蒼梧半在零陵如淳曰舜葬九疑九疑在蒼梧之馮乘縣九域志謂九疑山亦名蒼梧山殊不知蒼梧九疑自是兩處故文穎如淳九域志未免遷就然其地之相去亦難強同按太史公云舜南狩行死於蒼梧之野歸葬於江南之九疑是爲零陵則是舜死於蒼梧之野歸葬於零陵之九疑山海經云舜之所葬在今道州零陵縣界後人引舜死之地以爲舜葬之所耳太史遍歷天下名山大川必有所據當從史記及山海經

春陵侯冢在甯遠縣

官吏

漢召信臣守零陵事見廬山記及廬陵志 唐徐履道爲刺史 李廙爲刺史元結刺史廳壁記取徐李二公而已 裴虬爲刺史見杜詩集中 呂溫字和叔元和四年爲刺史柳子厚記之 薛伯高字崇儒元和中爲刺史柳子厚道州文宣王廟碑云振振薛公惟德之造

赤旃金節來蒞于道

元結

本傳結爲刺史奏免百姓所負租稅十三萬緡容齋三筆云｜｜爲刺史作舂陵行以爲諸使求符牒二百餘通又作賦退示官吏一篇以爲苦哀歛杜甫覽｜｜二詩亦志之曰當天子分憂之地效漢官良吏之目今盜賊未息知民疾苦得結輩十數公落落然參錯天下爲邦伯萬物吐氣天下少安可待矣

陽城

晏公類要云城守道州至襄陽有五老人來迎自云舂陵人城與絹問其名曰居城西北五里至則訪焉有五龍井縑尚存正元十九年也今井側有五老人廟舊刺史有罪坐獄舊吏摭刺史之過議罪城斬其吏城至道州治民如治家不以簿書介意課當上考功城自書曰撫字心勞催科政拙考下下道州賦稅不時觀察使誚責遣判官督賦城自囚於獄判官去復遣官核實再使愧恐中道而逃

薛景晦

以訕爲道州刺史居郡大理至於無事淸機羨益盡付山水劉夢得答道州薛侍郎書云兄出中臺守江華人咸曰函牛之鼎以烹小鮮

寇準

言行錄云準得罪南行過零陵踰大庾溪夷承間抄掠而去已而酋長召告之曰若等奈何竊賢相行橐神明其佑若乎趣遣種人

持所掠還準伏道下且拜準慰遣之又云寇公謫道州司馬素無公宇百姓競荷瓦木不督而會公宇立成頗宏壯守土者聞于朝遂再有海康之行又云晉公貶崖州徙道州穆伯長有詩云却訝有虞刑政失四凶何事亦量移

呂希純 事略云公著之子也公著可見其不相善　呂希純在相位時張商英欲居言路嘗云老僧欲住烏寺呵佛罵祖希純以白公著商英憾之紹聖初商英爲諫官力攻希純責道州

吳輔 劒浦人調道州推官會蠻獠騷動郡僚欲毀橋梁輔輔曰自橋而南者皆吾民也安可先棄民耶聞者壯其言　寇

王庶 中興遺史云紹興十二年王庶以江州秦檜怒其不附和議令言者論其卒不至罪謫道州

人物

唐何堅 德宗時進士自太學歸韓愈以序送之云堅道州人道之守陽公也道於湖南爲屬州陽公賢也堅爲民堅又賢也湖南得道道屬道得堅爲民堅歸唱其州之父老子弟服陽公之令道亦唱其縣

與其比州服湖南之令　**李季秀**　代宗時處士元次山請于朝曰季秀介直自全退守廉遜文學爲業不求人知乞令州縣造舍給田免其戶役從之季秀卒次山又表其所云　**洄溪翁**　代宗時人家江華之洄溪元次山聞而即之贈詩刻巖下　**李君郃**　墳在寧遠曰李狀元墓即太和三年與劉蕡同應賢良方正科　**皇朝周堯卿**　墓在永明縣紫微崗歐陽方叔誌其墓云有篤行君子周君者孝於其親友於其兄弟學長於毛鄭詩左氏春秋其爲吏所居皆有能政　**周輔成**　營道人濂溪之父也　**周頤**　字茂叔神宗時爲廣東運判以疾上南康印以歸居九江濂溪名濂溪書堂有通書太極圖等書倡明道學程珦與之爲友珦二子顥頤聞茂叔論道遂厭科舉之學慨然有求道之志

仙釋

李氏　九疑第九杞林峯周義山啟石函有李氏仙經　**何侯**　寧遠縣有九井世傳何使煉丹於此汲一井則八井皆動麓牀三級其第一麓口有石室何侯拔宅百口不知所之丹竈存焉　**淮南王**

子 元和郡縣志云在江華縣南七十里荆州記云淮南王被誅其子奔至此城門化爲石今名東塘神

張禮正冶明期 ｜名山略記云漢末｜｜｜魏時｜｜南遊九疑禮正服黄精明期服澤瀉柏實後遇西城君受虹景方兼以守一遂内洞徹東華遣迎乘雲上昇矣

韓偓遠 眞誥云韓九疑眞人也受業於嵩高朱德元｜｜周宣王時人也

萼綠華 眞誥云｜｜｜晉穆帝升平三年降于羊權家授權亦尸解去

王妙想 太平廣記妙想蒼梧女道士也住黄庭觀朝謁精誠白日升天

魯妙典 太平廣記妙典九疑山女冠也有楚林道士授大洞黄庭經入九疑山十年白日升天元次山詩云九疑第二峯其上有仙壇杉松映飛水蒼蒼在雲端何人居此處云是魯女冠不知幾百歲燕坐餌金丹

雙師 月帔巖在甯遠梁武帝時有｜｜自南嶽來止於黄庭觀之白馬巖一日臨流浴既隱去遺所衣月帔在杉林間數百年不壞巖中舊迹坐席宛然

江華長老 柳子厚贈之詩云老僧道機熟語默心皆寂

碑記

漢故平郡侯相蔣君之碑在營道縣南三十里荆山漢故綏民校尉騎都尉桂陽曲江長熊君之碑在營道縣北四十里龍村無爲觀鐵磬文在修眞第二壇無爲觀其文云齊永明十年四月五日國主爲一切含識造鐵磬十二枚無爲洞篆刻洞在甯遠之舜溪碧虛洞元次山名正元間李嶠篆在甯遠之永福寺東元次山永泰二年題名在甯遠紫虛洞柳子厚記後人集徐詰書再刻道州刺史廳壁後記刺史呂溫撰唐永徽甲寅碑在天慶觀唐周魯儒碑在江華薦福寺唐大和六年立舜廟狀舜祠表圖經云江華令瞿君善篆籀元次山陽華寺等銘窊樽銘舜廟狀舜祠表皆其所書舊碑在懷古亭西石上有州刺史河內守又有前江華令瞿令問書石之趾有二三十字未有大歷字八分書也九疑圖記

永泰丙午元次山撰寒亭記元結撰瞿令問八分書亭在江華縣窊樽銘元結撰瞿令問書陽華巖銘元結撰瞿令問書已上三碑並永明二年刻集古錄云道州律令要錄序呂溫撰云此州法吏何洛庭艮士也溫與其撮要講其義書于聽事含暉巖記唐劉夢得文天皇元年舜碑在玉琯巖春陵志章頴序

詩

粲粲元道州前聖畏後生觀乎春陵作欻見俊哲情杜子美和元使君春陵行道州憂黎庶詞氣浩縱橫兩章對秋月一字皆華星何時降璽書用爾為丹青涼飈振南嶽之子寵若驚色阻金斗大氣吞滄浪清同上九疑山深幾千里峯谷崎嶇人不到山中舊有姥仙家十里飛

泉遠丹竈元結零陵郡北湘水東浯溪形勝滿湘中元結下瀧船似入深淵上瀧船似欲昇天瀧南欲到九疑郡應絕高人乘輿船元結欸乃亭州小經亂亡遺人實困疲大鄉無十家大族命單羸朝餐是草根暮食乃木皮元結作春陵行九疑深路遠山回木落天清猿晝哀猶隔簫韶一峯在遙傳五馬向東來戴叔倫寄李史君道州城北歐陽家去國一里占煙霞主人雖朴甚有思解留滿地紅桃花桃花成泥不須掃明朝更訪桃源老政成輿足則告歸門前便是家山道呂溫零桂佳山水營陽舊自同經途看不暇遇境勝難窮呂溫列館月犂牛冰

河金山雪道州月霜樹子規啼是血呂温布帛精麤任土宜疲人識信每先期今朝別後無他囑雖是蒲鞭也莫施呂温別江華毛令詩註云此人好書破百姓布絹頭及妄行杖偶尋黄溪石欲沒早梅未盡山櫻發無事江城閉此身不能坐待花間月呂温東池送客醉年華聞道風流勝習家呂温一麾出營陽惠彼嗤嗤民隼旟辭瀟水居者皆涕零劉禹錫送李策吾聞九疑好夙志今欲伸斑竹啼舜婦清湘沉楚臣韓愈五嶺皆炎熱圖經云五嶺一大庾二永明在永明縣三白芒在江華縣四臘嶺五臨源此居其二九處煙霞九處昏一回延首一銷魂因憑直節流紅淚圖得千秋見血痕汪遵斑竹祠江華勝事接

湘濱千里湖山入輿新錢起定王此地元卑濕義帝江山最上游陶弼我以銅符吏營浦聞古刺史元最賢浯溪集季舍人南壽雲斷蒼梧竟不歸江邊古廟鎖朱扉山川不爲興亡改風月應憐感槩非陸游舜廟

四六

九疑山色二女啼痕記室新書千里之封疆猶故九疑之山色長存桂陽集春陽佳處營道古州度長沙以直南山無鵩鳥距潮陽而稍北水絕鱷魚森爾九疑宛然一窟遂欲弔靈均於湘水叫虞舜於蒼梧劉季高自典國倅卸道州謝政府繼陽城而書下考追元結以頌中興同上

輿地紀勝卷第五十八

縣爲昭陽縣寰宇記吴分零陵北部立邵陵郡屬荆州

卽今郡是也吴志立邵陵郡在寶鼎元年元和郡縣志同晉武帝改昭陽

縣曰邵陽縣此據元和郡縣志蓋避晉諱也宋齊梁爲邵陵國此據元和

郡縣志而寰宇記以爲宋齊梁爲邵陵郡梁陳亦然象之謹按南齊志雖有邵陵郡而通鑑梁武帝時有

邵陵王綸則梁亦曾封建立國非專爲郡縣也隋平陳廢邵陵郡以其地縣

屬潭州元和郡縣志在開皇十年又於邵陽縣立建州尋廢寰宇記立

建州在開皇十年廢建州在開皇十一年隋末陷于盜賊元和郡縣志唐平蕭

銑置南梁州唐書地理志在武德四年領邵陽邵陽建興武岡四

縣尋建興入武岡寰宇記及唐書地理志並在武德七年省邵陵併□

□□□□在武德七年唐□□□□□德十年改爲邵州元和郡縣志及唐書地理□□

□□□□□□邵陽郡天寶元年復爲邵州乾元元年晉改敏州□□□云避晉諱也漢初仍舊寰宇記及邵陽志同湖南馬氏劉言王逵周行逢更有其地皇朝平湖湘地歸版圖九朝通略在建隆三年陞爲中州長編乾德二年冬十月有司言十道圖無邵全二州名及其望王詔戍爲中州屬湖南道邵陽志陞爲望郡國朝會要在大觀二年舊領武岡邵陽二縣後又開梅山爲新化縣及蒔竹縣九域志熙寧五年收復梅山以其地置新化縣元豐四年以溪洞徽州爲蒔竹縣蒔竹縣尋廢後再置蒔竹縣改名綏寧併割武岡綏寧二縣置武崗軍今

皇上登極以潛藩陞寶慶府寶慶元年今領縣二一曰邵陽一曰新化治邵陽

縣沿革

邵陽縣 望

附郭本漢昭陵縣屬長沙國後漢改曰邵陽晉改曰邵陵元和郡縣志曰以在邵水之陽故名寰宇記云晉天福初避諱改爲敏政縣尋復舊今爲邵州理所

新化縣 望

在州北二百里資水之陽皇朝收復梅山以其地置｜｜｜屬邵州圖經云其地接長沙益陽重嶺回旋形勢險阻蟠踞數百里自唐末溪獠傜人雄據時復跳梁國朝雍熙中置五寨以扼其衝國朝會要云熙甯五年以上梅山地置縣傜人聽命願爲王民紹聖二年縣遷于白沙人以爲便

風俗形勝

□□□□形勝據三湘之上游土穰地靈物奇人秀

□□□□也□祐二年僧希白撰開元寺塔記邵州東南據衡山南
接蒼梧東距洞庭西連五嶺蓋中州也邵陽圖經分野門邵
之爲郡介於長沙零陵二郡之間有脣齒輔車之勢
邵陽圖志序今邵州古之昭陵也天聖甲子錢易撰鼓角樓記郡爲湖
嶺要衝宣和三年侯延慶修門記曰自熙寧中納梅山爲省地通道置驛而｜｜｜｜｜其
陸饒黍稷麻麥其水宜稻呂稽中豐年堂記控引谿蠻盤錯
數百里紹興重修城記任質言撰邵故濂溪先生舊治也楊萬里希濂堂
日｜｜｜｜｜｜｜治平
十四年先生以永州治中來攝東枕都江邵陵志溪山
環郭寇萊公邵州溪山即事詩云｜｜｜｜｜莫窮端居邵水之北寰宇記其人
尚氣而貴信喜直而惡欺節儉而不奢朴厚而不恌

邵陽志序

景物上

光風在郡治 霽月在郡治 望仙在郡圃 望楚在郡圃 橫碧在郡圃 梅坡在郡圃 梅山與牛欄寺相連 杏崗在城中南隅 楓嶺與牛欄寺相近 遐觀在郡圃 渚亭在西湖 法華在東山惠安寺 熊山昔黃帝登丨丨意其此也邵陽志 龍山介于二邑之間秀峯四出望之面面相類項有龍池泉如湧潮分爲二派一派入潭州湘鄉一派入邵陽灌田不計頃畝 龍池在新化之文仙山 清泉在天慶觀前 濂泉在通道坊以周茂叔濂溪先生來攝郡故也 甘泉在通判廳 資江 資水輿地廣記新化縣下有丨丨按水經出零陵郡郡之都梁縣即今之武崗也圖經云水東流入潭州益陽縣界合長沙江入洞□□湖上有羅漢寺郡守史□□□□□□□詠有丨丨詩 東山絕頂有臺日法華

景物下

思政堂在郡治 望楚亭在倅廳 塡雅堂在郡治 進思堂在郡治 荷恩堂在郡治 進德堂在倅廳 議道堂在郡學 芙蓉城在倅廳 松桂堂在郡治 雙桂堂在郡治 豐年堂在郡治 雙清樓在倅廳 清風閣郎譙樓也 清遠樓在大安門上 風月臺在倅廳 橫翠樓在子城上 息民樓在市中 法華臺在東山絶頂下瞰長江實邵陽之勝槩也 開元觀江北二里 開元寺在城東中有六院 長慶寺在邵陽之三溪鄉 清泰寺在邵陽之鍾鄉 太平寺在城中 觀音寺有東觀音西觀音二寺 羅漢寺在城西 釋迦院在邵陽之新〔寧〕鄉 棲眞觀在城東南 廣福寺在城東 廣教寺在城東南 報國院在城西中有四院 光孝寺在子城西北 天慶觀在城西北

紫極宮在城西北　青陽洞在新化縣中有立石隱若人形　青雲洞在新化縣熊膽山下洞深不可測有瀑水飛流數丈　青山洞在新化縣北蒼石環起呀若洞府鸞騫虎踞奇恠萬狀　雲巖寺在邵陽之三溪鄉　雲臺寺在邵陽之鍾鄉　望雲寺在邵陽之新甯鄉七里花山下山形高迴常見白雲生其下　高霞山在州南山下有高霞觀圖經云去邵九十里飛昇記曰李眞人於顯慶二年入山修道白晝昇舉　石槽山在新化南一百三十里半山飛瀑昔章丞相開梅山經此有詩　帑蓋山在郡東　馬鞍山見邵陽志論資邵二水下　雞子灘見邵陽志論資邵二水下　鵜鶘鮓舊貢見類要　龍源洞在邵陽縣東　牛欄山在新化縣舊爲控扼之所　熊膽山在新化縣北其山出異獸麞飛生麝香之屬西接巴黔之山迤邐延袤　長龍山輿地廣記在新化縣九域志亦有｜｜｜　金紫洞在邵陽縣南五里　慈惠泉在報恩寺前　邵陵水水經注云｜｜｜出邵陽邑界東會雲泉　洛

陽洞在邵陽縣東二里 **扶陽山**見九域志即文竹山 **文仙山**在新化縣西二十里層巒疊出聳秀凌空乃晉高平今修養之地即靈眞觀也上有三峯石壁峭絕半山之間有石室有石如橋可涉而登傍有龍池 **文竹山**按湘川記云竹山上有石床高一丈四尺四面緣竹扶疎常隨風委拂此床天旱則禱雨時應見類要 **茱萸峽**見新化縣圖經灘門 **桃花源**寰宇記云雖云武陵地實斯郡按郡國志云此源有夫人祠在焉 **仙人石室**郡國志云邵陽有仙人石室往往聞諷誦之聲 **七里花山**去邵陽一百二十里形勢高迥常見白雲在下半山有望雲寺

古迹

古建州城寰宇記云在邵陽縣北二里隔濱水普邵州理此城開皇九年改爲建州至十八年即移理所於水南今州城是也 **古高平城**寰宇記云在邵陽縣北七十五里隋開皇九年以其地併入邵陽縣其城廢 **古新城縣**寰宇記云在邵陽郡東九十里孫吳置晉永嘉中併入邵

陽縣其城廢**白公城**晏公類要云卽楚大夫白公也**大禹山**在州北禹廟古迹之後屹如障屏**相公潭**邵陽志邵水源出龍山經馬鞍山下有丨丨丨深不可測上有諸葛孔明廟**盤古廟**在城西十里**大舜廟**在城北一里**漁父廟**類要云屈原所逢漁父於此唐志引荊州記云縣中有余水傍有丨丨丨**夫人祠**郡國志云桃花源有丨丨丨在焉類要**武侯廟**在城東南二里**鄧畱侯廟**卽鄧處訥廟在子城東**壽亭侯廟**在城東南一里

官吏

隋賀誼爲州刺史有能名**于璽**爲邵州刺史有恩惠移江陵人詣闕請畱上嘉嘆還之

唐柳宗元柳文劉禹錫序云正元二十一年以文章稱首入尚書爲禮部員外郎是歲以疎儁少檢獲訕出牧邵州通鑑永正元年柳宗元爲邵州刺史**國朝李繼隆**處耘之子也開寶中

梅山洞蠻冠潭邵上遣供奉官|||以雄武三百
人戍邵州止給刀楯至潭州之南蠻數千遮截其道
繼隆力戰蠻乃遁去手足俱中毒矢兵傷者百餘或
告上以繼隆輕敵可罪者已而具得其實始器焉長
編

周茂叔 諱頤即濂溪先生也治平五年以永倅來
攝郡事遷學于郡之東有文釋菜于先聖
講明理學誘掖諸生其治民專以仁愛爲
心政事務以教化爲急不踰月郡大治

張九成 字子
韶郎無垢先生也紹興十年守是邦下車首興學校
延見儒生而禮遇之其爲政不怒而威不嚴而肅發
姦摘伏吏不能欺

楊勛 潭之善化人宰新化以善政聞未幾
金人犯順公親率民兵勤王民樂從
之晝夜疾馳至襄陽以困踣于軍邑人德公之深不
容其柩歸葬長沙願留葬邑下爭負土成塚而後去

人物

李傑 字穎伯邵陽人其父即洞明先生也少登科後
出帥湖南由邵陽拜松楸以已俸置書萬卷以
遺郡庠買田數
畝以贍宗族

聶致堯 邵陽人事親孝臨財廉周急
貧困邦人德之列舉孝行節

義十事守宰以聞于朝天子命旌表其門廣漢張栻爲題其額

胡曾 居邵之永成鄉有詠史詩百首行於世

李安國 熙甯間自洪都徙居新化事母孝在位者以其鄉行彰著崇請入學以教邑子弟未幾以奉菽水辭歸滕下邑民敬之有詩百餘篇號梅山老人集

陳與義 號簡齋建炎初避地邵陽周氏之家有詩甚富後召爲參政

義門金氏 金彥邵陽人力學善屬文嘗三舉于鄉天資博厚喜振困窶州里皆恩之奉親孝與兄弟怡怡加也邵之人因爲義門金氏胡寅嘗紀其事後牧守奉詔舉公孝廉爲天下第一

仙釋

李眞人 圖經云去邵陽九十里有高霞山飛昇記曰李眞人於顯慶二年入山修道三載上昇

碑記

古刻 無

釋菜文 在郡學濂溪周先生文

修學記 在郡學廣漢張栻記武夷胡宏

記　邵陽志淳熙壬寅教授李韋之序　邵陵類考郡守鞏嶸序

詩

詔書飛下五雲間才子分符不等閑驛路算程多是水州圖管地少於山江頭班竹尋應變洞裏丹砂自採還清淨化人人自理終朝無事更相關姚少監送人赴邵州

詞客南行寵命新瀟湘郡入曲江津山幽自足探微處俗朴應無爭競人郭外相連排殿閣市中多半用金銀知君不作營私計遷日還同到日貧張文昌送邵州林使君

六月三湘風日間偶隨樵客到禪關陶弼雲巖寺詩

文仙亭與遠峰齊縱目憑欄似此稀史化堯詩

冬冬葉扶疎碧纖

圜溪山環郭莫窮端（寇準詩）蒼芷溪烟晻靄山翛然城角起天端（前人）瘴靄潛消瑞氣和梅峰千里闊煙蘿人逢雙堠雖云遠路在好山[窗]厭多（章子厚過石槽鋪詩）人家迤邐見板屋火耕磽确名畬田穿堂之鼓堂壁穿兩頭擊鼓歌聲傳長藤鈎酒跪而飲何物爽口鹽爲先（章子厚開梅山詩）此地從來寒暑偏扇絺不曾遭棄捐（張迪詩）三到瀆川不賦詩溪山應笑懶吟癡（王資仁詩）春來汴水帶氷流先送湖南第一州舊置義庄賙族黨新持使節拜松楸清湘樓晚暉金上明月池開衣錦遊（張舜民送李傑出帥湖南乞由邵陽拜松楸上可其請張有詩送行詳見人物門）南楚歸舟牽客思

西風脫葉轉秋寒年華漸晚邊城遠凝望中天更倚欄陳[琰]登法華臺詩更於何處覓桃源此地端疑小洞天胡寅詩湞水西來兼郃水龍山橫鶩際梅山歐陽識題望仙亭盡得湞川眞面目元知楚國富江山張孝友詩水邊花氣薰章服嶺上嵐光濕畫旗文苑英華朱餘慶送郃州林使君詩地屬湘南頗入詩同上

四六

眷湞川之名郡據楚國之上游旁連荊襄外接交廣

建章□□接九疑之形勝據三湘之上游開元寺塔記

輿地紀勝卷第五十九

輿地紀勝卷第六十　文選樓影宋鈔本

東陽王象之編　　岑鎔、淦長生　校刊

荆湖南路

全州

清湘　瀟湘　湘源　三湘

州沿革

全州　下　清湘郡軍事　九域志

禹貢荆州之西境　本州圖經　楚地翼軫之分野　本州圖經云今之江夏南郡零陵桂陽長沙及漢中汝南盡楚分野也晉天文志零陵入軫十一度而灌陽之吉〔富〕灌合析自昭州之恭城則亦兼有越之分野焉　春秋戰國爲楚之南境秦併天下屬長沙郡　寰宇記　漢屬長沙國洮陽以縣屬焉武帝分置零陵郡屬荆州　西漢志在武帝

元鼎六年志於長沙國下有洮陽縣元和郡縣志謂洮陽卽今之湘源縣而灌陽本漢之零陵縣地東漢因之三國時屬吳通鑑建安二十四年關羽取荆州零陵等諸郡盡屬吳隋平陳改零陵郡為永州洮陽縣隸焉元和郡縣志在開皇九年唐因之五代晉高祖時湖南節度使馬希萼奏改永州之湘源縣於清湘縣置全州割永之清湘灌陽二縣隸焉寰宇記在天福四年其後馬殷劉言王逵周行逢更有其地零陵志國朝平湖湘地歸版圖九朝通略在建隆四年今州治在湘江之西岸領縣二治清湘

縣沿革

清湘縣 望

倚郭元和郡縣志云本二漢零陵郡之洮陽縣地晉宋齊志亦同至隋改湘源縣屬永州輿地廣記云唐改爲湘川馬氏改爲清湘而置全州皇朝郡縣志云隋平陳廢洮陽灌陽零陵三縣置湘源縣而寰宇記云晉太康末立湘源縣未詳象之謹按皇朝郡縣志謂隋平陳廢洮陽灌陽零陵三縣置湘源縣此隋志之文也而晉志零陵縣下爲縣十一無所謂湘源縣而齊志於零陵郡下凡領縣六第有洮陽灌陽零陵三縣而無湘源縣之文至隋平陳始廢洮陽灌陽零陵三縣合爲湘源則湘源非置於晉也當依隋志及元和志書曰隋立湘源縣

灌陽縣

在州南九十里元和郡縣志云本二漢零陵郡之零陵縣地晉宋齊志並同唐志云蕭銑析湘源縣地置武德七年省上元元年復置元和郡縣志云呂諲奏置也象之謹按唐自至德二年置荆南節度使治荆南初領荆澧等十州上元二年增領衡潭岳郴邵永道連涪九州是時呂諲爲節度永亦在所統則復置

灌陽縣正呂諲爲節度之時則呂諲奏置也明矣

風俗形勝

風俗與永州同寰宇記　清湘間山深水闊可耕而廬者十無二三凡爲生不漁則樵土地風氣雖與閩粤不甚相遠而所以爲生理則易蓋取足於目前得一温飽更不知他圖故爭訟亦少紹聖二年李之儀全州隱靜堂記　淸湘爲郡始自晉天福中清湘志序　極湖湘之西其南抵桂嶺清湘志序　衡湘以僻左自遠於中州而亦以山水重天下楊萬里皆山閣記　州當湖南窮處接畛二廣風俗陋儉獄訟希簡圖經風俗門　全介西嶺之下湖湘窮途處也元符中王鞏休

體亭記圖經碑記門郡鄙于蠻獠而復當交廣之衝熙甯中曉濟撰郡守後壁記漢洮陽之地寰宇記云本漢洮陽縣之地在湘江之西岸江山猿鳥雲泉竹樹爲天下甲王禹偁送柳無礙倅相源序圖經記述門民訟甚簡兵賦甚鮮王禹偁吏隱王禹偁序曰可以｜｜未可以行道道衡嶽而南陸走山巖水浮涪瀨縈回曲折極于荆楚乃得所謂湘源故名全州貢院記山則九疑水則瀟湘巖石則朝陽楚南偉觀記北爲湘水南爲灕水柳刺史開舟抵嶺下問其嶺之名卽分水嶺也分水是相離水也二水異流謂其東出海陽至此分南北而離也二水之名疑昔人因其水分相離而命之曰湘水灕水也

景物上

瀧巖在清湘縣北十五里虛明深窈有飛泉數百丈縈如飛練笏山在灌陽縣東南五里其形如笏金坑寰宇記在清湘乳穴寰宇記在清湘三湘湘源湘潭湘鄉是謂全州湘山在郡治後獵山舊名黃華山按郡國志永州有黃山昔人見獵者得二鹿因此改名湘川五代史載以潭州之湘川縣為清湘縣湘源見唐地理志與柳子厚二妃廟碑洮治清湘志新莽以洮陽為洮治羅水在清湘縣西一百里出羅氏山北流入湘江灌水在灌陽縣南五十步自靜江府安興縣下流入清湘縣界洮水在清湘縣北五十里出文山南流入湘江水北為陽故漢置縣以洮陽為名

景物下

欣欣亭湘春樓在郡治西漱玉亭在龍巖有飛泉數百丈縈紆如練琮琤激越郡守黃公伸因名巖曰漱玉巖亭曰漱玉亭蓋取飛泉漱鳴玉也捲煙閣柳開有詩楚南

偉觀在子城西 永福山在清湘縣南一百六十里 倚石山在清湘縣南六十六里有石相倚 黃華山隋志在湘源縣卽今之清湘也 白面穴在清湘縣南五十里 青田巖在清湘 旗亭穴在清湘縣 師子巖在清湘縣 龍隱巖在清湘縣 龍川水在灌陽縣西北 華嚴巖在清湘縣 波斯巖在清湘 涷青水在清湘縣西南八十里出湧泉山 建安水在清湘縣西一百里出羅氏山 玉髓泉在清湘縣盤石路之側 鍾樂水在清湘縣西一百里出鍾石山 宜湘水在清湘縣北九十里出歌山又方輿記云湘源湘潭湘鄉是謂三湘 抱子山在灌陽縣東南五十里其山重疊如人抱子 梔子山在灌陽縣東二十五里 鹽川水在灌陽縣西南自靜江府興安經縣界合灌水 吳川水在灌陽縣南自道州經縣界合灌水 鍾川水在灌陽縣東自道州來合灌水 巖淨水在灌陽縣西 沙羅水在灌陽縣西北並合灌水 三江口在郡治後 龍田石鼓

龍巖在清湘縣北一十五里有飛泉數百丈冬夏不息有ㄧㄧㄧ湘灘水宋咸有詩詳見形勝下

古跡

洮陽故城輿地廣記云在今清湘縣西北零陵城輿地廣記云在今清湘縣南二妃廟在清湘縣南柳宗元記湘山廟在清湘縣西祝禹圭記盤石廟在清湘西

官吏

王使君黃庭堅撰故全州王使君盤石廟碑云樂易明白順民之欲除其所惡無動民耳目事而州以大治邑居野處皆不畏吏柳開長編云知全州全之西溪洞粟氏常抄掠朝命設峽口香煙羊狀等七寨不能制開始至選牙吏勇辯者三輩使入諭之粟氏懼率其酋俱來開厚其犒賜不月餘悉擕老幼至開即賦其居業作時鑑一篇刻石戒之遣其酋入朝授本州上佐詔賜開錢三十萬皇朝類苑云

人物

郴開知全州，咎膾人肝，每擒獲溪洞蠻人，必召宴官僚，設鱸截，遣從卒自背割取肝，抽佩刀割啖之，坐客悚慄。

賈逵 東都事略云：眞定人。儂冠反，狄青薦爲全州駐泊都監。師戰于歸仁鋪，旣陳，青誓曰：不待令而舉者斬。時左將孫節死，逵爲先鋒，受命擊賊，大敗之。青拊逵背曰：君之功也。

李亨伯 亨伯字安正，換武，爲全州，年六十四，即上章乞骸骨，上俞。斯請，里人榮之。鄒浩爲之銘，王鞏爲作神道碑，劉安世書其碑陰曰：自嘉祐以來，引年而去，歐陽永叔之還政以六十五，韓忠獻公誌其墓，以爲近古無比；翰林學士范景仁之謝事以六十三，馬文正公爲之傳，稱其勇決，已爲不及。李公掛冠之歲方六十四，五十年間，耳目之所覩記，僅得三人而已。事見漳州淸漳集。

王趯 中興遺史：紹興二十年丨丨知雷州，趙鼎入界，趯即見之，趯因留鼎飯。鼎轎壞，趯以轎屜四大送其行。通判申朝廷，秦檜大怒，委廣西經略方滋鞫勘，趯坐四夫一轎送鼎，遂得謫全州。

朱孝誠 孝誠幼喪父事母至孝母卒結菴守墳感冬之笋生瑞竹以葢其墳州聞于朝景祐中有旨賜絹十疋米十斛事載仁宗實錄其後郡守揭其墓曰朱孝子墓子揚善又於父孝子墓側爲菴以守至和中有旨賜米帛如父恩孫浩以母多病誓終身不娶不飲酒食肉王龔定國喜其爲人字之曰子直

蔣舉 久住太學一日告友人黃無悔曰學者所以學爲忠孝也有親弗養孝乎忠旣未立孝庶幾焉居母喪結茅墳側芝生于拳石紹興十一年旌表門閭

仙釋

雷隱翁 名本俗子或誚其癡隱翁笑曰終不以吾癡易汝黠一日以術授其子因出遊不返元祐間有朝士遊羅浮山見其坐于松下自道姓名云

碑記

二妃廟記 在清湘縣南漢初平二年建廟唐元和間柳宗元記

盤石廟記 黃庭堅文

并書

詩

殘陽楚水畔獨弔舜時人不及廟前草至今江上春竇鞏二妃廟

瀟水連湘水千波萬浪中知君未得去慙愧石尤風容齋隨筆云唐戴叔倫詩

南北東西幾萬峰郡城如在畫屏中何人截斷湘妃竹半蘸秋江作釣筒陶弼詩

嶺開蠻壤斷北路下湘川緑水紋如染丹楓色欲燃陶弼詩

家寄碧湘濱慶歷中李若拙詩見圖經科名門

湘是相分義灘爲離别名宋成湘離水詩

來踏三湘雪歸迎八桂秋未過盤石寺先憩訾家洲王安中寄清湘監郡詩

瘴嶺只將梅作雪湘山今

見麥爲春陳瓘自合浦還至清湘詩

四六

地居荆楚水合瀟湘啟劉會元惟湘源之古郡實南楚之上游張　石富琅玕水涵金碧張　天開洞府疑仙聖之去來壤接炎荒尚蠻傜之錯雜張　風土化於中區郡境亘於南粤畿疆雖遠民物寔繁慶歷中清湘沈現撰郡守壁記眷彼湘源之遠實惟嶺管之衝夷傜雜居邊圉所係余元一賀全州管守

輿地紀勝卷第六十

東陽王象之編　甘泉岑鎔淦長生校刊

荊湖南路

桂陽軍 小桂郡

軍沿革

桂陽軍同下州九域志禹貢荊州之域桂陽舊屬郴州而寰宇記云郴州禹貢荊州之域於辰在巳楚之分野桂陽志按晉天文志魏太史令陳卓言郡國所入宿度自張十七度至軫十一度於鶉尾於辰在巳楚之分野屬荊州桂陽入軫六度實楚地也春秋戰國時屬楚寰宇記秦屬長沙郡漢高帝分長沙爲桂陽郡領縣十一臨武即今之臨武縣南平即今之藍山縣郴縣

平陽即郴縣地分置屬焉東漢因之東漢地理志桂陽郡亦有臨武南平郴三邑吴孫皓分桂陽置始興郡而桂陽領縣六郴便耒陽臨武南平晉甯齊梁陳以來廢置不一後屬東衡州隋平陳改東衡州爲郴州寰宇記改桂陽郡寰宇記在大業三年唐平蕭銑置郴州領縣六郴盧陽義章臨武平陽晉興六縣憲宗時鹽鐵使李巽請即平陽縣置桂陽監元和初以其地在桂洞之南故曰桂陽此據寰宇記唐末馬氏廢平陽縣以其地屬監附庸於郴天祐元年又廢臨武縣以其地屬監始比列郡晉天福四年　皇朝割郴州藍山縣屬監景祐元年於倚郭置平陽縣天禧四年陞桂陽軍國朝會要在紹興三年復置臨武縣在紹興十六年今

領縣三治平陽

縣沿革

平陽縣 上

倚郭舊唐史及元和郡縣志皆云本漢郴縣地東晉陶侃於今理南置平陽縣屬平陽郡至陳郡縣俱廢隋末蕭銑分置武德因而不改七年省八年復置有銀坑在縣南三十里所出銀精好俗謂之偈子銀別處莫及亦出銀鑛供桂陽監鼓鑄輿地廣記云晉宋二志皆無此縣與元和志不同又桂陽志云縣隸郴州唐憲宗朝因鹽鐵使李巽之請卽其縣置桂陽監天祐中縣廢以其地屬監國朝會要云天禧三年於倚郭復置｜｜｜｜來屬

臨武縣 下

南齊志桂陽郡下有臨武縣

在軍南一百二十里元和郡縣志云本漢舊縣以南臨武溪水因以爲名歷代屬桂陽郡隋爲郴州縣屬

不改南齊志桂陽郡下有丨丨丨隋志桂陽郡下亦有丨丨丨唐地理志云如意元年改曰隆武神龍元年復其故名桂陽志云晉天福四年復廢地入平陽紹興十六年知監吳鐸申奏乞復置臨武縣乃重建縣治焉繫年錄云紹興十六年三月壬午復桂陽監臨武洞爲縣從本路諸司請也

藍山縣 中

在軍西南六十里元和郡縣志云本漢南平縣晉志及南齊志並屬桂陽郡又云至隋廢唐咸亨二年復置於今理天寶元年改爲丨丨丨寰宇記云因縣南藍山以爲名也唐志屬郴州國朝會要云景德元年自郴州來隸

風俗形勝

內轄三縣外撫五峒紹興二十二年乞陞改軍額始末出銀之務也類要戶只納銀無秋夏稅類要古貢鉛今出銀類要地在桂

洞之南寰宇記曰以其地在|||||故曰桂陽小桂郡劉禹錫連州刺史壁記云宋高祖世析郴州桂陽爲|||湖南道院志桂陽桂水所出漢志應劭注徭斑爛其衣侏離其言稱盤王子孫桂陽志神祠門峒甿遣子入學桂陽志風俗門淳朴近古畏法少訟同上土地之產有白金丹砂水銀錫碧之寶長柟文梓霞桑美箭之材襟帶江湘控引交廣元祐元年練亨甫五雲觀記湖南山水甲天下桂陽又居其高石林山有聖人足跡舊經云唐高宗儀鳳三年詔曰南方有山巍險中有聖人足跡石穴流泉即今壇山太祖減歲貢銀長編云開寶三年上覽桂陽監歲入白金數謂宰相曰山澤之利雖多頗聞採納不易十一月詔減舊額三分之一

景物上

龍岡九域志**騾穴**去城十里武昌岡石上騾跡存焉有穴曰騾岡乃武丁乘白騾之遺跡也

藍嶺在平陽跨藍山縣界故曰丨丨而藍山縣亦有丨丨

藍山輿地記在本縣

蒙泉在永甯寺

熱石輿地志載臨武縣有丨丨置物其上立焦

監湖在軍之左盛夏不涸

豐湖水源出寶積寺前流入子城

碧泉在郡圃味尤甘冽

湟水漢武帝遣路博德出桂陽下丨丨以伐南越

聖泉在藍山九十里供一人至百人亦足

舜峯在藍山縣又名九疑三峯

舜水在藍山縣出九疑峯又名歸水

晉嶺類要在監西晉時出銀因以爲名

秦水西漢地理志臨武縣下注云丨丨南至征陽入匯行七百里

春水出道州之春陵山合藍山歸水達于湘江

桂水西漢地理志桂陽縣下注云丨丨所出東北入湘

匯水西漢地理志桂陽縣下注云丨丨南至四會入鬱過郡行九百里

壇山在平陽唐高祖儀鳳二年詔以南方有山巍嶮中有聖人足跡至中宗景龍二年詔於平陽之丨丨丨廣度僧尼故曰丨丨

景物下

三瑞堂 桂陽志題名門有三瑞記。**七賢堂** 東漢桂陽六太守衛颯茨充許荆欒巴度尙周昕臨武長唐羌爲七賢建堂於軍學。**甘露堂** 在郡治以元豐中甘露降故名張舜民爲之記。**拂雲亭** 在郡治郡守陳傳良在任日建。**風月亭** 在郡治之西池。**漱玉亭** 在郡治。**畫錦閣** 桂陽志登科門今在市西報恩寺前。**寶峰閣** 在郡治之西池。**玉液樓** 在市心。**錦湖亭** 在郡治之西池舊名得妙亭。**石林亭** 去城二里有石列立狀如偃月舊職方郎中黃照隣父子讀書此地邦人稱之曰職方巖。**芳洲亭** **越丹亭** 在本覺寺之後舊有山茶一株徑尺圍五六丈。**瑞蓮堂** 在郡治之西池常生瑞蓮故名。**松柏臺** 見桂陽志學地門。**撫松亭** 在郡治。**五雲觀** 在軍治之西。**九鼎岡** 類要在監北。**九疑山** 元和郡縣志在藍山縣西南五十里九域志有九疑水。**九銀坑** 在平陽縣境曰大湊山大板源龍圖毛壽九鼎小白竹水頭石筍大當**小桂郡**見風俗大體門**大湊山**九域志在城西舊經云出銀鑛當其盛時爐煙蓊然上接雲漢烹丁紛錯商旅往來輻湊因以爲名**大湊岡**類要在監西**大板源**九域志**太宜坑**類要**廣潤寺**在平陽之壇山唐大中年間有唐禪僧信業建道場於此地**金粟巖**在臨武西北二十里宋剛仲題云始知清淑之氣未嘗窮也**寶山廟**古圖經云在軍治之西古有盤氏兄弟三人以鑿山冶銀自業既歿有靈禱之礦溢遂祀焉梁正明四年誥猶存**衡塘水**類要在監北會湘水衡州**潭流嶺**類要在監北一百三十里出銀鉛砂礦今廢**石門山**在平陽縣北有巖穴如門歸水自藍山穿石西注舟筏皆經其下**石鷺場**在監北**芙蓉山**在城西南北諸峰左右特出下有泉曰蒙泉**楊梅山**在臨武未置縣之前曾於此山置寨**黃蘗山**在監山縣九十里謂之都龐山與連州分界卽五嶺從東第三都龐嶺是也**白竹岡**類要在縣西二十里下有獅子巖**鹿頭**

山在東門山有石如鹿有七層塔有御書黃庭經龍渡山又名神渡山在軍南三十里其神甚靈陳傳良有文記之師子巖在平陽白竹嶺下相傳云通九疑山靈星江寰宇記在藍南九十里下至韶州襄陽山在藍山縣昔襄陽有老僧求居此山坐禪故名華陰山在藍山縣東南一十五里晉平山在藍山縣東七十里東樓溪在藍山縣西五十里有九疑三峯又名舜峯桂水集詩云縣東來第一峯

古跡

南平古城在今藍山縣東五里方輿記云今縣東五里有南平古城郡此也漢故縣姥婆城九域志在臨武縣東五十里平陽郡城九域志東晉置陳廢唐藍山縣城在今藍山縣北一十五里寶山廟梁誥敕在本廟有梁正明四年誥晉甯縣城在平陽縣北三十里桂水集載劉接詩云興於東晉廢於陳宮市縣城在平陽縣

北九十里劉接詩云廢於袁憲相陳年**成仙宅**在臨武縣西鄉馬里**欒巴山**在平陽縣舊傳桂陽太守欒叔元曾經此故名**韓張亭**在臨武縣爲唐韓愈張署而得名事見官吏門韓愈張署下**大禹廟**在平陽縣北**唐公祠**在臨武即臨武長唐羌祠也

官吏

東漢衛颯光武時爲桂陽太守又東漢記丨丨爲桂陽太守鑿山通道列亭置驛**茨充**光武時**許荊**和帝時**欒巴**順帝時**度尚**威帝時**周昕**靈帝時六人皆東漢桂陽賢守也**唐羌**漢和帝時汝南唐羌爲臨武長時南海獻生龍眼荔枝唐羌上言曰上不以滋味爲德下不以貢獻爲功帝從之詔罷貢獻**趙雲**通鑑建安十六年丨丨爲桂陽太守**唐韓愈**　**張署**唐韓愈張署俱爲御史正元中以旱上疏乞寬租俱爲時相所逐張張臨武令韓陽山令同時俱在鄰邑**李綱**以太常博士知監見於重修建錦閣記**鄭剛中**紹興十七年資學四川宣

撫副使｜｜｜罷尋落職桂陽監居住爲秦檜所疑故也繫年錄

人物

谷儉 晉甘卓舉桂陽｜｜一人到臺遂不試儉恥州少士試高第除郎中白氏六帖

劉景 劉禹錫贈劉景擢第詩湘中才子是劉郎望在長沙住桂陽昨日鴻都新上第五陵年少讓清光

葉蓋 熙甯中葉蓋以才雅賦魁上庠見者目爲南瑞

黃照鄰 石林亭在郡西二里有職方郎中黃照鄰父子讀書堂邦人號曰職方巖

仙釋

蘇仙公 神仙傳｜｜｜者桂陽人洞仙傳云蘇公名耽漢文帝時得道有白鶴數十降于門乃跪白母曰某神仙被召有期即便拜辭遂昇雲漢而去後白鶴來止郡城東北樓上人或挾彈彈之鶴以爪攫樓板似漆書云城郭是人民非三百甲子一來歸吾是蘇君彈何爲

成仙君 後漢成仙君名

武丁臨武人也桂陽太守宴郡官仙君忽取酒含而噀之問之答曰臨武縣失火噀酒救之耳太守遂遣使驗之雨下之時皆有酒氣救火者皆醺醉

禪僧信業唐中宗景龍二年有旨於平陽縣壇山開置戒壇廣度僧尼至大中二年有一僧曰信業乘雲飛錫自阿育王山來居此山至大中十六年內詔賜紫衣不逾月復還育王而壇山香火不絕

碑記

盤王舊經見於太守題名**韓張亭碑**在臨武**龍川廟碑**在藍山**桂水集**見桂陽志太守題名下未知編集人姓名**桂陽志**教授鄭伸編

詩

桂陽少年西入秦數經甲科猶白身郎今江海一歸客他日雲霄萬里人高適送桂陽孝廉

秦雲連山海相接桂

水橫煙不可涉李白送族弟襄歸桂陽　桂水分五嶺衡山朝九疑李白送友人之羅浮　湘江二月春水平滿目和風宜夜行唱棹欲過平陽戍守吏相呼問姓名元水部欸乃曲　千里楓林煙雨深無朝無暮有猿吟元水部　雲橫秦嶺家何在雪擁藍關馬不前韓吏部至藍關詩　市井連延新戶口八煙稠疊舊家山林外和詩　緘題桂陽印持寄朗陵兄刺舉官猶屈風謠政已成行看換龜組奏最謁承明權載之詩　一從投迹三湘外兩度登高五嶺間張舜氏重陽日餞年兄送酒　峰對九疑闘鶴唳地連五嶺雜蠻風石景立遊鹿山　水來五渡若鋪練山對九疑如畫圖劉接題伍渡鎮　湛湛直通龍渡水䗀

瀧傍過鹿頭山劉接題監塘水鹿頭屹立青疑染龍渡橫飛勢欲來杜圭題大雲寺妙峰亭嶺開越嶠通交趾路轉荆門入九疑潘正夫桂陽詩擬向蒼梧叫虞舜更於橘井訪蘇仙呂延嗣詩桂陽卿月光輝徧毫末應傳顧兔靈柳儀曹楊尚書寄郴筆詩官中逐月催租稅不征穀帛只征銀判官章侁作烹丁歌云云

四六

惟桂陽之爲郡極湘水之盡頭林□盤孫烏語之與居覺土風之錯雜蠻壤犬牙之相入況寇穴之在旁林□

輿地紀勝卷第六十一

輿地紀勝卷第六十二　文選樓影宋鈔本

東陽王象之編　甘泉岑鎔淦峯校刊

荊湖南路

武岡軍　都梁　夫夷　武強　武攸

軍沿革

武岡軍同下州輿地廣記禹貢荊州之域郡總叙楚地翼軫之分野武岡都梁志曰楚地翼軫之分野入軫十一度爲鶉火之尾於辰在巳春秋戰國以來皆爲楚地晏公類要秦隸長沙郡郡總叙云秦始皇二十四年楚王負芻爲秦所滅取巫中地爲黔中郡後分黔中爲長沙郡武岡在秦實隸長沙柳子厚武岡銘所謂巫水之巑黔山之磻是也又秦昭王使白起伐楚畧取蠻夷置黔中郡故城在今辰州與郡總叙小異自

漢武分長沙爲零陵郡而都梁夫夷二縣皆屬焉西漢地理志云武帝元鼎六年置零陵郡領縣十夫夷都梁在所領十縣之數都梁夫夷在漢武時已爲侯國王子表云武帝封長沙王子定爲都梁侯又封長沙王子義爲夫夷侯也夫夷在後漢尙爲侯國第五倫亦嘗爲夫夷長又東漢地理志屬零陵郡又於夫夷侯國下云故屬長沙吳孫皓分零陵北部立邵陵郡屬荊州元和郡縣志在寶鼎元年都梁夫夷皆隸焉都梁縣在吳隸邵陵郡元和郡志吳寶鼎元年改武岡縣用武岡爲名一云晉武帝分都梁縣置象之竊謂吳晉改武岡之名自元和志已無一定之說而晉志邵陵郡下有都梁而無武岡至南齊志邵陵郡凡領七邑而都梁武岡二邑並書意者武岡雖建於吳或者中間廢置之不常歟至若夫夷之隸于邵陵他書無所經見惟輿地廣記云武岡亦二漢夫夷縣地屬零陵郡吳屬邵陵而齊志邵陵郡下有扶縣則是自吳至齊扶夷亦屬邵陵郡特其中間廢

置有不可攷耳晉武帝分都梁立武岡縣此據寰宇記又晉王導嘗封武岡侯陶侃亦嘗補武岡令六朝因之梁避太子綱諱改曰武強元和郡縣志云隋平陳省入邵陽縣廢邵陵郡以縣隸潭此據元和郡縣志又隋志長沙郡下有邵縣注云舊置邵陽郡平陳郡廢併扶夷都梁二縣入焉後復置曰武攸縣輿地廣記唐復爲武岡寰宇記唐末五代馬氏劉氏王氏周氏更有其地皇朝平湖湘地歸版圖九朝通略在建隆二年徽宗朝以武岡縣疆境闊戶口繁可爲軍以制溪洞乃勑以軍爲武岡縣门臨岡崇甯四年既而城下縣復名武岡而益以綏甯臨岡二縣隸焉崇甯五年高宗中興收復溪洞以蠻首楊再興父子巢穴建新甯縣國朝

會要在紹興二十五年後又廢臨岡縣爲臨口寨今領縣三治

武岡

縣沿革

武岡縣 中

倚郭元和郡縣志云本漢都梁縣地屬零陵郡吳寶鼎改曰武岡縣以武岡爲名一云晉武帝分都梁縣置梁天監元年以太子諱綱改曰武疆武德四年復舊寰宇記與輿地廣記皆以爲晉武分都梁縣置與元和志小異當攷類要引郡國志云後漢武陵蠻爲漢所伐來保此岡故曰武岡邵陽舊經謂漢嘗屯兵是岡以捍五溪蠻因名武岡又有小異亦當攷唐志云本武攸武德四年更名武岡七年省建興縣入焉

綏寧縣

按輿地廣記載舊名蒔竹縣爲下縣

在軍西一百五十里國朝會要云元溪洞徽州之地元豐四年詔以其地建蒔竹縣隸邵州都梁志云尋罷崇甯元年復置縣賜名綏甯又臨口寨自建軍以來改爲臨岡縣紹興八年廢爲寨併入綏甯縣焉

新甯縣 下

在軍南九十里本漢扶夷縣之地扶陽江所自出也中興以來因楊再興父子侵占省地遣兵撲蕩紹興二十五年於水頭江北創立一縣賜名新甯

風俗形勝

黔山之巓巫水之磻柳子厚武岡銘控制溪洞彈壓諸蠻崇甯四年創置本軍勑牒疆境闊戸口繁市井稠密商旅往還崇甯創置

車勑牒可爲軍以制溪洞同上軍當湖南僻處接畛廣西綿亘湖北風俗陋儉獄訟希簡都梁記風俗門楚際南壤元冥所不統崇寧元年置軍勑牒自崇寧置軍以後守臣率用武臣本軍志自紹興十六年以後守臣始用文臣本軍志岡接武陵因以得名郡國志文儒申申有此武功柳子厚武岡銘願銘武岡首以慰我思以昭我類以示我子孫柳子厚武岡銘嘉祐名臣其子孫食舊德之名氏者于今不絕陳簡齋周氏讀書石室銘

藏秀在法相寺郡守汪立中有詩　友寒在天慶觀郡守汪立中有詩　武攸都梁志云都梁在晉宋以後或爲武岡唐初復置縣更名武攸武德四年更名武岡　武岡邵陽舊圖經云漢嘗屯兵是岡以捍五溪之蠻因名丨丨　都梁西漢地理志有丨丨　夫夷東漢地理志有丨丨縣都梁志云武岡郎漢之丨丨也　資水水經水出都梁縣西南一百里考都梁夫夷水導扶陽村派金波雙洲白練入龍潭松花江與口江水會下孔雀灘轉白田達建洲經合江亭與邵水合　雲山第六十九福地也李思聰有詩其山有曰華山月華山杏花塢投龍洞猿藤水道者巖侯公洞　石羊聶寒政有留題詩　路山西漢地理志云丨丨資水所出東北至益陽入湖見零陵郡都梁縣下注

景物下

平理堂在郡治　淨治堂在郡治　歸美堂在郡治　會心堂在郡治

燕香堂在郡治朋簪亭在郡治襲芳亭唐太宰恪有詩宣風樓圖經
云在譙樓之東招屈亭類要引郡國志有||||問月亭在郡治虛遠樓在郡
圃晚靜亭在郡治水雲鄉在郡治錢端恕立湖光亭郡守林祖治有詩
漁父亭類要據郡國志即屈原見漁父處小垂虹在郡治錢端恕立申申堂
在郡治取柳子厚武岡銘之句日華山月華山在武岡之雲山景星觀唐景
和四年置崇甯升縣爲軍以本觀爲天慶觀明月池深百丈見底晏公類要云寶方山
在濟川門外有巖洞八所一棲直二上屏三太保四朝陽五迎陽六芙蓉七隱仙八花乳龍甲神像皆滴
乳所成金城山第六十八福地也在武岡縣界是石眞人所治之處李思聰有詩金洞
屬綏甯縣丹砂井郡國志云即廖立宅也黃石寨屬綏甯縣紫陽山周儀
諫議嘉祐名臣有讀書堂在||||千尋石室前瞰
溪簡齋所謂雷霆鬼神之所爲非人力之所能就者

紫菀洲洲上出此藥 綠羅山類要云亦灣也 白香湖類要云見郡國志 滄

浪水卽屈原見漁父處 採菱城類要 蓮荷壇在綏甯縣唐乾元初道士申太芝於蓮荷嶺上築壇奏上帝斷絕猺賊賜號安國大師 芙蓉洞屬綏甯縣 薔薇水晏公類要

猿藤水在雲山福地 虎嘯巖在武岡縣木瓜市 白鹿寺在武岡縣東周顯德中偽楚王以此地獲白鹿因建寺以白鹿名之 放鶴陂梁崔穆於此羅得雙鶴放之得玉璧一雙送穆庭處 九龍山輿地廣記 投龍洞在武岡縣之雲山 孔雀灘武岡志水門

鳳凰山在武岡上有鳳凰臺故名 道者巖在武岡古山六十九福地 侯公洞在武岡古山六十九福地 禮仙山在武岡縣南上有空洞莫測深淺 尊聖寺在武岡縣東五里元豐中搠塔七層 招屈亭 圓通洞在武岡縣界其巖甚勝垂乳交結如寶蓋 唐

糾山輿地廣記曰武岡有丨丨丨資水所出寰宇記云漢志所謂都梁之路山資水出焉 雲山

不夜在郡治**清涼境界**在郡治**金雲福地**見七十一峯閣詩恐卽金城零山二福地也**七十一峯閣**在郡治**二岡相對**輿地廣記云皇朝置武岡軍左右丨丨丨丨峙重嶂齊秀去可二里舊傳東漢伐五溪蠻故保此岡故曰武岡**千尋石室**卽周諫議讀書堂**八所崖洞**在寶坊山法相寺去軍五里古號資勝山**都梁山**元和郡縣志云在武岡縣東一百三十里

古跡

古琴州武岡志云卽今之臨口寨**古徽州**武岡志云卽今之綏甯縣**建興縣**輿地廣記云晉武帝置丨丨丨丨屬邵陽郡晉宋因之後省焉唐武德四年復置七年省入武岡**都梁侯國**西漢表元朔四年六月封長沙定王子定爲都梁侯**夫夷侯國**西漢表元朔四年六月封

長沙定王子義爲｜｜｜

都梁故城 武岡志古迹門云｜｜｜｜｜即漢長沙定王子所封之地

在郡城東五里

夫夷故城 類要云在郡東北二百四十里寰宇記云東晉以大司馬元子父名同改爲扶縣至隋平陳省以地入邵陽今城在

廢扶陽場 類要在軍西南

廢龍潭場 類要在縣西一百三十里

廢白沙場 類要在縣北一百三十里

周諫議讀書堂 詳見紫陽山下

龍紀元年誥勅 見鄧公閣下

古徽州印及虎符 乃化外徽州人收得見綏甯縣總序武岡志云今溪洞猶收得｜｜｜｜｜｜

范蠡女祠 晏公類要在武岡又名娘子神祠

李陵廟 李陵嘗爲臨沅令後没匈奴邑人思之而立廟

鄧公閣 即鄧公處訥所居在龍潭公爲武安節度今龍紀元年誥勅猶存邵州有鄧公廟即公也

官吏

第五倫 爲扶夷長事見東漢書 王導 以討華軼功封武岡侯 陶侃 按侃補武岡令與太守呂岱有嫌棄官歸爲郡小中正 曹王皐 武岡志載唐丨丨丨爲湖南觀察使部將王國艮戍武岡據縣反皐乃自稱使者造國艮壘受國艮降約爲昆弟盡焚攻守之具 柳公綽 柳子厚武岡銘云唐丨丨丨爲潭部戎帥蠻獠雜擾公綽提卒五百屯于武岡告天子威命亂人大恐投刃頓伏奉職輸賦 王鍔 曹王皐俾鍔誘降武岡將王國艮以功擢邵州刺史 芮燁 本左從政郎坐和沈長卿牡丹詩云寧令漢社稷變作莽乾坤坐責武岡軍檜死放還

人物

鄧處訥 五代時爲邵州刺史會節度使閔勗爲周岳所殺處訥率諸將哭之興兵問罪積八年攻岳斬之今丨公樓即丨丨所居也其子孫有鄧遇爲駕部郎中鄧元恭爲殿中丞延繼爲大理寺丞 周

儀紫陽人登雍熙甲科子湛登天禧第少讀書山中刻厲于學後爲諫議大夫寔嘉祐名臣臨終遺命邵陵祖疇悉分宗族

仙釋

道士申太芝唐乾元中｜｜｜於蓮荷嶺上築壇三級奏上帝斷絶徭賦賜號安國大師

碑記

柳子厚武岡銘見柳文　都梁志鄭昉序

詩

杏花洞天路崎嶇曾見千年石斛奴試問金城山裏事只言仙境似蓬壺皇祐元年冲妙先生李思聰詩金城山乃第六十八福地也

水石光涵千里色川林陰翠濕芝蘭杏花塢接投龍

洞瀑濺蒼崖鶴骨寒李思聰雲山詩雲山乃第九十九福地也黛染峯巒水染藍右分湖北左湖南喬運使方詩前江後嶺通雲氣萬壑千林送雨聲陳簡齋詩南澗題詩風滿面東橋行樂露沾衣松花照夏山無暑桂樹留人吾豈歸簡齋出山復入山路隨溪水轉東風不惜花一夜都開遍簡齋山除樵斧響陽嶺有人家簡齋春禽觀我歸主人留我住一笑謝主人我自無歸處簡齋風逐孤蓬不可遮山中城裏總非家簡齋徜徉水南寺青山在指顧山中八洞列天巧於此覷誰謂寶方小方是洞天數鄭汝諧詩

輿地紀勝卷第六十二

輿地紀勝卷第六十三　文選樓影宋鈔本

東陽王象之編　甘泉岑溶　淦　長生　校刊

荆湖南路

茶陵軍　茶山　南雲州

軍沿革

茶陵軍使兼知衡州茶陵縣事今制自漢以前沿革與衡州同西漢屬長沙國武帝時封長沙定王子訢爲茶陵侯西漢年表元朔四年在漢爲長沙縣界元和郡縣志莽改曰聲鄉西漢地理志東漢屬長沙郡東漢郡國志古圖經云茶陵者所謂陵谷名焉今攸縣東一百四十里茶陵故

城是漢所理俗名茶王城寰宇記齊屬湘東郡元和郡縣志在齊武帝永明七年南齊志湘東郡下有茶陵縣隋平陳廢入湘潭元和郡縣志在開皇九年隋志衡山郡下無茶陵縣唐平蕭銑於故城立南雲州仍立茶陵縣元和郡縣志在武德四年尋省寰宇記在貞觀九年武后時因故縣復置南臨茶山縣以爲名唐志在聖歷九年即今理也寰宇記隸衡州五代馬氏劉氏王氏更有其地國朝平周保權地歸版圖九朝通畧在建隆三年中興以來荆湖南路安撫提刑司奏陞軍額知縣曰茶陵軍使兼知茶陵縣事依舊隸衡州詔從之國朝會要在紹興九年今領縣一治茶陵繫年錄云紹興九年三月癸卯陞衡州茶陵縣爲軍以知縣兼軍使縣當江西湖南境上其地方二千餘里皆

深山大澤在唐嘗爲雲州

縣鎮 縣沿革與軍沿革同

永安鎮霞陽鎮茶陵鎮船場鎮 通鑑長編宣和五年夏倪濤以鼓唱撰造監澤州茶陵縣造船場但以茶陵繫之潭州不同當考

風俗形勝

風俗 同衡州 縣當廣西江西兩路界至吉州永新縣數百里山寨多寇 紹興九年湖南諸司乞陞軍額奏 乞將茶陵爲一軍割永新縣地隸茶陵以知縣充軍使 同上湖南諸司乞陞軍額奏 使名官儀備太守之畧而時節得以需章自達于朝他邑莫得而比也 李庚雲安軍使橘官堂記 茶陵身丁米 嘉祐中嘗詔減

放紹興十四年羅長康奏郴道永州桂陽軍衡州茶陵縣二稅之外尙循馬氏舊法添納身丁錢絹米麥流弊未除四郡一邑之民生子往往不舉得旨並與除放然上供椿數未曾除豁楊邦弼爲漕乃奏除之

景物

雲巖 在茶陵縣東南二十里巖高十五丈深三十丈

洣水 西漢地理志長沙國茶陵縣下注云泥水西入湘行七百里卽此也又桑欽水經云出茶陵縣上鄉西北過其縣西注云地理志謂之泥水也又西北過攸縣南又西北過陰山縣南卽貞觀元年省茶陵陰山以攸縣來屬者本漢桂陽郡屬縣又西北入于湘

西昌山 在茶陵縣有旌忠寺

雲陽山 在茶陵縣西十里湘中記云南嶽之東雲陽之墟可以避世有松高百丈圍數尋可服餌山腰有赤松壇

雲秋山 寰宇記云在茶陵縣二百里嘗有雲屯於上經日不散有如秋景又有雲秋水

景陽山 在茶陵縣東一百里高一千五十丈周迴一百四十里茶水源出於此

鄧阜山 在茶陵縣東九十里

白鹿源 在茶陵縣南橋

山之陽**桃源溪水**出雲陽五洞溪北流至桃源江口二百里合雲秋水至縣五十里合茶水過三江口春夏勝五十石秋冬半之**茶水源**祥符圖經云在縣西一百二十里出景陽山北流礲下一十里合白鹿泉輿地廣記云茶陵有泥水西入湘水經謂之洣水即今茶水是也與此異**靈巖泉**在縣東二十里**靈仙觀**在茶陵縣北六十里本朝嘗置提舉主管官不釐務以優士大夫之句閒者**旌忠寺**在茶陵縣西昌山紹興中將官韓京奏乞於其地葬軍士之戰歿者因有旨賜寺賜名

茶陵八坊永福坊長樂坊布政坊頌德坊清平坊折桂坊集賢坊通惠坊**茶陵七鄉**西陽鄉睦親鄉茶陵鄉中鵠鄉康樂鄉雲陽鄉常平鄉

茶陵三渡三江口渡市步渡觀步渡**茶陵諸橋**宣化橋槠江橋望城岡橋小界橋化龍橋西陽橋黃石橋雷公橋腰陂橋拒江橋輩江橋韓婆橋蒲江橋深坑橋視渡橋石泉橋永安橋大樂橋竹下橋樟橋馬步江橋

古跡

炎帝廟 在茶陵縣西南帝陵側乾德五年始訪得陵即詔建廟見縣令孫冠所記蘇德祥碑陰六年以祝融配食開寶四年詔置守陵廟七戶仍委本縣尉鈐轄灑掃並見國朝會要六年復有旨修焉見蘇德祥修廟碑九年詔移廟就縣委令主簿日祭視弗虔者有罰廟去縣五里見國朝會要按乾道圖經開寶中刺史龍景韶奉詔致祭路經橋梁峽山溪暴張從者多溺死因請遷廟于縣與會要不同當考歲久禁稍弛益敝弗葺淳熙十三年知州事劉清之請諸朝乞復守陵戶乃即陵側復建廟詔許之於是棟宇像設始復一新

炎帝墓 在茶陵縣南一百里康樂鄉白鹿源

福濟廟 在茶陵縣北二里祥符圖經據舊經云三江廟茶陵侯劉欣長沙定王子漢元朔四年封按西漢王子侯表茶陵節侯訢長沙定王子元朔四年三月乙丑封十年薨子哀侯陽嗣太初元年薨亡後國除欣字當從史爲訢國朝始賜廟額又累封神明靈廣澤威惠仁護公乾道所修邑志云劉愿又云封二年而薨皆誤也

李太

尉祠在茶陵縣康樂里按乾道舊經邑人李義東晉
時盜起荆湘遣將畧地至茶陵義傾家貲市兵
器率鄉人迎擊破之闔境以安荆州牧陶侃時屯長
沙聞之召至麾下分兵使擊賊戰屢有功事平賞獨
優令康樂里有義故居基址猶存
民歲時奉祀不絶號其地太尉原

故縣城在長沙攸縣東一百四十里茶陵本漢縣至隋廢唐武德四年即故城之南雲州仍復立縣貞觀元年州縣俱省聖歷元年復立縣見祥符舊經經誤以貞觀元年爲九年以舊唐書地理志改定

金州故城在縣北八十里舊經云鄧宜所築未詳見祥符舊經

官吏

文春字季秋爲長沙茶陵長質操正直慈仁汎愛明知聖術在官修德民歌遺風春秋七十以道殞遷建安二十一年綏民校尉熊君率吏民立碑

邱旭字孟陽宣城人南唐狀元及第自江甯尉調邑簿呂蒙正判銓曰吾以爲古人今乃見之薦試學士院不中久之爲茶陵宰秩滿致仕見江南野史

彭

友方 潭州攸縣人熙甯九年主茶陵簿縣管七鄉有上三鄉民貧而山居輸潭州造船木以折歲租江行千餘里其費數倍民益困友方自護漕朱初平請均出木即縣造舟漕而出之公私兩便初平是其言聞于朝茶陵造舟上供議自友方始見彭天益所作行狀

人物

唐譚子 茶陵雲陽人失其名以文學隱居山野元次山居九疑扁舟往從之遊次山有送譚山人歸雲陽序

段世昌區海 淳熙二年詹騤榜段世昌五年姚顯榜區海二人破荒登科

仙釋

赤松壇 在茶陵縣雲陽山縣經按丹臺錄云黃初平自號赤松子治于南嶽之陽即此地有松高百丈圍數尋可服食

彌勒山 在茶陵縣東五十里高一千二十丈

大悲山 在縣東十里

碑記詩四六

並闕

輿地紀勝卷第六十三

輿地紀勝卷第六十四　文選樓影宋鈔本

東陽王象之編　甘泉岑鎔淦長生校刊

荊湖北路

江陵府

荊州　南郡　郢都　渚宮　龍山　臨江　公安　石首

府沿革

江陵府次府荊州江陵郡舊曰南郡唐天寶元年改爲江陵荊南節度唐乾元元年置荊湖北路安撫使湖北十六郡皆屬焉國朝會要建炎二年陞爲帥府開禧間爲荊湖制置使治所嘉定間徙治襄陽楚地翼軫之分野春秋元命包云軫星散爲荊州漢書地理志云楚地翼軫之分野通鑑梁元帝承聖三年西魏伐梁帝登鳳凰閣倚徙嘆曰客星入翼軫今必敗矣已而魏尅江陵則江陵爲翼軫分信矣鶉尾之次

漢書地理志云楚地翼軫之分野自張十七度至軫十一度於次爲鶉尾於辰在巳禹貢荆及衡陽爲荆州尚書周職方荆州之域周禮職方正南曰荆州爾雅曰漢南曰荆州荆强也言其氣躁强或曰荆驚也取名荆山春秋時楚文王自丹陽徙都于此謂之郢都晏公類要又楚世家當周夷王時楚熊渠甚得江漢間民和乃立其長子康爲句亶王張瑩注曰今江陵也又晉書地理志曰江陵故楚都也戰國時秦拔郢楚襄王東徙都於陳秦始以其地置南郡通鑑在周赧王三十七年項羽封共敖爲臨江王都江陵漢書高紀元年孟康注云本南郡改爲臨江國顔注云郎今荆州江陵縣漢爲南郡漢書高紀元年臨江王共敖死子尉嗣立不降遣劉賈擊虜尉又漢地理志云注南郡漢高帝元年更爲臨江郡五年復故置南蠻校尉元和郡縣志在高帝五年景帝封子榮爲臨江王漢紀在景帝十七年後國

廢復爲南郡漢書景帝紀在中元二年又臨江王傳云王無子國除爲南郡武帝分置十三部史而荆州刺史治於此此據晏公類要按通鑑獻帝紀平元年劉表爲荆州刺史單馬入宜城後自宜城徙治襄陽通典云荆州刺史初理武陵後理南郡俱不同後漢因之晏公類要劉表爲荆州刺史卒子琮降於曹操操盡有其地元和郡縣志在獻帝建安十三年操敗於赤壁周瑜取江陵以借劉備三國鼎立荆州亦分爲三通鑑獻帝十二年曹操敗於赤壁以曹仁守江陵吳周瑜取江陵至二十年孫權劉備分荆州以湘水爲界長沙桂陽以東屬吳南郡零陵武陵以西屬蜀南陽襄陽南鄉屬魏關羽既沒南郡屬吳通鑑在建安二十四年荆州之名南北雙立三國志云魏立荆州理宛今南陽郡是也吳荆州理江陵今郡城是也事見寰宇記晉武帝平吳以南郡爲荆州治所

志晉又改爲新郡尋復故沈約宋志云晉武太康元年改曰新郡尋復故懷帝時蜀亂又割南郡之華容江陵監利三縣別立豐都合四縣置成都郡爲成都王潁國居華容縣晉志荊州後序愍帝時併歸南郡在建興中東晉或理武昌王澄還治江陵自桓溫於江陵營城府此後嘗以江陵爲荊州理所此據元和郡縣志又寰宇記云永和八年溫自夏口還理江陵宋文帝嘗鎮荊州詳見景物下門百里洲注齊因之後魏孝文南侵齊失穰宛之地魏於穰宛置荊州於是復有二荊州元和郡縣志梁湘東王稱號於此通鑑在太清元年西魏于謹尅荊而梁王詧徙居焉通鑑在承聖元年元和郡縣志云察居西魏江陵總管居東城陳置荊州于公

安以長江爲界江陵志又按陳陸子隆以功遷荆州刺史荆州新置居公安城池未固子隆修立城郭綏集夷夏甚得人和是荆州自陳始新置於公安隋志亦云陳置荆州於公安江陵志云陳與後梁分長江爲界故置荆州於公安隋志云明皇九年平陳廢陳所置荆州爲公安鎮隋初蕭巖奔陳因廢荆州屬襄州證明元年尋復故開皇七年隋平陳廢陳南荆州爲公安鎮元和郡縣志在開皇九年煬帝罷荆州爲南郡輿地廣記在大業初唐平蕭銑復爲荆州元和郡縣志在武德四年置大都督府元和郡縣志在武德七年改江陵郡天寶元年復爲荆州置荆南節度使通鑑肅宗至德二載置荆澧節度使領荆澧等五州寰宇記云至德後中原多故襄鄧百姓兩京衣冠盡投江湖故荆南井邑十倍其初乃置荆南節度使創置使則亦在至德年間而江陵志以爲乾元元年仍置荆南節度不同然通鑑謂置荆澧節度則是復爲荆州之後耳置南

都以荊州爲江陵府通鑑在肅宗上元元年從節度呂諲之請也長史爲尹舊唐志云上元元年荊南節度領澧朗硤夔忠歸萬等八州又割黔中之涪湖南之岳潭衡邵永道連八州官寮制置一準兩京寰宇記在上元元年以舊相呂諲爲尹仍置長甯縣於郭內與江陵並治尋罷都唐志在上元二年已而荊南尹衛伯玉請分湖南八州別置防禦使而荊南止管八州曰荊澧忠萬鼎夔峽歸皇朝郡縣志在廣德二年五代高氏季興有其地通鑑梁開平元年以高季興節度荊南國朝以高繼沖爲江陵尹在乾德初已而繼沖納土歸於版圖九朝通略建隆四年割長林當陽二縣置荊門軍國朝會要在開寶五年分荊湖南北路國朝會要在咸平二年以守臣爲湖北路兵馬都鈐轄提舉施夔等州兵甲事江陵志在

咸平中改都鈐轄爲安撫使江陵志在靖康初中興以來陞爲帥府國朝會要在建炎二年或分置鎮撫使中興小歷建炎四年以荊南歸峽等五郡授解潛或分湖東西路置帥鄂鼎中興小歷在紹興元年東治鄂西治鼎尋復爲湖南北路而北路置帥江夏江陵志在紹興二年復湖北帥司于江陵中興小歷紹興六年詔荊南府依舊帶湖北安撫改江陵府爲荊南府在淳熙元年未幾因周必大奏荊南要是節鎮江陵自是府號失於釐正有旨依舊以江陵府爲名未幾復舊爲江陵府見上又容齋隨筆云荊州額曰荊南府曰江陵而守臣則曰知荊南通判則曰通判荊南自餘掾幕官則曰江陵府至淳熙四年始盡以江陵爲稱

縣沿革

今領縣七治江陵

江陵縣

附郭漢地理志江陵縣下注曰故楚郢都楚文王自丹陽徙此後九世平王城之後十世秦拔我郢徙東郢日江陵又漢書高紀日項羽立共敖爲臨江王都江陵舊唐書志云漢縣南郡所治也今縣北十里紀南城是也後治於郢在縣東南今治所桓溫所築城也輿地廣記曰故楚郢都秦分郢爲臨江縣而郢猶爲縣景帝改臨江爲江陵後漢省郢入江陵按元和郡縣志曰秦分郢爲江陽縣二縣俱立景帝三年改江陽爲江陵以郢併之今江陵志却不言改江陽爲江陵失於攷據江陵志云晉宋以後因之唐屬江陵府舊唐志云上元元年置長甯縣與江陵分治於郭內二年廢又省枝江入長甯江陵志又云大歷六年廢長甯縣復置枝江縣國朝因之爲江陵縣

次畿

公安縣

在府東一百里元和郡縣志及舊唐志並云本漢孱陵縣地左將軍劉備自襄陽來油口城此而居之時

號左公水經注云以左公之所安故號曰公安皇朝郡縣志云晉杜預平江南置江安縣屬南平郡宋爲南平郡治後改公安江陵志云陳與後梁分長江爲界置荆州於公安隋開皇九年平陳廢陳荆州爲公安鎮尋省孱陵永安二縣入焉國朝會要云建炎三年公安縣陞爲軍使紹興五年復舊

潛江縣 次畿

在府東北一百二十里寰宇記云唐大中十一年以人戶輸納不便置征科巡院於白洑而江陵志曰本南郡江陵縣地梁末高氏置征科巡院於白洑年月不同國朝會要云乾德三年升安遠鎮爲潛江縣

監利縣 次畿

在府東一百八十里本漢南郡華容縣地吳置監利縣尋省晉太康四年復置寰宇記引荆州圖副云太康五年立丨丨丨屬南郡晉志云懷帝割南郡之華容江陵監利三縣別立豐都合四縣置成都郡爲成都王穎國居華容縣愍帝建興中併還南郡亦併豐都於監利寰宇記云宋屬巴陵隋屬沔陽唐屬復州

梁開平三年屬江陵府元和郡縣志云開皇三年屬復州隋志復州沔陽郡下有｜｜卜｜則是隋已屬復州蓋隋時復州曰沔陽郡屬沔陽郡即是復州非自唐始屬復州也寰宇記分沔陽與復州爲二處殊不知陵之沔陽郡即復州也元和郡縣志云開皇三年屬復州當以元和志爲據非自唐始屬復州也

松滋縣　次畿

在府西一百二十里元和郡縣志云本漢高城縣地屬南郡舊唐志云松滋本屬廬江郡晉以松滋流民避亂至此乃僑置｜｜｜以治之屬南郡隋志云江左舊置河東郡平陳郡廢而不載置河東郡年月寰宇記引晉太康地志云咸康三年以松滋流戶在荆土者立｜｜｜以隸河東郡即此邑也則是咸康時已屬河東郡矣宋齊梁陳因之隋復屬南郡唐五代屬江陵府皇朝因之吳陸抗鎮樂鄉東晉桓冲鎮上明皆在｜｜｜境則亦荆江形勝之所也

石首縣　次畿

在府東二百里晉志南郡下有石首縣元和郡縣志及舊唐志並云本漢南郡華容縣地唐武德四年復置屬荊州以石首山爲名國朝會要云熙甯六年省建甯縣入石首元祐元年復建圖經云崇甯五年復省以其地入石首監利華容三縣竟陵志引孫鑑東皐雜錄曰自蔡州而南至信陽迤邐至安陸南至大江並無邱陵之阻渡江至石首始有淺山謂之竟陵岡陵至此而竟謂之石首者石自此而爲首也

枝江縣 次畿

在府西一百二十里晉志云故羅國也元和郡縣志云本漢舊縣在八里洲其西首曰岑頭縣居其上後岑彭經憩於此因名岑頭寰宇記曰古羅國之地史記謂楚文王自丹陽徙都于此亦曰丹陽象之謹按通鑑于謹策梁元帝云若席捲渡江保據丹陽上策也蓋指此地云然故丹陽乃今巴東郡圖經云二漢爲||||屬南郡魏屬臨江郡晉至隋因之唐屬江陵府唐志云上元二年析枝江置長甯縣三年省枝江入長甯大歷六年復置枝江省長甯國朝會要云熙甯六年省入松滋元祐初復置紹興初解潛移治

枝江

軍帥沿革

鄂州江陵府副都統制司舊有副都統衙在今中軍寨言行錄云郭杲請移江陵兵萬二千人并家屬永屯襄陽周必大言江陵兵一萬八千人自來半襄陽今杲謂襄陽極遠爲門戶之要殊不知江陵亦在江北爲吳楚喉衿或敵以數萬人綴襄陽之師自隨郢直走荆南則奈何上乃許杲萬人而留八千於江陵近年趙制置方多抽戍襄陽挈老小上邊而江陵兵額始不如舊併軍帥亦移治襄陽而江陵府止總留務

風俗形勝

楚稱王都郢西盡巴蜀東包吳會南極百越北際周韓元和郡縣志

江漢沮漳楚之望也左傳

江陵故郢西通巴

巫東有雲夢之饒史記荊州北據漢沔利盡南海東連吳會西通巴蜀此用武之國通鑑漢獻帝建安十二年諸葛亮語劉備曰云荊有三江之固晉王衍以弟澄爲荊州都督享爲青州刺史語之曰荊有三江之固青有負海之險卿二人在外吾居中足以爲三窟矣以荊江爲重鎮甲兵之所聚者在焉通鑑宋孝武孝建元年載初晉氏南遷爲京畿穀帛所資者皆出焉以荊江爲重鎮甲兵之所聚者在焉故常使大將居之稱荊州爲西陝南齊志荊州爲上流重鎮比周之分陝故有西陝之號元和郡縣志云東晉以後皇居在建業以楊州爲京師根本荊州爲上流重鎮比周召之分陝荊楚國之西門戶口百萬北帶強胡西鄰勁蜀周旋萬里得人則中原可定失人則社稷可憂通鑑晉穆帝永和元年庾翼既卒朝議欲以庾爰之代其任何充曰

云云桓温英略過人西夏之任無出温者上流形勝地廣兵强宋南郡王義宣傳初武帝以荊州｜｜｜｜｜｜｜｜｜詔諸子次第居之荊楊戶口半天下江左以來以楊州爲根本委荊州以閫外宋書割荊江置郢州議江左大鎭莫過荊楊若非時望名賢莫居此郡宋書志樓閣池沼甲子楚甸江陵雜題云梁元帝以藩王鎭荊州云云荊州總上流衝要義高分陝梁武帝以晉安王爲南郡太守以孔源爲長史武帝謂源曰云云五方雜居風俗大變寰宇記云唐至德之後流傭浮食者衆五方雜居風俗大變江陵城下三十萬戶通鑑乾符四年地通吳蜀是爲朝廷屏翰五代高季興乾化元年謂幕府曰當道｜｜｜｜｜｜｜｜｜楚水溶溶荊山崇崇高正懿王神道碑陶穀文荊山蒼蒼楚水湯湯唐正元十年江陵石幢記南通

五嶺旁帶二江東南接壤吳蜀交據舟車四達高武信王神道碑荆臺界吳蜀之要高文獻王神道碑荆巫奥壤橫控南夏高正懿王神道碑陶穀文巖巖楚山中含秀氣淼淼蜀江南國之紀高公保勗神道碑南夏劇鎮鎮巴蜀之險據江湖之會至和六年重修渚宮記荆山之英楚水之靈生此英材陳堯咨撰張府君墓表控扼巴蜀襟帶吳越州而言之曰荆國而言之曰楚胡旦開河記衣冠藪澤僉載江陵號衣冠藪澤言琵琶多於飯甑措大多於鯽魚置尹視京師置使視楊益皇甫持正集荆南判官廳壁記云開鎮荆蠻荆統郡府歷上游置尹視京師置使視楊益荆南爲吳蜀之門戶襄陽爲荆州之藩籬繫年錄吳拱遺大臣書云荆州左吳右蜀利盡南海前臨

江漢可出三川涉大河以圖中原曹操所以畏關羽者也繫年錄云知鄂州王庶言荊襄左顧川陝右視湖湘而下瞰京洛在三國所必爭眞帝王之宅也言行錄趙鼎奏江陵居吳蜀爲四戰之地通鑑天成二年楚將王環云云楚有七澤水物之美甲於天下張孝芳景濂堂記云｜｜｜｜｜｜｜｜離騷所述雲夢所賦非涉其境者安能知之荊南卽西川江南廣南都會之衝通略太祖乾德二年荊湖既平有穆昭嗣者事高氏爲醫官上召見問蜀中山川曲折之狀昭嗣曰云云既克此則水陸皆可趨蜀江陵千樹橘與千戶侯等史記

景物上

楚宮元和郡縣志云梁元帝卽位於｜｜｜蓋取渚宮以名宮也楚樓在沙市渚宮廣記

云江陵故城在東南有渚宮元和郡縣志云楚別宮左傳曰王在渚宮水經注云今城楚船宮地也春秋之渚宮皇朝郡縣志云梁元帝即位取渚宮以爲名後唐長興三年高從誨鑿城西南隅爲池起亭曰丨丨規模甚壯

郢城左傳襄十四年子囊臨終謂子庚必城郢

鄖城皇朝郡縣志按舊經云在陵縣南二百里楚昭王時鄖公所築今松滋楚城一號丨丨

楚望在寸金堤首祀江漢沮漳之地帥張栻建

巴山在松滋縣左傳巴人伐楚荊南志云巴人後遁而歸有巴復村故曰丨丨

庾臺在枝江縣相傳庾子山宅也

脩門離騷曰來入丨丨王逸注云丨丨郢城門也又離騷招魂兮歸來入丨丨黃山谷荊江亭即事云仁風義氣徹丨丨

江亭在松滋縣治後杜子美孟浩然張天覺皆有詩

月嶺在松滋縣西四十里上有月嶺寺

雪樓在府治

雙溪晏公類要在松滋縣

三城通鑑陳臨海王光大二年吳明徹攻江陵周總管高琳與梁僕射王操守江陵丨丨晝夜拒戰十旬不克明徹退保公安觀通鑑所載則梁已有三城矣

三海江陵以水爲險陸抗之築大堰高氏

之名北海是也通略建隆二年先是荆南高保勉退
其弟節院使保寅歸貢上因保寅歸諭旨令決去城
北所豬水使道路無阻保寅還語保勉曰眞主出世
天將混一區宇兄宜首率諸國奉上歸朝㣲無爲它人
取富貴資保勉不聽旣而上遣司天監趙修已使湖
南周行逢聞修已言上命荆南決北海知朝廷將南
征行逢乃發長沙兵民十萬城鼎州紹興逆亮渝盟
有漸李師道櫃上下海以爲遏敵之計開禧元年兵
端旣開劉帥甲又再築上中下｜｜吳帥獵繼之引
沮漳及諸湖之水注三海緜亘數百餘里瀰漫相連
又爲八櫃丁卯春敵犯荆門距江陵纔百**三明**元和
餘里而去亦知有三海之險不可侵軼也郡縣
志云上明在松滋縣東三十步明猶渠也晉末朱**百**
齡石開三明引江水以灌稻田大爲百姓興利
洲乾德初李景威云舊傳江陵諸處有九十九洲若
滿百則有王者興自武信王之初江心深浪之中
忽生一洲遂**東齋**在郡**東山**江陵志在城東**東湖**在
滿百長編治北臨北海上公
安門外五里佛華寺東北張商英建旁倣蓮**東城**元
湖廣袤數里時與名賢汎舟遊賞有｜｜賦和

郡縣志曰魏以蕭詧爲梁王居西城**西城**元和郡縣志曰梁王察稱藩於魏置總管以輔之居東城**西荊**文選云陶淵明還江陵詩曰遥遥赴丨丨注丨丨謂荊州也時京在東故謂荊爲西**西陝**盛洪之荊州記云自晉室東遷皇居建鄴以荊楊爲京師根本荊楚爲重鎮上流之所同之分陝故有丨丨之號**南亭**京兆韋庇建俯湖水枕大驛路地形高低四望空平又皇朝郡縣志云在枝江縣唐皇甫湜作記**南樓**張九齡有登郡城丨丨詩**南楚**孟康漢書注曰三楚舊名江陵爲丨丨**南荊**劉禹錫與江陵嚴司空詩**南都**唐呂諲請於荊州置丨丨詔可於是更號江陵府以諲爲尹**北海**周顯德二年高保融自西山分江流方五七里築堤而居謂之丨丨**蘭臺**南史齊和帝改元於江陵以城南射堂爲丨丨**荊臺**在監利西三十里土洲之南孔子家語云楚王游丨丨司馬子祺諫王怒令尹子西賀卽此地也杜甫詩曰何事丨丨百萬家只教宋玉擅才華孫光憲詩云百尺丨丨草徑荒如何前日謂雲陽古今不盡遷移恨依舊臺邊水渺茫**葵軒**在郡治**萍實**楚昭

王得萍實孔子曰大如斗赤如日是也渚宮故事云宋文帝爲宜都王臨州有人獻王丨丨六王華曰宜尼所謂王者之應未幾王即位**橘侯**史記江陵千樹橘其人與千戸侯等**馬山**江陵志云龍山之西則丨丨**虎洲**寰宇記云在公安與龍穴水相對**龍山**江陵志云在江陵縣西昔孟嘉爲桓溫參軍九日遊丨丨落帽今有落帽臺**龍洲**寰宇記在江陵縣盛宏之荆州記云龍寵二洲之間舊云多魚而漁者揮網輒絓水下有二石牛頭嘗爲網礙**龍門**伍端休江陵記云南門三一名丨丨一名脩門離騷九章曰顧丨丨而不見**龍城**皇朝類苑志云在公安縣西南三十里周五里二百九十步高四丈三尺按舊經在長樂鄉中陸抗治樂鄉築城于此**蚌城**在江陵鷰尾洲上皇朝郡縣志云關羽所築以防吳魏**羊溪**在松滋縣西六十里**鶴澤**晉羊祜鎮荆州江陵澤中多有鶴常取之教舞以娛賓客因名曰丨丨後人遂呼江陵郡爲丨丨丨**石船**　**石龍**　**石盆**　**石簰**　**石鼓**並在松滋**石函**　**鐵契**荆州記云昔荆州城掘地

得鐵契有丨丨云

楚都郢邑代無絶**丹陽**徐廣注史記云丨丨在南郡今秭歸縣南按通典舊丹陽在巴東郡楚自此徙枝江亦曰丹陽故西魏于謹伐江陵曰爲蕭氏計席捲渡江直據丨丨上策也丹陽者枝江之別名北史以爲潤之丹陽非也**金堤**水經注云江陵地東南傾故緣以丨丨自靈溪始**玉湖**在江陵縣東三十里**黃山**在公安縣寰宇記或謂皇山今日玉山或謝山**白湖**在潛江縣西南三十里又有北丨丨監利亦有丨丨**漕河**在江陵縣北四里舊經云王處仲爲荊州刺史鑿丨丨通江漢南北埭皐朝郡縣志云高季興於城西柳門及子城置倉開漕入倉步高從誨又以龍山門近城開白剅河水入城北向東丨丨紹興元年省劄云江陵府城下舊有丨丨若略加開淘則江陵城下綱運順流從江漢直達襄峴契勘本府丨丨乃晉元帝建武初所鑿自羅堰口出大丨丨由里社穴沌口沔水口直通襄漢二江又張孝芳修渠記云國朝端拱元年閻文遜奏開東漕渠有師子口以入于漢以達襄陽遂發丁夫治荊南丨丨至漢可勝二百石舟上游之人利焉天

禧末尚書郎李夷庚濬古渠格夏口以通賦輸蓋自湘而鄂順流也勢易也自鄂而襄遡流也勢難也且有風濤不測之險

乾溪　寰宇記云丨丨涌水皆在監利縣界又通略云丨丨水涌出

水城　寶儼詠北海詩云紀南南望水城寬蓋指北海爲丨丨也

油口　在公安荊州記云劉備鎮丨丨即此地也事見寰宇記又名左公城

油河　江陵志云在公安縣西九十步出施州由松滋入江

獲湖　元和郡縣志曰在枝江縣東沈攸之爲荊州刺史堰湖開瀆田多收獲因以爲名

夏水　楚辭過夏首而西浮郢丨丨左傳吳伐楚至于夏汭杜預注今名夏口盛宏之荊州記云名夏首

涌水　寰宇記云在江陵縣左傳云閻敖游涌而溢

瀆水　寰宇記云出紀南城赤坂崗下流入城子胥瀆吳師入郢所開也

江水　出岷山東逕上明南過江陵縣又東南當華容縣逕公安縣又右逕石首山

漢水　左傳云江漢沮漳楚之望也

沮水　出漢中房陵縣過臨沮縣界又東南過枝江縣入于江

漳水　出臨沮縣南至枝江入于沮

靈溪　在公安縣南二里隋志稱公安有丨丨水

息

壤山海經云鯀竊帝之丨丨以湮洪水溟洪錄云江陵府南門有丨丨焉唐元和中裴宇牧荊州掘之得石城與江陵城同中徑六尺八寸徙棄之是年霖雨不止遂埋之見丨丨記蘇轍詩云南郡城南獨何者平地生長殊不休

津鄉左傳莊十九年楚子禦之大敗于津鄉後漢志云江陵有丨丨今在江陵縣

紀山在府北四十里綿亘自荊門西山而來蓋荊州之主山也後梁宣明二帝陵林木鬱然見江陵志

地胏荊州濟江西岸安船處也洪潦常浮不沒故云丨丨

亭皋在沙市半堤府帥辛克承創左右有二亭曰水雲曰煙月亭

景物下

杞梓堂在府治

中和堂在府治

平安堂在府治

雲錦堂在府治

時雨堂在府學

陽雲臺張九齡有登丨丨丨詩

清暑臺寰宇記云在江陵城東北二十里舊經云宋臨川王義慶在鎮修丨丨丨

披風堂在府治帥張孝祥名

齊雲樓

渤海記云唐清泰二年高從誨登｜｜｜

楚雲樓 在沙市

樂楚亭 鄭獬有記見鄭獬集

繡林亭 在石首縣陽岐寺山谷嘗題｜｜二字

翠煙亭 晉天福中高從誨作亭於萬勝門外

荊江亭 在沙市

用儒堂 在城北城上下臨城濠北望海水今謂之萬人敵

佚老堂 孫諭元祐末掛冠同時退休者吳師道梁宏朱光復賈亭彥張叔達布衣唐佘悆爲七老人會五日一集｜｜｜飲酒賦詩道故舊爲笑樂相戒不以一毫事干擾州郡

寫經臺 在江陵縣東舊經云劉虬繙金剛經於此

讀書臺 高從誨建於城東法相院本南梁文範先生｜｜｜

博古堂 在新東門外雙廟相對燕人田偉歸朝授江陵尉因家於此作｜｜｜藏書至五萬七千卷無重複者黃魯直過之曰吾校禁中祕書遊江南文士圖書之富未過田氏者

濯纓堂 在監利縣東三里舊經云屈原｜｜處

南紀樓 卽江陵城門樓也高氏曰萬勝門作重樓以閱水軍卽城之皐門也詳見古迹

南極亭 在松滋山谷有與鄒天錫夜話詩

東果園 建隆二年高氏宴客

｜｜**一柱觀**皇朝郡縣志云在松滋縣東邱家湖中按渚宮故事宋臨川王義慶在鎮於羅公洲立觀甚大而惟一柱梁劉孝綽詩云紆從｜｜｜出入三休臺杜甫詩云孤城｜｜｜落日九江秋又云｜｜｜｜頭眼幾回又云船經一柱過又云音徽一柱觀注云觀在荆州張說詩云舊說江陵觀初疑神化來又詩云奈何任一柱斯焉容衆材紹興二十年縣令呂令問移觀之名于大橋

二聖寺在公安有二金剛稍靈驗

三休臺楚靈章華之臺亦謂之｜｜｜

三賢堂在潛江縣學祠｜｜唐質肅公介畢少卿漸孫大監偉皆郡人也

三公廟在江陵縣昔唐呂諲以陶侃羊祜杜預三公爲一祠其後元結祠諲於其西爲文刻之石

四層閣江陵雜題云灌頂院本晉滕濟宅也梁傳大士講經｜｜｜

五花館孔氏六帖云荆南舊有｜｜｜待賓之所也

五葉湖在江陵寰宇記云荆南志云昔湖側有土人張被五葉同居因以爲名江陵志云監利有｜｜｜不同

七澤觀卽江陵城東南隅城門帥張孝祥名曰｜｜｜

七寶灘在松滋縣石瀨河下相傳

葛洪煉丹於此**八仙亭**在石首縣下有僧居曰玉田山有巨石壁立上有八仙二字有平石號八仙碁臨崖置亭**九崗山**在松滋縣西九十五里昔人題松滋江亭寺云江分三峽濁山帶九崗青**百里洲**在枝江縣圖經云其上寬廣盛宏之荊州記云縣有九十九洲洲不滿百故不出天子乃宋文帝在藩忽生一洲果龍飛江表**千里井**荊南子城東門外百餘步有大井人云卽唐李康千丨丨見江陵志古迹門**萬壽院**在龍山門外清泰中高氏以彌勒瑞像顯應遂起建萬壽寺**萬卷閣**朱昂於所居建立藏其手鈔古今書帙萬卷整比讎勘踰於秘府**多寶陂**江陵志云昔荊臺處士梁震所居在江陵縣東六十里**安寶寺**在枝江陳搏棲眞之地元符中建棲眞亭于法堂**琉璃寺**在城西**分金寺**在龍山門之外卽金鑾寺也**堆金市**在府城之東**寸金堤**在府城外萬壽寺之西張孝祥有丨丨丨記**明月山**在松滋縣寰宇記云嶺彎彎如月**明月樓**劉孝綽爲湘東王咨議其集有陽雲樓詩曰北有臨風亭丨丨

丨顏之推詩云屢陪丨丨丨丨**石龍山**寰宇記在建寧縣東南六十里下有石龍琮石壁上有龍隱形蹤又松滋有石龍溪**伏虎廳**在江陵縣之西廳渤海記云縣治在江陵驛之西廳曰伏虎旌德政也**青龍渠**舊經云在江陵縣西有青龍觀基及青龍井在馬**馬鞍溪**在江陵寰宇記云昔子胥奔吳避難於江陵志以爲丨丨丨十道四蕃志云昔子胥以馬鞍畫此溪**馬頭城**元和郡縣志云在公安陸抗所屯以北對江津與羊祜相拒寰宇記所載亦同**鸞尾洲**元和郡縣志云在江陵縣**鴈子渦**在監利縣**雞鬭山**在松滋縣西一百五十里狀如雞鬭**雞鳴臺**在沙市法華勝因院之側**麝香山**寰宇記云在公安縣**龍穴水**寰宇記引水經注云大江右得龍穴水口注云江浦右迆也昔夏禹濟江黃龍夾舟舟人失色故水地俱取名龍焉今在石首縣**龍陽洲**在江陵縣界舊經云後漢李衡於洲上作宅種橘**虎渡里**人傳後漢法雄爲郡太守先是猛獸爲害雄令毁去陷穽政以恩惠虎暴逐去**虎渡堤**在大江之南岸乾道四年

寸金堤決水齧城不退帥方滋夜使人決｜｜｜以殺水勢自此遂不復築

枇杷寺 寰宇記云載楚宮故事郭仲產爲南郡從事宅在｜｜｜今在江陵又有枇杷門梁元帝承聖三年任約軍次馬頭帝出枇杷門督戰

薔薇江 荊南志云迴北江呼爲｜｜｜見寰宇記

芙蓉堂 在江陵湘東宮苑故事云有｜｜｜見寰宇記

桃源洞 在府城東南昔高季興建望沙樓其下桃李雜列號曰｜｜｜｜焉

梅平洞 在松滋縣西八十里石壁峻峭以三丈梯登之中容數百人石牀石磨石碓在焉

枚迴洲 在江陵晉馮枚遷桓元於｜｜｜舊云梅槐合生成樹故謂之梅槐

竹林堂 在江陵寰宇記云宋臨川王義慶所作梁元帝因而修之

雪山寺 在沙市

天井湤 江陵志云在府東二十里盛洪之荊州記云在天井臺之東周迴三里其深不可測

石門山 寰宇記云梁邵陵王綸崇奉道士張京於此山置觀以處之鑿石開徑其狀若門因名石門山

調絲水 九域志云流聲似調絲

畫扇峯 荊州記云修竹亭西一峯迴然西映落月遠而望之如畫扇寰

宇記在江陵縣

法輪院在江陵縣東北本名畫壁寺寺有孫繇畫壁

金鑾寺歐陽景詩一日金鑾長老乞書索米于王泉長老景授書書至玉泉開封乃一絕云金鑾來乞玉泉書金玉相逢價倍殊到了不干藤蔓事葫蘆自去纏葫蘆卽此

玉田院在石首縣或傳梁蕭銑因石得玉故名

金姜寺十道四蕃志云寺中有堯非禹糧金姜玉鼓今屬江陵縣

赤湖城在江陵荊州記云昭王十年吳通漳水灌紀南城入赤湖十道四蕃志云楚爲吳殺傷多湖水盡赤故名

青陽山江陵志云松滋之山最多如月嶺九崗麻田望喜青陽之屬皆巋然尊大曆江縣又有青陽湖

碧澗溪在松滋縣西六十里有碧澗寺

碧泉院唐同光四年高氏置｜｜｜與江陵分理

白紵河梁開平元年高季興鎭江陵奏｜｜｜環遶城郭以通商賈

白碑驛在江陵界唐蕭嵩嘗爲其祖立碑于驛之北劉禹錫有題梁宣明二帝墓詩

夏口水左傳吳伐楚沈尹射奔命於夏汭盛洪之記云夏首楚辭曰過夏首而西浮

沙頭市去城十五里四方之商賈輻湊舟車駢集

謂之｜｜｜｜元稹江陵翫月詩云闤咽沙頭市玲瓏竹岸窗

劍潭市 去城六十里亦江陵一市并也號｜｜｜

岑頭洲 元和郡縣志在枝江縣洲長百里其西首曰岑頭昔岑彭討公孫述曾經憩於此因名曰｜｜｜

石首山 元和郡縣志在石首縣北北江中有石孤立爲北山之首因名

地角寺 在鼓樓外息壤在焉

棲眞臺 在枝江之安生寺陳希夷嘗過之

超然觀 在沙市天禧中道士劉去泰號和靖先生嘗寓居焉

開元觀 在城西有天尊鐵像

開寶寺 在江陵界有後梁宣明二帝陵

護國寺 在江陵縣東北晉天福二年建古殿猶存

斷堤寺 在江陵縣東北今名東能仁斷堤寺有張孝祥題詩

高沙湖 寰宇記云在江陵梅迴洲上十道四蕃志云齊聘士文範先生嘗家焉黃魯直詩有旦鱛高沙魚之句

大漕河 皇朝郡縣志云建陽河自荊州西南花溪流入江陵界經劍潭市又逕吳家市門破江入大漏通鑑利沲口等處今謂｜｜｜

輿地紀勝卷第六十四

輿地紀勝卷第六十五　文選樓影宋鈔本

東陽王象之編　甘泉岑鎔淦長生校刊

荊湖北路

江陵府下

古跡

成都王國 江陵志云晉懷帝時以監利華容江陵豐都四縣置成都郡爲成都王頴國居華容縣即今之監利也象之按通鑑晉武帝太康十年封子頴爲成都王頴死於惠帝之光熙元年至懷帝時頴死已久焉得始就封之理緣晉志益州不載成都王建國一節故後人因有異說然沈約宋志於蜀郡下載曰晉武太康中改曰成都國又南齊志云晉劉頌亦謂成都宜處親王子弟故立成都王頴竟不之國則頴之就封非江陵之監利也然晉志荆州序云時蜀亂又割南郡之華容江陵監利三縣別立豐都

合四縣置成都郡爲成都王頴國居華容**故旌陽縣**則頴之封國當在惠帝時非懷帝時也

晉志有旌陽沈約宋志云南郡舊有旌陽縣疑是吳所立元嘉十八年省**漢壽城**古荆州刺史治亭其下有楚王故墳劉禹錫詩|||邊野草春荒祠古墓對荆榛田中牲豎燒蒭狗陌上行人看石麟

呂蒙城在公安縣北五十步杜甫詩云野曠呂蒙營江深劉備城**冶父城**在江陵盛[宏]之荆州記云荒國西北有城曰|||**故郢城**元和郡縣志云在江陵三里即楚舊都也子囊臨終遺言必城郢即此也**安蜀城**唐書云江之南有|||地直夷陵荆門城峙其東皆峭嶮處蕭銑以兵戍守許紹攻荆門取之**紀南城**左傳蔡侯鄭伯會于鄧始懼楚杜預注曰楚國今南郡江陵縣北||||也盛[宏]之荆州記云昭王十年吳通漳水灌紀南入赤湖進灌郢城遂破楚則郢與紀南爲二城云**孱陵故城又名孫夫人城**元和郡縣志云在公安縣相傳此乃劉備妻孫夫人所築夫人權之妹疑備故别作此城不與備同住寰宇記云吳大帝封呂蒙爲孱陵侯江

陵府城元和郡縣志云州城本有中隔以北舊城也以南關羽所築羽北圍曹仁於樊留糜芳守城及呂蒙襲破芳羽還救城聞芳已降退住九里曰此城吾所築不可攻也乃退保麥城今江陵城廣十八里輿地廣記云

樂鄉城在松滋縣東七十里卽吳郡城桓溫所築陸抗與羊祜對壘之地也其後晉康帝建元二年庾翼欲自夏口移鎮樂鄉詔不許此則江南松滋之樂鄉也又宋書志云晉安帝時置樂鄉在今荆門軍此則江北荆門之樂鄉有兩樂鄉也明矣

上明城輿地廣記云在松滋縣晉荆州刺史桓沖自襄陽退屯於此其城卽沖所築

魯宗之壘元和郡縣志云在江陵縣東一十里

司馬休之壘元和郡縣志在江陵縣東十里

楚莊王釣臺水經注云江陵城西南龍陂在江陵縣又云枝江縣北有丨丨丨丨

庾信臺清修寺西北有丨丨丨

梁家臺梁荆臺隱士梁震所居在江陵縣東四十里

蔡公池在潛江藥師院國朝名臣傳云寇萊公卒于海康詔許歸葬道出公安邑人祭于道斷竹揷地以掛紙錢竹遂不根而生邑人立廟于側

奉祀甚謹侍讀王公樂道文其事于石

豫章口 晉劉毅爲荊州刺史劉裕帥諸軍伐之參軍王鎮惡爲前驅晝夜兼行遂至豫章口去江陵城二十里徑前襲城毅奔牛牧寺

湘東苑 在江陵寰宇記引湘東宮苑故事云湘東王子於城中作苑穿池水長數百丈

劉郎浦 在石首縣西南呂温丨丨丨詩云吳蜀成昏此水潯明珠步障屋黃金誰知一女輕天下欲換劉郎鼎峙心

宋玉宅 即庾信所居信哀江南賦云誅茅宋玉之宅穿徑臨江之府

君章宅 寰宇記云羅君章宅在江陵城西庾信亦居之杜甫詩云庾信羅含俱有宅

王鎮惡宅 在江陵縣東五里今爲靈曜寺

陸法和宅 在枝江縣西

仲宣樓 皇朝郡縣志云望沙樓在府城東南隅後梁時高季興建以望沙津即其下造戰船陳堯咨更名丨丨丨杜甫將赴荊南寄別李劍州詩戎馬相逢更何日春風回首仲宣樓

落帽臺 孟嘉落帽之所見龍山下又胡架落帽記曰萬年固佳士然所事非其人風伯爲之免冠耳

章華臺 晉杜預注云丨丨丨在今南郡華容城中唐張文昌樂府章華行云

君王夜從雲夢歸東漢載馬融教授弟子于華容郎今監利也

絳帳臺 此今府治南鼓角樓之西是其處也

皇堂門 渤海記云高季興問司空薰曰他鎮皆無丨丨丨唯江陵有之何也薰曰唐以江陵爲南都故得置

唐質肅公讀書堂 在城東護國寺

松滋褚都督義門 鄭獬題丨丨丨丨丨丨丨詩云正觀得奇士子孫宅荆土一家五百口六世同所居

南漢邸 開寶四年廣南平潘美部送劉鋹等獻于京師鋹至公安邸吏麗師進迎謁鋹問何人曰本國人也高皇歲貢大朝皆歷荆州乃令師進置邸以給饋運鋹嘆曰我在位十四年未嘗聞此言今日始知祖宗山河乃大朝境土也長編

高唐觀 漫叟詩話云高唐事乃楚懷王非襄王也苕溪漁隱曰文選高唐賦云昔楚襄王與宋玉遊雲夢之臺望高唐之觀上有雲氣王問此何氣玉曰所謂朝雲也昔先王嘗遊高唐怠而晝寢夢一婦人曰妾巫山之女也李善注楚懷王遊於高唐夢與神遇則漫叟之言是也然神女賦復云襄王與宋玉遊雲夢之浦使玉賦高唐之事其夜王夢與神女遇以此考之則襄王夢與神女遇

但懷王是遊高唐襄王是遊雲夢耳郭祥正詩云如何一夢高唐雨自此無心入武關

天皇寺

三教殿 朝野僉載云梁張僧繇嘗畫江陵天皇寺柏堂作盧舍那像及仲尼十哲明帝怪問釋寺如何畫孔聖僧繇曰後當賴此及浮屠法廢獨此殿有宣尼像得不毀事見吳郡志象之嘗怪蜀中佛寺有三教像以爲始於唐而不知已始於梁矣蓋梁人尚佛故合儒佛而爲一殿至唐尚道則又合儒道釋而爲一云

楚莊王廟 在江陵縣東南有王羲之書廟記

漢景帝廟 在松滋縣西相傳云蜀先主嘗以景帝木主寄饗於麻田之月嶺山因立廟枝江亦有景帝廟

馬伏波廟 在府東並祀越相范蠡郭祥正三公廟詩云三神鼎峙名謂何子胥范蠡馬伏波舊有子胥廟張南軒辨其不當祀於楚拆去特二神廟存焉

梁元帝廟 在景暉門東泰山廟後

高氏三王廟 在西子城門外

孫夫人廟 在公安縣

伏羲葬南郡 習鑿齒云｜｜｜｜｜少昊葬長沙虞舜葬零陵

楚莊王墓 寰宇記云在江陵縣西龍山鄉三十里渚宮故事云莊王墓前

後陪葬十冢皆成行列

樊姬墓楚莊王夫人今謂之諫獵又寰宇記在江陵縣界張九齡詩云楚子初逞志樊姬嘗獻箴能令更擇士非特罷從禽

左伯桃墓

羊角哀墓並見九域志

孫叔敖墓東洪志云在江陵城中白土里

楚康王墓葬郢西

楚穆王冢在枝江縣西二十里長樂鄉

楚平王墓在廖□堂下元微之歌云平王漸昏惑無極轉承恩子建猶相貳伍奢那得存豈料奔吳士鞭笞郢市門

楚昭王冢葬枝江縣西北楚江當陽兩境之間酈元水經云沮水南逕丨丨丨丨對麥城

楚懷王冢葬枝江張說懷王墓詩云客死堯關路返葬枝江陽

陶朱公墓在監利

趙岐墓在江陵岐建安六年葬故郢城中

梁元帝墓在津陽門外今泰山廟東

梁宣明二帝陵在府西北六十里紀山即宣帝陵西即明帝陵唐劉禹錫有題二帝墓詩

高氏三王墓在龍山鄉郝泉里

唐質肅公墓在龍山

西漢建平二年南郡郡江中多盜賊拜蕭育爲
漢蕭育 南郡太守上以育舊名臣乃以三公使車載
育入殿中受策曰南郡盜賊爲害朕其憂之
以太守威信素著故委南郡郡育至郡盜賊靜 **東漢郭**
賀 郭賀字喬卿爲荊州刺史百姓歌之曰厥德仁明
顯宗巡狩至南陽特見嗟賞賜以三公之黼黻冕
旒敕行部去襜帷露冕使 晏公類要云｜｜爲
百姓見其容服以章有德 **李固** 荊州刺史州內清平
馬融 漢威帝時爲南郡太守才高博學爲世通儒教
養諸生常以千數坐高堂施絳帳前授生徒後
列女樂今子城西有絳帳臺劉摯詩云馬融號耆舊
太守南郡來橫經坐紗帳自處何崔嵬帳前列徒弟
帳後歌管陪書生貧
賤志遠以聲色同 **謝夷吾** 晏公類要云謝夷吾爲
荊州刺史行部到魯陽
遇孝章帝巡狩詔入上處西廂南面夷吾
處東廂夷吾所決三百餘事與上意合 **度尚** ｜｜爲荊
州以土卒驕不肯戰密焚其 **韋端父子** 三輔錄曰韋
營珍寶遂破賊白氏六帖 子元將代父

端爲荆州刺史父老止傳舍康入宫故時人榮之 **劉宏** 丨丨爲荆州每有手書郡國丁甯欵密人皆感爭赴之日得劉公一紙書賢於十部從事白氏六帖云 **晉陶侃** 陶侃代王舒爲刺史治江陵勤於吏職遠近書疏莫不手答引接疏遠門無停客嘗語人曰大禹聖人尚惜寸陰至於衆人當惜分陰 **宋謝方明** 南史謝方明在南郡江陵歲節放囚歸家囚感恩德赴期還獄 **齊蕭嶷** 丨丨丨爲荆州刺史坦懷納善側席思政王儉與嶷書云臨蒞甫爾而江漢來蘇八荒慕義庾亮以來荆州無復此政可謂旬日成化矣 **梁蕭憺** 爲荆州刺史州大水江溢隄壞憺親率將吏冒雨賦丈尺築之雨甚水壯或請避焉憺曰王尊欲以身塞河我獨何心以免言終而水退隄立 **劉之遴** 梁丨丨丨爲南郡太守武帝謂曰卿母年德並高故令卿衣錦還鄉盡榮養之理後之遴弟之亨亦爲南郡太守上曰之亨兄弟因猶豈復大馮小馮而已耶後人稱曰大南郡小南郡 **唐武士彠** 在唐正觀中爲荆州都督有白狼嘉禾出境內太宗手詔褒美 **張柬之** 唐長安中武后謂狄仁傑曰安得一

奇士用之仁傑曰荊州長史｜｜｜雖老宰相材也用之必盡節於國

姚崇天寶遺事云崇牧荊州三年受代闔境民吏泣擁馬首不使之去所乘之馬鞭鐙民皆截畱

張九齡唐｜｜｜以爭牛仙客事貶荊州長史在江陵有登龍山登城樓諸詩朱晦翁爲張敬夫作曲江樓記云曲江公所謂江陵郡城南樓者耶昔公去相而守於此其心未嘗一日而不在朝廷而汲汲然惟恐其道終不行也

呂諲唐｜｜爲江陵尹自至德以來處方面數十人諲最爲知名

元結爲山南節度參謀安史之亂結屯泌陽守險以討賊還荊南節度使

段文昌唐｜｜｜帥荊南州或旱禱解必雨或久雨遇出遊必晴民爲語曰旱不苦禱而雨雨不愁公出遊

李德裕宣宗時爲荊南節度使

趙宗儒爲荊南節度使柳子厚賀之以啓云直道之所行義風之所揚堂堂焉實在荊山之南矣

曹王皐爲荊南節度使唐志云江陵東北傍漢有古障不治歲輒溢皐塞之得其下良田五千頃

皇朝

呂餘慶建隆四年爲江陵尹

陳恕淳化三年知

張齊賢淳化五年知

馬亮

祥符中知**陳堯咨**大中祥符中知荆南母馮氏問曰汝典郡有何治效堯咨曰稍稍於射馮氏曰汝父訓汝以忠孝俾輔國家今不務仁政善化而專卒伍一夫之技豈汝先人之意耶杖而擊之事略

梅詢天聖中知

鄭獬治平中知

元絳湘山野錄云公成童時侍錢塘府君於荆南每從學於龍安僧舍後三十年公以龍圖貳卿帥於府昔僧猶有存者公因建堂名曰碧落作詩云九重侍從三明主四紀乾坤十老臣

董夢授名敦逸永豐人徽宗朝以知荆南府召入爲諫議大夫極言蔡京蔡卞過惡事略

王庶繫年錄云紹興六年庶知荆南府拔荆棘治室廬流庸四集府庫大充養兵成軍隱然爲雄藩

劉錡紹興十一年知荆南府時有處士孫元齊者曰此之奕碁此最高著時陝蜀諸軍但知吳氏襄漢諸軍尚思岳家江陵在蜀漢之間而錡有威名銷患未形此廟算也紹興三十年知荆南府丨十兼都統荆南御軍自此始繫年錄

張栻淳熙五年知江陵府湖北多盜公入境首劾大吏之縱賊者罷之捕姦民之舍賊者斬之羣盜遁去言行錄

令佐

漢劉昆 漢劉昆爲江陵令時縣連年火災昆輒向火叩頭雨降風止人稱其至誠所感 **王子猷** 王子猷爲桓温參軍嘗以手板拄頰云西山朝來致有爽氣 **羅含** 桓温以羅含爲别駕温嘗與寮屬會問含何如人或曰荆楚杞梓温曰此人江海琳琅豈特荆楚而已 **謝安** 桓温辟爲征西司馬 **桓温幕府** 温在鎭二十年參佐習鑿齒袁宏謝安王坦之孫盛孟嘉王珣羅友郗超伏滔顧愷之王子猷謝元羅含范汪郗隆車允韓康伯等皆海内奇士當時服其知人也 **習鑿齒** 丨丨丨荆州人有史才桓温深器之用爲治中謝箋曰不遇明公荆州老從事耳又與青州人伏滔論青楚人物滔以管鮑隰朋等皆青州之才鑿齒以爲召南詠其美化春秋稱其多材江漢之風不同雞鳴之篇子文叔敖羞與管晏比德 **郗隆** 晉有南蠻校尉郗隆爲桓温南蠻參軍 **車胤** 晉車胤南平人即今公安縣也桓温收荆州爲從事每有盛坐胤或不來皆曰無車公不樂後又爲選曹尚書 **孟嘉**

爲桓温幕府九日遊龍山嘉於坐落帽温遣孫盛作文嘲之嘉作解嘲文辭超卓四座嘆服**孟浩然**張九齡爲荆州辟置丨丨丨于幕府**韓愈**唐韓愈德宗時爲監察御史上疏極論宮市貶陽山令永正元年移江陵法曹參軍**元結**肅宗時爲水部員外郎佐荆南呂諲幕府**元稹**唐丨丨憲宗時拜監察御史不避中人仇士良怒擊稹敗面宰相爲稹年少輕立威失憲臣體貶江陵士曹參軍稹長於詩與白居易相埒號元和體**温造****杜審言**温御史造杜拾遺審言皆嘗爲謀議官見參議題名**韋庇**皇甫湜集丨丨爲河南府司錄以直裁聽移治枝江百爲得宜一月遂清**本朝劉摯**歷陽志載治平中摯爲觀察推官**鮮于侁**閬中人景祐中爲江陵府司理參軍**馮京**字當世江夏人爲將作監丞通判荆南事略**張戩**載之弟也熙甯初爲御史裏行論王安石變法非是並劾其黨出知公安縣事略**張商英**嘗爲御史裏行言樞密院黨庇親戚失人死罪出監荆南鹽麴商稅事略**楊時**爲江陵府教授得河南程氏正心誠意之學**胡安國**

登進士第江陵府察推改除教授今江陵之北地名新店有文定故宅胡氏子孫世居之向子忞爲湖北提刑嘗與｜｜｜談當世士安國頗稱秦檜靖康時事子忞曰與檜同時被執軍前鮮有生者獨檜數年之後盡室航海以歸非大姦能若是乎安國之子寅初猶以爲過後乃信服子忞再以毀去自是閒居十九年繫年錄

程千秋 言行錄｜｜｜昨因守公安縣有功就命通判荊南時有譖其短于帥臣唐慤擒寘之獄其弟千乘詣闕訴寃得旨免勘宗澤言羣盜犯荊南帥監司望風悉遁走賊既據城與公安止隔一水欲乘勢南來千秋率縣民禦之岳鄂鼎澧皆賴以安民間多繪像祀之且忠義立功之人罪猶當宥况無罪乎

人物

楚人物 楚自文王至頃襄王都郢凡四百年人物如林號杞梓多材之地然楚之封疆數千里史不載其鄉里故不敢盡錄

江上丈人 寰宇記云伍子胥進于楚陸金之劍而丈人不受

通寰宇記曰陸通字接輿楚人謂之楚狂接輿老萊子寰宇記云楚人事親嘗服斑闌之衣年七十爲嬰兒戲於親前漢陰叟寰宇記云楚人居漢水之陰子貢南遊見丈人爲圃鑿池抱甕出灌園用力多子貢教之鑿木爲桔槹丈人曰吾聞有機事者必有機心也漢陸賈朱建季布兩龔晏公類要云並楚人胡廣後漢華容人平帝時大司徒馬宮辟之值王莽居攝廣解衣冠垂府門而去遂亡命交趾隱於屠肆莽敗歸鄉里蜀霍峻南郡枝江縣人守葭萌城蜀先主招之峻曰頭可棄城不可得吳潘濬荊州人劉備入蜀濬典留事孫權殺關羽於荊州濬稱疾不可權令以牀輿致之權親以手拭其面卽以爲荊州從事石偉南郡人孫休時仕至光祿勳及吳平偉遂佯狂及盲不受晉爵年八十三終於鄉里劉之遴南史｜｜｜八歲能屬文父虬曰此兒必以文興吾宗時任昉見而異之曰荊南秀氣果有異才後仕必當過僕梁庾曼倩曼倩早有令譽元帝在荊州爲中錄事每出帝常目送之謂劉之遴曰荊南信多君子庾

域梁||少沈靜有名鄉曲梁文帝嘆美其才曰荊南杞梓其在斯乎

殷不害為梁中書郎魏平江陵失母所在時甚寒雪凍死者塡滿溝壑不害行哭尋求舉體凍僵水漿不入口者七日始得母屍行路皆為流涕

唐劉洎江陵人

岑文本家江陵太宗時為中書侍郎封江陵縣子或勸其營產業文本日吾漢南一布衣徒步入關無汗馬勞以文墨位宰相奉稍已重尚何殖產業邪唐書

俞文俊江陵人初新豐山移武后以為休應名曰慶山文俊上言今陛下以女主居陽位反易剛柔故地氣隔塞山變為災后怒流之嶺南

段文昌志元三世孫世客荊州太和四年檢校左僕射帥荊南又類說云||少貧每聽曾口寺齋鐘輒詣謁餐為寺僧所厭及齋後方鐘後入相出領荊州題曾口寺詩云曾聽闍黎飯後鐘或云王播題揚州佛寺

李建隴西人幼孤孝養太君長居石首娶其居數百家凡爭鬬稍稍就公決之公讀書屬文與兄遜俱中第以文行聞樂天集

梁震唐末進士過江陵高季興欲奏為判官震恥之終身止稱前進士號荊臺處士

李堯言

李立言

李竦 李堯言與荆公友善熙甯中除侍御史以疾辭郡年未七十即上印綬其兄立言亦自澧州納政李竦亦引疾同時里居邦人爲之語曰元豐濟濟稱多士南郡堂堂有三李萬鍾於我何加焉一瓢樂在其中矣當時號曰掛冠三李見江陵志

朱昂 朱協 兄弟致仕咸平初昂請老賜城東一坊爲宅陳堯咨爲尹題坊曰懸車坊昂於居建萬卷閣又云昂歸江陵賜宴玉津園詔各賦詩朝士榮之與弟協同隱號渚宮二竦

唐介 字子方荆南人仁宗朝爲御史論張堯佐除四使因劾宰相文彥博介貶英州別駕神宗擢拜參知政事與王安石榻前論事不屈發疽死子淑問有父風義問入黨籍

唐格 靖康中爲少宰

孫偉 崇甯間居江陵之百里洲號七澤老漁爲劉器之所知晚與胡康侯張魏公李泰發相善

田偉 以燕人歸朝得江陵尉即占籍焉建博古堂藏書三萬七千卷無重復者黃魯直與其子交遊曰文書之富未有過田氏者政和中詔求遺書嘗上千卷補三館之闕

王少卿 東坡書光祿卿王公掛冠歸江陵作詩紀行者二十四人多一時之傑

劉蛻 類說云荆州歲解舉

人多不成名號天荒解

樂京

通略神宗熙甯四年時劉蛻及第號破天荒　有長葛知縣樂京者不肯行助役之法棄官而去於是京西監司劾京扇惑民情詔奪其官京江陵人也

楚江漁者

蒲湘錄載楚江邊有一漁者以魚換酒輒自歌醉舞不言姓氏江陵守崔鉉見而問之曰君之漁隱人之漁耶漁人之漁耶漁者曰昔姜子牙嚴子陵皆以爲隱人之漁也殊不知不釣其魚釣其名耶

仙釋

岑先生

江陵人後隱于萬州之北崖事見嚴挺之記

陳希夷

嘗過枝江之安寶寺今寺有棲眞臺

劉去奢

陳堯咨蕭蕭亭記云道家者則有｜｜｜申文翼按天禧中道士劉去奢號和靖先生自玉清昭應宮歸于荊南之起然觀宰執而下咸賦詩以送之

道士范僧

水經注云枝江東南二十里富城洲上有｜｜｜｜精廬僧自言巴東人言未來事多驗而辭不可詳雖逕跨諸州而舟人未嘗見其濟涉

張道宮

道士｜｜｜江陵人號紫府先生姓王氏高文獻王時羽化於

沙市紫府觀葬于觀後逾月有吏自成都來云紫府先生有書啟封視之云臨行忘履一隻在棺中開冢果見空棺隻履存焉驗發書日正先生羽化之日

釋道安 白氏六帖云桑門道安俊辯至荊州見習鑿齒曰彌天釋道安鑿齒對曰四海習鑿齒時人皆以爲名對

隋智顗師 華容人諱經一舉通卷背誦如流能指茅化爲稻指水爲油今有茅穗村油河陳時居長干寺後居玉泉號開山智者禪師

唐詩僧齊已 與鄭谷等爲文章友荊南帥南平高王枉駕瞻禮爲淨室以居之有詩八百一十首號白蓮集

僧眞公 柳子厚南岳彌陁和尚碑云和尚至荊州進學玉泉眞公授公以衡山俾爲教魁人從而化者以萬計

嵩嶽慧安國師 荊州枝江人正觀中至黃梅謁忍祖遂得心要其後春秋一百二十八

萬壽寺金佛 張商英無盡贊曰高氏清泰中吳商曰葉旺具舟詣江陵有僧請偕往高帆疾駕朝發石頭城暮達息壤僧仆溺水中撈獲金像是爲彌勒尊主乃建梵宮迎置供養今爲萬壽寺

碑記

孫叔敖碑即楚相孫君諱饒字叔敖縣人也碑以漢延熹三年立　鷸雀賦碑在枝江縣楊內翰宅係草書前有隋大業皇帝序云陳思王魏宗室子也後題云黃初三年二月記　晉公安縣二聖記永和年間晉人王粲記婁至德如來聖跡　曹子建碑在枝江　楚莊王廟記羲之書　倚相碑羲之書　唐明皇注老子碑在城西開元觀乾道五年張孝祥移于府治　三公廟碑唐呂諲以陶侃羊祜杜預三公聚爲一廟後又祀諲於其西元結爲之記云　韓文公題名石刻江陵志云愈爲江陵法曹當時之題名石刻存焉　唐武士彠都督荊州碑按江陵舊志載武士彠正觀中爲荊州都督有白狼嘉禾出境內太宗手勅褒美此碑開禧丙寅後因修大軍倉得於地已碎裂今因見存者載之　後梁宣明二帝碑堂劉禹錫撰又作詩云王馬朝周從此辭園林寂寞對豐碑千行

宰荆州道暮雨蕭蕭聞子規荆南節度判官廳壁記皇甫湜撰枝江縣南亭記皇甫湜撰白碑驛碑歐陽公集古錄云江陵北四十里白石碑驛葢驛側數里有後梁宣明二帝墓唐相蕭嵩爲其祖立碑于驛之北因名唐楚王隄記正元十年沙門貞裕集晉王羲之書唐江陵尹呂諲廟碑衛密撰顧誠書唐江陵尹呂公表集古錄唐元結撰顧誠書八分碑以肅宗元年立在江陵府呂公祠堂中城西開元觀斷碑查藻詩云斷碑最愛開元時上有模糊五千字法華臺記在枝江縣法華臺至道三年春鄭文寶掘地會獲丨丨丨丨古帝寺碑在潛江縣二十里東北寺內有斷碑一截其字磨滅不可讀江陵府官石幢記唐正元十年吳仲舒纂元豐六年得之於金鑾寺亦有黃魯直書題帥王師心移置于杞梓堂下經藏修造記在龍門山外金鑾福昌禪寺有晉天福六年刱經藏修造記見存南平高王廟碑周顯德二年孫光憲撰今在城

西三王廟前　**南平高武信王神道碑**王諱季興葬于江陵縣龍山鄉乾德六年陶穀撰　**南平高文獻王神道碑**王諱從誨葬龍山艾頴撰　**南平高正懿王神道碑**王諱保融葬龍山艾頴撰　**渤海高公神道碑**公諱保勗陶穀撰　**寇萊公祠堂碑**劉敞撰　**唐質肅公神道碑**劉贄撰　**渚宮故事**李淑邯鄲志載渚宮舊事十卷唐金知古撰自鬻熊至唐江陵君臣人物事迹史子傳記所載考悉纂次之今第有五卷云

總江陵詩

過夏首而西浮楚詞　**橫此大江淹彼南浦**王粲贈文始詩四言　**三楚多秀士**阮籍詠懷詩李周翰注言楚文王都郢昭王都鄀平王都壽春　**江漢分楚望衡巫奠南服三湘淪洞庭七澤藹荆牧**文選顏延年詩　**北**

渡黎陽津南登紀郢城文選江村竹樹多於草山路塵埃半是雲文苑英華姚合送陳彤之江陵從事巴國山川盡荆門煙霧開陳子昂詩枕席夷三峽關梁豁五湖張九齡登荆州城樓詩東彌夏首闊西拒荆門壯張九齡登龍山詩府中丞相閤江上使君灘孟浩然陪張丞相登荆城樓白魚如切玉朱橘不論錢杜甫峽隘仲宣樓頭春已深杜甫地利西通蜀天文北照秦杜甫江陵望幸詩沙頭檣竿上始見春江闊杜甫荆江歌爾到江陵府何時到峽州杜甫得舍弟書鴻鴈影來連峽內鶺鴒飛急到沙頭杜甫喜舍弟到沙頭風煙紀南城塵土荆門路杜甫紀南歌漢水横分蜀浪分危樓點的拂孤雲杜牧寄牛相公此府雄且

大鵬夌盡戈矛韓愈赴江陵法曹寄三翰林江陵城西二月尾花不見桃唯見李韓愈李花詩漢水照天碧楚山插雲青江陵珠似橘宜城酒似錫白居易和答微之爲江陵士曹詩九日龍山飲黃花笑逐臣醉看風落帽舞愛月留人李白九日龍山荆門暮指連山遠郢國春歸上水遲鐏酒惜離文舉坐郡齋誰覆仲宣碁張承吉送人歸西北秋月彫蕙蘭洞庭波上碧雲寒茂陵才子江陵住乞取新詩合掌看劉禹錫楚鄉寒食橘花時野渡臨風駐綵旗劉禹錫酬竇使君寒食松滋渡口見寄簾幕青山巫峽雨煙開碧樹渚宮秋武元衡酬荆南嚴司空見寄詩見丹陽集江陵道途近楚俗雲水清元微之思歸樂詩何事荆

臺百萬家唯教宋玉擅才華楚辭已不饒唐勒風賦何曾遜景差（李義山宋玉詩）楚地八千里槃槃此都會巍峩數里城遠水相映帶（李頻望南郡城詩）紀南南望水城寬水色天光混一般大抵江鄉足詩景詠吟如把畫圖看（賣儼北海題渚宮）南郡正求賢太守西垣須輟舊詞臣（晁迥送陳舍人知荊南府）碁月政成當事簡不妨遊燕楚宮春（晁迥詩）自有碧江無限好荊州佳境不須山（鄭獬夷陵張仲孚以荊州無山為戲書二絕）漢家太守治才高楚國山川氣象豪旌旆逶迤蟠夢澤樓船贔屓壓江濤（司馬光送齊學士知荊南）北行連鄧許南去極衡湘（東坡詩）遊人出三峽楚地盡平川北客隨

南貫吳檣問蜀船王荆公詩地連雲夢澤人在水精宮黃庭堅荆江郎事不趍吏部曹中板且鱠高沙湖裏魚黃庭堅錢塘舊閘水仙廟荆州今見水仙花黃庭堅水仙花兩岸綠楊遮虎渡一番青草覆龍洲張景公安人居城南之方城仁宗朝嘗召見上問曰卿在江陵何處居景對曰云云因陳龍洲虎渡之名上善其對地連雲夢水無邊天斷夷陵欲盡山曾是劉虬高飲地不知何處扣[元]闗張南英

懷古詩

楚宮臘送荆門水白帝雲偷碧海春杜甫春送蜀州別駕柏二赴江陵詩庾信羅含都有宅春來秋去作誰家杜甫舍弟觀取妻子到江

陵詩 水傳雲夢曉山接洞庭春帆影連三峽猿聲在四隣 李嘉祐送人遊荊南府 茫茫衰草沒章華因笑靈王昔好奢臺土未乾簫管絕可憐身入野人家 胡曾章華臺 山上離宮宮上樓樓前宮畔暮江流楚天長短黃昏雨宋玉無愁亦自愁 李義山楚吟 鄉人來話亂離情淚滴殘陽問楚荊白社已應無故老清江依舊遶空城 杜牧送劉秀才歸江陵 又作鄭谷詩 劉郎浦夜侵船月宋玉亭春弄袖風 杜牧送劉秀才歸江陵府 落帽臺邊菊半黃行人惆悵對重陽荊州一見桓宣武爲趁悲秋入帝鄉 李羣玉 風流無屈宋空詠古荊州 錢起江行 登樓王粲望落帽孟嘉情 龍山落帽臺去府城二十里

巫峽連天水章臺塞路荆元微之答胡靈之草沒章臺北隄橫楚澤湄元微之繞郭高高冢半是荆王墓後嗣熾陽臺前賢甘箪路元微之夢渚草長迷楚望夷陵土黑有秦灰杜甫松滋渡望峽中詩南國山川舊帝畿宋臺梁館尚依稀徒使咸陽庾開府咸陽終日苦思歸劉禹錫荆門懷古南荆西蜀大行臺幕府旌門相對開劉禹錫江陵嚴司空與成都武相公唱和蠻水阻朝宗兵符下渚宫劉禹錫寄荆州嚴司空詩荆臺宿暮雨漢水浮春瀾劉禹錫詩行到南朝征戰地古來名將盡爲神劉禹錫自江陵沿流道中詩風煙紀南城塵土荆門路天寒多獵騎走上樊姬墓劉禹錫紀南歌渚宫楊柳暗麥城朝雉

飛可憐踏青伴乘暖著春衣劉禹錫荊南詩聞道荊王廢池館化爲徐湛好亭臺江山形勝周遭見花木芬芳次第開陳從易題北海所喜江陵得眞處沮漳依舊兩川横高荷故國興亡數勤民土木嘉廢臺稱是楚辨物愧非華高華章華臺碑戰船不見和州載勝地惟餘避暑宫今日蒭蕘皆得往大王風作庶人風晁公武荊州郎事初上蓬籠竹笮船始知身是劍南官沙頭沽酒市樓暖蘄步買薪江墅寒同上繡林直照劉郎浦鋪積遥連漢女臯于鵠過繡林詩渚宫形勝地從古冠荊湘依劉開幕府弔屈俯滄浪丁謂詩羅含宅宇遺存址熊繹封疆控廣津晁迥玉堂

視草思嚴助鈴閣談經滯馬融陳靖慷慨因劉表淒涼爲屈原東坡荊州十詠渚宮寂寞依古郢楚地荒茫非故基二王臺閣已鹵莽何况遠問縱横時東坡渚宮詩誰謂石渠劉校尉來依絳帳馬荊州黃山谷卷地風號雲夢澤黏天草映伏波祠陸游出遊詩江上荒城猿鳥悲隔江便是屈原祠一千五百年間事只有灘聲似舊時陸游楚城

楚宮陽臺詩

揭來高堂觀悵望陽雲岑陳子昂遙遙望巫峽望望下章臺巴國山川盡荊門煙霧開陳子昂色荒神女至魂蕩宮觀侈張九齡登古陽雲臺詩方此全盛時豈無嬋娟子云云雪深迷郢路

雲暗失陽臺孟浩然送友詩嬋娟流入楚王夢倏忽還隨零雨分空中飛去復飛來朝朝暮暮下陽臺孟浩然十二山晴花盡開楚宮雙闕對陽臺細腰爭舞君沈醉白日秦兵天下來許渾楚宮怨楚天遙望每長嚬宋玉襄王盡作塵不會瑤姬朝與暮更爲雲雨待何人唐彥謙楚天襄王臺下水無賴神女廟前雲有心欲招屈宋當時魄蘭敗荷枯不可尋羅隱渚宮愁思楚國城池颯已空陽臺雲雨過無蹤何人更有襄王夢寂寂巫山十二重胡曾陽臺詩澹雲輕雨拂高唐玉殿秋來夜正長料得也應憐宋玉一生唯事楚襄王李義山席上作十二宮前落照微

高唐宫暗坐迷歸朝雲暮雨長相接猶自君王恨見希李義山楚宫詩非關宋玉有微辭却是襄王夢覺遲一自高唐賦成後楚天雲雨盡堪疑李義山巫峽迢迢舊楚宫至今雲雨暗丹楓微生盡戀人間樂只有襄王憶夢中李義山過楚宫詩宋玉亭前悲暮秋陽臺路上雨痕收應緣此處人多别松竹蕭蕭也帶愁戎昱題宋玉亭詩細腰宫盡舊城頹神女歸山更不來唯有楚江斜日裏至今猶自繞陽臺唐求巫山下襄王忽妖夢宋玉復淫詞萬事捐宫館空山雲雨期元微之

南至于桂嶺北至于峴山東至于洞庭西至于劒門五湖三峽汝實主之上元紀歲之明年詔始置南郡以荆州爲江陵府命長史曰尹帝曰堯分四嶽衡乃官也禹別九州荆亦伯也咨爾謹爾之爲相也再命之無喜色再罷之無慍色惟爾諧爾作朕南岳爲荆州伯云云往欽哉無廢朕命地公拜手稽首對揚天子之命呂諲爲江陵尹制

雄全楚境連七澤之區鎮重南邦俗比兩都之制唐飛文應詔

荆部雄藩地推西楚總五都之要領包七澤之奧區同上

江漢全封鄢郢舊國爲中原之襟帶作南國之紀綱南平高王神道碑

統臨舊荆控制南服柳子厚上江陵嚴司空云嶪然長城朝野倚重

惟全楚之上流實皇家之要屏居吳蜀之會屹形勢之相關控襄沔之衡渺規模之甚遠張欽夫江

陵謝到任表江漢上游建瓴制寇亘千里之地連十萬之師保大定功宜有統一陸宣公行舒王誤荆襄節度使制太尉之孫爲太尉所謂貽謀南平之子封南平斯爲具美南平武信王神道碑陶穀撰山列楚望水横南紀張說之荆州謝上表

輿地紀勝卷第六十五

輿地紀勝卷第六十六 文選樓影宋鈔本

東陽王象之編　甘泉岑鎔淦壆校刊

荆湖北路

鄂州 東鄂　鄂渚　渚宮　沙陽　夏汭　夏口　魯口

州沿革

鄂州 緊 江夏郡 元和郡縣志 武昌軍節度 九域志 兼沿江制置副使 嘉定新制 禹貢荆州之域 元和郡縣志 於天文爲翼軫 前漢地理志翼軫楚之分野 次爲鶉尾 後漢天文志鶉尾荆州分野晉天文志云江夏入翼三度 自周夷王時入于楚楚熊渠封其子紅爲鄂王 史記楚世家又寰宇記引楚世本云云今武昌縣是也 鄂之名始此春秋時謂之

夏汭寰宇記 秦屬南郡史記秦白起取郢爲南郡 漢高帝置江夏郡領鄂縣漢地理志高帝置江夏郡領縣十四有鄂縣沙羨縣其地跨大江南北而夏水注其境故名 獻帝時黃祖爲江夏太守始於沙羨音夷置屯此據吳錄又荀子曰今南有沙羨 今郡治是也三國時吳置江夏郡于此以程普領江夏太守三國志程普傳在建安十四年 吳主孫權自公安徙治鄂更名鄂曰武昌通鑑在魏文帝黃初二年 置武昌郡沙羨武昌二縣並屬焉元和郡縣志及三國志云置武昌郡在建安二十五年 武昌之名始此按武昌即今之壽昌軍沙羨即今之鄂州又按李巽巖鄂州南樓記曰吳孫氏更名漢鄂曰武昌今州東北八十里武昌縣是也若今州則漢之沙羨耳晏公類要亦同 晉立鄂縣沈約宋志云太康元年復立鄂縣武昌如故晉書地理志武昌郡領縣七既有沙羨又有鄂縣及武

昌縣三縣並置沙羨有夏口晉志又於武昌縣下注云故東鄂也楚子熊渠封中子紅於此而於鄂縣下注云有新興鐵官則鄂縣蓋東近興國軍界非今之鄂州也元和郡縣志於永興縣下書云本鄂縣地則可見矣故宋志南齊志武昌郡下有鄂縣而武昌縣即今壽昌軍也江夏郡下有沙陽沙羨即所謂夏口乃今之鄂亦非古之鄂縣特隋文立郡時因鄂之名改江夏爲鄂而併廢武昌以隸之後旣升武昌軍則併鄂亦爲武昌矣非舊也

晉惠帝分荆州置江州而武昌改隸江州江夏仍隸荆州晉書地理志在元康元年

庾翼爲荆州治夏口南齊志云庾翼爲荆州治夏口依地險也

宋江夏郡治夏口按宋書志云江夏郡統縣七治江夏而鄂縣自隸武昌郡則江夏與鄂自是兩處蓋東漢末年江夏尙治安陸自孫策命周瑜爲江夏太守討黃祖瑜始治江夏耳

宋孝武立郢州治江夏是爲郢城通鑑在孝建元年又宋書何尙之傳云時欲立郢州尙之議宜治夏口上從之

梁末郢州降北

齊已而復歸于梁通鑑梁敬帝承聖元年郢州刺史陸法和以郢州降齊侯瑱攻郢州齊以慕容儼戍之瑱不能拔齊人以城在江外難守因割以還梁隋平陳改曰鄂州隋志云舊置郢州梁分置北新州隋平陳改置鄂州按平陳在開皇九年煬帝初州廢爲江夏郡寰宇記大業初在唐平蕭銑復爲鄂州舊唐書志在武德四年隸江南道唐志序在正觀元年又隸江南西道唐志序在開元二十一年改江夏郡舊唐志在天寶元年復爲鄂州乾元元年置岳鄂觀察使領鄂岳蘄黃四州以鄂州爲使理所舊唐志在永泰後陞武昌軍節度唐志在憲宗元和元年尋罷元和五年復陞武昌軍通鑑敬宗寶歷元年牛僧孺出乃陞鄂岳爲武昌軍以僧孺充節度使其後軍額廢置不常五代屬吳及南唐武昌志後唐遂改武昌爲武清軍而南唐自曰武昌皇朝平江南隸江南

道通畧在開寶八年隸荆湖北路續通鑑在至道三年中興以來或爲鄂岳制置使洪州續藏方乘云建炎四年江南分置三帥而鄂州安撫使統鄂岳瑞袁虔吉南安七州或充湖東路安撫使中興小歷紹興元年春詔分鄂岳潭衡永道郴桂陽八郡爲湖東路安撫使置司於鄂尋罷又言行錄云建炎末江夏置帥以便控扼衡永郴道皆隸屬彼隔千餘里重湖複嶺緩急期會勢不相及州縣苦調發之艱阻郵傳患文移之違滯呂祉奏陳其不便乃復爲南北路或兼管内安撫使紹興六年或兼沿江制置副使嘉定十三年皆權宜之制舊領縣八既復漢陽軍紹興七年割漢陽縣爲軍又置壽昌軍嘉定十五年割武昌縣爲軍今領縣六治江夏自元和末置武昌軍已前凡曰武昌者即今之壽昌軍也自元和已後曰武昌者始屬今之鄂州

縣沿革

江夏縣 緊

倚郭元和郡縣志云本漢沙羨縣地屬江夏郡東晉以汝南流人僑寓立汝南郡後為汝南縣隋開皇九年改為江夏縣屬鄂州舊唐志云晉改沙羨為沙陽江漢二水會於州西春秋謂之夏汭晉宋謂之夏口宋置江夏郡治此至隋不改武德四年改為鄂州取漢縣名也隋志云舊置江夏郡平陳郡廢大業初復置寰宇記云隋平陳後置鄂州治於此以江夏郡為縣居舊汝南縣界荊湘記云金水岸北有舊汝南城是也開皇十年移治于州東南焦度樓下即今縣是也古亦謂之夏口

蒲圻縣 中

在州東南三百一十里本沙羨縣地三國志呂岱傳云孫吳時置督屯兵於此赤烏九年分武昌為兩部自武昌以上至蒲圻為右郡晉志長沙郡下有丨丨丨宋志江夏郡丨丨丨下云晉武帝太康元年立本

屬長沙宋文帝元嘉十六年廢巴陵孝武孝建元年廢江夏寰宇記云吳黄武二年於沙羨縣地置蒲圻縣舊唐志云吳分沙羨縣置蒲圻縣元和郡縣志亦云本漢沙羨縣地吳大帝分立｜｜｜晉武帝改爲沙陽縣詳元和志云之文是謂晉武改｜｜｜爲沙羨縣也象之謹按蒲圻沙陽悉是沙羨縣地吳大帝分沙羨縣地立｜｜｜後又改沙羨縣名爲沙陽縣而蒲圻沙陽並爲兩縣故晉志長沙郡下既有蒲圻而武昌郡下又有沙陽兩縣分屬兩郡不應合爲一邑寰宇記云｜｜｜宋屬長沙隋割隸鄂州然宋志齊志蒲圻已隸江夏郡不應至隋始屬鄂州也寰宇記又云梁於沙陽縣立沙州隋省沙陽入蒲圻有赤壁山

崇陽縣 望

在州南四百二十五里前後漢志晉志下雋縣並屬長沙郡宋志齊志下雋縣並屬巴陵郡隋志蒲圻縣下云梁置上雋郡仍置沙州州尋廢平陳郡廢寰宇記云本漢長沙下雋縣地梁爲雋州隋廢州省入蒲

圻唐天寶元年江西採訪使奏以蒲圻梓洞中二千餘戶去縣六百餘里若不別置縣難以統攝二年勑於其洞桃花溪口置唐平縣僞吳改爲崇陽僞唐改爲唐年皇朝郡縣志云石晉改爲臨江皇朝開寶八年改爲
崇陽

咸甯縣 中

在州東南三百里本江夏縣之南境唐大歷二年以三鄉置永安鎭僞吳改爲場僞唐陞爲永安縣隸鄂州輿地廣記云國朝景德四年改咸甯避永安陵名也

通城縣 中

在州西南五百里本漢長沙下雋縣地唐天寶元年隸唐年縣縣西有市曰錫山元和二年陞爲鎭五年更名通城鎭國朝熙寧五年升鎭爲縣元豐八年割隸岳州元祐七年歸于鄂紹興五年復爲鎭隸崇陽十七年
復爲縣

嘉魚縣

下

在州東南二百八十里本漢沙羨地晉太康初析西南境置沙陽卽其地也梁於沙陽置沙州尋廢隋併廢沙陽入蒲圻又寰宇記云隋以其地多生鮎魚置鮎漬鎭僞唐改鎭爲場保大十一年陞場爲縣其地有魚嶽山兼取南有嘉魚之義更今名五代年表保大十一年癸丑卽後周太祖廣順三年也

監司軍帥沿革

荆湖北路轉運司

國朝咸平二年置湖南北路轉運使而湖北路轉運使治江陵建炎二年省罷紹興二年復置始治鄂州有副使判官東西二衙在州之清遠門內卽舊江夏縣及縣丞廳也

湖廣總領所

中興之初分兵駐上流以轉運使董餉紹興十六年始委戶部官一員總領自霍蠡始總領湖南北廣東西

江西京西六路財賦應辦鄂州江陵襄陽江州駐劄大軍四處及十九州縣分屯兵今置司在武昌門內

都統制司

紹興四年岳飛以神武後軍破李成復漢上六州五年平湖寇提師至鄂因請駐之置司于州治十一年和議成召諸將入覲以王貴權都統制移司于城東黃鵠山之麓即馮文簡公之舊宅也又有副都統制廨舍在轉運司南十九將寨中自都統趙樽裁定之後今爲九軍三十將云

風俗形勝

江漢朝宗于海禹貢美化行乎江漢之域毛詩州城本夏口城元和郡縣志城據黃鶴磯本孫權所築吳志赤烏二年城沙羨南齊志云夏口城據黃鶴磯地居形要控接湘川邊帶漢沔齊志郢州下及元和郡縣志並云義熙初劉毅表以爲夏口居荊江二州之中云庾翼爲荊州曾理

於此元和郡縣志三國爭衡爲吳之要害元和郡縣志云夏口魯口吳置督將於此名爲魯口屯｜｜｜｜｜｜｜｜｜吳常以重兵鎮之歷代常爲重鎮輿地廣記云夏口在今縣西故得江夏之名春秋謂之夏汭後世謂之夏口亦謂之魯口｜｜｜｜｜｜扼東江湖襟帶吳楚記室新書江漢二水在州西合通典江漢爲池吳趙咨使魏對魏王曰吳帶甲百萬｜｜｜｜晉氏南遷江夏爲藩鎮重寄隋志云夏口東關吳之心喉司馬懿云東關今和州含山縣夏口在荆江之中通接雍梁實爲津要何尚之議夏口城據黃鶴磯邊江峻險樓櫓高危瞰臨沔漢應接司部宋孝武置州於此以分荆楚之勢南齊志夏口兵衝要地南齊書劉懷珍言於高帝曰｜｜｜｜｜｜宜得其人黃龍鳳凰幕阜三山連屬

皆秀峰翠寶多靈仙草藥葛洪云蘄鄂強弩天下精兵唐李吉甫唐爲鄂岳觀察使治所寰宇記云永泰以後置鄂岳觀察使以鄂州爲治所浦大容舫宋孝武建元元年何尚之議曰夏口在荊江之中正對沔口通接梁雍實爲津要由來舊鎮根基不易且有見城｜｜｜於事爲便郢州控帶荊襄齊東昏侯永元元年蕭衍使參軍張洪策說蕭懿曰｜｜｜｜｜｜上流要地唐德宗時李希烈以夏口上流要地遣其將董侍襲鄂州爲鄂州刺史李兼所敗荊吳形勝之最永泰元年閻伯珵黃鶴樓記云坐窺井邑俯拍雲煙亦｜｜｜｜｜｜也地接峴荊江吞雲夢喬大觀南樓賦波映鸚洲煙藏鶴樓白雲芳草思古悠悠王元之送張忠定詠宰崇陽序維江湯湯鑑其襟袖維山峩峩眉其戶牖同前六縣士子以文辭相高有六朝舊體皇祐三年柳拱辰郡守題名記

景物上

南樓在郡治正南黃鵠山頂中間嘗改爲白雲閣元祐間知州方澤重建復舊名記文以爲庾亮所登故基非也亮所登廼武昌縣安樂宮之端門也李巽巖燾作鄂州－－記云吳孫氏更名漢鄂曰武昌今州東百八十里武昌縣是也今鄂州乃漢沙羨當晉咸康時沙羨來始有鄂及武昌之名庾亮安復從至此

北榭在設廳後因山爲之與南樓對

北園在總領所又有清景堂正已亭應軒甜軒跨碧梅閣等處

東圃在漕使東衙舊名老圃延袤百七十丈旁有細履亭今藏高宗皇帝御書石刻又有四景亭

南湖在望澤門外周二十里舊名赤欄湖外與江通長堤爲限長街貫其中四旁居民蟻附

東湖在城東四里湖上有東園爲近城登覽之勝

南浦寰宇記云在江夏南三里離騷云送美人兮南浦水出景首山西入大江冬涸夏盈商舟聚泊今謂之新開港也

南汭吳處厚詩有古稱－－按汭水即漢水也劉登之山水記云夏水是江流汭非汭汭入夏書疏引地理志云漢水之尾

變爲夏水蓋謂入沔之後兼流至漢陽入江處也**應軒**在總領所**橫舟**在西漕衙**廣永**在西漕衙黃鵠山之絕頂西近楚觀下視江漢故取其義云**小山**在東漕衙之乘崖堂有池曰清淺**上洞**在蒲圻縣南五十里諸峯攢立有泉出半山石罅間下注成溪**楚樓**在南草市**楚觀**在總所卽奇章亭舊址**楚望**在總領所東北又黃鵠山頂有楚觀亦隸本所又有曲水亭喬木亭等處**魯口**卽夏口也吳置督將於此以其對魯山岸爲名**塗口**在江夏南一水路九十里一名金水一名金口陶潛有丨丨詩**鄂渚**在江夏西黃鵠磯上三百步輿地記云雲夢之南是爲丨丨其名於離騷見之又晏公類要云隋平陳立鄂州以丨丨爲名**郢城**輿地廣記云梁武帝自襄陽起兵迫丨丨有數百毛人踰堞且泣投黃鶴磯蓋城之精也明旦城降**夏汭**尚書嶓汭註曰水北曰汭則丨丨者江北之夏口然元和郡縣志於鄂州亦云春秋謂之丨丨然左傳註曰漢水曲入江處不同當攸**夏口**丨丨似指夏水之口然何尚之云丨丨在荊江之中正對沔口而章懷太子注東漢

亦謂夏口戍今鄂州故唐史皆指鄂州爲夏口本在江北自孫權取對岸夏口之名以名之而江北之名始晦

夏首 水經注云夏水之首江之汜也屈原所謂過夏首｜｜而西浮也然湘東王遺王僧辯書謂侯景據夏首積兵糧爲中策則又指今鄂州矣

沉泉 在咸寧西五十里源出蒲圻境入本縣界數里下注大石竇中聲如萬鼓聲遂伏流不見

靜山 在江夏縣東一百二十里方輿記云其山迴聳有曲澗茂林可以棲息故以靜名

潛山 在咸寧南三十里山如展旗上有壇舊傳抱朴子葛元煉丹於此馮京未第時築堂於山間讀書有潛山碑及李唐侯記

湯泉 在蒲圻縣南五里冬夏常沸

沸潭 在咸寧潛山側水出石竇間湧沸如湯

雋水 一名陸水自巴陵入通城界舊經引漢書雋永也又云肥肉曰雋以此名水取其味甘美而長

蓴湖 在嘉魚懷仁鄉蒲圻縣西北八十里亦有｜｜

寶泉 九域志有｜｜監在州東二里

金水 寰宇記云在江夏南九十里出秦山舊記云有金雞從雞翅山南飛又產金於此故名

景物下

一覽亭在漕東衙又有光華堂巖洞堂**煙波亭**在設廳後北榭西外瞰長江**江漢亭**在倅廳張南軒作記又有秀巖堂半山亭靜春臺張芸叟南遷錄云鄂倅公宇因古城作亭榭俯瞰江漢景物最嘉**湧月堂**在南樓黃鶴樓之間**壓雲亭**在黃鵠山椒隸統制司又有雅歌堂**捲雪樓**在都統司又捲雨樓及會景樓賞心樓楚江樓**清風樓**在都統司**生春樓**在總領所即上酒庫也又有清美樓**靜春臺**在倅廳即江漢樓舊基**春陰亭**在漕西衙舊名綠陰又有民功堂志功堂華遠堂凝香亭其西南二亭皆曰橫舟**跨鵠亭**在東漕衙鵠山之背**黃鶴樓**在子城西南隅黃鵠磯山上自南朝已著因山得名鵠鶴古通用字南齊志以爲世傳仙人子安乘黃鶴過此唐圖經又云費禕文偉登仙駕黃鶴返憇于此閻伯珪作記以費禕事爲信王得臣張栻辨之王欽若祖父仕鄂母李氏有娠就蓐之夕江水暴漲將壞廨舍亟遷｜｜｜始免身生男

即欽若也時漢陽望見樓若有火光**石照亭**在黃鶴樓西臨崖有石如鏡石色蒼澁無異凡石每爲西日所照則烱然發光**仙棗亭**故址在南樓西舊傳亭前棗大未嘗實一歲忽有實如瓜太守命小史採而進小史輒啖之遂仙去**彌節亭**在竹簰門外臨江又有皇華館在州治東南又南津館在望澤門外迎仙館在城南匹練亭在城東南五里以上皆館舍也**西爽亭**在湧月樓北下臨巖壁有唐時及慶曆間磨崖題字**景清堂**在總領所**匹練亭**在城東南五里何家洲隸都統司**半面山**在江夏東百二十餘里高二十五丈周十四里二百八十步半面產林木六

溪口在嘉魚縣石頭村**八疊院**在城東北七里遊奕軍寨後本大聖菴**八分山**在江夏東南四十里高五十丈有水南分流如八字其旁有八分湖八分院**百疋山**在嘉魚縣北五里山勢綿延東西二十里如百疋練**千石坂**在咸甯三城村**萬金堤**在城西南隅長堤之外紹熙間役大軍築之仍建壓江亭其上**萬人敵**在城東黃鵠山頂亦古城也西連子城下

瞰外郭建炎草竊犯城郡守命其上以強弩射之寇退因得其名

大濟院在蒲圻之新店鎮李皇后母衛國夫人之松楸在焉溪中有巨石世傳孫權嘗磨刀其上

大觀山在江夏東南五十里方輿記云其山千巖競秀萬壑爭流高峯崢嶸足以遊觀

廣平橋在望澤門外總領宋公瀚所剏故名丨丨丨跨南湖通南草市兩傍有氷閣

太平湖在嘉魚縣南三十里頃歲水涸夜有光怪誌其處而掘之得古銅鐘秦觀爲弔鑄鐘文即此

太平城在蒲圻西南八十里寰宇記云孫權遣魯肅征零陵於此築城

聰明池在州學西舊學甚廣有池在其內今入營壘

荆泉洞在蒲圻南二十里中有石臺其傍列石如鐘鼓果實狀者不一有石田溝塍悉具居民視其燥濕以占凶豐

蒲磯山嘉魚縣境若湖若洲皆以蒲磯名蓋蒲圻縣初置于此

蒲圻湖寰宇記云在蒲圻縣晏公類要云湖多生蒲草吳大帝初置蒲圻縣於湖側故名

竹溪堂在縣東五里近時掘地得碑乃東坡所書堂額不知其建堂者爲誰今呼其地爲竹溪莊

大槐山在江夏東南七

十里相傳昔有李大槐隱居山麓因以稱之

茱萸山 在崇陽西南五十里重崗疊阜勢若連雲舊經云唐存制禪師居之以其多蛇虺毒物故植茱萸辟之因名

梅林山 在通城西南二十五里山多梅

桃花洞 在崇陽縣東北三十里晏公類要云鍾臺山即李邕肆業之所

蘋花溪 在咸寧縣南四十里相傳洪崖先生煉丹之地嘗有老姥年可八九十歲採蘋其間莫測所自來問之曰吾鮑姑也因忽不見其旁地名八十母坂

蘆花泉 在咸寧東南六十里相傳鄰邑人苦旱祈雨方詣所擇忽遇三白衣男子曰無他往咸寧高槎山石晶嶺有泉可就禱且謂泉下有叢蘆宜以爲識如其言禱之果得雨

靈竹院 在江夏寰宇記云本孟宗泣竹之所天祚中孫晟有記

金城山 在江夏縣東南二百三里酈道元水經注云陸水經下雋北對金城吳將陸渙所屯也

烽火山 在江夏東北四十里高十五丈梁典云武帝征齊頓軍於此舉烽火相應故名

鍾臺山 在咸寧東南一百里寰宇記云在永安縣山有桃花洞即李邕讀書之所石室猶存上有石臺石臺上有鍾或時自

鳴遠近皆聞永安縣後改爲咸甯縣故寰宇記書爲永安縣而圖經書爲咸甯縣其實一也

金燈山 在咸甯南一里有善暉禪師葬其上今塔猶存每月夜有光如燈至曉乃滅

銅盤堤 在咸甯南六十里有四門各廣二丈亦名銅盤耆老云古蠻獠於此保聚

寶蓋山 在通城東五十里下有百丈泉

幕阜山 在通城東南五十里高一千八百餘丈周五百里跨三縣水四出東南入湘西入洞庭北入雋吳太史慈拒劉表於此置營幕因名

卓刀泉 在江夏東十里劉備郊壇下世傳關羽嘗卓刀于此有廟在泉上

飛錫泉 在八分山季康年泉銘云駱禪師飛錫騰至泉所因建道場卽泉爲池雖久旱甚雨無盈涸

磨劍池 在頭陀寺山頂相傳秦皇磨劒于此王得臣以爲秦宗權之弟宗衡破岳鄂所至皆稱爲小秦王是池蓋指宗衡也

夏口城 皇朝郡縣志云子城本名夏口城酈道元水經注云黃鵠山｜｜｜孫權所築對岸則入沔津故城以夏口爲名按吳志赤烏二年城沙羨謂之｜｜｜又宋順帝時柳世隆焦度守之沈攸之攻之不克梁末陳初孫瑒守內城周將史甯

爲上山長梯攻之不能破者巢之亂止留其外郭張舜民南遷錄云鄂城子城與潤州子城金城覆舟山城武昌吳王城制作皆一體皆依山附險周迴不過三二里乃知古人築城欲牢不欲廣也

壺頭山寰宇記云在崇陽縣東北六十里其下有溪水名桃花洞山名｜｜｜水名壺頭灘寰宇記又謂郎馬援征五溪殁處然恐非是

白面山在通城西南十五里山多白石故名嘉魚縣亦有｜｜｜

白頭山寰宇記云在江夏東七十里山巔有四石白色

赤壁山唐章懷太子注劉表傳云赤壁山名在今鄂州蒲圻縣元和郡縣志亦云赤壁在蒲圻縣西一百二十里北岸即烏林與赤壁相對即周瑜用黃蓋策焚曹公船處蓋唐蒲圻臨江之地今析嘉魚則在嘉魚明矣東坡蓋指黃之赤鼻山爲赤壁蓋劉備居樊口進軍逆操遇於赤壁則赤壁當在樊口之上又赤壁初戰操軍不利引次江北則赤壁當在江南亦不應在江北也雲麓漫抄云東坡黃州詞云人道是三國周郎赤壁蓋疑其非也今江漢間言赤壁者五漢陽漢川黃州嘉魚江夏惟江夏之說爲合於史詳見漢陽軍

黃金浦在鸚鵡洲

下本名黃軍浦以吳將黃蓋屯軍于此得名沈攸之所謂欲問訊安西暫泊黃金浦蓋聲之訛也

白望山　在咸甯東南八十里巍然獨立望極江夏白湖故名

灌溪山　在崇陽西北十五里唐開禪師所居有漚麻池劈箭橋禪師於山前植松二百章謂之清涼世界

雲溪山　在通城南四十里山有溪上多雲氣寰宇記係之崇陽蓋未析置時也又以為即禹貢敷淺原非也

天鵝池　在楚觀南山之址軍寨之中俗云岳侯嘗養天鵝於此池內

鳳凰山　在江夏縣北二里吳黃龍元年夏口言鳳凰見因以名山又蒲圻咸甯通城三縣亦有之

鸚鵡洲　舊自城南跨城西大江中尾直黃鵠磯黃祖殺禰衡處衡嘗作鸚鵡賦故遇害之地得名

獅子石　在白雉山獅子嶺俚俗遇旱祠而昇之可舉則雨若不雨則負者雖衆不能勝也

羊子嶺　在蒲圻縣南十五里勢聳拔有桃花泉穿石飛流

石龜洞　在咸甯黃茅山下洞門甚狹既入輙寬平上有石如龍伏水吐水龍口晝夜不絕禱雨得石龜者多驗

黃鵠山　在江夏縣起東九里至縣西北林間甚美戴仲若野服居

之山下曰黃鵠岸有灣曰黃鵠灣
又黃鵠磯在縣西北二里臨大江 黃龍山在通城幕
頂有湫池中有黃魚 黃龍寺在江夏縣東六十步誨
二能致雨有瀑泉 機師居之名下｜｜｜
龍泉山在崇陽西南四十里高三百餘丈周二百里
山有洞好事者持炬入之行可數十步漸坦
平如人居室可容千百衆有石渠泉流清駛鄉人號
曰爵溪巖常時草木狼藉遇旱有禱則地無纖芥若
有司汛掃者巖有茶 龍頭巖在崇陽東十五里巖北
甚甘美曰龍泉茶 有泉袞袞迸溢流數十
丈石激之聲聞百步縈 龍洞山在通城縣 龍穴洲在
紆三十里溉田十萬頃 南二十里 嘉
魚縣沙陽洲之下洲裹有駕部口宋景帝迎文帝於
江陵法駕頓此因名文帝車駕發江陵至此黑龍躍
出負帝所乘舟左右失色上曰夏禹所以 龜湖山在
受天命也我何德以堪之故有龍穴之稱 嘉
魚西南三十里有水名｜｜｜近 魚嶽山寰宇記云
之故名西南石色純白如白面山 去舊嘉魚
縣一百三十里武昌志云在嘉魚西一里水經
注｜｜｜在大江中楊子洲南縣名義取此 牛頭

山在蒲圻縣北百五十里有峯在山之西狀如其名

牛鼻山在咸甯縣東八十里寰宇記云有潭深一百尺四面青蘿綠竹可觀山形如牛鼻故云

雞籠山在通城縣南二十五里狀如其名夜靜常聞鼓聲

雞翅山在江夏南八十里桑欽水經云江水東連小軍山又東逕｜｜｜方輿記云昔有金雞飛集於此故名

鹿跑泉在江夏東南六十里鮎瀆高觀山上旱則禱之

類要云嘉魚縣即隋之｜鎮｜｜南唐保大中爲縣

伏龍橋在城東南普應廟碑云晉許旌陽自豫章逐蛟至此化爲白驢伏橋下

羅漢巖在崇陽西五十里有山曰巖頭山高二百丈周百餘里有巖二一曰羅漢極幽邃一曰寶陀舊經云唐全奯禪師居之

將軍灘在蒲圻新店鎮溪中有巨石相傳孫權嘗磨刀其上有灘曰｜｜｜

頭陀寺在清遠門外黃鵠山上宋大明五年建自南齊王中作寺碑遂爲古今名刹黃太史詩有頭陀全盛時宮殿梯空級之句

古跡

呂蒙城在嘉魚縣之石頭口舊經云高一丈五尺周四里八十步水經注昔孫權征長沙零桂所鎮也有呂蒙
汝南城在塗口水經注云塗水逕汝南僑郡故城南晉咸和中寇難南遏戶口南遷因置塗口

曹公城元和郡縣志云梁武起義兵遣曹景宗築曲水城城梁武帝攻郢城遣王世興屯於此

趙陀石在江夏南浦長十許丈高亦半焉相傳昔人沉舟所化趙陀義未詳恐釣鼉聲訛耳

劉備郊天臺在江夏縣東十里今名磨兒山俗傳劉備嘗祭天於此

劉成山寨在咸甯縣西四五里山周十餘里中可容數千八四壁峭峻惟一徑可入建炎問鄉民聚糧保守賊不能窺

唐銅鐘鐵佛在城南一里之開元寺寺本梁邵陵王綸捨宅爲寺今寺有大歷八年鑄銅鐘重一萬三千觔及天寶三載所鑄鐵佛

孟宗宅在城南一里今安遠樓其故基也舊爲靈竹寺即泣竹之所也又有孟孝感王廟

丁固宅在江夏縣固母作大被以招賢故學爲時高後母疾思筍泣竹冬月筍生

李北海宅在江夏之修靜寺即唐李邕所居

葛

仙壇在崇陽東北三十五里葛仙山上壇西有清泉歲旱環數百里來禱挹林勺以去則陰雨隨之　讀書堂在頭陀寺皮日休讀書于此又江夏南三十里有李太白｜｜｜并祠在其側　奇章堂在設廳初知州陳邦光建名戲綵以事親故也後知州汪叔詹改今名以夢前身爲奇章公故易此名又奇章亭在州治東南一里子城上又有奇章臺蓋牛僧孺嘗登燕于此　乖崖亭在漕東衙曰義堂之後李燾設張忠定公像於其上有文記之　焦度樓在州治東南子城上南史度字文績沈攸之起兵至夏口度於城樓上罵辱攸之攸之怒攻城度力戰役以穢器賊不能冒後呼此樓爲｜｜｜又城隍神亦以爲焦度之父諱明意者郡人爲其父子立廟耳　許仙巖在崇陽縣西北三十里昔許旌陽逐蛟過此有龍洞揷劍泉　費褘洞皇朝郡縣志云在江夏縣東十里黃鵠山後舊經云費褘昇仙之後洞也　呂公洞在石鏡亭下黃鵠磯上初無澗穴但石跡隱然如門扣之有聲世傳呂洞賓嘗題詩其上又張舜民南遷錄云近歲有軍循於此夜逢二人衣冠甚偉遺之黃金數餅軍

循攜以歸光發於屋上既而官收之皆化爲石其石在軍資庫

李白讀書堂在江夏縣南三十里地名書堂林有祠堂在其側

李邕讀書堂在咸甯之鍾臺山

馮京讀書堂在咸甯之潛山

陸大憲廟在城西南三里即漢陸賈也旁有趙陀石舊經載賈使南粤至江夏而亡遂立廟按漢史賈非道死疑楚人自爲立廟爾本曰賈大夫僞吳避楊行密父名忖忌嫌名改稱大憲

宋大憲廟在城東七里其神宋無忌爲火精牛僧孺立廟祀之以禳火災本爲大夫避楊行密父諱改作大憲

橫江魯肅廟皇朝郡縣志云在城西南二里輿地志云即魯肅廟肅嘗爲橫江將軍故廟以爲名

武安王廟在頭陀寺以祀關公

忠定祠在崇陽縣北北峯亭初張忠定公宰是邑有異政去而思之即公所建美美亭立生祠春秋祭祠不絕紹聖中移置淨利院紹興中重建美美堂繪公像焉

忠烈廟在旌忠坊州民乾道六年請于朝岳飛保護上游有功於國請立廟詔賜今額

三聖公廟在城東五里鄂人中秋日闔郡迎神莊緯辨疑則以爲蕭丹赤

山神葛[元]也郭祥正詩云三神鼎峙名何謂子胥范蠡馬伏波是祥正指伏波爲馬伏波而莊綽謂葛仙亦拜伏波將軍故也綽以爲按唐祠記而祥正亦必有據當攷

禰衡墓在鸚鵡洲

黃祖墓在鸚鵡洲地名棟林

孟母墓在江夏縣北三里鳳凰山下

黃香墓九域志

陶侃墓九域志

輿地紀勝卷第六十六

輿地紀勝卷第六十七　文選樓影宋鈔本

東陽王象之編　　甘泉岑鎔淦長生校刊

荊湖北路

鄂州下

官吏

吳周瑜孫策以瑜爲江夏太守討黃祖始治夏口自此已前江夏太守乃治安陸耳　程普吳時爲都督治夏口　晉庾翼晉康帝建元二年翼還鎮夏口　劉道規晉安帝義熙六年江夏徙治夏口以道規鎮夏口　宋蕭思話宋孝武孝建元年置郢州治江夏以思話爲郢州刺史　齊蔡興宗宋明帝泰始三年爲郢州刺史　焦度詳見焦度樓下　梁韋叡齊和帝中興元年行郢州事　陳周羅睺長城公正明二年以羅睺守江夏以拒隋師至隋開皇九

年平陳丨丨最後始降

唐李兼 德宗興元元年爲鄂州刺史李希烈反遣兵襲鄂州兼大破之於是希烈東畏曹王皋西畏李兼不敢復有窺江淮之志矣

呂元膺 憲宗元和元年爲鄂州刺史

柳公綽 元和八年爲觀察使時方討吳元濟詔發岳鄂卒五千隸安州刺史李聽公綽請自行詔許之

牛僧孺 敬宗寶曆元年爲節度江夏城土散惡賦苐以覆之僧孺易以甎五年墉皆甃葺

元稹 字微之嘗爲武昌軍節度使在鄂三載其政如越見樂天集

馮昭奏 嘗以蛟訟貶饒州司馬未行拜鄂州刺史制曰公志氣剛勁不避強禦頃因讒毀按問明白俾從優獎特加寵命其在江夏異政風行見張說集

崔郾 治號以寬治鄂則嚴或問其故曰陝土瘠而民勞吾撫之不暇猶恐其擾鄂土沃民剽雜以夷俗非用威莫能治政所以貴知變者也聞者伏焉孔氏六帖

國朝張詠 五朝言行錄太平興國五年張忠定公令崇陽民以茶爲業公曰茶利厚官將榷之不若早自異也命拔茶而植桑民以爲苦其後茶榷他縣皆失業而崇陽之桑皆已成其爲絹而比者歲百萬

匹其富至今後爲湖北轉運使

段少連　嘗知崇陽縣崇陽劇邑自張詠以後未有繼者少連仍出其右事畧

樊知古　淳化五年爲湖北轉運

祖無擇　嘉祐元年爲轉運

方澤　元祐元年爲守起南樓

張舜民　字芸叟邠州人元祐初司馬光舉其剛直坐黨落職知鄂州事畧

王安國　神宗朝爲武昌節度推官

黃庭堅　紹聖初責涪黔以親嫌移戎州監鄂州稅事畧

范純粹　坐元祐黨以言者落職鄂州居住事畧

張商英　言行錄云崇寧五年知鄂州是時蔡京倡方田且欲均天下賦稅又築圜土以四罪人公謝表有曰方田優安業之民圜土聚徙鄉之惡此語一一出雖匹夫匹婦皆相傳以爲口實自是公名愈重於世

李涓　崇矩之後靖康中知崇陽縣金人入寇涓募兵六百人入援涓曰事急矣當持一信以報天子爲東南倡至蔡州與敵戰遂死

李綱　繫年錄云建炎元年鄂州居住以侍御史張浚論其罪也

劉子羽　張忠獻公入相自白州召公還知鄂州權都督府參議軍事言行錄

岳飛　紹興三年爲江西湖北制置使五年爲都統制六年爲宣

撫使

鮑琚 紹興十二年右司丨丨總領鄂州大軍錢糧先是琚奏岳飛軍中利源鄂州并公使激賞備邊回易十四庫歲收息錢一百六十萬五千餘緡鄂州關引典庫房錢營田雜收錢襄陽府酒庫房錢博易場共收四十一萬五千餘緡營田稻穀十八萬餘石詔以鄂州七酒庫隸田師中爲軍須餘令總所椿收准備朝廷不時支遣其營田仍委師中措置應副繫年錄

人物

吳孟宗 吳錄云宗字恭武江夏人仕吳爲令時皆不得將家之官每得時物必以寄母不敢先食聞母亡犯禁委官得臧死又先賢傳云宗母嗜筍冬時筍尚未生宗入林哀嘆筍爲之出今靈竹院即其宅晉孟嘉孟陋皆宗之後也張無盡詩云孟宗泣竹冬筍生豈是青青竹有情大抵主張非有物人心但莫負幽明

晉孟嘉 仕至征西大將軍長史晉史以爲鄳人陶潛作孟嘉傳以爲鄂人鄳乃今信陽軍羅山縣然陶潛之母乃嘉之女必得其實今附于鄂

唐李善 江夏人淹貫古今人號曰書簏

爲文選注唐文學傳曹憲以文選授江夏李善則知善爲江夏人

李邕 善之子也見特進李嶠自言讀書未徧願一見祕書後爲北海太守號李北海而邕傳云邕江都人與李善傳不同而杜甫八哀詩亦有江夏李邕李白江夏修靜寺詩亦有我家北海宅之句則爲江夏人明甚傳作江都非是

李鄘 字建侯江夏人邕之從孫爲淮南節度而吐突承璀爲監軍薦之召爲相鄘不喜由權倖進引疾辭位

元結 居武昌自號漫郎有殊亭怡亭在武昌

國朝王欽若 皇朝類苑云王文穆欽若臨江軍人母李氏仲華常侍祖郁任官鄂渚李氏有娠就蓐之夕江水暴溢將壞廨舍亟遷黃鶴樓始免身生男卽公也時隔岸漢陽居人遥望樓際若有光景氣象云

馮京 字當世江夏人舉進士自鄉選至廷對俱策名第一溫公送馮狀元京歸鄂州詩云夙昔負奇節瑯然爲衆殊下幃連得雋出手盡成盧後知開封府事至立斷時號水晶燈籠後爲執政

李宗孟 年十一召試西掖

陳卓 咸甯人有田五千而兄之田止一千願合戶而同之且曰人生飽暖之外骨肉交歡而已其後兄子康民登第

而康民生子求道遨淡間求道官至都水使者爲劉忠所執不屈而死 王玠自長沙居鄂之城南孔彥舟過鄂卑辭厚禮以招致之後彥舟謀北還玠諫止之不聽遂罵之曰逆賊萬段彥舟乃沈之於龍眼磯之江中事見周瑨弔辭後蘄州申請已賜廟額見蘄春志

仙釋

許眞君 逐蛟至鄂今有伏龍橋 黃鶴仙 或云費褘王得因黃鶴樓詩以爲荀瓌字叔偉未知孰是 葛仙翁 今鄂人祀三神或云伏波將軍郎葛洪也 羅公遠 鄂州人唐元宗好仙術開元中中秋宮中翫月公遠請元宗遊月宮後元宗學隱形之術不盡傳元宗怒斬之後有使者入蜀見公遠於黑水道中曰我姓維名厶遐以蜀當歸爲寄其後元宗幸蜀方悟當歸之寄云 呂洞賓 詳見呂公洞下 謝山人 陳陶送謝山人歸江夏詩云黃鶴春風二千里山人佳期碧江水攜琴一醉楊柳堤日暮龍沙白雲起 毛仙翁 劉禹錫於武昌縣再遇毛仙翁十八兄因成一絕云武昌

山下蜀江東重向仙舟見葛洪誨機禪師　圓通禪師行實並載於傳燈錄法嚴大師遇寇大呼一聲聞數十里伏虎禪師遇虎於途乘之而去僧惠宗九域志載頭陀寺王栖簡碑文云頭陀寺僧惠宗所立

碑記

太宗御書崔顥黃鶴樓詩石刻在州治　舜帝廟碑在蒲圻縣北有斷碑載二妃事字漫滅不可考　隋文帝舍利石塔銘在州東十里勝緣寺塔記云隋仁壽初文帝以釋迦如來感應舍利分布天下建塔百所是塔爲天下第二　緣果道場塼塔舍利銘隋人撰近時民家掘地得之　唐閬州武陵縣令瞿府君墓銘正元十一年碑今在總領所　唐甯遠將軍李公墓銘正元十三年　唐扶風馬氏墓銘元和七年　唐胡府君夫人朱氏墓銘大和

七年

唐馮府君綸墓銘大和七年

唐處士韞墓銘開成三年

唐姜夫人墓銘開成三年

唐故鄂闕文墓銘會昌六年己上七碑皆近時掘地得之今在左軍統制衙

唐寶豐院記在江夏縣東六十里本唐末貴州刺史王銳母陶氏墳庵有記乾符四年朱朴撰今記猶存

唐茱萸山存制大師碑銘在崇陽之金界院唐乾符乙未趙璘撰

頭陀寺碑舊碑乃琅琊王中簡栖文唐開元六年張廷珪書今亡新碑乃江南徐鍇篆額韓熙載撰碑陰今新碑在寺

黃鶴樓記在黃鶴樓唐永泰中閻伯珵撰魏萬成書李陽冰篆額

唐德尖山院塔記在咸甯縣西二十里唐中和[illegible]年刱有古石塔鐫記猶存

李陽冰篆鄂州字鄂州二字唐寶應二年李陽冰篆世傳初篆時鬼神泣空中士大夫爭摹以致遠謂可禦魑魅

吳乾正二年石幢在江夏縣東西五里慈雲院有石幢刻吳乾正二年重建又有唐保大間所建殿猶存

鄂州南樓磨崖記容齋四筆

云慶元元年鄂州修南樓剗土有大石露于外奇崛可觀郡守吳琚見而愛之命洗剔出圭角即而諦觀乃磨崖二碑其一刻兩字上曰柳徑二尺四寸筆勢清勁下若翻書人字唯存天脚不可復辨或以爲符或以爲花押邦人至標飾置神堂香火供事或云道州學側虞帝廟內亦有之云柳君應辰是唐末五代時湖北人也其一高丈一尺闊如其高而加五寸刻大字八十五凡爲九行其文曰乾正元年荆襄寇亂大將出陳武昌詔太守楊公出鎮後云荆江京漢推忠輔國侍衛將軍居中記

總鄂州詩

乘鄂渚而反顧兮欸秋冬之緒風屈平涉江過夏首而西浮兮顧龍門而不見屈平哀郢吾將蕩志而愉樂兮遵江夏以娛憂前人思美人背夏浦而西思兮哀故都之日遠前人背龍門而入河兮登大墳而望夏首劉向怨思浮鄂渚

而駕言背夏首以窘逝陸雲涉江吾將弭節於江夏見杜若之始大江淹山中辭落帆黃鶴之浦藏船鸚鵡之洲庾信哀江南青江浮烶日黃鶴弄晴煙宋之問江夏宴別揚舲發夏口按節向吳門王維送江夏封守鐃吹發夏口使君居上頭王維送江夏康守江月明臨夏口山晚望巴東劉長卿送別我且為君槌碎黃鶴樓君亦為吾倒卻鸚鵡洲赤壁爭雄如夢裏且須歌舞寬離憂李白江夏贈韋南陵柳暗西州供寫望草生南浦徧離情唐盧郢詩仙吏秦城別新詩鄂渚來令狐楚路指鳳凰山北雲衣沾鸚鵡洲邊雨唐岑參詩君從鸚鵡洲邊去歷歷遥看漢陽樹莫言搥碎黃鶴樓準擬

書來寄佳句范浚詩　魚聽建業歌聲過水看瞿塘雪影來黃祖不能容賤客費禕終是負仙才羅隱　白雲蔽黃鶴綠樹藏鸚鵡李群玉　葉舟維夏口煙野獨行時不見頭陀寺空懷幼婦碑錢起江行　紅樓金刹倚晴岡雨雪初收望漢陽李涉頭陀寺　頭陀全盛時宮殿梯雲級城中空金碧雲外僧濈濈人亡經禪畫屋破龍象泣惟有簡棲碑文章巍然立黃魯直和鄂州陳節推榮緒示沿檄崇陽道中頭陀寺　春風落日誰相見青翰舟中有鄂君韓翃送人之鄂州　悠悠復悠悠昨日下西州西州風色好遙見武昌樓溫庭均西州詩　鄂渚輕帆須早發江邊明月爲君留王昌齡送人　疊嶂千重

吽恨猿長江萬里洗離魂武昌若有山頭石爲拂蒼苔檢淚痕李義山送人之武昌雲帆眇眇巴陵渡煙樹蒼蒼故郢城江上梅花無數發送君南浦不勝情武元衡鄂渚送人西江帆挂東風急夏口城衡楚塞遥李頻鄂州頭陀寺上方孤煙漢川樹長笛武昌人劉摯張樂魚龍侵岸聽賦詩賈客倚船看他年得第形庭直拜疏終求鄂渚官孫何武昌古名地英秀森琳琅既號詩書窟復稱雲水鄉孫何送第侑鶴樓試望晴霞斷鸚渚行吟綠蕙春梅詢送江夏守鸚洲有客弔芳草黃鶴無人吹落梅劉奉世次東坡韻黃鶴樓前人不見郤尋鸚鵡過汀洲游儀漢水北吞雲夢入蜀

江西帶洞庭流游儀疏星殘月漾中流黃鶴樓前鸚鵡洲王初寮詩但見石城多草木足知江夏久興亡張舜民黃鶴樓詩空遺費仙跡不見庾公游草木有新色江山餘故愁李宗孟叔偉不見空締建正平何在獨滄洲蔣之奇荊江洞庭春浪起漢沔初來入江水蘇子由渺渺洞庭野蕭蕭黃鶴樓水通雲夢澤人渡沔陽舟廣澤侵吳壤孤城接郢邱山分三楚斷溪入九江流張俞鄂渚弔古詩三神鼎峙名謂何子胥范蠡馬伏波郭祥正兩州花萼競相輝間斷紅塵一水涯張腯鄂陵事稀簡王韶詩雲鎖呂公洞月明黃鶴樓王十朋黃鶴晨霞傍樓起頭陀青草

遷碑荒近詩送人鄂州見碧溪詩君不見黃鶴樓鸚鵡洲碧草欲合天自晚芳草無情春亦愁禰衡白骨瘞何處曹王舊曲無人收郭祥正寄題仁安亭黃鶴樓鸚鵡洲

鸚鵡洲詩

顧掃鸚鵡洲與君醉百場嘯起白雲飛七澤歌吟綠水動三湘莫惜連船沽美酒千金一擲買春芳李白寄王明府吳江賦鸚鵡落筆超群英鏘鏘振金玉句句欲飛鳴至今芳洲上蘭蕙不忍生李白鸚鵡來過吳江水江上洲傳鸚鵡名鸚鵡西飛隴山去芳洲之樹何青青李白大江橫抱武昌斜鸚鵡洲前萬戶家魚元機江行詩鸚鵡

洲頭浪颭沙青樓春望日將斜劉禹錫夜泊鸚鵡洲秋江月澄徹鄰船有歌者發調堪愁絕容齋三筆云白樂天琵琶行葢潯陽江上爲商人婦所作而商買茶於浮梁婦對客奏曲樂天夜移登其舟與飲了無所忌豈非以其長安故倡女不以爲嫌耶集中又有一篇題云夜聞歌者時自京城謫潯陽宿於鄂州又在琵琶之前黃祖才非長者儔禰衡珠碎此江頭今來鸚鵡洲邊過惟有無情碧水流胡曾悵望春襟鬱未開重臨鸚鵡益增哀曹瞞尚不能容物黃祖何由解愛才崔塗頻年獨對鴛鴦綺計日雙飛鸚鵡洲張繼若送客滿傾綠酒濃如抽爲君吞卻鸚鵡洲郭祥正至江夏武昌之國鸚鵡洲至今芳草含春愁郭祥正鸚鵡洲詩落日漢陽孤閣對秋風鄂渚

數舟橫偶吟萬里飄流句獨倚滄洲憶禰生蔣之奇鸚鵡洲詩　鸚鵡洲前弄明月江妃起舞襪生埃黃魯直同上　鸚鵡猶傳舊洲渚黃鶴不見空氛埃曾肇同上　鸚鵡洲邊宿無忘弔禰衡王禹偁詩

黃鶴樓詩

黃鶴雲烟去淸江琴酒同陳子昂　黃鶴西樓月長江萬里情春風三十度空憶武昌城李白送儲邕之武昌　雪點翠雲裘送君黃鶴樓李白江夏送友人　一忝靑雲客三登黃鶴樓李白憶舊遊　黃鶴樓中吹玉笛江城五月落梅花李白　昔人已乘白雲去此地空餘黃鶴樓黃鶴一去不復返白

雲千載空悠悠晴川歷歷漢陽樹芳草萋萋鸚鵡洲日暮鄉關何處是煙波江上使人愁崔顥黃鶴樓詩昔登江上黃鶴樓遠愛江中鸚鵡洲洲勢透迤環碧流鴛鴦鸂鶒滿沙頭沙頭日落沙磧長金沙耀耀動飈光孟浩然鸚鵡洲送王九遊江左江邊黃鶴古時樓勞置華筵待我遊楚思淼茫雲水冷商聲清脆管絃秋白花浪濺頭陀寺紅葉林籠鸚鵡洲總是平生未行處醉來堪賞醒堪愁白樂天盧侍御黃鶴樓詩黃鶴春風二千里山人佳期碧江水攜琴一醉楊柳堤日暮龍沙白雲起陳陶送人歸江夏夢覺疑連榻舟行忽千里不見黃鶴樓寒沙雪相似劉禹錫出

鄂州界懷故人庾令樓中初見時武昌春柳似腰肢相逢相失空如夢爲雨爲雲總不知劉禹錫有所嗟鄂渚濛濛煙雨微女郎魂逐暮雲歸只應長在漢陽毀化作鴛鴦一隻飛劉禹錫曾將黃鶴樓上吹一聲占盡秋江月劉禹錫青山萬古長如舊黃鶴何年去不歸岸映西州城半出煙生南浦樹將微賈島青油幕裏人皆口黃鶴樓中月並鈎武元衡送人趙鄂渚黃鶴樓前春水闊一杯還憶故人無杜牧送人赴夏口黃鶴樓邊吹笛時白蘋紅蓼對江湄衷情欲訴誰能會惟有清風明月知世傳呂洞賓題白石照亭窗上雲黃鶴自來去綠水青山無古今時定欽黃鶴樓乘鶴仙人

去不回空名黃鶴舊樓臺陽氷健筆龍蛇勢崔顥淸
篇錦繡才黃仲詩崔顥題詩在上頭登臨何必更冥搜
樓前黃鶴不重見檻外長江空自流萬頃煙雲連夢
澤一川風景借西州張騆詩高驂黃鶴望天飛千載誰
能繼費禕楊繪千年黃鶴無消息滿目空寒萬里秋張俞
一麾夏口亦何有高樓黃鶴慰平生蘇子由題黃鶴樓黃鶴
仙人隔千古太白英靈在何許喻陟費禕丁令亦何之
喻陟高高蒼蒼高不極黃鶴樓中吹玉笛王得臣昔人已
乘白雲去舊國連天不知處思量費子眞仙子從他
浮世悲生死黃鶴一去不復返光陰流轉忽已晚王得

臣除他吹笛叟誰不愧斯樓杜旟

南樓詩 白雲樓等詩附

四顧山光接水光，凭欄十里芰荷香。清風明月無人管，併作南樓一味涼。黃魯直

南樓盤礴三百尺，天上張居不足言。黃魯直

江東湖北行畫圖，鄂州南樓天下無。高明廣深勢抱合，表裏江山來畫閣。黃魯直

庾公風流冷似鐵，誰其繼之方公悅。黃魯直

依山築臺見平川，夜闌箕斗插屋椽。黃魯直詠松風閣

武昌形勢鳳凰邊，萬里長江落檻前。笑殺元規亂天下，南樓何藉此人傳。何騏

託名庾公何區區，天造地設非關渠。王信

漢樹有情橫北

渚蜀江無語抱南樓范成大　江漢西來於此會朝宗東去不須分銀濤遥帶岷峨雪煙渚高連巫峽雲王十朋南樓詩　鸚鵡洲悲狂楚士蛟龍池化故將軍同上　江漢西來始合流何年此地敞層樓氣吞全楚八九澤目小中原三百州杜旟同上　細看爽氣無朝暮浪說元規塵污人吳琚　城上新開百尺樓白雲人伴白雲留山川半倚三吳勝江漢常吞七澤流張俞白雲樓詩　白雲飛鳥皆在下一江峽水向東流蔣之奇白雲樓詩　西戍夕陽晴東城石鏡明有山分八字供作兩眉橫賀鑄石鏡亭詩　水作高低白山分遠近青人家半煙樹客桅滿春汀張孝祥壓雲亭

赤壁詩

二龍爭戰決雌雄赤壁樓船掃地空烈火張天照雲海周瑜於此破曹公李白赤壁歌

東風不與周郎便銅雀春深鎖二喬杜牧

新破荊州得水軍鼓行夏口氣如雲千艘已共長江險百勝安知赤壁焚蘇轍赤壁懷古

若使曹公忠漢室周郎安敢破王師鄭獬

老瞞用兵窮百巧指顧荊州淨如掃移舟東下氣方飽欲把虛弦落驚鳥張公料事何草草便擬河頭植降旐周郎慮事苟不早嗚呼飜手吳爲沼杜旟

秋夜胡床少適南樓之興春風行李旋爲北闕之歸余日華賀鄂州詹大卿望分江漢之雄地兼吳蜀之利浩渺波濤來舳艫於千里崢嶸城壘屯貔虎以連營典刑尚存乃儕孺士衡之舊治文獻不足有黃香元結之遺蹤萬里雲屯一江天險惟武昌大都會之邦實江國最上流之地北臨漢沔之邦西接巴巫之道眷茲沔鄂之雄實控江淮之勢並事迹夏口重鎮時在得賢以卿有仁厚之資謇直之風遂輟中憲往臨外藩白樂天集岳鄂觀察使王應謝上表百川繞郡落天鏡於江城四山入牖照霜空之海色李白鄂州刺史德政碑

輿地紀勝卷第六十七

輿地紀勝卷第六十八 文選樓影宋鈔本

東陽王象之編　甘泉岑鎔 銓 長垄校刊

荆湖北路

常德府 朗州 武陵 鼎水 桃源 臨沅

府沿革

常德府 上 鼎州武陵郡常德軍節度 圖經 禹貢荆州之域 元和郡縣志 以星土辨之當爲翼軫鶉尾之次 圖經又魏國陳卓言郡國所又宿度亦云武陵入軫十度新唐書地理志云朗爲鶉尾劉禹錫云武陵當翼軫之分 殷周爲蠻蜑所居春秋戰國時屬楚 劉禹錫武陵書懷序其在春秋戰國時皆楚地 秦昭襄王使司馬錯攻黔中拔之使蜀守張若

伐取巫郡及江南爲黔中郡元和郡縣志漢高帝五年更名武陵郡今州漢武陵郡也元和郡縣志三國時曹公平劉表盡有荆州之地赤壁之敗蜀主備南征下武陵長沙桂陽零陵四郡通鑑漢獻帝建安十三年後分荆州而南郡及零陵武陵以西猶屬蜀通鑑建安二十年劉備孫權分荆州以湘水爲界長沙江夏桂陽以東屬權南郡零陵武陵以西屬備及關羽敗於麥城吳遂定荆州遣潘濬平武陵通鑑漢獻帝建安二十四年吳武陵部從事樊伷誘導諸夷圖以武陵附漢中王備外白差督督萬人往討之權不聽特召問太常潘濬濬答以五千兵往足以擒伷權即遣濬將五千人往果平斬之而圖經以爲蜀主既沒武陵復入于吳按通鑑建安二十四年吳潘濬平武陵而魏黃初四年漢昭烈帝殂于永安在潘濬平武陵之後相去五年圖經所記非是當從通鑑晉

宋齊因之圖經梁湘東王承制割武陵郡置武州此據寰宇記又隋志云梁置武州澧陽志云陳元嘉中又分武陵等四郡置武州治武陵隋文帝平陳罷武陵郡改武州爲辰州元和郡縣志在開皇九年其年改嵩州又改爲朗州寰宇記在開皇十六年煬帝更爲武陵郡元和郡縣志在大業三年唐平蕭銑重置朗州舊唐地理志在武德四年隸山南道正觀中又屬山南西道開元二十二年改武陵郡天寶元年復爲朗州乾元元年昭宗時置武正軍以雷滿爲節度使通鑑光化元年不書賜朗州爲武正軍軍額止書云加武正軍節度雷滿同平章事而唐年表於光化元年亦不書賜武正軍額唐書附傳云中和元年爲朗州留後光化元年爲武正軍節度當從本傳治朗州澧州圖經以爲光化元年雷滿爲武正軍節度丨丨丨按通鑑僖宗中和元年以武陵蠻雷滿爲朗州留後又通鑑

天復元年書曰武正節度使雷滿卒子彥威自稱留後又於梁太祖開平元年書曰雷彥恭爲楚將秦彥暉所攻引沅江環朗州以自守城壞彥暉奔廣陵則自雷滿至雷彥威時並以朗州爲治所非澧州也澧州志所載莽是今不取

梁初爲馬氏所據統於湖南通鑑梁太祖開平元年雷彥恭守朗州湖南將秦彥暉攻破之彥恭奔廣陵澧州亦降于湖南楚馬殷始得澧朗二州爲武順軍後唐爲武平軍皇朝郡縣志云唐末爲馬氏所據朱梁爲武順軍然攷之歐陽公五代職方攷止於朗州下載云後唐爲武平軍而不載武順軍一節象之謹按通鑑後唐明宗天成二年稱楚王殷爲桂朗節度使長與二年有武安靜江軍節度使至清泰元年始封武安武平軍節度馬希全爲楚王則武平之名始見此耳然五代史及圖經又謂周太祖升朗州爲武平軍不同

王氏周氏繼有其地國朝太祖登位周行逢發十萬人城朗州行逢卒子保權入朝九朝通略建隆二年周行逢聞上命荆南決北海知

朝廷將南征乃發長沙民十萬城朗州降爲團練州乾德二年改爲鼎州國朝會要祥符五年以避聖祖諱改升永安軍改靖康軍國朝會要崇寧元年以犯陵名改分鼎澧路政和六年|||辰沅靖岳鄂州爲|||帶兵馬鈐轄治鼎州陞常德軍節度會要在政和七年中興以來置鼎澧鎮撫使中興小歷在建炎四年分湖西路中興小歷云紹興初分湖東路治鄂州西路治鼎領鼎澧辰沅靖合邵全武岡九郡爲湖西路陞常德府國朝會要云乾道元年以孝宗潛邸升守臣提舉常德府辰沅澧靖州兵馬盜賊公事皇朝郡縣志在乾道八年

今領縣四治武陵

縣沿革

武陵縣 望

倚郭元和郡縣志云本漢臨沅縣屬武陵郡後漢建武二十三年武陵蠻叛遣伏波將軍馬援討之破於臨沅卽此地也隋平陳改爲武陵縣屬辰州隋開皇十六年改屬朗州舊唐志云本秦黔中郡地梁分武陵郡於縣置武州陳改武州爲沅陵郡隋平陳復爲嵩州尋又改爲朗州煬帝改爲武陵郡武德復爲朗州皆治武陵縣

桃源縣 望

九域志云在州西六十里輿地廣記云東漢沅南縣地梁陳皆因之隋省入武陵國朝會要云乾德二年析武陵置桃源縣從轉運使張永錫之請也

龍陽縣 中

九域志在州東南八十五里元和郡縣志云在州西北一百四十里本漢索縣地吳分立龍陽縣屬武陵郡隋平陳屬辰州開皇十六年改屬朗州舊唐志云隋縣取洲名也其地旁接洞庭彌望無際紹興間遂

爲湖寇出沒之所皇朝郡縣志云大觀中改爲辰陽縣紹興元年復舊國朝會要云紹興元年陞軍使以鎮之三十一年罷軍使領縣如故

沅江縣 中下

圖經在府東南二百一十里元和郡縣志本漢益陽縣地梁元帝分置重華縣隋平陳改爲安樂縣開皇末又改爲沅江縣隸巴陵郡舊唐志云本漢益陽縣屬長沙國隋改爲樂安又改爲沅江屬岳州寰宇記云大業三年以縣屬羅州羅州即今岳州是也馬氏割據改爲橋江縣輿地廣記云五代時屬朗州國朝會要云乾德元年復曰沅江隸岳州舊經云元符二年撥隸鼎州

監司沿革

荊湖北路提點刑獄司

澧州有提刑周鼎記云淳化中置提刑司建臺澧陽政和中始徙于鼎圖經云今在府城內芙蓉館之舊

地政和中置鈐轄司于鼎提刑司亦徙焉紹興二年寄治于辰五年復還鼎今臺治三面環水詳見提刑陳謙本司廳壁記

提舉常平茶鹽司

舊置司荊南建炎鍾相之亂置司于辰紹興五年遂徙于鼎嘉定年間暫徙荊南旋復歸常德今臺治負城下瞰秀水

風俗形勝

東抵洞庭西鄰夜郎乾道中太守樓圖南奏|||||||盜賊之所淵藪|!||||||蠻夷之所巢穴

神鼎出於其地舊經云||||||故以爲名或云郡之東有鼎水鼎出其間

今之府城乃張若之遺趾舊經云張若城在州西元和郡縣志云在州東新圖經云||||||||蓋自周行逢之僭嘗重築是城

荊渚以爲唇齒

李觀象謂周保權曰我所恃者北有｜｜｜沅湘之
｜｜｜今高氏拱手聽命朗州勢不獨全
濱劉禹錫爲鼎州司馬上杜司徒書求徙澧陽 陽鴈
曰｜｜｜｜寒暑一候陽鴈纔到華言罕聞
纔到華言罕聞見上 有虞夏之遺風 伍安貧武陵記云
人氣和柔多淳孝
少宦情常彈五絃之琴以
黃老自樂｜｜｜｜｜ 貴州何以名武陵 晉書傳
趙欽問
潘京曰云云京曰鄙郡本名義陵在辰陽縣界與夷
陵相接數爲攻敗光武移東出共議易號武陵取止
戈爲武之義 桃源避秦 輿地廣記桃源山晉陶潛避秦記
云太康末有漁人深入武陵溪見
桃花夾岸居人衣服皆秦製自言避秦隱居數世矣
不知朝市之變漁人既出欲再尋之路迷終不能至
陶淵明作桃源記云源中人自言先世避秦時亂率
妻子邑人來此絕境不復出焉乃不知有漢無論魏
晉係之以 木奴千頭 輿地廣記云龍陽縣有龍陽洲
桃源行 吳李衡植柑於其上謂其子曰
吾州有｜｜｜｜不責衣食 三十六洞別爲一天 李
歲絹千疋後柑成果如其言 白

尋桃源序**武陵勝概**有桃源八景如桃川仙隱白馬雪濤綠蘿晴晝梅溪煙雨尋陽古寺楚山春晚沅江夜月童坊曉渡亦一方之佳致也**武陵其地故郢之裔邑與夜郎諸夷錯**劉禹錫楚望賦云翼軫之野祝融司方**長沙之悲三倍其時**劉禹錫謫九年賦**山川風物皆騷人所賦**劉禹錫武陵書懷序**靈仙勝景若在吾衽席**治平二年武陵令衡埜游桃花源詩

景物上

朗水寰宇記在武陵縣其水西南自辰錦州入郡界經郡城入大江謂之朗江漢書何劭所封於此

鼎口圖經在龍陽縣北一百二十八里寰宇記云在武陵縣有水名鼎口則沅澧二江最深之處尤多魚按朗陵地圖云昔有神鼎出乎其間

沅水元和郡縣志云經武陵南二十步水經云出牂牁且蘭縣爲傍溝水又東至鐔城縣爲沅水又東北過臨沅縣西爲明月池又東歷龍陽又東注洞庭

德山

在武陵縣南一十里水經註云沅水東歷枉渚潛東有枉山隋改曰善｜｜役人惟呼｜｜

義陵

劉禹錫武陵書懷序載義陵記云項籍殺義帝於郴武陵人曰天下憐楚而興今吾王何罪乃見殺郡民縞素哭於招屈亭高祖聞而義之故曰義陵

枉山

宋起居註云元嘉中武陵大水枉山崩聳石闕其高數丈宛若雕刻元和郡縣志一名善德山在武陵縣東九里此山本名枉山開皇中刺史樊子蓋以善卷嘗居此山名善德山

枉水

元和郡縣志出武陵縣南蒼山名曰枉渚善卷所居時人號曰枉渚楚詞云朝發枉渚夕宿辰陽亦此謂也

橘洲

在龍陽縣西北五十里周迴三里詳見木奴千頭下今洲上民數百家橘不存矣

桃源

東坡云世傳｜｜事多過其實考淵明所記正言先世避秦來此則漁人所見似是其子孫非秦人不死者也又云殺雞作黍豈有仙而殺者乎使武陵人得而至焉則已化為爭奪之場久矣漁隱叢話

芷江

在武陵縣東八十里武陵記云乃沅水之別派楚辭曰沅有芷兮澧有蘭又劉禹錫在朗州與澧州元郎中詩曰芷江蘭浦恨無梁芷江謂朗州也又曰白芷江頭分驛

路又曰十見巒江白芷生

沚水寰宇記云郎沅水之別派還入沅水其兩岸杜衡是產仍以杜衡爲村名

湯泉在桃源縣西北一百二十里其泉常如沸湯其傍有冰泉人謂之陰陽泉

陽山寰宇記云在郡西八十里有獸如麈前後有頭常以一頭食只一頭望視又有陽山祠按圖經云漢梁松爲征南將軍死於此山下遂爲神

西水在龍陽縣東一百八十里漢志云武陵郡西陽水所出

梁山在武陵縣北三十九里舊名陽山按舊經云陽山之女雲夢之神嘗以夏首秋分獻魚唐天寶六載始改名丨丨漢梁松廟食于此故以名山

延溪寰宇記云在武陵縣有柘樹千餘頭枝條茂暢昔有烏集其上枝下垂着地烏去枝振殺之羣烏號嘯楚人取其枝爲弓名曰烏號之

樊陂元和郡縣志云在武陵縣北八十九里後漢樊重於此有肥田數千頃歲收穀子萬斛

凡洲元和郡縣志云沅水西北自武陵縣界流入龍陽縣界歷丨丨洲長二十里即漢李衡種柑之所

鶴澤說苑云晉羊祜爲荊州刺史得鶴於此故曰丨丨象之竊謂羊祜在晉止屯襄陽不應得鶴於此而有其地及羊祜已沒

杜預繼之始平吳耳其年月不相應當攷

蠡湖 寰宇記在龍陽縣傳范蠡曾游故名

鹿山 武陵記云鹿山有鹿穴昔宋元嘉初武陵溪蠻人射鹿逐入一石穴穴纔可容人蠻人入穴見有梯在其傍因上梯豁然開朗桑菓藹然行人翺翔不似戎境此蠻乃批樹記之其後尋之莫知處所

龍池 寰宇記云在武陵縣謝承爲武陵郡時有黃龍見於郡東水中承拜而上賀因目其處曰龍池

北亭 武陵北亭記云郡北有短亭繇舊也亭孤其名地藏其勝劉禹錫有記

景物下

中和堂 在府治

安靖堂 在府治

學書池 在武陵縣東北九十五里又伍安貧記云晉朝高士伍朝别墅堂下有丨丨丨色微黑今遺迹存焉

教子齋 武陵尉廳有丨丨丨先是唐質肅公介任武陵尉日闢是齋以教子韓忠獻爲記蔡君謨書

崇雅寺 在武陵東即伍安貧之故居齊高章王守郡以伍氏崇雅可崇道啓武帝改所建之寺名曰崇雅

道德觀 在武陵縣

西二十里居山絕頂前俯大江極目無際武陵登覽之最佳處

通元觀在武陵縣西熙甯間雲游道士張虛白置菴其上政和間建道道觀有武陵春色詩三百首

洞陽觀在武陵縣北六十里吳潘濬所造也

眞源觀在桃源縣郭祥符間曾產蟠桃之瑞

靈源觀在武陵縣東北一百三十里舊經云晉元帝時有靈泉湧出味甘如醴故名靈源

靈巖洞在桃源白磚市洞前高廣中有石湧出神物之像水流石盆中可愛

開元寺武陵記云梁普通中沅水大溢巨木長十餘丈流泊于此夜光明數里郡人丁提因捨宅爲寺錫號寶剎唐開元中攺今號而寺之子院凡四十今存者十餘

善濟山在武陵縣西昔有妖女祠像設甚偉林竹籬蔓唐開元中郡守袁映乃縱火焚之伐本開道妖亦不能加害後人名是山曰善濟而立表烈士堂

滄浪水圖經在龍陽縣二十里浪水與滄水合故號｜｜｜寰宇記在武陵縣西二水合流

武陵溪在武陵縣西二十里亦名德勝泉郡國志云漢李陵爲臨沅令後沒匈奴邑

清陵館人思之而立是館寰宇記云在武陵縣

壺

頭山九域志云有石窟即馬援所穿室也內有蛇如石斛云是援之餘靈天門山按黄閔武陵記云上有葱如人所種畦壟成行人欲取之先禱山神乃取氣味甚美不然者不可得巖中有書數千卷人見而不可取風門山寰宇記云在武陵縣有石門去地百餘丈每將欲風起北門先有黑氣若煙隱隱而上斯須風即竟天石帆山寰宇記在武陵縣有石危起若數百幅帆形石英渠寰宇記在武陵縣本名後鄉渠唐溫造自起居舍人來爲刺史開渠九十九里溉田二千頃郡人名其渠日｜｜｜穿石山在桃源縣西南一百二十里下有大竇東西洞達行人往來止息可容百人琵琶洞在桃源縣昔人游洞中隱隱聞琵琶之音三雅洞武陵記昔人鑿池得三銅器其下有銘曰伯雅仲雅季雅蓋靈帝末斗酒十千而劉氏子好酒愛客乃製三品伯雅受一斗仲雅容七升季雅可五升以貧酬樂蓋劉氏飲器也三脊茅唐開元舊記云用包茅三脊三莖生沅江者佳祥符封禪遣使求之無人識者縣民黄皓自言識之遂得之於縣側崗阜間今沅江縣有貢茅

亭　七仙洞在龍源縣　八跡壇在桃源宮卽大歷中瞿栢庭上昇之所　九肋鼈本草云鼈甲九肋生沅江者是　萬壽宮在桃源縣西南二十里古名桃川政和四年勑改桃源丨丨丨　放鶴陂寰宇記云在武陵縣梁崔穆於此陂羅雙鶴因放之後鶴唳玉璧一雙送穆庭中　虎齒山寰宇記在武陵縣形如虎齒民嘗六月祭之不然卽有虎害　龍巖山在武陵縣北九十里中有石橋崖壁嵌空石乳如筍可行五里而至其穴泠然水流不可俯視郡縣祈雨靡有不應　龍泉池裴松之列瑞傳云謝承爲武陵太守日有黃龍見此今在府東　鳳凰山在武陵縣北七十里有禪林寺　金牛山在龍陽縣舊經云是山有金牛見則應太平其中有金穴淘採之處　白鶴池詳見鶴澤　白鶴寺在沅江東北三十里昔有人飛昇於此　白龍洞在桃源去湯泉二里洞中石湧出神物之像　白巖石在桃源洞中有天生石花盆石香卓石山神物之類　紫菀洲寰宇記云在武陵縣以洲上生此藥故名　綠蘿山寰宇記云在桃源縣下有

綠蘿潭

丹砂井 方輿記云｜｜｜泉水赤如絳武陵廖氏譜云廖平以丹砂三十斛寘所居井中飲食是水以祈延齡抱朴子曰余祖鴻臚爲臨沅令此縣有民家世世壽考或百歲或八九十歲後徙去子孫多夭他人居其故宅復奕世壽考由是疑其宅井水殊赤乃試掘井左右得古人所埋丹砂數十斛去其井數尺皆丹砂汁因泉入井是以飲其水而得壽

秀水河 玉帶河 端拱元年太守龔頴嘗篆秀水斗門四字熙寧中有神仙海蟾翁劉易游斗門曰此秀水河乃武陵郡一條玉帶也他年必有繫玉帶之人故又謂之玉帶河熙寧中章子厚平辰州蠻寄居張待制頡爲章條畫蠻事及章歸朝起復張充東南發運使仍畀以白玉帶一條

潤不堰 九域志云唐太守李璡曾進通古尊陵田土堰註云白馬湖入城隍是爲永秦渠北流灌新濠灌田千有餘頃民疇賴焉因名曰｜｜｜

靈芝觀 寰宇記在武陵縣梁大同中有女道士於此伏氣芝草生其庭太守奏立此觀

蟠桃巷 在桃源縣祥符中邑人開基見土龕光色照耀得大蕈九枚莫識其名引漢武內傳及博物志皆以爲蟠

桃遂名今為眞源觀

采菱城 在桃源縣武陵記云其湖產菱殼薄肉厚味特甘香楚平王嘗採之有采菱亭

桃源山 在桃源縣南二十里詳見桃源避秦下文有桃源萬壽宮

桃花洞 在桃源縣放生潭大江南岸即晉黃道眞所見桃花之處

招屈亭 今郡南亭即其所在安濟門之右沅水之濱每端午日以角黍飼飯揚桴中流競渡以濟邦人縱觀劉禹錫競渡曲云沅江五月平堤流邑人相將浮綵舟靈均何年歌已矣哀謠振檝從此起云云風俗如狂重楚時縱觀雲委江之湄云云曲終人散空愁暮招屈亭前水東注註云競渡始於武陵又汪遵招屈亭詩云三閭溺處殺懷王感得荊人盡縞裳｜｜｜邊兩重恨遠天愁色暮蒼蒼

淳于山 寰宇記在武陵縣與白雉山相近在辰州武陵二郡界絕壑之半有一白雉遠望首尾可長二丈伸足翔翼若虛中翻飛即上視之乃有一石雉舒翅綴着石上山下有石室數畝望室裏雖闇猶見銅鐘高丈餘數十枚其色甚光明

古迹

故關州元和郡縣志云在沅江縣東南五十八里建安二十三年孫權遣呂蒙襲長沙零陵桂陽三郡先主引兵下公安令關羽入益陽此州蓋羽屯兵之所故以爲名沅江知縣陳剛在任土人有以銅戟石鏃示之者云得之法華城然是城卽古關州乃關羽屯兵之所

故漢壽縣輿地廣記云在武陵縣吳改漢壽爲吳壽晉復故宋齊梁陳皆因之隋省

武陵縣治故城馬援討臨鄉所築也

張若故城元和郡縣志云在州東四十步初秦昭王使白起伐楚遣張若築此城以拒楚并統五溪後漢梁松伐蠻又修此城城自義陵移郡理之武陵記云後漢梁松自義陵郡移居張若城今州東張若城是也太常潘濬征樊伷平五溪還以郡城大而難固築障城移郡居之

司馬錯故城元和郡縣志云在武陵縣西二里錯與張若伐楚黔中相對各築一壘以拒五溪咽喉後馬援又修之陶弼過｜｜｜｜詩云北設長城限敵塵更來勞役武陵民我疑洞裏栽桃者便是當時版築人

劉公城在沅江昔劉備曾狥武陵長沙零陵桂陽四郡因立城於此

虞舜古城通典黃

聞山 元和郡縣志云在武陵縣西一百四十里武陵記曰昔臨沅人黃道眞在此山釣魚見桃花源卽陶潛所記是也

秦人洞 在桃源縣桃川宮是昔秦人避亂之地有洞如門

卿居寺 吳太常卿潘濬別墅故名丨丨丨在武陵縣東南六十里

太常寺 在龍陽之軍山村昔吳太常潘濬屯軍於此遂名焉

右史渠 唐温造起居舍人出知朗州開後鄉渠百里溉田二千頃民獲其利號右史渠本傳

萊公泉 在武陵縣北六十里皇朝類苑云鼎州甘泉寺介官道之側始寇萊公南遷日題於東楹曰平仲酌泉經此回望北闕黯然而去未幾丁晉公又過之題於西楹曰謂之酌泉禮佛而去後范諷留詩於寺曰平仲酌泉回北望謂之禮佛向南行歷嵐翠鎖門前路轉使高僧厭寵榮詩牌猶存已上見湘山野錄又崔嶧詩云二相南行至道初記名留詠在精盧甘泉不洗天崖恨留與行人驂覆車淳熙中南軒張栻榜曰丨丨丨

張顛墨池 龍陽淨照寺有小他張旭學書於此

新息侯廟 卽馬援

清烈公廟 卽三閭大夫屈原又謂之昭靈侯廟

安義王廟

寰宇記在武陵縣謂之梁山安義王卽梁松也常德志云梁松以建武二十五年徙荆州刺史治漢壽故劉禹錫詩云漢家都尉始征蠻血食于今配此山國朝會要云政和二年賜廟曰永思

馮翊王廟 唐雷滿之神也唐書附傳中和元年爲朗州兵馬留後光化元年爲武正軍節度使後卒今宜陽鄉有墓滿據有此土凡二十一年

春申君墓 在城開元寺春申坊郎其故宅杜牧詩云烈士思酬國士恩春申誰與快冤魂三千賓客總珠履欲使何人殺李園

晉龔元墓 武陵縣南有晉徵士龔元之墓

官吏

漢李陵 爲沅江令事見郡國志及清陵館下

蜀羅憲 字令則蜀之亡也憲守永安以拒吳後晉拜憲爲武陵太守

吳鍾離牧 字子幹永安六年蜀併于魏武陵五溪蠻與蜀相接時懼其叛以牧領武陵太守五溪叛牧討平之

齊劉悛 齊劉悛爲武陵內史悛善於撫俗自郡還吏民

送之者數千人本傳舊經亦載

樂藹 齊永明中｜｜爲令治園植桃李其後百姓愛之不加翦代因名龍陽樂令園

唐溫造 字景儉以起居舍人出爲朗州刺史有右史渠

蘇瓌 瓌歷朗歙二州刺史事見徽州人物門

李翱 字習之爲朗州刺史今有文集在郡齋

劉禹錫 通鑑正元元年｜｜｜居朗州十五年唯以文章吟詠陶冶情性作爲新詞以教巫祝故武陵溪洞間夷歌多禹錫之詞

皇朝薛居正 國初平湖湘以居正知朗州有亡卒數千爲盜監軍使疑城中釋子爲應欲盡殺之居正以計緩其事因擒賊首汪端詰之乃知釋子千數無與謀者咸得免見東都事略

唐介 武陵尉廳有教子齋謂介爲沅江令似有不同然按東都事略介傳介嘗爲武陵尉繼爲沅江令則二邑所書皆是也

陶弼 熙寗五年知鼎州弼好爲詩所至吟詠

程昌禹 建炎爲守兼鼎澧鎮撫使時賊楊大來攻昌禹以蔡兵守城後人爲之立廟曰忠祐廟

錢景持 繫年錄云建炎四年鍾相犯桃源知縣｜｜｜戰爲賊所殺贈二官

姚孳 四明人登熙寗進士第後爲桃源宰苟利

於民無不爲也鄉有虎拏檮諸社諭以文越三日虎仆于祠傍奏課爲天下第一

凌景夏紹興二十九年知鼎州丨丨丨乞減程昌寓所增蔡州官兵衣糧錢六萬四千餘緡詔減四分之一繫年錄

人物

善卷武陵縣東一十五里枉山之上有善卷壇按南華眞經云舜以天下遜於善卷曰余立於宇宙之中冬日衣皮毛夏日衣葛絺春耕種形足以勞動秋收斂身足以休息日出而作日入而息逍遙於天地之間而心意自得吾何以天下爲哉悲夫子之不知余也遂不受而去古傳丨丨隱此山後人爲之立觀國朝政和間訪天下道跡賜號曰遁世高蹈先生郡守李燾嘗爲壇記劉禹錫詩云先生見堯心相與去九有斯民既已治我得安林藪道爲自然遺名是無窮壽瑤壇在此山識者常迴首蔡崑詩云幾到壇邊登閣望因思遺跡詠今朝當時若爲重華出不是先生傲帝堯

三閭大夫三閭大夫以五

月五日由黔中投汨羅蓋始於此又有清烈公廟**田强**有田子城在武陵縣東王莽欲錫五溪酋領田强銅印强有子十人雄勇過常乃曰吾年[illegible][illegible]誓不事莽以其三子將五萬人下屯沅東各築一城烽火相應田子居上城王子居中城倉千居下城**蜀廖立**字公淵武陵臨沅人諸葛亮荅吳使曰羆統廖立楚之良才後亮廢立爲民立聞亮卒泣曰吾終爲左衽矣遂卒於徙所元和郡縣志云廖立墓在武陵縣東北十里然立死蜀中恐未必葬此**吳潘濬**字承明武陵漢壽人通鑑建安二十四年吳武陵樊伷誘諸夷反附蜀遣濬討之濬云五千兵足以擒伷濬又曰伷昔爲州人設饌比至日中食不可得而十餘自起此亦侏儒觀一節之驗也卽遣濬以五千人往果討平之後赤烏二年卒葬漢壽今卿居寺在州北六十里卽濬之別墅也故曰卿居**梁伍安貧**字子素武陵漢壽人晉謚朝之後梁朝累降元纁之禮辭以疾撰武陵地理記又撰晉黃門沅川記**皇朝柳拱辰**其先青州人五季避地荆楚遂爲武陵之青陵人年六十卽有掛冠之志創亭於青陵館名橋曰歸老南豐曾鞏爲

之記**柳平**守高安日黄魯直爲作江西道院賦**管師常**陳襄以公與伊川經行脩明同薦爲學官**杜昉**故昭憲皇后之裔爲密州通判建炎之初寓居於此會鍾賊之亂賊欲强公從已公罵之不絕遂遇害**陳陽**武陵人宣和中舉八行力辭不就死葬于西山郡守王以甯表其墓曰西山

仙釋

黄恭神仙傳云字伯嚴武陵人棄官學道遷道中嶽服氣斷穀逾二百齡髮齒如少**瞿栢庭**辰州辰溪人唐大歷四年逃難走武陵事桃源宮道士黄洞源而栢庭得一碁子曰秦人碁子後又遇一老尊遂辭洞源曰歸仙洞去洞源留之不可約十八年再見後十八年洞源往潤州之茅山栢庭忽至而洞源曰吾將蹈蒼海矣日亦化眞事見溫造記**澈上人**劉禹錫有｜｜｜文集紀云師嘗在吳賦詩僅二千首因爲評曰世之言詩僧多出江左靈一導其源護國襲之清江揚其波法振沿之如么絃孤

韻聲入人耳非大樂之音獨吾與**藥山師**傳燈錄云藥山師朗州刺史李翺謁藥山問如何是道師以手指上下曰會麽翺曰不會師曰雲在天水在瓶翺遂贈以詩曰煉得身形似鶴形千株松下兩函經我來問道無餘說雲在青天水在瓶書公能備衆體書公後澈公承之

碑記

唐桃源碑詳載溫造所述碑中

唐梁山廟二碑唐元和四年董侹撰修陽山廟碑唐大和九年刺史劉端夫賽請陽山神文又范潛別有陽山廟董劉二碑在焉徐鍇方輿記遂謂梁松征蠻死於此遂爲其神樂史寰宇記亦祖於此不知後漢書載松征蠻歸死洛陽與此所載不同

赤山廟碑在沅江縣東北五十里□□□有□言光宅二年立廟天寶六年改其山爲蠡山

招屈亭碑唐龍朔中縣令蔡朝英重修且刻石以記其事

沈公臺碑在武陵西南三里光福寺竹林中今猶存有古碑題額六字云重遊沈公臺記碑字漫滅不可讀記謂沈約爲沅南令按約傳

未嘗令沅南也清陵館碑在郡西西明寺寺後有臺云是李陵爲臨沅令游息於此有古碑漫滅不可讀天慶觀碑乃白雲先生管師復集柳公權體書字畫端楷人以爲法天王院碑建隆元年丞相范質書桃源行容齋三筆云陶淵明作桃源記云源中人自言先世避秦時亂來此乃不知有漢無論魏晉係之以詩曰嬴氏亂天紀賢者避其世黃綺之商山伊人亦云逝顯言躡輕風高舉尋吾契自是之後詩人多賦桃源行亦不及淵明所以作記之意按宋書傳云潛自以曾祖晉世宰輔恥復屈身後代自宋高祖王業漸隆不復肯仕所著文章皆題其年月義熙以前則書晉氏年號自永初以來唯云甲子而已然余竊意桃源之事以避秦爲言至云無論魏晉乃寓意於劉裕而秦借以爲論耳桃源石文夷堅志云建炎三年鼎州桃源洞石澗有文似天書而字畫皎然可識凡三十二字云無爲大道天知人情無爲窈冥神見人形心言意語鬼聞人聲犯禁滿盈地收人魂其言雖簡而警於人世桃源山界記集古錄云唐狄中立撰徐元書并篆額開成五年立賓陽

山文集古錄云唐劉端夫禱陽山文凡五首不著書人名氏以太和九年立　武陵北亭記劉禹錫撰圖經郡守胡介序

詩

山中人兮芳杜若楚辭　漢家都尉舊征蠻血食而今配北山劉禹錫陽山廟觀賽神詩神則東漢梁松也　西漢開支郡南朝號戚藩四封當列宿百雉俯清沅茗坼蒼溪秀蘋生枉渚暄沈約臺榭故李衡墟落存劉禹錫武陵書懷詩　蒙蒙篁竹下有路上壺頭漢壘麏鼯鬬蠻溪暮雨愁劉禹錫伏波祠詩　將軍將秦師西南奠遐服故壘清江上蒼煙晦喬木楚塞鬱重疊蠻溪紛詰曲劉禹錫司馬錯故城詩　沅江清悠悠連

山鬱岑寂劉禹錫游桃源白芷江邊分驛路山桃溪外接甘棠應憐一罷金閨籍枉渚逢春十度傷劉禹錫昔日居鄰招屈亭楓林橘樹鷓鴣聲一辭御苑青門路十見蠻江白芷生劉禹錫酬朗州崔員外星象承烏翼蠻陬想犬牙俚人祠竹節仙洞閉桃花劉禹錫登武陵城沅江五月平堤流邑人相將浮綵舟靈均何年歌已矣哀謠振檝從此起劉禹錫招屈亭前水東注劉禹錫縣門白日無塵土百姓縣前挽魚罟劉禹錫龍陽縣歌北渚弔靈均長岑思亭伯劉禹錫扁舟郪下五溪水勝地重遊八跡壇孟安序故宅傳黃歌本朝孫奇父詩今開元寺西有春申坊武溪控扼五溪徭路

入京城萬國朝石櫃雄排沅水勢浮圖高聳接雲霄

丹砂井湧三泉脈玉帶河橫六畫橋大觀初楊川詩曲臺風

月德山雲夢想中間今幾春臣葬江魚終愛楚民逃

花洞不思秦陶弼題張仲宇兼美亭避秦荒徑在招屈古祠空

陶弼

桃源詩

昔日狂秦事可嗟直驅雞犬入桃花至今不出煙溪口萬古潺湲二水斜露暗煙濃草色新一番流水滿溪春可憐漁父重來訪只見桃花不見人李白逸篇見綿州志

桃花流水杳然去別有天地非人間李白題桃源先賢盛

說桃花源塵忝何堪武陵郡聞說秦時避地客至今不與人通問唐崔何樵客初傳漢姓名居人未改秦衣服唐王維詩春來遍是桃花水不辨仙源何處尋王維流水盤迴山百轉生綃數幅垂中堂武陵太守好事者題封遠寄南宮下韓退之桃源圖漁舟何招招浮在武陵水拖綸擲餌信流去誤入桃源行數里劉禹錫桃源詩桃源滿溪水似鏡塵心如垢洗不去仙家一出尋無蹤至今水流山重重劉禹錫桃源行一溪春水徹雲根流出桃花片片新若道長生是虛語洞中爭得有秦人胡曾武陵溪我到瞿眞上昇處山川四望使人愁紫雲白鶴去不返唯

有桃源溪水流李羣玉桃源　洛陽遙想桃源人溪水閑流春自碧花下長逢楚客船洞中時見秦人宅劉長卿　桃花流出武陵洞夢想仙家雲樹春今看水入洞中去却是桃花源裏人劉商題水洞　武陵源在朗江東流水飛花仙洞中莫問阮郎千古事綠楊垂處翠霞空武元衡送人赴黔中　橘岸舟閑罾網掛茶坡日暖鷓鴣啼女郎指點行人笑知向花間路已迷司空圖詩　此花不逐溪流出晉客無因入洞來杜牧之　當時避世乾坤窄此地安家日月長草色幾經壇杏改泿花猶帶洞桃香李皐　武陵風景都然改谷口桃花鎮長在自從改賜鼎州名轉覺

桃源仙氣靈梅詢知君欲上武陵溪水自東流人自西到日桃花應已謝想君應不爲花迷王安石詩避世不獨商山翁亦有桃源種桃者世上空知古有秦山中豈料今無晉王安石鎖斷桃源一窟春避秦日月無歸處徐東野流水洞門三數里落花松逕幾千年山南蜀國新開路洞下秦人舊種田闕題空尋晉客維舟岸不見秦朝避世人朱顯之深隱猶疑世上聞桃花還泄洞中春當時不得漁人入將謂人間幾世秦蜀僧宗覺山前溪是當時水源上桃非舊日花多是黃郎漏消息洞門從此鎖煙霞古汴高士花片已隨山下水雲扃虛鎖洞中

春王祐商山四老人避世還出世桃源獨終隱坐看日月逝李韋詩源水不移當日岸桃花猶是昔年春戴衎

四六

水引漁者花藏仙溪春風不知從來落英何以流出李勻武陵故郡常德新藩事迹左連川蜀舟車之衝右控辰沅溪洞之險事迹農桑千里雞犬萬家會元

輿地紀勝卷第六十八

輿地紀勝卷第六十九　文選樓影宋鈔本

東陽王象之編　甘泉岑鎔銓長生校刊

荊湖北路

岳州

巴陵宋　巴川梁　羅州隋　岳陽　華容　羅水　洞庭

州沿革

岳州　下　巴陵郡岳陽軍節度圖經西漢志以翼軫為楚分晉天文志云自張十七度至軫十一度為鶉尾於辰在巳楚之分野屬荊州岳州既為羅子之國當在翼之四度按唐武德四年八月日蝕翼四度是年九月趙郡王孝恭討蕭銑于荊州十月平之則荊州為翼四度也已上見岳陽志古三苗之國也元和郡縣志及史記禹貢荊州之境春秋麋子羅子之國圖經戰國屬楚元和郡縣志秦屬

長沙郡元和郡縣志漢屬南郡三國吳人以爲重鎮建安十九年魯肅以萬人屯巴邱此據岳陽志又按通鑑魏明帝青龍二年吳人聞諸葛亮卒恐魏人乘衰取蜀增巴邱守兵萬人漢宗預使吳吳主問曰東西譬猶一家而聞西更增白帝之守何也對曰臣以爲東益巴邱之戍西增白帝之守皆事勢宜然晉屬長沙郡舊唐志云晉置建昌郡又吳錄云晉分巴陵置建昌郡在巴陵又云元康元年省沈約宋志云巴陵晉武太康元年立不言置建昌郡象之謹按晉志無建昌郡意者置而復廢故志所不載然晉志長沙郡下却有巴陵縣又按岳陽志云元康元年置建昌郡咸康元年省又成帝咸和一年陶侃以江陵偏遠移鎮於此宋曰巴陵郡宋志云文帝元嘉十六年置屬湘州梁元帝置巴州元和郡縣志及隋志同又置羅州隋志湘陰縣下陳廢羅州隋志湘陰縣下隋平陳曰岳州元和郡縣志在開皇元年隋志同又置玉州隋志湘陰縣下尋廢在開皇十一年甲志以爲玉州乃荆門之

當陽非岳州也謹按隋志梁於湘陰縣置岳陽郡隋平陳廢郡及湘陰入岳陽縣置玉州後廢輿地廣記灊州湘陰縣下載云隋平陳省湘陰入岳陽縣置玉州開皇十年州廢屬岳州又按唐志武德六年於江陵郡之當陽置玉州八年廢兩玉州之廢置本自不同二志所載廢置甚明置於隋者岳陽之玉州也置於唐者荆門之玉州也不容以不辨煬帝更曰羅州隋志在大業初年復曰巴陵郡大業初年蕭銑以羅叛大業十三年羅縣令蕭銑起兵即位于此唐平蕭銑置巴州舊唐志武德四年平蕭銑置巴州領巴陵華容沅江羅湘陰五縣他書皆不載焉尋改爲岳州省羅縣唐舊志在武德四年隸江南道會要改巴陵郡天寶元年復曰岳州乾元元年五代初入馬氏後周入周行逢漢已前並屬馬氏周顯德三年入周行逢國朝平湖湘地歸板圖建隆四年後隸湖北路咸平二年又以英宗潛邸領岳州團練使後

陞岳陽軍節度使指掌圖在宣和二年國朝會要在宣和元年圖經又云政和五年州民李舜臣以英宗潛邸乞陞額知州孫勰備申獲旨陞為岳陽軍指掌圖以為宣和二年豈申在政和陞改在宣和耶今兩存之中興改為純州華容軍中興遺史云紹興二十五年七月臣寮言岳州乃岳飛駐軍之地乞改名遂以岳州為純州岳陽軍為華容軍繫年錄云先是姚岳獻言秦檜乞改州名事下本路於是知荊南孫汝翼等按水經汨水西逕羅縣與純水合羅淵即今之巴陵郡是也純之為字有純臣之義焉尋復為岳州及岳陽軍繫年錄云紹興三十一年中丞汪澈言紹興二十五年臣寮白劄子謂岳飛已伏誅岳州與其姓同本路諸司乞改岳州為純州臣竊謂岳飛之罪固自有公論以姓同而改州名尤悖於理乞改岳州名額一從舊制從之今領縣四治巴陵

縣沿革

巴陵縣上

倚郭。元和郡縣志云：本漢下雋縣地，吳立｜｜｜。水經謂本吳之巴邱邸閣，晉太康元年置巴陵縣，不同。象之謹按：吳錄云：晉分長沙爲巴陵等縣，今從之。元和郡縣志又曰：以羿屠巴蛇於洞庭，其骨如陵，故名。舊唐志云：吳置｜｜｜，晉置建昌郡，隋改爲巴州，煬帝改爲巴陵郡，武德改爲岳州，皆屬｜｜｜。

平江縣上

九域志云：在州東二百五十七里。寰宇記：本漢羅縣地，屬長沙國。皇朝郡縣志云：後漢分爲漢昌縣，吳改曰吳昌。圖經云：晉宋因之，屬長沙郡。皇朝郡縣志云：隋平陳，省入羅縣，唐省羅縣入湘陰。舊唐志云：神龍三年，分湘陰置昌江縣，屬岳州。皇朝郡縣志云：後唐改曰平江。皇朝因之。

臨湘縣中

九域志云：在州東北五十七里。皇朝郡縣志云：後唐清泰中置王朝場。國朝會要云：淳化四年陞爲王朝

縣至道二年改爲臨湘縣

華容縣 望

九域志云在州西一百五十里漢孱陵縣地宋志云晉武帝時置安南縣元和郡縣志云吳置南安縣不同隋志云舊曰安南梁置南安湘郡尋廢開皇十八年改曰｜｜屬岳州寰宇記云取古華容城以名之舊唐志云漢孱陵縣地屬武陵郡劉表改爲南安隋改爲華容垂拱二年去華字曰容城神龍元年復爲華容唐志云垂拱二年避武氏諱更曰容城神龍元年復故通典云隋置此縣古華容在竟陵郡

風俗形勝

卽瀟湘之淵寰宇記載楚地記云巴陵｜｜｜｜｜吳以爲要扼之地寰宇記吳晉皆爲重鎮廣記云吳使魯肅萬彧晉使陶侃皆守巴陵以爲重鎮左洞庭右彭蠡元和郡縣志引史記三苗之國｜｜｜｜｜｜囊山帶江通鑑唐文

宗太和六年載鄂岳｜｜｜處百越巴蜀荊襄之會青草洞庭湖在焉通典云二湖相連青草在南洞庭在北佳山水梁知微和張說詩云華容｜｜｜之子厭承明其星翼軫其上雲夢背衡麓面重湖湘水環其左岷山揖其右樵門記天下絕景張說詩序云石墨二山相連有禪堂道觀｜｜｜雲夢半在江南半在江北見寰宇記又漢陽軍圖經辨云雲在江之南北江北爲雲江南爲夢是二澤也明矣日月若出沒於其上輿地廣記曰洞庭湖水圓廣五百餘里｜｜｜｜｜｜｜又水經云湖水廣五百里日月若出入於其中與太湖之苞山潛通輿地廣記云石穴｜｜｜｜｜｜｜｜故太湖亦有洞庭山又眞誥曰君山有潛道東通吳苞苞山在震澤中湘君之所游處輿地廣記曰君山｜｜｜｜｜｜因名君山又曰君山即湘山也洞庭君山傑傑然爲天下之特勝滕宗諒上范文正公書洞

庭秋晚圖滕宗諒上范文正公書云謹以｜｜｜｜一面隨書贊獻湖之面勢

惟巴陵最勝滕宗諒岳陽樓詩集序曰｜｜｜｜濱岸風物日有萬態雖漁樵雲鳥棲隱出入同一光影中北通巫峽南極瀟湘范仲淹岳陽樓記兼有

江湖之勝岳陽志云地有四瀆江爲之長五湖洞庭爲之最江湖之勝巴陵兼有之巴陵

勝狀在洞庭一湖｜范仲淹岳陽樓記｜｜｜｜｜｜｜｜銜遠山吞長江浩浩湯湯横無際涯朝暉夕陰氣象萬千此岳陽樓之大觀也銜山吞江見上洞庭沅澧之

郊瀟湘之淵是爲九江之門山海經聲詩賦詠與洞庭

君山相表裏滕宗諒上范文正公書詩得江山之助唐張燕公守岳陽詩益悽惋人謂｜｜｜｜｜云日與才士登臨賦詠岳陽樓當郡治西南西面洞庭左領君山唐張說出守是邪｜｜｜｜｜｜｜｜自是名著六朝惟顏延年陰子

堅見于章句滕宗諒岳陽樓詩集序曰｜｜通三白三十七載｜｜｜｜｜｜｜｜｜｜｜｜｜｜｜｜餘皆寂寥無紀强吳控蜀之地范淙岳陽樓後序州城魯肅所立舊圖經本吳之邸閣城酈道元水經注云巴陵在湖水岸上有巴邱｜｜｜｜｜｜州學郡守滕宗諒所建尹洙爲之記文在河南集中荊潭黔蜀四會之衝歐陽公偃虹隄記巴邱湖沅湘之會表裏山川晉書杜預傳郡據衡湘巴蜀荊楚之會勝宗諒樵桂亭記壓湘之城曰岳舟車會焉軍戎屯焉白樂天洞庭之野吞楚七澤乘秋而霽天水一色張孝祥金沙堆賦洞庭水會爲江樂史言大江在巴陵東北流入洞庭風土記云今洞庭水會爲江非江流入洞庭也瀟湘翠浪岷峨碧流枝連五溪魚貫萬派天祚中孫晟靈竹寺碑

景物上

東園在北園之東紹興初陳去非假館北園自號園公有詩集

西水岳陽志云荆江六七月間其水暴漲則逆流洞庭瀟湘清流爲之改色南至青草旬日乃復亦謂丨丨丨其水極冷俗云岷峨雪消所致

南樓即今岳陽軍門趙冬曦嘗有丨丨之詠

北園在郡治北

萬山皇朝郡縣志云在洞庭之南禹濬川登其巔有館字曰夏后氏之宮

楚觀在華容縣北張孝祥題額

巴陵在巴邱蜀劉巴先主稱尊號凡諸文誥策令皆巴所作卒塟岳陽後人因號岳陽爲丨丨

巴邱丨丨之山西臨大江

簡齋本朝陳參政去非嘗假館郡圃其所居室自謂丨丨其名甚著

柳井在君山寺側俗謂之柳毅穴

蓴湖風土記云岳陽雖水鄉絕難得蓴惟臨湘東湖有之故名丨丨

幕阜

卽岳州主山也**石門**燕公張說詩序云石門黑山二山相連有禪堂道觀天下絕境**墨山**見石門下**墨溪**　**鏡石**岳陽志云道人磯黃金浦有白石高丈餘其光可鑑名日丨丨**湓湖**元和郡縣志云在巴陵縣南十里左傳定公四年吳人敗楚于雍澨五戰入郢卽此也張說集趙冬曦乾湖詩序云巴邱南丨丨者蓋沅湘澧汨之餘波焉淪匯洞庭澹澹千里夏潦奔注則泆爲此湖冬霜既零則涸爲平野按爾雅云水返入爲湓斯名之作有由爾故詩有日三湖返入兩山間畜作丨丨彎復彎暑雨奔流潭正滿微霜及潦水初還張說別丨丨詩念彼丨丨去浮舟更一臨千峯出浪險萬木抱煙深云云**湘水**元和郡縣志云昔王延壽有異才年二十而得惡夢作夢賦年二十一溺死於湘浦湘水至清雖深五六丈了了見底**汨水**寰宇記云楚辭有汨羅是也羅縣北有汨水卽屈原所溺處圖經云在平江縣**屈潭**元和郡縣志云卽屈大夫自決之所**禹山**岳陽志云在洞庭之南帝禹濬川實登其巔今在華容界中**羅洲**湘水山水記卽屈原自沉處又有屈潭丨丨亦云屈原懷沙處

象湖寰宇記在巴陵昔巴蛇吞象曬骨於此類要在臨湘**鴨欄**寰宇記云在巴陵類要在臨湘又有｜｜山｜｜磯闘｜｜｜**潭戶**岳陽風土記曰民多以舟爲居處隨水上下漁舟爲業者十之四五所至爲市謂之｜｜其常産即湖地**天池**風土記云在平江縣者爐嵒有池謂之｜｜岳陽志云平江東道嵒山有巨石中竅東西可以輿馬往來容屋百楹流泉不竭謂之｜｜**天岳**幕阜亦謂之｜｜州據其陽故謂之岳陽岳陽志**天柱**岳陽志云平江縣昌江山山名之別出有五其四曰｜｜**君山**博物志云君山洞庭之山是也帝之二女居之曰湘夫人帝女遣精衛至王母取西山之玉印印東海北山庾穆之湘州記云昔秦皇欲入湘觀衡山而遇風浪溺敗至此山而免因號｜｜荆州圖經云湘君所遊故曰｜｜有神祈之則利涉山下有道與吳包山潛通上有美酒數斗飲者不死詳見酒香山下**湘山**即君山也**鳴山**在君山履之鏗然**蝙山**在君山東洞庭之涯相望浮浮其狀如舟**三湖**寰宇記云有青草洞庭巴邱三湖在焉風土記云有青草湖中有青草山春冬水落

皆茂草也**三湘**元和郡縣志云天監中寶誌道人爲符書云起自汝蔡乾于三湘後侯景起於汝水之南而敗於三湘之浦**三江**元和郡縣志曰巴陵城對三江岷江爲西江澧江爲中江湖湘爲南江**五渚**廣記有大江洞庭湖有濱水沅水澧水湘水同注洞庭北會大江名之||戰國策云秦與荊戰大破之取洞庭||謂此也**窮渚**張說詩剖竹守||

景物下

湖山主滕宗諒岳陽樓詩集序日今幸旦夕爲|||**山水郡**文苑英華陶雍送徐史君赴岳州詩馬歸雲夢晚猿叫洞庭秋別思滿南渡鄉心生北樓巴陵|||應稱謝公遊**洞庭郡**張說集諸人送杜承詩寄言|||何得子爲名**岳陽樓**寰宇記云唐開元四年唐張說自中書令爲岳州刺史常與才士登此樓有詩百餘篇列于樓壁岳陽風土記曰岳陽樓城西門樓也下瞰洞庭景物寬廣皇朝郡縣志云慶歷四年郡守滕宗諒重建取古今賦詠刻石其上范文正公仲淹爲之記

後樂堂在郡治書院取范希文樓記後天下之樂而樂之義**去思堂**在城南太平興國寺去思者爲郡守范宗也**夕波亭**即合江亭也舊名夕波白樂天詩云夕波紅處是長安**連雲山**在平江縣幕阜山南其高萬仞其巔有壇常有雲氣**洞庭湖**皇朝郡縣志云在巴陵縣西南連青草亘赤沙七八百里風土記云鼎澧沅湘合諸蠻黔南之水匯于洞庭至巴陵與荆江合中有金沙堆高百尺延袤十里許**洞庭山**在湖中**瀟湘口**上有黃陵廟圖經**瀟湘淵**楚地記云巴陵即丨丨丨**巴邱山**皇朝郡縣志云在巴陵縣境西臨大江吳使魯肅以萬人屯巴邱即此通鑑青龍二年漢宗顥使吳對吳王曰東益巴邱之戍即此也**巴邱湖**元和郡縣志曰即青草湖古雲夢澤**巴陵關**岳陽風土記曰夾州列關亦謂之丨丨丨**巴陵城**元和郡縣志丨丨丨對三江口**彭城洲**皇朝郡縣志云在巴陵縣東北宋元嘉三年謝晦反到彦之進討軍次丨丨丨彦之軍敗退保隱磯即其地也臨湘縣有彭城山西近江曰彭城磯**君子亭**即簡

齋所寓中爲簡齋亭有八絕句臨湘縣治亦有君子堂

君子泉 黃魯直題｜｜云｜雲夢澤南｜｜｜水無名字託人賢兩蘇翰墨相爲重未刻他山世已傳

道人磯 岳陽志

道巖山 皇朝郡縣志云在平江縣梅仙山之東四十里有天池又有兩峯南曰席帽北曰雲蓋中有斷石云許旌陽淬劍之所

仙郎洞

仙女巖 岳陽志云在平江縣南三十里曰仙郎之巖下有石室曰｜｜｜｜又南二十里亦有｜｜｜｜

梅仙山 皇朝郡縣志云在平江縣昌江之麓梅子眞所隱有丹井梅水出焉

酒香山 湘州記云君山上有美酒飲者不死即爲神仙漢武帝遣欒巴來求之果得酒進御未飲東方朔在旁竊以飲帝怒欲殺之對曰苟殺臣臣亦不死已死酒亦無驗遂赦之岳陽志云是曰｜｜｜｜又風土記載寺僧云每春時往往聞香尋之莫見其處

大寨石

小寨石 岳陽志云在平江石牛之五里有｜｜｜｜大者可容萬人小者可容數千人上有井泉可以避地

三江口 岳陽風土記云三水所會亦謂之三江口元和郡縣志云岷江爲西江澧江爲

中江洲湘江爲南江長編云乾德元年慕詳
容延釗遣武懷節等大破周保權軍於此**三湘尾**見
詩此據內城之首滕公宗**五賢堂**在州學祀
門**四望亭**諒時名觀風後改今名濂溪明道
伊川南**七寶鐘**君山鐘七寶所鑄高六尺廣二尺五
軒晦翁寸蜀孟昶以此鐘爲馬希範壽希範
以賜君山建炎庚戌金人焚寺既退**萬峰山**岳陽志
寺僧卽鐘樓基以求寶無銖兩存者在臨湘
界**百葉亭**在野泉亭西滕**法寶寺**唐曰龍興下瞰灉
中子京叙而賦詩湖李白嘗與賈舍
人于此剪桐望灉湖作詩云剪落青桐枝灉湖**方臺**
可坐窺雨洗秋山淨林光澹碧滋今寺屬平江
山寰宇記在華容縣按蕭誠之荆南志云山出雲母
士人採之先候雲所出掘之往往有長五尺者可
爲屏風元和郡縣志**昌江山**皇朝郡縣志云在平江
雲母有長四尺者縣境有仙人艾君居之
有石壇芙蓉池金線洞飛仙石溫泉山有別出**御池**
凡五曰天岳曰雷臺曰雷公曰天柱曰莫府
岳州志舊名丨丨丨今曰沖眞觀環幕阜
湖產蚌珠**玉清觀**有道宮四曰松林曰紫清曰崇虛

日玉清玉清視餘山水爲勝今屬平江縣**玉笥山**元和郡縣志有湘陰縣東北七十里昔屈原放逐居此山下而作九歌焉**金船洞**岳陽志云在平江縣**香爐巖**風俗記云｜｜｜在小江縣東有老子祠上有丹竈有池謂之天池**扁擔州**岳陽風土記云州內客山高主人隱伏不甚利土人而僑居多興葺者俗謂之｜｜｜｜**席帽山**岳陽志云平江縣道巖山天池之前有兩峯南曰｜｜北曰雲蓋**鼓樓山**上有石室下瞰洞庭中容數千人見岳陽風土記**蓼花水**岳陽志云九月間水入洞庭復如西水止三五日謂之｜｜｜云其時也**過松亭**即呂洞賓題詩云惟有城南老樹精分明知道神仙過後人建之爲亭云**象骨山**山海經云巴蛇吞象暴其骨于此山旁有湖謂之象湖風土記云在平江縣**龍影洞**風土記云平江縣西北有｜｜｜岳陽志云有龍影洞其邃三千餘尺其周三十餘里石壁如瑩上有龍影屈伸蜿蜒鱗甲如繪**龍窖山**岳陽志云在巴陵北山實峻極上有雷洞有石門之洞川徭居之自耕而食自織而衣**雞籠山**

岳陽志云在臨湘界中山如丨丨鴨欄磯郡國志云巴陵之地有丨丨丨丨即建昌侯孫慮作鬬鴨欄於此陸遜諫止之所因以得名鳴鳳岡岳陽志在巴陵界中偃虹隄歐陽公有丨丨丨記鱘魚背岳陽風土記云昔傳有異人云江西沙洲名丨丨丨過岳陽樓即出狀元金雞驛岳陽志云金雞之石在船場步玉猴山岳陽志云在華容界爰有王孫其色白石龍洞岳陽志云在臨湘界中有石伏龍寔吐乳泉注于龍窖之溪白馬湖劉禹錫採菱女丨丨丨丨丨秋日紫光菱如錦綵鴛鴦翔一作丨丨丨平秋日光紫菱如錦綵鸞翔白馬磯在巴陵李白詩日側疊萬古石橫爲丨丨丨白鶴寺舊名聖寺其前有井名白鶴泉云呂翁嘗題詩于壁今寺屬平江烏龜山在楞伽峰之南即柳宗元所記無姓和尚所居之處巨蚌如舟洞庭有丨丨丨丨深夜帆展一殼往來煙波間呑吐明珠與月爭輝漁者百計取之卒莫能得紫荊臺在白鶴寺嘗有江叟吹笛于此青草岸上有君山祠亦有青草湖〔元〕石山寰宇記云在華

容縣楚詞云馳余車於[元]石岳陽志云亦曰墨山

黃金浦

岳陽志云道人磯中有二洲南爲黃金瀨北爲

赤亭湖

寰宇記曰在華容縣梁元帝使胡僧祐陸法和等據赤亭擊破侯景將任約元和郡縣志云有赤亭城三面臨水極爲阻隘即梁胡僧祐所據之城

紫閣山

杜牧懷|||學他趨世少深機紫閣青霄半掩扉仙路遠懷王子晉詩家長憶謝[元]暉百年不肯踈榮辱雙鬢終應老是非人道青山歸去好青山曾有幾人歸

雲母泉

在華容大雲寺詳見寰宇記又李華有洞庭湖|||詩序云洞庭之西[元]石山廣輪二十里盡生雲母墻壁道路烱如列星井泉溪澗色皆純白而其鄉人多壽考

雲夢澤

左傳云楚子田江南之夢杜預注云雲夢跨江之南北又岳陽乙志載筆談云舊尙書禹貢云雲夢土作乂唐太宗得古文尙書作雲土夢作乂詔使禹貢從古本

永[甯]山

岳陽志云在平江其山四壁削成倚以雲梯續以飛棧而後可躋其端沃衍可耕斷戈朽鏃時出于土

古跡

麇子東城　麇子西城春秋昭王使王孫城麇　曹公洲元和郡縣志云洞庭湖在巴陵縣南昔曹公征荊州還於巴邱遇疾燒船歎曰若郭奉孝在不使孤至此又通典州郡錄云巴邱湖中有曹洲即曹公爲吳所敗燒船處　陶侃城在巴陵縣東八里　劉備城華容大荊湖尾有慈音寺俗傳是劉備中軍寨由荊湖下至烏沙亦有｜｜｜　魯德山岳陽志云在平江縣即魯肅頓兵之所　侯景浦元和郡縣志云在巴陵本名三湘浦即侯景軍敗之所　燕公樓在岳陽樓北滕宗諒序以爲張說作守時作岳陽風土記以爲後太守所作有小不同　章華臺岳陽志云在華容界中乙志云｜｜｜有三一在江陵沙津之東北作佛寺一在監利東北又名三休臺一在岳之華容杜預注以爲華容縣　天慶觀隋鐘仁壽元年鑄　孫慮鬬鴨欄在平江　黃帝鑄鼎臺岳陽志云在君山　蔡倫舂紙臼晏公類要

云在平江又湘中記云應陽縣蔡子池南有大石曰云是蔡倫春紙處

旌陽試劍石 岳陽志曰平江縣香爐巖天池上有斷石曰許丨丨丨丨丨

屈原寓居 太平興國寺在城南本問元寺世傳爲丨丨丨丨

三閭大夫廟 青瑣云唐末有洪州將軍題詩云蒼藤古木幾經春舊日祠堂小水濱行客謾陳三酹酒大夫元是獨醒人

黃陵廟 韓愈有碑今在瀟湘口

靈妃廟

巴蛇塚 淮南子曰羿斬巴蛇於洞庭今丨丨丨在州院廳側巍然而高見岳陽風土記

蜀劉巴墓 字子初零陵人有名於鄉間諸葛薦於蜀後爲尚書令章武二年出鎮荆州卒於岳陽葬於郡西後因巴墳遂號岳陽爲巴陵時人語曰生居三湘頭死葬三湘尾又華陽國志云巴先主即位凡諸文誥策命皆巴作後卒葬岳陽後人因岳陽爲巴陵

杜子美旅殯岳陽 元稹作子美墓銘云子美扁舟荆楚間竟以寓卒旅殯岳陽子美沒後四十年子美之孫嗣業啟子美之柩襄事于偃師途次荆楚時元和之癸巳歲也

官吏

魯肅 建安十九年 **萬彧** 寶鼎二年 **陸顗** 五鳳三年 **陶侃** 咸和二年 **張說** 自湘州刺史徙岳州而詩益悽惋人謂得江山助云 **李蕚** 見柳子厚無姓和尚碑 **張建封**

柳公綽 憲宗元和中爲岳鄂觀察使 **賈至** 丨丨貶岳州司馬曾在漢陽同李白遊郎官湖

韓注 德宗時自諫議貶岳陽適意遊君山棄人間事杜甫有詩寄之 **王旦** 風俗記云文正公爲平江知縣官舍爲山魈所據前後縣令避不敢居公之至也有吏夢魈語曰丞相來吾當遁去公居正寢無有影響 **王端** 爲岳州司法値荆湖饑饉有制諸緣歉而攘刼者免死至明年五月論如律及期犯者愈衆端白郡守曰原法意以五月者以麥可食故也江淮以此可也荆湖無麥須秋乃成宜以八月爲限請于朝以活當死者郡守不能用其言又以[illegible]部使者使者以聞竟如端所議

人物

胡廣華容縣人 鄭田 二劉山人 嵇處士 劉長卿 李頻 王昌齡 鄭谷 自唐以來隱者凡七八人見于諸公文集中多逸其名鄭田二劉山人嵇處士自劉長卿李頻王昌齡鄭谷輩皆有詩篇見稱各著諸公集中

黃誥 字君謨平江人登熙甯第章子厚開梅山請增畝稅誥力言於漕而罷之後知益陽縣內供奉甘承立收買板木甘遣二卒勾典押而無引牒誥杖而遣之丁父憂廬墓三年如古喪禮哲宗時有欲拘商旅物貨至堆垛場方許交易誥力言於朝而罷之

李平西 平江人登元符進士第爲樞密都承旨與時議不合及金人犯闕平西與李綱奏城禦之策迄全城守敵再入寇平西乞召諸道勤王之兵決策一戰時宰何栗不能用平西願得上方斬馬劒斷其頭以謝天下皇朝郡縣志云劉豫僭位平西即布衣練冠以奔終身不仕

仙釋

呂洞賓呂巖字洞賓河中府人唐禮侍渭之孫生子瀼瀼終海州刺史先生海州居也會昌中兩舉進士不第去遊廬山遇異人得長生訣多遊湘潭岳鄂之間人莫之識也來謁滕宗諒太守密令畫工傳其像今岳陽樓傳本狀皃清俊與俗本特異又岳陽風土記云岳陽樓上有呂先生留題云朝遊北粵暮蒼梧袖有青蛇膽氣麄三入岳陽人不識朗吟飛過洞庭湖又東軒筆錄云滕宗諒守巴陵有華州回道士上謁風骨聳秀滕知其異人口占以贈之曰華州回道士來到岳陽城別我遊何處秋空一劍橫回聞之憮然大笑而別莫知所之

城南老樹精呂洞賓過岳陽日憩城南古松陰有人自木杪而下洞賓贈之詩曰惟有｜｜｜｜｜分明知道神仙過

岳陽醉仙東堅辛志云岳州城內一酒樓淳熙十四年有道人來獨飲已盡三㪷酒家厭之欲促使去乃醉睡草上又起移卧壁間見者呼衆視之無所見矣遂命工塑其像榜爲醉仙樓云

湘中老人｜｜｜｜者有洞庭客呂雲卿嘗遇之於君山側索酒數行老人歌曰｜｜｜｜讀黃老手按紫藟坐碧草春至不知湖水深日暮忘却巴陵

道東坡云唐末有人誦此詩詞氣殆是李謫仙輩老人蓋眞遁世者也

無姓和尚碑 唐柳宗元

有｜｜｜｜｜碑和尚終于聖安寺有名無姓有問焉而以告曰性吾姓也其原無初其冑無終承于釋師以系道本丞相楊炎徵爲相强以行師願閒歲乃往越明年楊去位謫海上終加其志

碑記

湘夫人碑 岳陽志云黃陵廟前有荊州劉表題云｜｜｜｜庭有斷碑晉太康九年立額題曰虞舜二妃之碑元和十四年韓愈過而禱焉

無姓和尚碑 報恩光孝寺舊名聖安卽柳宗元｜｜｜｜｜所著者也

石壁篆文 岳陽志曰平江縣有昌江山眞人艾君居之石崖壁立壁有篆文夏禹治水嘗至于此

君山神祠堂記 懿宗咸通四年巴陵令李密思撰桂陽丞陳玠書

樵桂亭記 滕宗諒撰

江心小石詩 蛟室圍靑草龍堆擁白沙護江蟠古木迎棹舞神鴉破浪南風正收帆畏日斜雲山千萬疊底處上仙槎王直方云此老杜過洞庭湖詩也李

希聲云得之於江心一小石刻潘子眞云元豐間有人得此石刻於洞庭湖中而不載名氏或以示山谷曰子美作也今蜀本已收入集而不紀其得詩之由故錄其詳于此

黃陵廟碑 集古錄云韓愈撰沈傳師書長慶元年立

夏侯宋客墓碑 夏侯宋客爲岳州刺史墓碑見在華容鎮北里元次山文事見鄂州舊圖經

幕阜山記 在平江縣記曰山有石壁刻銘上言禹治水登此山高於平地二千八百丈周五百里

四絕碑 滕宗諒守岳取岳陽樓古今賦詠刻石于上范文正公爲之記蘇舜欽子美書其丹邵餗篆其首時稱｜｜｜

詩上

江漢分楚望 顏延之詩曰｜｜｜｜｜｜巫衡奠南服 三湘淪洞庭七澤藹荊牧 前人 水國周地嶮 前人 雲去蒼梧野水還江漢流 謝元暉詩 涼雲霾楚望濛雨薇荊岑 張說 剖竹守窮渚開門

對奇城前人江樹雲間斷湘山水上來前人東曠迎朝日

西樓引夕陽張說山城詩巫山雲雨峽湘水洞庭波張說荆州

詩入朝雲間東嶺千重出樹裏南湖一片明張說邕湖山寺囷

輪江上山近在華容縣常陟巴邱首天晴遥可見唐詩

紀事張說詩昔濫貂蟬長同承雨露霏今參魚鱉守望美

洞庭歸唐詩紀事王琚自荆湖入朝至岳陽張說有送王十一及趙公入朝詩山州臨

洞穴風日望長沙張說郢路委分竹湘濱擁出麾趙冬曦詩

湘川朝日斷荆闕夕波還前人明湖落天鏡香閣凌雲

闕李白登開元寺西閣清晨登巴陵周覽無不極明湖映天水

瀲底見愁色李白山青滅遠樹水綠無寒煙風清長沙

浦霜空雲夢田李白登巴陵望洞庭水窮三苗國地窄三湘道李白臨洞庭詩目窮衡巫表興盡荊吳秋李羣玉洞庭驛帆向巴陵山下過雨從神女峽邊來唐朱餘慶入郭寬萬里岳陽堪畫圖及窺賢太守不見洞庭湖唐裴說上岳守西泛平湖盡參差入亂山東瞻岳陽郡汗漫太虛間唐詩紀事云張說出湖寄趙冬曦云日去長沙浦山橫雲夢田唐詩紀事云張均岳州西城云盡日不分天水色洞庭南是岳陽城唐詩紀事云崔季卿晴江秋望擬卜何山隱秋高指岳陽葦乾雲夢色橘熟洞庭香唐詩紀事馬戴詩巴益千山翠潭衡一水通陳嘉詩江國踰千里山城僅百層杜甫詩雲夢夕陽愁裏色洞庭春浪坐來聲

唐詩紀事云崔櫓春晚岳陽城言懷古岳陽城上聞吹笛能使春心滿洞庭賈至西亭春望莫道巴陵湖月闊長沙南畔更蕭條賈至岳陽樓宴別華容佳山水之子厭承明梁之微奉別燕公詩秋來倍憶武昌魚夢著只在巴陵道唐岑參詩名雄七澤藪國辨三苗氏劉禹錫百韻詩

詩下

欹枕夜聽湘浦雨扶笻秋望洞庭山呂蒙正岳陽延昌上人詩一枕寒聲湘浦雨滿窻秋色洞庭煙高堯輔寓居岳陽詩巴陵山水冠南中孫僅送陳生歸岳州詩岳陽多邱山城郭蜂房綴朱頔岳陽樓詩地形吞七澤山勢壓重湖朱正辭詩高城倒影下無

地秋水涵空長有天蘇仲昌轉地傾荊水連天漲洞庭勢疑吞郡邑怒欲鬬雷霆李延承登岳陽樓詩一境并吞雲夢國四時閒澹洞庭天彭浚明詩湖當荊楚百川會江自岷峨萬里山章楶詩山色一條連岳去江聲九道入湖來王臨詩星分紀軫三湘尾萬頃湖邊舊晉都孫頎詩云三湘尾事見劉巴傳煙容雲態四溟濛州在波濤洶湧東云云地收楚蜀西南水天與江湖旦暮風范習公詩方離嶺海逾千里纔出瀟湘第一州陳彥敏詩襟分楚澤三千里曲奏湘妃五十絃宋翰詩山連巫峽幾千里水闊沅湘三四州范元詩萬里山川寬眼界兩湖風月送天涯雲通巫峽

襄王夢鵬弔長沙賈誼家范淙詩夜共瀟湘月朝連巫峽雲煙愁賈太傅雨泣屈平君沈大廉詩

岳陽樓詩

岳陽城下水漫漫獨上危樓凭曲欄春草綠時連夢澤夕波紅處是長安白居易登岳陽樓城高倚峭巘地勝足樓臺朔漢暖鳥去瀟湘春水來唐杜牧詩樓觀岳陽盡川迴洞庭開鴈引愁心去山銜好日來李白登岳陽樓七歲侍行湖外去岳陽樓上敢題詩如今衰老無功業何以勝任國士知鄭谷偶題雲中來鴈急天末去帆孤唐詩紀事江爲岳陽樓詩極浦三春早高樓萬里心楚山晴靄碧湘水暮

流深唐詩紀事賈至岳陽樓詩岳陽樓上日銜窗影倒深潭碧玉幢悵望殘春萬般意滿檽湖水入西江元微之岳陽樓欲爲平生一散愁洞庭湖上岳陽樓可憐萬里堪乘興枉是蛟龍解覆舟李義山岳陽樓夜纜巴陵洲叢芮纔可傍明登岳陽樓輝煥朝日亮韓愈宜春口詩青草湖平兩岸水岳陽樓對三吳州寇萊公巴東集下湘詩風帆滿目八百里人從岳陽樓上看梅堯臣詩簾捲一番衡岳雨帆開千艇洞庭風丁亶詩檻外有天皆在照望中無物敢潛行張泌詩狂直欲吞雲夢酒渴何妨吸洞庭王龢叔子詩氣吞秦蜀八千里勢壓荆吳二百州夏珙詩山川形勢連三楚風

月淸明占兩湖徐申詩襟帶三千里盡在岳陽樓呂衡州詩

見滕宗諒上范文正公詩巨浸連空闊危樓在杳冥月車纔碾破日馭已翻溟竇司直詩

洞庭湖青草湖詩

洞庭如瀟湘疊翠蕩浮碧孟郊遊韋七洞庭別業青草湖中月正圓巴陵漁父櫂歌連釣車子掘頭船樂在風波不用仙李文饒集記元眞子張志和漁歌洞庭西望楚江分水盡南天不見雲日落長沙秋色遠不知何處弔湘君李白遊洞庭西江三汜合南浦二湖連張說岳州西城詩又云日去長沙渚山横雲夢田人生除泛海便到洞庭波駕浪沉西日吞空接曙河

虞巡竟安在軒樂詎會過元微之詩不料中秋最明夜洞庭湖上月當天李陟中秋君山臺望月萬古巴邱戍平湖北望長疊浪浮元氣中流沒太陽劉文房望洞庭湖吳楚東南拆乾坤日夜浮杜甫洞庭八百里幕阜三千尋古詩氣蒸雲夢澤波撼岳陽城孟浩然詩詩思亂隨青草發酒腸俱逐洞庭寬李群玉過洞庭思故人詩濯足洞庭望八荒杜甫贈韓諫議洞庭猶在目芳草續爲名杜甫千里晚霞雲夢北一洲霜橘洞庭南唐張泌過洞庭詩夜歌湘浦月春醉洞庭寒唐錢熙岳州送別青草湖將天暗合白頭浪與雪相和唐韓偓泊洞庭洞庭湖上清秋月月皎湖寬萬頃霜唐韓偓洞庭翫月詩出沒魚龍

聚飛沉日月連夏竦洞庭幾處雲藏寺千家月在船范仲淹岳陽樓臥聞岳陽城裏鐘歐陽修晚泊岳陽詩荊湘沅鼎澧合沓五水流李復圭岳陽樓氣陵雲夢吞八九欲與溟渤爭雌雄胡寅有時風浪戰城西何啻漁陽萬鼓鼙建安胡明仲詩平湖七百里四望白波圍影觸吳天闊寒吞楚澤微陶弼詩湖光上下天水融中以日月分西東楊時詩岳陽志作胡寅詩

君山詩

曾遊方外見麻姑說道君山此本無元是崑崙山上石海風吹落洞庭湖眉州志載唐程賀作君山詩時人號曰程君山刻却君山好平鋪湘水流巴陵無限酒醉殺洞庭秋李白遊洞庭

帝子瀟湘去不還空餘秋草洞庭間淡掃明湖開玉鏡丹青畫出是君山李白青草洞庭湖東浮滄海漘君山可避暑況足采白蘋杜甫月到君山酒半醒朗吟疑有水仙聽無人識我眞閒事羸得高秋看洞庭唐詩紀事鄭雲叟宿洞庭詩周極八百里疑眸望則勞水涵天影闊山拔地形高唐詩紀事僧可明題洞庭風波不動影沈沈翠色全微碧色深應是水仙梳洗處一螺青黛鏡中心雍陶題君山岳陽城頭暮角絕蕩漾已過君山東山頭蒼蒼夜寂寂水月逶迤繞城白劉禹錫洞庭秋月詩屬車八十一此地阻長風千載威靈盡赭山寒水中劉禹錫君山懷古湖光秋色

兩相和潭面無風鏡未磨遙望洞庭山水翠白銀盤裏一青螺劉禹錫望洞庭詩惟有君山下狂風萬古多元微之詩巴陵一望洞庭秋日見孤峰水上浮張說千頃水紋細一拳嵐影孤君山寒樹綠曾過洞庭湖錢起功江行四顧疑無地中流忽有山唐許棠過洞庭詩綠漣漪浸碧潺湲一在孤標萬頃間誰會悠悠天地意最深湖裏最高山唐錢熙君山天高雲捲綠羅底一片君山凝人眼唐張碧詩君山一點青螺髻知是滄溟第幾洲余卞洞庭湖裏固深根雍明遠君山詩四面波濤羅子國中心臺殿梵王宮郄濟川君山詩一怒豬山何所損依然蒼翠似蓬萊胡寅詩祖龍攸豫亦荒哉

風折雲飄促駕回云云可笑祖龍遊不得欲於何處訪蓬萊范習父詩未到江南先一笑岳陽樓上對君山山谷滿川風月獨凭欄綰結湘娥十二鬟可惜不當湖水面銀山堆裏看青山山谷詩無際波光浸太虛君山一點暮雲孤危樓欄檻能多少展盡江湖萬里圖王濯詩不饒衡岳秀長占洞庭心王碩君山詩

四六

北通巫峽西極瀟湘曾元惟岳陽之彫郡占湖右之上游常禮仰百年節度之名本示潛龍之優寵視諸道藩方之任徒貽畫虎之深譏常禮

輿地紀勝卷第六十九

輿地紀勝卷第七十　文選樓影宋鈔本

東陽王象之編　岑鎔 淦 長生 校刊

荆湖北路

澧州　澧陽　澧水　澧陵　天門　澹澧　松門　石門

州沿革

澧州 上　澧陽郡軍事 九域志　禹貢荆州之域 元和郡縣志　荆楚之分上應天文爲翼軫鶉尾之次 春秋元命包云軫星散爲荆州魏陳卓言郡國所入宿度荆楚之武陵入軫十度　春秋戰國皆屬楚秦屬黔中郡 元和郡縣志　漢改黔中爲武陵郡屬荆州 寰宇記又按東漢志秦昭襄王置黔中郡漢高帝五年更名武陵郡而元和郡縣志云秦兼天下屬黔中郡又改黔中武陵郡

似以武陵郡名改於秦時與東漢志不相應今從寰宇記及東漢志今州理卽漢武陵郡之零陽縣地元和郡縣志吳分武陵郡西界立天門郡元和郡縣志在景帝永安六年宋地理志云吳時武陵之充縣松梁山有石洞開廣數十丈其高以弩仰射不至其上名曰天門孫休以爲嘉祥故置天門郡晉置南平郡晉志南郡下注云吳置南郡太康元年改曰南平郡統作唐等四縣及南義陽郡圖經在晉穆帝時舊輿地志云晉末以義陽流人在南郡者立南義陽郡以理之隋平陳廢南義陽郡置松州尋改爲澧州以州在澧水之北故以爲名在開皇九年以元和郡縣志及寰宇記參修仍廢天門郡爲石門縣改作唐縣爲孱陵皆來屬皇朝郡縣志尋改澧陽郡大業中隋末陷于羣盜元和郡縣志唐平蕭銑復置澧州元和郡縣志在武德四年舊唐志云領孱陵安

鄉澧陽石門慈利崇義六縣改澧陽郡天寶元年復爲澧州乾元元年置澧朗溆都團練使治澧州乾元二年尋廢上元元年昭宗時屬武正軍節度領澧朗溆三州皇朝郡縣志以雷滿爲使通鑑唐昭宗光化元年置武正軍以雷滿爲節度使而澧州自唐中和元年爲石門蠻向瓌所據至開平元年雷彥恭亡向瓌亦降于馬氏是澧州終始爲向瓌所據今圖經以爲武正軍治澧與通鑑所記不同當從通鑑雷滿卒通鑑在昭宗天復元年澧鼎之地遂歸湖南馬氏通鑑在梁開平元年王氏周氏繼有其地國朝平湖湘建隆四年屬江南西道寰宇記以澧屬湖北路咸平中後雖有分合之不齊而多屬湖北今治澧陽領縣四州治澧水之陽故曰澧陽

縣沿革

澧陽縣 望

倚郭元和郡縣志云本漢零陵縣地屬武陵郡元和郡縣志又云晉分零陽置｜｜｜屬天門郡水經云晉太康四年置屬天門郡宋因之後省焉舊唐志又云隋平陳改義陽為澧州治此縣

安鄉縣 下

在州東一百三十里元和郡縣志云本漢孱陵縣地屬武陵後漢分置作唐縣隋平陳改置｜｜｜屬澧州皇朝郡縣志云建武十六年析孱陵置作唐縣又置｜｜｜來屬圖經云縣三面皆大湖民以網罟為業

石門縣 中下

在州西八十二里寰宇記云漢武陵之零陽地吳分置天門郡隋開皇中郡廢為｜｜｜舊唐志云吳分零陵郡於此置天門郡隋平陳廢天門郡以廢郡為｜｜｜來屬元和郡縣志云按今縣即吳之天門郡

慈利縣

在州西一百六十里元和郡縣志云本漢零陽縣地屬武陵郡縣在零水之北故曰陵陽又荊州圖記云以界內有零溪水爲名皇朝郡縣志云隋志云開皇中置零陵十八年改爲慈利縣輿地廣記云隋開皇中置縣十八年改曰崇州大業初州廢屬澧州麟德元年省崇義併入慈利縣

風俗形勝

沅有芷兮澧有蘭離騷 自漢而南州之美者十七八莫若澧澧之佐理莫踰於長史柳子厚送南涪州移澧州序 湘沅之濱寒暑一候柳子厚又曰陽鴈纔到華言罕聞 荊之近庸國之南屏唐戎昱澧州新城頌云澧州丨丨丨丨丨丨丨丨丨水陸吳楚風俗夷獠 倚連崗以起伏面長江以演漾登觀則山川在目雄鎮則黔巫可杭

唐戎昱新城頌城乃李鄴侯改築唐戎昱新城頌在建中二年雖崇澧城不勞澧人南樓峨峨下壓清波同上戎昱此頌爲刺史李泌作荊南都會粤在澧陽唐李泌澧州刺史制詞北距澧浦資宿春而可行劉賓客上杜司徒書求徙澧州授以涔陽活於闔門杜牧之爲兄求澧州啟挹蘭江之秀俯仙明之洲樓大防澧陽樓記州在澧水之北類要左界洞庭右接巫峽沅湘衡岳接其前漢沔荊峴帶其後陳相之郡守題名記澧之勝槩山川邈於衡廬寺刹邈於閩浙而地以人顯者獨盛於諸方滕珙乾明寺記彭思王以帝子之親杜邪公以主壻悰李鄴侯以腹心近臣之重來刺茲土澧州續圖經序州宅有彭皋聳其西蕭山列

其東蘭江前陳仙洲外蔽所謂神仙窟宅也圖經官寺門東接洞庭西連施黔武陵在其前江陵在其北湖廣之孔道樓大防澧陽樓記澧旁荆之劇郡沅湘間沈怨抑激有屈原遺風元微之王堪澧州刺史誥詞

景物上

竹城建炎紹興之擾州嘗寄治于仙明湖之南岸以竹爲城至今人猶以竹城目之梅莊郡圃亭也蘭浦劉禹錫寄澧州元郎中詩北望長吟澧有蘭又記芷江||恨無梁芷江謂朗州蘭江楚辭云捐余珮兮澧浦因稱珮浦又云澧有蘭故曰||藥山在澧陽縣南入十里昔多芍藥故名花石在慈利縣武口寨石上自然有花如雒心牡丹之狀枝葉繚繞雖精於畫者莫能及或以物擊其花應手而碎既而拂拭之其花復見重疊非一莫不異之崇山輿地廣記云昔舜放驩兜

於此涔陽杜牧登澧州驛寄京兆韋尹詩一話||舊使君郡人回首望青雲廉泉在大同山曆蕭鄉名有泉銘涔水在澧陽縣東二十里王仲宣詩悠悠涔澧水澧水葛立方行廣澤顯烈公制云眷惟澧水元和郡縣志||在澧陽縣南六十步澧浦楚詞湘夫人曰遺余褋兮||澧涔二水名王仲宣贈孫文始詩云悠悠||是也彭山廟碑曰崇山連天外界越嶲岡阜靡迤如舞如馳過千里之勢於洞庭之野屹瞰郡治並爲彭山蓋澧邦之所瞻也洳溪寰宇記在澧陽縣源出龍洳山極清昔楚莊辛說楚襄王飲茹溪之流是也風洞在慈利縣北三十里常有風湯泉慈利縣有三一在義鎭寨之南一在縣南澧鼎界上湯口市一在龍洑潭之北焦泉水經注云焦泉發于天門之左南流成溪謂之||石門吳永安六年以其地有山自然洞開如門門闊三百丈孫休以爲嘉祥因置天門郡石洞在澧陽西六十里名崖寺石洞洞中有石崖十餘有石如浮屠像洞有兩石榻鐵洲類要在安鄉縣珮浦見蘭溪下瓊溪類要在石門縣雙溪在慈

利縣乃前後江合流之口有芙蓉洲至菱花渡而合爲一邑之勝 **雙泉** 寰宇記在灃陽縣昔有僧修行於此石碑鈌落 **關山** 在灃陽縣東 **謝山** 在安鄉縣寰宇記云謝晦終於此 **繇城** 以繇湖故名曰丨丨在安鄉縣 **黃溪** 寰宇記灃陽縣西泝流鑿石數丈有石神神靈頗有異 **黃山** 在安鄉縣北六十里有謝晦廟南麓有唐處士洪古墓御子厚作誌 **東泉** 在石門縣西三十里有石洞曰東泉遇旱祈禱往來輻湊

景物下

中和堂 在郡圃 **瑞寶堂** 在郡圃 **八桂堂** 在州治胡致堂記以堂之前有一桂叢生八幹故名 **風月堂** 堂之前有牡丹三本甚大開花數百朶 **澧陽樓** 圖經 **明月池** 在郡圃東李羣玉遊息之地也 **彰觀山** 在澧陽東三十里係四十四福地卽黃范二仙飛昇之所有霤極觀溪流九曲縈遶前後 **東陽潭** 在石門之東陽山下出石鯽魚重脣魚雙鱗魚皆珍

品也**獨浮山**在澧陽縣南九十里寰宇記云浮邱子修道於此乘白鹿自此昇舉有松塢石室遺跡又云上有青玉壇圖經云有紅碧二蓮池四時常花而人跡不到也**層步山**廣記在石門縣水經注所謂澧州東歷層步山是也盛宏之荊州記云此山外望只如一山入裏乃有二重因號層山也又郡國志云層步山側有石亭立三尺如人形號曰層山神**雙泉寺**在澧陽縣西九十里有二泉在近水常沸湧或鬪人聲則怒濤異常聲止復故**五馬橋**在澧陽縣西十五里昔時太守行春於此**九度山**在慈利縣廣記又有九度水郡國志云九度山山有仙人石樓其石形似樓因名云**九女閉**在石門偏陽之溪瀨激溪如雙扉相傳昔有十女郎采蕨於山見石穴深邃相與覩之留一女於外九女方入石合門閉其九女不得歸一女獨歸至今呼爲|||**大浮山**元和郡縣志在澧陽縣西南一百三十五里寰宇記云谷中有自然石室戶牖上有青玉壇方廣三丈自非練行精誠莫能覩也又圖經載石門縣亦有浮山以爲浮邱先生學道之所蓋浮山闊遠跨據數縣也**太平觀**

在安鄉縣市范文正公幼孤從其母歸朱氏朱時長宰邑范愛其清曠讀書於此寒暑不倦卒成大名

樂潭在石門縣東南二里

長嘯峰僧惟儼禪師夜登山見雲開月現大嘯一聲聞數里李翱贈以詩

金粟寺在大洪山有懷暉禪師持法華經于此天爲雨粟以贍其徒故名丨丨

玉京觀在州南六里類要

銅盤山寰宇記在慈利縣郡國志云連錢銅盤石馬此澧陽之灘嶮也

鐵冶山類要在石門東南三十里

鐵佛寺在慈利縣東二百里寺有唐天復年所鑄鐘重五百斤

石柱城類要在慈利縣山崖有石聳立如柱

天門山在慈利縣寰宇記云古嵩梁山也有十六峰相次最高爲天門空明透徹明貫山頂其上有泉門之兩向有竹磬折垂地搖拂無塵人謂天帚圖經慈利縣亦有天門山五代有道之士周朴有題天門十六峰詩云

雲居山在澧陽縣南三十里

桃花洞在慈利縣有桃花江東都事略云仁宗朝彭仕義反知澧州郭逵大破之于此

花山堰在石門縣有東花山有西花山及丨丨丨丨

花藪寺石門令甯文剛有詩

茗溪山寰宇記在澧陽又云人多種茶看花山在宋王城紫和山在石門之東南十里有存志觀皮子藥爐俗傳丁令威學道於此黃石溪寰宇記在慈利縣黃石山元和郡縣志云丨丨丨在石門縣西北二百一十里有溪出雄黃頗神異赤崖山寰宇記在慈利縣赤松城在慈利縣天門山相對者老相傳以爲赤松子隱遁之鄉舊有赤松菴而上下數十里號赤松村碧雲山在石門縣東三十五里白公城在慈利縣東五里鯉魚溪之下四面有門相傳以爲白公城按澧陽之白查山城乃白公勝之所築豈出於一人耶白抵城在慈利縣高千仞四面絕壁上廣十餘里建炎間土寇廖彥據此爲城削平之後朝廷禁民居止今亦不敢耕鑿矣曩時羣盜盤據各爲巢穴惟此負險且廣故久拒王師數年而後定白石山寰宇記在慈利縣石龜市在安鄉縣西有巨石枕澧水其形似龜因名歲首封羊以祭而灼其石潤則豐焦則歉圖經馬婆溪在澧陽縣雞翁坡在慈利縣有雞翁柵在焉燕子洞在慈利縣

巖洞深廣可坐數十餘人巖後有穴秉炬其中亦有明處四圍石乳融結可觀有石榻石像上有石項蓋石鐘中有石燕子故名

獅子巖在慈利縣

鴛鴦浦在慈利縣又名｜｜｜昔人詩云桃花淚暖｜｜｜柳絮風輕燕子巖

鸛鵒湖在澧陽縣

龍潭寺即報恩寺澧陽縣治西北唐崇信禪師棲止之所遂成叢林師與李翺問荅有機緣語住澧陽三十年

馬渦洞在慈利縣西之團崖山洞有石笋其石玉碧亦產鐘乳鵞管光彩燦然

落馬洞在石門縣相傳蜀先主落馬於此

白馬洲在澧陽縣東二十里唐林靜先生乘白馬飛昇之地

白龍泉在石門之樂普山相傳嘗有白龍出水中今呼其地為牛舐焉山產茶亦謂之牛舐茶

嵩梁山寰宇記在澧陽縣按此山在澧水之陽望之如香爐狀今名石門吳永安六年自然洞開如門高三百丈門角上生一竹倒垂下拂謂之天帚孫休以為嘉祥置郡因山為名隋文帝改曰石門縣也圖經慈利縣亦有｜｜｜

雷公洞在慈利縣張宗洞之側天色陰晦則其中隱隱有如雷兩壁峻立形如佛像

婆

婆崖在慈利縣紫霞觀後有洞曰｜｜｜中有石結成鹿頂佛像石牀在焉　**賓郎洞**在慈利縣茆岡寨之南羣蠻往來之徑一穴而入後有大門過此即爲徭界昔徭人侵擾邀擊而後屈伏與之盟畫此爲界鐫石象人立於道左今尚存焉　**仙女洞**在石門縣紫和山之陽丁令威煉丹之所

古迹

古松州城在澧陽縣東南大和南村　**故崇義縣**寰宇記云本漢充縣地隋開皇中改崇義縣即北城也今屬澧陽　**故充城**兩漢志晉志並有充縣元和郡縣志云在慈利縣西二百四十里武德中所置崇義縣東北一里｜｜｜是也　**馬援城**在澧陽東五十里類要云援征南時所築　**宋王城**在澧陽縣南六十里長樂鄉有宋王廟有銅昬堰皆以銅治爲之今畝收三十鍾　**申明公城**寰宇記在澧陽縣皆楚大夫邑於郡地　**相公繫馬柱**澧在隋爲崇州有崇驩兜廟祠堂石室在焉下有相公潭潭之左側有立石三皆數十丈野人呼爲｜｜｜｜｜　**車**

渚市聚螢臺在澧陽縣三十里寰宇記澧陽有車武子墓車武子宅在寵極觀本朝王齊輿詩云只認夜深螢聚處便應泉下讀書人隋朝栢在石門范正國詩云百尺參天隋代栢可憐終老棟梁材唐天復鐘在慈利之鐵佛寺鐘有文曰大唐天復三年歲次癸亥澧州永安禪院重五百斤知澧州雷喜捨李校書讀書堂李羣玉文山也范文正公讀書祠堂在安鄉縣仲淹幼孤從其母歸朱氏朱宰安鄉與俱來讀書此地又張栻詩曰山翁只作當年看誤認江聲作誦聲神女廟在合台山海經云帝之二女常游江湖沅澧之間交瀟湘之淵行必有飄風暴雨類要云彭山昭應王廟馬頭之彭山廟記云王以帝胄之貴出守是邦周赧王墓在慈利縣容齋續筆云其中藏古器物甚多謝晦墓在安鄉縣之黃山舊經載晦爲荆州都督過此有終焉之志後歸葬于此有廟曰忠濟唐處士洪古墓在安鄉縣黃山

官吏

晉劉洪 鎮荊州請應詹爲長史委以軍政

晉應詹 爲南平太守時天下大亂詹境獨全百姓歌曰亂離旣普殆爲灰朽僥倖之運賴茲應后拯我塗炭惠隆邱阜

陳頵 字思遠天門太守殊俗安之

王裕之 爲天門太守山郡無事恣其遊適

王鎮惡 圖經云｜｜｜爲天門澧陽令

檀道濟 晉義熙六年天門太守

梁胡僧佑 爲天門太守有善政

唐彭思王 諱元則高祖之子也嘗爲刺史民懷其惠至今祠之

李泌 字長源大歷中爲澧州刺史更築新城澧人德而歌之戎昱爲之頌

杜悰 字永裕憲宗時授駙馬都尉旋出爲澧州刺史考治行爲天下第一太和初召爲大司徒

崔瓘 唐書云博陵人以土行修謹聞大歷中爲澧州刺史流亡還歸增戶數萬元次山集云公在澧州歌頌之聲聞于朝廷以褒異之又常袞行｜｜自澧州刺史除湖南觀察使制云澧陽移鎮一其教理故郡黎老靡然隨之望風欣欣如得父母可謂明恕慈惠吏之師也

李絢

皇甫鎮廣明元年澧州陷於黃巢澧州刺史李絢死於盜兵判官皇甫鎮詣賊與之同死　柳晟正元中翰林舍人三疏雪吳通元之謫死德宗寤謂公見義不回賜書寵勞改澧州別駕　李建嘗爲澧州刺史在澧不鞭人不名建吏居歲餘人人自化見樂天集　國朝黃琮葉畬炎四年鍾相陷澧州守臣黃琮等十餘人皆爲所殺澧陽縣丞葉畬守西門戰死後贈兩官與一子恩澤畬與恩澤一資繫年錄

人物

白善將軍白公勝之族爲楚將白公欲亂其國乃召之將軍曰從子而亂其國則不義於君背子而發其私則不仁於族遂棄其祿築園灌園以終其身楚人名之曰|||藥園今其祀在州東藥園寺　申鳴劉向新序曰楚士||以孝聞王欲相之辭不受父曰何爲不受對曰捨父之孝子而爲王之忠臣何也父曰使汝有祿於國吾無憂矣遂入相居三年白公勝爲亂將往死之父止之申鳴不可

遂辭以往白公刼其父持之以兵申鳴曰始吾父之孝子也今吾君之忠臣也何以以得全身援桴鼓之遂殺白公其父亦死王欲賞之鳴遂自殺

車武子 博學恭勤不倦家貧不常得油夏月練囊盛螢火數十照書以博學知名後爲中書侍郎按江夏紀詠張俞有車湖詩云憶昔車公居此地遺墟繚繞臨清淵惜哉斷石文尚在野老不識投波瀾自爲之注云武子墓下得碑其文尚存田父斷而沉之江則武子墓及故居皆在車湖上

李羣玉 大中六年裴休入相以論詩而薦李羣玉授洪文館校書郎羣玉放懷邱壑吟詠情性孤寒無心浮磬有韻叱妍詞於麗則動清律於風騷冥鴻不歸羽翰自逸霧豹遠迹支采奩奇信不試而愈精能久幽而獨樂念其求志可以言詩用示縶維俾之刋校

仙釋

黃道冲范靈隱 二人棲隱清遠觀煉丹成明道二年即火假跨雙鶴從空而去火假壇洗丹池在焉崇甯初封黃爲虛靜道人范爲冲靜眞人

呂洞賓 陳輔守澧州日有道人不避道輔怒

引問道人作詩曰一箇閑身到澧州却逢太守問因由家居北斗魁星下斂掛南山月角頭道我醉時眞是醉知他愁是怎生愁我要度人人不遇脚踏青雲歸去休騰空而去笑曰我其爲呂洞賓乎見圖經云

浮邱子九域志獨浮山下載圖經云昔浮邱子修道於此

惟儼禪師夜登山見雲開月現大嘯一聲聞數里李翺贈以詩師有偈云雲在青天水在瓶

唐僧哲澧州人泛舶西域到二摩呾吒國國王深加禮遇哲之弟子元遊者高麗人隨師於師子國出家因住焉

太津澧州人來淳元年振錫南海與唐使者相逐汎船月餘達尸利佛逝州頗習梵書天授二年附舶回長安有附譯雜經十卷南海內傳四卷西域求法高僧傳二卷見高僧傳

可俗姓蘇養直之弟生于澧後爲僧居廬山詩尤清婉東坡愛重之

碑記

雙泉僧石碑寰宇記澧陽縣雙泉有高僧修行於此有石碑缺落

慈雲禪寺碑

即澧陽藥山寺唐光啟二年雷滿奏立寺額斷碑尚存　香積院古碑在澧陽縣西一里有古冢及古碑漫滅不可讀惟額存三大字曰氏墓誌不知其爲誰氏也　藥山牛欄八字古碑不知歲月刻石藥山　田朝奉墓銘在石門縣元豐五年蘇頌文　柿木成文太平字言行錄富弼言澧州｜｜｜有｜｜｜公言今四海騷然未見太平之象請不宣示于外

詩

涔陽兮極浦庾信哀江南賦　悠悠澧澹鬱彼唐林王粲贈孫文始　寒食涔陽諸小兒齊歌齊舞帶花枝郡從兵亂年荒後人似開元天寶時云云　行春更欲遊何處東郭門前竹馬期唐戎昱　不須桂嶺居天末但見涔陽在眼前戎昱　上

有清使君下有清江流唐戎昱作李泌澧州新城頌鄰境諸侯同
舍郎芝江蘭浦恨無粱秋風門外旌旗動曉露庭中
橘柚香劉禹錫　新賜魚書墨未乾賢人暫屈遠人安朝
驅旌旆行時令夜見星辰憶舊官梅蘂覆階鈴閣暖
雪峰當戶戟枝寒甯知楚客思公子北望長吟澧有
蘭劉禹錫寄澧州元郎中　雄風吞七澤異産控三巴秋原被蘭
葉春渚漲桃花劉禹錫　夷音語嘲哳蠻態笑睢盱白樂天自
韻詩　水市通闤闠煙林混舳艫白樂天　吏征魚戶稅人納
火田租白樂天　澧水店頭春盡日送君馬上適通川白樂
天別元微之於澧上　今朝相送自同遊酒語詩情替別愁忽到

澧西總囘去一身騎馬向通州元稹澧西別樂天蘭浦蒼蒼春欲暮落花流水動離襟杜牧之一話涔陽舊使君郡人囘首望青雲政聲長與江聲在自到津樓月夜聞李羣玉蘭香佩蘭人三弄蘭江春爾爲蘭陵秀芳藻驚常倫李羣玉芳意悵搖落蘭芷謝汀洲李羣玉涔浦縱孤棹吳門渺三千李羣玉搖落江天欲盡秋遠鴻高送一行愁音書寂絕秦雲外身世蹉跎楚水頭李羣玉秦樹有殘蟬澧浦將歸客唐李朝士李壽朋送羣玉歸別業君夢涔陽月中秋憶棹歌鉛黃辭秘府詩酒寄蒼波盧肇送李羣玉濡毫亂灑湘江月整棹輕飛澧浦船韓續送李羣玉可憐宋玉多

才思不見天門十六峰唐僧齊己題天門山羣玉才名冠李唐投詩換得校書郎吟魂醉魄知何處空有幽蘭隔岸香五代周朴題李羣玉書堂聊輟清都玉笋班虎符猶得控荊蠻已見五溪談笑了坐追九辨典刑還蘇養直雲護儼公塔天清雷滿池范正國題藥山波翻雪浪養雲濤亭厭蘭江意氣高楚國興亡何處問佩蘭人去有離騷常均順流下沅江泝流上澧浦范成大忠以申鳴著學有車公優外挹蘭江水下俯仙明洲讀書謂羣玉採藥思浮邱況得子厚語謂冠南漢州樓鑰儒生骨朽名猶在高塚相望已亂眞只認夜深螢聚處便應泉下讀書人王齊

輿武子宅

四六

居住湘沅宗師屈宋李文山進詩表浮邱採藥之仙蹤羣玉讀書之遺跡樓鑰楚之申鳴以忠孝著晉之車胤以學術顯樓鑰

輿地紀勝卷第七十

輿地紀勝卷第七十一 文選樓 宋鈔本

東陽王象之編　甘泉岑鎔 淦 長生 校刊

荆湖北路

沅州 敘州 唐天授爲敘州 巫州 開元 潭陽 天寶郡名

州沿革

沅州 下 潭陽郡鶉尾楚分 按新唐書志云岳陽潭衡永道郴邵黔辰錦施敘獎夷播思費南溪湊爲一一一一 春秋元命包曰軫星散爲荆州昔秦昭王使白起侵楚略取蠻夷地爲黔中郡漢高祖改爲武陵郡屬武陵郡之舞陽縣地 元和郡縣志 武帝始開西南夷置牂牁郡屬益州 元鼎六年 梁置沅陵郡隋平陳

以郡爲辰州元和郡縣志敘州下載荆南記云舞溪獠滸之類其縣人但羈縻而已溪山阻絶非人迹所履又舞陽烏滸萬家皆咬蛇鼠之肉能鼻飲隋初於此置辰州唐析辰溪置麻陽縣武德三年以龍標置巫州正觀八年更巫州曰沅州天授三年風俗使石肅政侍御史席元明奏巫州不在州界改爲沅州事見寰宇記通典同復以沅州爲巫州元和郡縣志云開元十三年以沅原沅聲相近復爲巫州通典同爲潭陽郡天寶元年更巫州爲敘州大歷五年溪州刺史彭士愁遣其子師暠率錦獎諸蠻降僞楚馬希範事見皇朝郡縣志辰州會溪城始末五代敘州刺史鍾存志奔武陵而土豪大姓分擅封壤圖經本朝神宗命章子厚收復其地置沅州續通鑑長編云熙甯十年五月丙戌詔置沅州以懿州新城爲治縣以盧陽名從章子厚請也國朝會要云熙甯七

年以唐敘錦獎三州地置沅州割辰州之麻陽縣來屬當年九月今領縣三治盧陽

縣沿革

盧陽縣 下

倚郭皇朝郡縣志云本漢無陽縣地屬武陵郡東漢省晉宋爲舞陽後省梁置龍標縣屬沅陵郡隋屬辰州唐析龍標置潭陽縣屬敘州五代僞楚以其地爲懿州圖經云本唐之潭陽縣地以其在潭水之北因以爲名馬希範以爲懿州又改爲洽州唐志敘州潭陽縣下注云先天二年析龍標置國朝會要云熙寧七年以敘州潭陽縣地置盧陽縣輿地志云縣有獎州鋪唐獎州是也

麻陽縣

在州北一百七十里元和郡縣志云陳天嘉三年於麻溪口置戍垂拱四年置龍門縣尋改爲麻陽縣圖

經云錦州之舊縣有麻陽招諭二縣舊隸辰州熙甯七年以麻陽來屬至乙卯年又廢招諭縣入麻陽唐志麻陽縣下注云武德四年析置龍門縣尋省國朝會要云太平興國七年析麻陽縣地置招諭縣熙甯七年割辰州之麻陽縣隸辰州元祐元年廢辰州招諭縣隸沅州麻陽縣八年省錦州寨地入焉

黔陽縣

在州北一百七十里皇朝郡縣志云本漢鐔城縣地屬武陵郡唐正觀八年置朗溪縣圖經云本唐朗溪縣地唐正觀八年析巫州之龍標置熙甯收復爲黔江城國朝會要云元豐三年陞爲黔陽縣

風俗形勝

牂牁武陵二縣之交圖經西南君長以十數而夜郎最大西漢南夷傳地多雨潦俗好巫鬼同上四塞重阻隋地理志嗜好居處頗與巴渝同俗本其所出承槃瓠之後服章

多以班布爲飾隋地理志有明山崗巒重複朝抱郡城飛雲濃嵐望如屏圖圖經武陵州接夜郎諸夷唐志溪山阻絶非人跡所履元和郡縣志敘州下熙甯間開拓沅州國史云熙甯中訪察湖北常平使章子厚開拓沅辰州分辰州麻陽縣屬焉子厚夜築城西偏一面比曉而畢東南北三面三日而成圖經徽宗朝沅州蠻擾邊知樞密院事蔣之奇請遣將討之收其地爲徽靖二州事略江山風物之所蕩指事成歌詩劉禹錫劉氏集略說及謫于沅湘閒爲｜｜｜｜｜｜｜往往｜｜｜｜｜｜

景物上

辰山在麻陽沅水輿地廣記云在黔陽豐溪在鎮江寨折溪在黔陽明山

在盧陽縣之主山也峩山在若溪寨楊溪在盧陽㵐水在盧陽新經曰巫無潕舞㵐一水而五名聲之變耳舞溪寰宇記載荆州記云｜｜謂之朗溪蓋與朗水合流也又｜｜東流入沅而接牂牁即此水也又云出故且蘭縣界花山在盧陽石青赤相映如繡又謂之繡崖竹山在盧陽山多大竹茗山寰宇記云尤特險峻木多杉柟獸多熊貊也繡崖見花山下烏溪在鎭江寨出保牢山黃田在鎭江寨烏溪經焉犀溪在盧陽縣界龍溪在鎭江寨界今謂之龍門溪莫徭有夷獠或名｜｜自云先祖有功常免徭役隋志硃砂砂之品甚多大率出老鴉井者爲上其大如栗有芙蓉箭簇光色明徹者又爲鴉井丹砂之最夏秋間積柴穴中至冬以火取之所謂火井砂也其西律九井及萬山所出乃水井砂抑又次焉若出於晃州者顆塊或大然理虛色濁謂之猪肺砂土人煉之爲水銀斯爲下矣麻陽縣之甕標溪有羅袞七井麻陽縣之甕標北有西律七井麻陽縣之獎波晃之三州有萬山一井□□□□□□□□□

景物下

精果寺在羅城內又名景星寺有晉天福鐘尚存**景星寺**同上**大煙溪**在黔陽**明山廟**在城北六里章子厚以兵事禱之得吉卜而蠻人田元猛果降**青紅山**在麻陽岩嶺掩映花竹叢翠望之如畫故名**高明山**在鎮江寨其地高而寒多處羣山之中最爲高峻**熟平鋪**在黔陽**欺阿崖**在麻陽寰宇記云望之如積雪故名**雪騰湫**在安江寨歲旱祈之常有雲雨之應**天府渡**在盧陽東南七里**昭靈廟**在盧陽即三閭大夫廟也**潛靈廟**在盧陽古白龍潭側**保牢山**在鎮江寨昔人保聚其中以其牢險因名**武陽山**寰宇記載郡國志云龍標武陽山有人每土人聚即來入衆莫能辨惟脚趾向後而踵向前以刀斧斫之不死唯以杉木爲刀擬之方去**晉襃城**九域志載十道圖有丨丨丨**白馬廟**在盧陽即蜀將張飛也**白龍潭**在盧陽有潛靈廟**紫霄山**在黔陽**黃陵城**在麻

陽白旗渡在麻陽石梯山在麻陽有磴路如梯石馬溪在盧陽金斗崖在黔陽崖面有黃石如斗因名銅安寨元屬辰州後廢宣和建寨來屬錦州渡在麻陽龍標驛在鎮江寨見前武陽山註龍門溪在鎮江寨水經云有獨母水南出龍門入辰州雞翁山在黔陽虎踵渡在麻陽犀迷山在麻陽昔有山犀出其上犀[illegible]渡在麻陽原出青紅山龍井洞在盧陽縣之後山其洞有三一曰龍井二曰乾井在龍井之側有石屋三間內有石佛及石供器皆自然而成三曰小井在乾井之側大浴洞在黔陽縣去州五十三里洞中沈邃回曠泉流不絕莫知所從來會貳車維作古風以紀其實如溜乳成堅凝削玉排贅纓冽泉駛而清平沙柔可藉雙髻峰在盧陽五峴坡圖經云｜｜｜截然高峻昔恃此以為固七寶山在黔陽上多楠木七里香花苞茅山元和郡縣志云在麻陽縣西南三百五十里武陽記云上有三脊茅可以縮酒寰宇記云即楚國入貢之茅菱托鋪在黔

陽郡

幽蘭鋪 雲谷雜記云沅州道間有古驛曰｜｜｜有徐珌者經過書詞於其壁云秋欲暮路入亂山深處撲面西風吹霧雨驛亭欣暫駐可惜國香風度空谷寂寥誰顧已作竹枝傳楚女客愁推不去珌字公飾不知何許人也

楠木山 在便溪寨其山多出楠木

奇柑山 在盧陽上多柑橘故名

若杏城 九域志載唐十道圖有若杏城

赤竹山 在江安寨東六十里

隘寨崖 在鎮江寨有二崖相對如門扉土人常以為固因名

屏風崖 在江安寨南五里石壁蒼白高數十丈下有二石對立名雙石崖又名｜｜

板門山 在鎮江寨對峙如門

疊石山 在若溪寨其上有石峰如浮圖狀故名

瀑布山 在盧陽上有飛泉如匹布

濃連山 在盧陽

浮連溪 在盧陽

同天寺 在麻陽

齊天山 在麻陽

洪江溪 在安江寨

安江寨

鎮江寨 本唐之龍標縣正觀八年以縣為巫州熙甯收復以其地置寨元豐三年廢為鋪

羅公山 在安江寨東南八十里昔有隱者姓羅居此山有道術民祈請輒驗今謂

之羅公王即此神也絶頂有池廣數十里每夜陰霾晝有物如明月游水上 **花山赤崖** 在盧陽縣祈求感應有保安山神廟 **浮洞山神** 在盧陽縣浮連浮洞上神祈求感應

古跡

故龍標縣 今鎮江寨也元和郡縣志云本漢之武陽縣地舊輿地志云縣本治在舞水之陰後漢省入辰陽縣隋初於此置辰州煬帝廢州唐武德七年置龍標縣正觀以爲巫州古龍標城在鎮江寨南三十五里即唐敘州所統龍標城 **龍門縣** 在麻陽唐垂拱二年置屬辰州尋省熙寧七年以其地置獎州鋪唐獎州地也 **巫陽故城** 在辰溪縣 **郎溪故城** 在黔陽縣元和郡縣志云大漢鐔城縣之地晉安帝省唐正觀八年析龍標縣置在郎溪之側 **馬王城** 在黔陽縣東 **都督山** 在麻陽昔有將帥駐兵於此故名 **渭溪城** 在盧陽即唐獎州所治之城也 **峨溪城** 在盧陽宜洽二州之間 **故富州印** 續通鑑長編云熙寧六年南江歸明人向永晤奉其

祖防禦使通漢所受眞宗塗金校椅銀裝劍及富州印來獻詔以劍椅先朝所賜還之而留其印　晉天福鎭在精果寺　唐明皇御像在峨山天寶中範銅爲鎔黃金爲飾舊傳逐州觀冬賜一軀此則當時賜奬州者熙寧七年自峨山載至州今在天慶觀黔陽縣普明寺亦有唐賜敘州唐明皇銅像　忠賢堂乃郡守張建侯盧陽令王憲之及郡守汪侯長源之祠也王令張侯汪侯並見官吏門　昭烈廟在城內五代時滑臺張氏也政和初潘宗巖反攻城賊望見軍馬出城皆鬼狀於是駭散其後黃儉叛及曹成攻城城不失守皆神之力累封八字王廟號昭烈　槃瓠子孫荊州記云沅陵居西口在上就武陽二鄉惟此是槃瓠子孫然按漢南蠻傳謂武陵長沙蠻皆槃瓠之後而今州西南有猪狳據獠不狠聚落其名皆犬屬而謂槃瓠子孫止於二鄉者其說誤矣　新息王廟在麻陽即馬援行祠也　向崇班廟名眞廟在安仁寨熙寧六年蠻賊舒光貴等虜眞眞激憤罵賊遂爲所害察訪提舉章子厚奏乞褒贈并於安江寨立廟於表勑賜內殿崇班誥詞云故辰州

江南歸明溪峒硤州軍衙頭指揮使向眞義不受辱忠不顧死知命者之所難爾以峒夷行已至此宜有褒勸以顯其名躋官內庭用賁幽隧可特贈||||

官吏

唐高力士 圖經序云力士得責巫州

王昌齡 新唐書王昌齡江寧人爲詩縝密而清新自江甯縣丞貶龍標尉

張建侯

王憲之 政和間黃安俊叛圍鎮江寨張侯王令卒兵救之駐于盈口寇薄之衆將潰請守令以身遯則曰爾衆就死吾其可獨生遂出戰俱被執賊迫守諭寨中降守紿諾至寨下大呼曰凡爲人當識逆順我已陷賊萬無求全理汝等宜堅守勿以我故懷二心守陴者不下賊怒并害之邦人哀其忠立祠于盈口報國寺名其堂曰忠嘉

汪長源 靖康之後汪守是邦增城浚池而甲冑刀鎗弓弩及蒲石渠答之類無所不備其後巨寇曹成來攻沅凡攻城之具無所不施城中皆有以應之民賴以安侯之力也

向崇班 詳見古迹門

汪徹 浮梁人也

紹興二十六年自沅州教授爲秘書省正字不爲万秦檜所知時万俟卨謫沅州徹從之游至是薦用

俟卨繫年錄云紹興元年初｜｜｜避亂居沅湘間安撫程昌寓檄卨權沅州事曹成掠湖西掩至城下沅城小而惡卨晝夜廬城上召土豪集丁壯以守城食盡引去

詩

楊花落盡子規啼聞說龍標過五溪我亦甘心寄明月隨君直到夜郎西唐詩人王昌齡嘗尉是邑李白以詩送云云註龍標在古夜郎東南今辰溪縣乃隋之夜郎此云西者以隋地理志言之也

沅江流水到辰陽溪口逢君驛路長遠謫惟知望雷雨明年春水共還鄉王昌齡送人往沅陵

溆浦潭陽隔楚山離鐏不用起愁顏明祠靈響期昭應天澤俱從此路還王昌齡送別

南浦逢君嶺

外還沅溪更遠洞庭山堯時恩澤如春雨夢裏相逢同入關前人西江寄越第昨從金陵邑遠謫沅溪濱前人詩事見官吏門沅水羅文海燕回柳條牽恨到荆臺定知行路春愁裏故郢城邊見落梅李羣玉送客詩善戰無如新息侯漢兵纔渡綠蘿洲愛君挽我陶溪粟直到牂牁水口頭東皋雜錄載熙甯中章子厚奉詔城沅州時陶弼知辰州贈詩云云今詩在洪江寨正與牂牁水相直使介直登雙御閣州符就領五蠻溪爭雄白鵲臨崖闘憶子元猿遶澗啼云云險盡天開溪路平詩書新將典新城三千戍卒今無戰十萬屯田古未耕屬縣乞除防虎檻生蠻願獻採砂坑陶弼寄新沅守謝麟閤副節逢重九

日郡占五溪間止水痕依岸行雲影過山陶弼九日登羣山樓

歌吹深秋節香燈古佛園細泉初落石遠岫正當門

前人題淨因寺東海舊場屋南江新塞垣云云草暖聞鳴鹿江

清對飲猿何時一樽酒重上謝公軒謝公軒乃羣山樓陶弼寄沅州

幕王入道推官路到龍棲處陰森覺有靈山腰過雲黑石眼

出泉腥陶弼題武溪龍書廟壁武溪九域志云舞溪當攷

四六

闕

輿地紀勝卷第七十一

輿地紀勝卷第七十二　文選樓影宋鈔本

東陽王象之編　　甘泉岑鎔詮長生校刊

荆湖北路

靖州

唐誠州地

州沿革

靖州望軍事九域志名誠州鶉尾楚分唐志云岳鄂衡潭永道郴邵黔辰錦施獎夷播思費南溪溱爲丨丨丨丨春秋元命包曰軫星散爲荆州昔秦昭王時使白起侵楚略取蠻夷定巫黔中置黔中郡漢高祖更黔中爲武陵郡武帝始開西南夷置牂柯郡屬益州元鼎六年以上並圖經唐爲夷播敘二州之境輿地廣記

謂唐曰溪洞誠州而元和志及寰宇記溪洞並無誠州誠州之名起於五代末圖經非是五代湖南馬希範有其地晉天福中夷播等七州附于希範後周時節度使周行逢死敘州刺史鍾存志奔武陽而楊正巖以十洞稱徽誠二州周顯德中皇朝十洞酋長楊通蘊送欵內附圖經在太平興國四年楊通寶來貢朝廷以通寶爲誠州刺史太平興國五年其後楊正巖死其子瑫奉表請命詔以瑫爲誠州刺史淳化中又詔於武崗之西作城在渠河之陽爲誠州圖經以爲元豐三年收復詔作城於渠水之陽曰誠州而輿地記國朝會要及九域志並以爲熙甯九年收復不同當從會要廢爲渠陽軍國朝會要在元祐二年東都事略云元祐中趙瞻在西府乞廢渠陽軍以紓荊湖之力尋廢爲寨隸沅州國朝會要在元

祐三年復置誠州國朝會要及輿地廣記在紹聖中而圖經不載改爲靖州圖經云崇寧二年楊晟臻以誠州來歸復置郡縣賜誠州名曰靖州是崇寧中始復誠州非復於紹聖也與國朝會要及輿地所載年月不同九朝通略崇寧元年詔改誠州爲靖州陞爲望郡大觀元年

今治永平領縣三

縣沿革

永平縣 下

倚郭本沅州貫堡寨地元豐五年改渠陽縣隸誠州六年移縣額於城下爲倚郭國朝會要云崇寧二年改爲永平紹興八年移入州城建縣

會同縣

在州□□□□□里昔在狼江寨之上崇寧二年立爲三江縣國朝會要云是年賜今名四朝國史地理

志云本三江寨崇甯二年置縣陽名

通道縣

在州□□□□□里元豐六年通路廣西得故城基蓋唐之置舊縣基莫知其名命爲多星堡國朝會要云崇甯二年以羅政縣改爲｜｜｜四朝國史地理志云本羅蒙縣崇甯二年改今名

風俗形勝

漢牂柯武陵之間圖經州據夷播敘州之間圖經云今經州境內有羅蒙朗溪故地唐志朗溪隸敘州夷有雞翁播有芙蓉恭水等縣正觀中更恭水爲羅蒙則｜｜｜｜無疑西南君長以十數夜郎最大東漢西南夷傳四塞重複嗜好居處頗與巴渝同俗本其所出承槃瓠之後服章多以班布爲飾隋書地理志蠻皆槃瓠之餘種故其

族類尙有犵狑犵獠之號其計歲月率以甲子其要約以木鐵爲契其樂器有愁笛壺笙其兵器有甲胄摽牌刀及偏架弩其利與中國神臂等雖濕暑亦可用東通于邵南通于融北通于沅圖經

景物上

飛山圖經在州北十五里俗呼爲勝山比諸山爲最高峻四面絕壁千仞其顛甚平且廣寬今置丨堡羣峯特秀高逼霄漢雄溪皇朝郡縣志云洪江郞渠河潭江沅江及沅州江等會衆水入于此江九溪之中昔所謂雄溪江也三江見後九溪曰郞曰灘曰雄曰辰曰龍曰敘曰杜曰武曰酉而雄居其一十洞長編云興國四年九月庚子荊湖南路轉運司言十洞首領楊蘊求內附渠河源出佛子坡與廣西分界下合衆流環州城會于郞江郞江出湖耳山郎唐之丨丨沅

江出西南蕃界其水出九肋鼈

龍坡 在會同縣若水寨

金井 金井邪直深淺不等或十丈或二十丈或三十丈或五十丈或直或曲或橫或邪因其苗脉所向而隨之至於水際而止故春夏多爲水所浸秋冬則水泉收縮而可以取矣然寶之所生皆有𥖁石以爲之牆壁而礦取其中善取者乃得其眞礦否則多雜𥖁𥗽是故或厚或薄或多或少不能齊也辨礦之術銅豆爲先黃巢烏窠次之若金星見於石則與廢之兆也爐院在金場山之下圍以木柵而臼杵布於四方中爲水池而火堂環於其上臨池作亭乃監官閱視之處也每自井中鑿來礦石則載以柴而火之淬以水而舂之淘汰殆盡而金始見矣

景物下

三江渡 在會同縣

三田渡 在文溪縣

六王溪 在永平貫堡寨

九疊山 圖經云山勢盤紆九峯相次每天晴日明煙斂峯巒爭翠儼若畫圖

多星江 在通道縣津渡門

芙

蓉江來自湖南蓋唐之芙蓉縣溪也菖蒲嶺與武岡軍之綏甯縣分界六十里新民學紹興十四年靖州乞依舊置｜｜｜教養溪洞歸明子弟以三十人爲額從之繫年錄侍郎山與佛子嶺皆在州之南百八十里與廣西分界處屬通道縣佛子嶺同上豐山寨在會同縣飛山寺在城北若水溪有二水一出本州楠木山一自湖南界來鑿字溪元豐癸亥通道于廣西於溪之旁得古碑乃唐久視中遣將王思齊率甲兵征蠻過此隔礙山險負舟而濟鑿石以記歲月而夷人以爲｜｜｜今分入廣西界作零溪堡金袍鋪在永平縣西二十里金城保在貫堡寨玉山潭即潭溪郎江前漢志所謂｜｜｜水所出東至阿入鬱者是也今其水會于渠河入于郎江寶溪山在州城之東北屬永平其下有溪大抵洞中諸溪皆產金故以寶名福湖山在州之南四十里通道縣比之諸山最爲蒼翠元豐中通道廣西正出是山之間旺溪山在會同縣四山相照二十餘里內皆產金寶收溪寨在通道縣東南

四十里誠之與融古無道路元豐六年知州周士隆始遣人由小徑趨廣西觀視山川形勢有請於朝與廣西相首尾成之其趨融宜比他處爲提迯自寨至廣西佛子坡三十里

雞公縣本唐｜｜｜隸夷州今羅蒙去雞公不數十里今屬永平來威寨

龍脊坡在永平縣通道分界

馬鞍坡在永平大田堡

狼江渡在文溪寨

馬王城楚書云馬氏偏霸之初飛山洞酋潘全盛遣其黨楊承磊略武崗馬氏遣呂師周討之援蘿躡石晝夜兼行直抵飛山分軍布柵全盛大駭曰此眞從天降也承磊來戰師周破其軍縛降者爲鄉導襲飛山擒全盛斬之盡平飛山巢穴今環飛山有壕塹而遺址尚存

青坡湖在本寨屬會同縣

青蘿山在州南二十里屬永平縣一名大青山煙蘿蒼翠故名

古迹

故恭水縣來威寨本唐之恭水縣又改爲遵義縣正隸播州正觀十四年更恭水曰羅蒙而唐

之雞翁縣隸夷州去羅蒙雞翁不數十里元豐八年爲羅蒙寨元祐省崇甯二年復置於羅蒙而更其名曰來威

唐銅鐘延壽寺在飛山之陽蓋唐之寺故基也寺有廢鐘夷人取之歸潭溪洞寶之今尚存

官吏

楊通寶長編云興國五年誠州十洞首領｜｜｜來修貢四月己亥以｜｜｜爲誠州刺史

碑記

唐久視中古碑圖經云元豐癸亥通道於廣西於溪旁得古碑乃唐久視中碑詳見鑿字溪下

詩

闕

四六　闕

輿地紀勝卷第七十二

輿地紀勝卷第七十三　文選樓影宋鈔本

東陽王象之編　　甘泉岑鎔 淦 塈生 校刊

荊湖北路

峽州

夷陵　西陵　三峽　夷山　宜都

州沿革

峽州 中 夷陵郡軍事 九域志 在星土爲鶉尾之分野 夷陵志又據春秋元命包云軫星散爲荊州漢地理志楚地軫翼之分野楚荊地域甚廣自張十七度至軫十一度於亥爲鶉尾於辰在巳 禹貢荊州之域春秋及戰國屬楚 元和郡縣志 秦伐楚燒夷陵楚襄王東徙 秦以其地置南郡夷陵屬焉通鑑周赧王三十七年 二漢屬南郡 東西漢志 魏武置臨江郡理夷陵蜀

先主改爲宜都郡後郡屬吳此據元和郡縣志而晉志以爲吳蜀宜都郡治夷陵不同象之謹按通鑑建安二十四年吳以陸遜爲宜都太守漢中王所置宜都太守樊友委郡走又宋志載習鑿齒云魏武平荆州分南郡枝江以西爲臨江郡建安十五年劉備改宜都則宜都亦非置於吳也今不取又晉志荆州序云蜀分南郡立宜都郡劉備沒後宜都武陵零陵南郡四郡之地悉復屬矣當從宋志及晉志荆州序吳改曰西陵黄武元年以爲重鎭寰宇記命將督軍於西陵曰西陵督夷陵志又南齊志於荆州江陵下載曰吳時西陵督鎭之似以西陵督鎭江陵與此不同象之謹按通鑑晉武帝太始八年吳西陵督步闡以西陵來降帝遣羊祜出江陵徐嗣擊建平以救之又遣楊肇迎闡於西陵則西陵督自治西陵非鎭江陵也南齊志所紀非是今不收晉宋齊並爲宜都郡通典梁兼置宜州西魏改爲托州隋地理志後周以地扼三峽之險改托爲硤元和郡縣志輿

通典同陳嘗得之爲重鎮事見通典又通典註云隋開皇中伐陳陳人守荆門狼尾灘並宜都界安蜀城即夷陵縣界也隋改夷陵郡元和郡縣志在大業三年唐改峽州始從山武德三年據夷陵志象之按通鑑唐紀武德三年以許紹爲峽州刺史已從山矣而元和郡縣志云周武帝以州居三峽之口因改名峽州則在周已從山矣不應至唐始改然舊唐書志峽州盡作硤至引貞觀年閒更改縣名亦盡從石作硤而乾元元年改郡爲州亦從硤當攷徙治步闡壘唐志云夷陵郡本治下牢戍貞觀九年徙治步闡壘明皇時爲夷陵郡天寶元年肅宗復曰峽州乾元元年五代屬高氏皇朝歸于版圖開寶三年詔歸峽州並直隸京師開寶三年隸荆湖北路咸平四年中興移治于紫陽于石鼻山尋復故紹興五年今領縣四治夷陵

縣沿革

夷陵縣

附郭本楚之夷陵白起再戰而燒夷陵是也舊唐志云漢縣屬南郡有夷山在西北因爲名蜀置宜都郡元和郡縣志云蜀先主改臨江爲宜都郡改夷陵爲西陵縣晉太康元年西陵復爲夷陵沈約宋志云吳改夷陵曰西陵晉太康元年復舊不同舊唐志又云梁改爲宜州西魏改爲托州又改爲硤州隋縣治石鼻城武德四年移治夷陵府正觀元年移治陸抗故壘

宜都縣 中

在州東南六十里舊唐志云漢夷道縣屬南郡元和郡縣志云漢武開西南夷曰此故曰夷道縣蜀置宜都郡習鑿齒云魏武平荆州分南郡枝江以西爲臨江郡建安十五年劉備改爲宜都郡事見沈約宋書皇朝郡縣志云宋析夷道縣置宜昌縣東置宜都縣元和志又云陳改夷道縣爲宜都縣隋志云舊道宜

都郡開皇七年廢舊唐志云隋改宜昌屬荆州武德三年置江州鎮宜昌一縣尋改爲宜都郡唐志云本宜昌隸南郡武德二年更名宜都及峽州之夷道置江州六年曰東松州貞觀八年省東松州入宜都夷陵志云貞觀元年州廢以宜都長陽巴山三縣來屬繫年録云紹興元年荆南鎮撫使解潛乞移治宜都從之

長陽縣 中下

在州南六十九里元和郡縣志云本漢之佷山縣屬武陵郡隋開皇八年改爲長陽縣貞觀八年來屬皇朝郡縣志云貞觀八年移治鵝毛村隋志云開皇八年置併置睦州唐志云本隸南郡武德四年以縣置睦州并置巴山鹽水二縣八年州廢省鹽水以長陽巴山隸東松州州廢來屬天寶八載省巴山入焉五代以後因之

遠安縣 中下

在州北一百六十里舊唐志云本漢臨沮縣地屬南郡晉改高安縣後周改爲遠安縣屬峽州元和郡縣志云本漢之臨沮東晉義熙分臨沮置高安縣後周武成元年改爲遠安隋志云舊曰高安置汶陽郡後周改縣曰遠安開皇七年郡廢圖經云隋屬玉州後玉州廢來屬

風俗形勝

巴東之峽夏后疏鑿文選江賦　西通全蜀荆渚記曰夷陵郡居大江之上郎西通全蜀故夷陵有安蜀古城　楚先王墳墓之地夷陵志　楚之西塞袁崧宜都山川記云南岸有荆門山北岸有虎牙山相對楚之西塞也今在宜都縣　西陵重鎮吳改夷陵曰西陵以爲重鎮元和郡縣志曰郡城陸抗所築之壘　國之關限吳志陸遜上疏夷陵要害實國家之關限若失之非損一郡荆州亦可憂也　西陵建平國之蕃表陸遜　西陵國之西門通鑑晉武帝太始十年吳陸抗上疏曰西陵建平國之蕃表臣父遜

上言西陵國之西門若有不守則荆州非吳有也在吳蜀之界寰宇記州居三峽口御覽周武帝以州居三峽口改爲峽州地僻而遠雖有善政不足爲名譽以資進取歐陽公地僻而貧故夷陵爲下縣而峽爲小州歐陽公至喜堂記有米麵魚如京洛歐公與尹師魯書云夷陵丨丨丨丨丨丨丨丨陸聾秦鳳水道岷江歐公至喜亭記巴峽之險至此地始平夷歐公送田秀才序民俗儉陋常自足無所仰於四方歐公至喜堂記有椒紙漆以通商賈歐陽公至喜堂記北輳襄漢南下荆鄂張商英輪藏記巨山環列長江東注曾慥楚塞樓記曰夷陵爲郡在湖陰楚尾云云屈宋忠鯁才章所兼近世歐陽才行可攷峽州學記西陵之勝景三亭曰至喜樓曰楚塞洞曰三游張孝祥辭距三峽

之口介重湖之尾郭見義三游洞辭太平興國中忠愍寇公宰巴東景祐初文忠歐公爲夷陵秋風至喜之文出而後兩邑之美暴耀于天下謝諤六一堂記絶岸萬丈壁立赧駮文選

景物上

沮水在遠安縣左傳曰江漢沮漳楚之望也孤山郡國志云遠安有陸抗城故城之南有孤山袁崧爲郡嘗登此山四望俯見大江如縈帶舟船如鳧鴈焉重山在長陽縣上有風穴口大如庭夏則風出冬則風入春秋分則靜見元和郡國志巴山唐置峽州丨丨塞赤溪在夷陵縣昔陸抗討步闡敕諸營更築嚴關自丨丨丨至故市即此丹山在遠安縣郡國志云山有石鵝在仙室山西復連丨丨袁崧宜都記云丨丨時有赤氣籠井如丹故名清江在宜都縣增廣古今輿地

圖曰以水色清照十丈分沙故名丨丨**清溪**在安遠縣四百步色如挼藍鬼谷子傳云楚有丨丨下深千尋**硯池**在州南昔郭景純注爾雅汲水于此黑水出焉**鏡池**在楚塞樓西湛然可燭**諸灘**曰青草曰惡蛇曰難禁曰三溜曰偏刼曰叱波曰趦灘曰老翁曰大蛇曰鹿角曰南北兩席頭曰上狠尾皆在州西北**鹿溪**晏公類要在遠安縣西南四十里**篆文**在遠安縣清溪寺仙居洞竹葉上多生符丨丨如籀俗云鬼谷子遺跡**鹽井**乾德元年四月丙午禁峽州丨丨長編

景物下

絳雪堂在州治歐公有詩**爾雅堂**在州治**楚塞樓**在州治**四賢堂**在州治二蘇歐黃也**六一堂**在夷陵縣**月峽堂**在州治**芳洲亭**在州治**至喜亭**歐公有記**天開圖畫**在城東五里雲際院**楚西第一**在州對江普濟院又名壯觀山巔臨江東望夷陵甚偉**龍角山**在長陽縣清江北山穴有陰陽石**龍泉浦**

在夷陵縣東南二十里人嘗見潭有龍影爲立祠

羊腸山 寰宇記云在宜都縣南七十里高一千三百丈盤曲如羊腸

虎牙山 在夷陵縣東南三十五里盛宏之荊州記云南荊門北虎牙二山臨江楚之西塞酈道元水經注云荊門在南山之半虎牙在北山之間公孫述遣將依二山作浮橋距漢師下有急灘名虎牙灘一名武牙宜都山水記曰｜｜｜石壁其色紅間有白文類虎牙形焉

猨尾灘 蜀江｜｜｜陳時抗隋兵之所

馬鞍山 在夷陵縣六十里通鑑黃武元年陸遜攻劉備將張南馮習破其四十餘營備升｜｜｜陳兵自遶郎此山也

鵝毛村 隋時長陽縣治｜｜｜

馬穴山 在夷陵縣地名七谷村昔有白馬出自石穴人逐而返山下居人或失其馬亦入此穴又宜都記云西陵北崖有石穴遠望常有白馬出入其間尋之莫覩

羊門山 在宜都縣五羊入穴復從前山之口而出因曰羊門

鹿溪山 在遠安縣西六里鹿苑寺之側山皆鹿蹟梁居士陸法和云着脚名山多矣未有如鹿溪者也遂棲隱焉石龕猶存

鹿苑寺 在遠安縣鹿溪山下昔梁陸法

和學道於此　**金龍洞**在遠安縣即鬼谷子隱處　**青龍洞**在夷陵縣耆舊傳云有龍見

黃牛硤唐志夷陵縣下有黃牛山南岸高崖間有色如人牽牛狀人黑牛黃此巖既高加以江湍紆迴行者謠曰朝發黃牛暮宿黃牛三朝三暮黃牛如故歐陽詩曰朝朝暮暮見黃牛徒使行人過此愁山高更遠望猶見不是黃牛滯客舟　**白狗峽**杜甫詩云白狗斜臨北黃牛更在東　**白羊山**在宜都縣界張商英葬焉　**仙驥山**在宜都縣每有白鹿騰夌峭壁人曰仙人所乘良驥　**漢羊溪**在宜都縣石上有羊跡宛然　**蝦蟇碚**在夷陵縣凡出蜀者必酌水以瀹茗陸羽云水品居第四陸游詩云巴東峽裏最初峽天下泉中第四泉　**鳳凰洲**在遠安縣昔令韋皐有美政鳳凰雙集于洲上　**西陵峽**在宜陵縣西北二十五里元和郡縣志云吳志云陸遜破劉備還屯夷陵守峽口以備蜀即此也又荊州記曰自縣泝江二十里入峽口名丨丨丨長二十里層嵒萬仞所謂三峽之一也宜都山水記云兩岸絕壁千仞五采形色多所像類　**三游洞**白樂天與弟知退及元微之參

會於夷陵尋幽踐勝知退日斯景勝絶天地間有幾平賦古調二十韻書石壁樂天序而記見三游序今洞在夷陵縣**鑽天三里**在夷陵縣界**五眼泉**在宜都縣西二十五里五竅流泉時有龍見今有龍祠**五龍山**寰宇記云遠安縣山有五峯若龍故名**九經洞**在宜都縣其洞祕奥僧與其徒執燭窮之燭盡亟出莫知攸底**十二碚**在夷陵縣西南三十五里**百井山**寰宇記云在遠安縣西四十五里高三千五百丈有清泉數十汲之可飲因名｜｜｜頂望見江陵如在目前**千歲葉**寰宇記云遠安縣狽山有異木名｜｜｜似棗冬夏青青**爾雅臺**方與記云郭璞注爾雅於此臺上見有郭璞先生塑像**蘭亭洞**在遠安縣十里有幽蘭**荆門山**在宜都縣西北五十里水經注云大江東歷荆門虎牙二山間郭璞江賦云虎牙嵥立以屹崒荆門闕竦而盤礴宜都山水記云南崖有山名荆門北崖有山名虎牙**松門山**在遠安縣嘗置松門寨**雲門山**在遠安縣天將雨雲霧必先起**風井穴**寰宇記云遠安縣之宜陽山有風門

穴大如甕夏出冬入有樵人寘笠穴口風噏之後於長陽溪口得笠則知潛通也

天險城荆州

記云夷陵南岸有陸抗城即山爲墉下臨江岸天然城郭

天止山在宜都縣

石鼻山夷陵志云後周移峽州州治於此其山隔大江五百餘仞廣袤二十里下臨江流中有石橫六七十丈如簰筏然相傳但爲石簰遂泯石鼻山之稱

明月峽在夷陵縣高七百餘仞倚江于崖面白如月又如扇亦曰扇子峽歐公詩日江上掛帆明月峽

長陽溪荆州圖副云長陽溪側有異花絕艷欲摘先乞不得輒取取即隨手零落

桃符山長陽溪源出桃符山在縣西南五十里

桃李洞在遠安縣飛瀑如三丈練有木結實核似桃肉似李

琮琤谷在夷陵縣東道邊迂步而下洞水從石崖出

滄茫溪在宜都縣溪生五色石細紋紅如瑪瑙青如玻瓈夏雨過異采捷出人競掇拾

陰陽石在長陽縣龍角山有石穴內有二大石相距丈餘陰石常濕陽石常燥旱鞭陰石則雨潦鞭陽石則霽陰陽石見東漢南夷傳

仙居洞在遠安縣鬼谷子所隱下有三洞一日金龍洞朝廷祠祭

投金龍之所也二曰鐘乳洞内出鐘乳三曰仙居即鬼谷子所隱見類要

空舲灘在夷陵縣夏秋水泛必空舲乃可下故名

麻線堆在夷陵縣界

望州山在宜都縣高千仞可見州又有大望州小望州

銀屏風周報王女墓在宜都舊經云梁承聖元年宜都太守王琳發之得金蠶銀屏風

夷陵紙夷陵紙不甚精然最奈久歐公爲縣有孫文德者本三司吏人也云某在省中見天下帳籍唯峽州不損朽爲信然也見歐陽公峽州河中府紙說

黃金藏在夷陵縣有寶軸秘函藏崖竇中紹興間陳膺訪故老謂崖書皆金版出遺書之一得一以歸乃古易傳其書但曰易無周字經與今之卦爻辭畧同傳與今之彖象絕異

綠羅溪歐陽公送田秀才序見日遊東山窺綠羅溪

大天張商英輪藏記曰夷陵山始開俗謂之見大天

高筐山在夷陵縣北七十里荆州圖副云昔堯時大水此山不沒如筐故名

下牢鎮元和郡縣志云在夷陵縣二十八里隋於此置峽州貞觀九年移於步闡壘其舊城因置鎮

均慶寺在遠安縣西南青溪鬼谷子之舊隱梁承聖中

道光禪師居此始號棲禪寺唐有琳法師紹聖初有斷臂禪師清皐安衆百餘人有郭璞李白鄭谷詩

盧溪寺在遠安縣青溪斷臂禪師焚兩臂不壞門人乞之分塔于盧溪

狼巖穴寰宇記云在遠安縣有神魚生泉中長二尺小者一尺餘釣者先陳多少拜以請數足則止

仙洞石室在宜都縣西清江南津室內有水滴石床垂石蓋石乳幽闇莫測遠近見類要

古迹

故宜都郡城荊州記云陸遜築唐廢

故臨江郡城圖經在州南二十里通典魏武平荊州置臨江郡戍城

故睦州城寰宇記云在長陽縣東三百步隋開皇九年置十七年廢唐武德四年復置八年又廢

東松州唐武德六年改宜都為東松州貞觀八年廢則宜都始入峽州

南信州陳文帝天嘉元年置宜都縣於夷道屬南信州

廢巴山縣舊唐志隋元和志廢狼山縣遂置巴山縣開皇五年置巴山縣天寶八年廢縣置巴山戍

故夷道縣城

寰宇記云在宜都縣東五十里唐正觀八年廢入宜都縣

故很山縣城　寰宇記云隋開皇九年廢今基在縣西六十里

安蜀故城　荆渚記云夷陵有｜｜｜｜皇朝郡縣志云陳大建二年陳宣帝征江陵周軍於峽口岸築壘名｜｜｜｜以備陳又隋伐陳陳將顧覺屯戍此城蕭銑亦嘗以兵戍此

古捍關　寰宇記云在長陽縣南七十里本很山縣地即｜｜｜｜楚蕭王拒蜀之處按夔州亦有捍關與此不同

廩君乘土舟　寰宇記云清江一名夷水東自施州開蠻界流入昔巴蠻五姓未有君長令各乘土舟約浮當以爲君惟務相獨浮因共立之是爲廩君乃乘土舟從夷水下及夷城因立城其傍而居之因四姓臣之

武落鍾離山　按東漢巴郡南郡蠻巴氏樊氏蟫氏相氏鄭氏皆出鍾離巴氏子生於赤穴四姓子生黑穴俱事鬼神未有君長共擲劒石穴約能中者奉以爲君巴務相中之衆皆嘆服

白起洞　在夷陵縣世傳白起燒夷陵時駐此

郭道山　在夷陵縣西南五里晉郭景純結廬于此其基猶存有一井一鐘

姜詩溪　在州之南岸有泉湧歐公詩云

叢林已廢姜祠在事迹難尋楚語 使君灘 按歸州界
訛按詩廣漢人故歐公詩云耳 蜀志云益
州牧劉璋遣法正迎劉 李博士宅 在夷陵縣李涉詩
使君入蜀即先主也 云負郭依山一徑
深萬竿如束翠沈沈從來愛 子胥廟 晏公類要云 郭
物多成癖辛苦移家爲竹林 在夷陵縣
景純廟 晏公類要云在夷陵 靈星廟 晏公類要云 漢
縣圖經云在爾雅臺 在宜都縣
景帝廟 在臨江門外相傳先主常以帝木主寄饗於
月嶺因立廟先主乃景帝子中山靖王勝之
後 黃牛靈應廟 在黃牛峽相傳佐禹治水有功蜀後
也 主建興初諸葛武侯建祠茲土按三
國時西陵建平皆非蜀土恐傳者之誤任清臣記第
言諸葛始爲建祠堂而不言年月似爲得之又歐陽
公夢至其廟見石 龍女廟 皇朝郡縣志云在遠安縣
馬東坡嘗記其事 南六十里金龍洞之西景
德五年京師旱遣使致祭投 周赧王女墓 晏公類要
金龍乃雨後封通靈夫人 云在宜都
縣舊經云梁承聖元年宜都守王琳發之得 曹王皋
金蠶銀屏風又得鐵銘云周赧王第二女墓

墓在廢佷山縣西六十里正元中曹王皐爲江陵節度使死葬焉

官吏

張飛字益德涿郡人先主既定江南以飛爲宜都太守

陸遜吳郡人宇伯言本名議建安二十四年領宜都太守

許紹大業中爲夷陵通守流戶歸者數十萬其後爲峽州刺史蕭銑圍峽州紹擊走之銑又具大艦遡江略巴蜀遣其子仁智追戰于西陵覆其兵悉獲戰艦

韋皐爲建安令有善政

顏眞卿唐書傳云代宗時以言祭器不飭元載以爲誹謗由刑部尚書貶峽州

薛珏左遷峽州刺史建中初命使者分諸道察官吏薦書參聞拜中散大夫賜金紫孔氏六帖

李涉謫夷陵有詩曰當時謫官向夷陵

歐陽修吉州永豐人景祐中以切責諫官貶峽州夷陵令先是朱正基知峽州夢城隍神督修夷陵廨宇連三日見夢明日邸吏報丨丨丨坐謫夷陵令朱感前夢待之特異

程頤紹聖四年貶涪州徽宗即位移峽州

劉安世哲宗朝爲右正言嘗論蔡確章子厚

等妄要定策之罪及子厚入相落職責嶺外徽宗朝旣復職復貶峽州州事畧

解潛 繫年錄云建炎四年爲荆南府歸峽州荆門軍公安軍鎭德使時荆南殘破寓治于峽之宜都

李孟堅 繫年錄云紹興二十年右承務郞李孟堅貶峽州坐與父光撰小史也

楊周庭 紹興癸酉攝宜都令明年虔吉茶商黎廣等變自鼎澧犯宜都楊晢以死守下令淸蜀二江商旅敢泊南岸者斬由是賊不得濟二酉溺死江北之民舉酒羅拜曰使我父母妻子無流離者皆令君之賜也

人物

李景威 長陽下魚鄉人也仕南平爲水手都指揮使建隆四年朝廷假道江陵以討張文表景威恐王師假道因而襲我願假兵三千扼伏夜攻之判官孫光憲不從景威因扼吭而死太祖曰忠臣也命王仁贍厚卹其家其子孫及墓在長陽天成之契要開寶之公據墓前之經幢皆足證而長編指以爲歸州人非也

何參 何參夷陵人居縣西篤學坊以博學孝義著不求聞達人稱曰處士歐陽公宰夷陵

與之講論深加愛重歐公詩曰荆楚先賢多勝迹不辭攜酒訪鄰翁

張商英 字天覺蜀州人以斥蔡京坐謫峽州宣和初薨葬于宜都之白羊村盜鍾相劉超等過公墓轉相禁戒拜酹而去

郭雍 河南府人父忠孝從伊川先生二十年盡得其學後持憲陝西死於金人之難雍隱於長陽縣之下魚山懼父學湮沒乃推獲先之意纂成前書乾道初召力辭授冲晦處士有易說中庸說兼山圖說等書

胡勉 長陽人建炎初鍾相徒至長陽勉集豪勇斬二渠魁嘗攝長陽令劉超將侵建平勉捍防蜀道賊不得進初勉既破賊金帛悉分其下毫釐無取於是願從者如林

龔鼎 夷陵人劉超據峽垂交四川鼎攝夷陵令統戰艘擊賊保守川峽鼎有功焉

長陽三義婦 建炎初鍾相弄兵其徒暴長陽夫皆斃於刃三婦悉赴水死士人爲之立祠而爲之記云

向氏女 長陽人建炎中保山柵以避寇賊皮仲破柵向義不辱而死人見其白乳白吭流踵向之子後誘賊醉而殺之以復母之讎

仙釋

鬼谷子晏公類要云遠安縣有三洞一曰金龍洞二曰鐘乳洞三曰仙居洞卽|||所隱

宋山隱者隱於宜都之西二十里宋山結廬建壇雲窗自局忽焉一日得道洪氏夷堅志則曰宋仙塑女像

唐趙鍊師爲荆南紫極宮道士修眞鍊道天寶十四年積薪自焚日正午假火上昇爐中得遺簡書二頌日我生於虛置我於無至精爲神元氣爲虛形爲灰土神與仙俱衆垢將畢萬事永除

斷臂禪師李舟作斷臂禪師塔銘云師法名淸皡益州廣都人熙寧中爲僧出蜀至玉泉雷十年夢神人求臂驚寤引斧墮左肢以供佛後住峽之淸溪弟子以所斷臂龕塔

碑記

廢波陽觀碑寰宇記云在遠安縣梁大通五年荆州刺史湘東王繹碑

李刺史墓碑隋大業五年葬在廢很山縣南舊經云墓前有碑篆蓋云南郡太守李己酉墓

曹王皐墓在廢很山縣西六十里正元中|||爲江陵節度荆州記云李曹王以江陵節度使死葬焉

李冢

石碑荆州記云縣長南陽張朔撰在廢很山縣南缺落不可辨 李將軍墓經幢在清江北霧洞山李景威嘗事高季興高氏納土守義以死子孫因家墓傍有經幢可考

詩上

青溪千仞餘中有一道士借問是何人云是鬼谷子郭璞青溪 題春水月峽來浮舟望安極正見桃花浪依然錦江色江色綠且明茫茫與天平逶迤巴山盡搖曳楚雲行李白 巫山夾青天巴水流若茲巴水忽可盡青天無到時三朝上黃牛三暮行太遲三朝又三暮不覺鬢成絲李白上三峽 黃牛來勢瀉山川疊日孤舟逐寸前雷電夜驚猿落樹波濤秋恐客離船盤渦迸入空

虛地斷壁高分繚繞天多少旅人經此去一生魂夢怕潺湲李白過黃牛峽山隨平野盡水入大江流李白夢渚草長迷楚望夷陵土黑有秦灰劉禹錫松滋渡望峽中鹿角眞走險狼頭如跋胡杜甫出瞿塘峽始知雲雨峽忽盡下牢邊杜甫春夜峽州津亭酉宴峽內多雲雨秋來尙鬱蒸遠山朝白帝深水謁夷陵杜甫萬丈赤幢潭底日一條白練峽中天白樂天過微之峽州停舟贈別黃牛渡北移征棹白狗崖邊捲別筵神女臺雲閒繚繞使君灘水急潺湲同上上有萬仞山下有千丈水蒼蒼兩崖間闊狹容一葦白樂天初入峽有感灃水店頭春盡日送君馬上適通川夷陵峽口明月夜此

處逢君是偶然 白樂天峽中別元微之 三峽連天水犇波萬里來 元稹 倒入黃牛峽漩驚灩澦堆古今流不盡流去不曾迴 元稹 荆門灘急水潺潺兩岸猿啼烟滿山渡頭年少應官去日落西陵望不還 唐李涉竹枝詞 當時謫宦向夷陵願得身閒便作僧 李涉謫夷陵題長樂寺 三更浦上巴歌歇山影沈沈水不流 同上 兩崖開盡水回環一葉纔通石罅間楚客莫言山勢險世人心更險於山 雍陶峽中行 世家曾覽楚英雄國破城荒萬事空唯有郵亭堦下柳春來猶似細腰宮 雍陶題夷陵城 夷陵城闕倚朝雲戰敗秦師縱火焚何事三千珠履客不能西禦武安君 胡曾夷陵

家依楚塞窮秋別身逐孤舟萬里行一曲巴歌半江月便應消得二毛生崔塗夷陵夜泊

詩下

三峽倚岧嶢南遷路最遙物華雖可愛鄉思獨無聊歐詩江水流清漳猿聲在碧霄同上朱臘梅花發經霜葉不凋江雲懸蔽日山霧晦連朝歐詩春風疑不到天涯二月山城未見花歐詩楚俗歲時多雜鬼蠻風言語不通華歐詩乎時都邑今為陋敵國江山昔最雄歐詩巴江船賈至蠻市酒旗招時節同荊楚民風載楚謠歐詩二年遷謫寓三峽江流無底色侵天歐詩聞說夷陵人為

愁共言遷客不堪遊崎嶇幾日山行勸却喜山行見峽州歐詩西陵山水天下佳我昔謫官君所嗟官閒憔悴一病叟縣古瀟灑如山家歐詩昔官西陵江峽間野花紅紫多斕斑歐詩西陵長官頭已白憔悴窮愁愧相識歐詩地僻與世疎官閒得身佚歐詩行見江山且吟詠不因遷謫豈能來歐詩夷陵寂寞千山裏地遠氣偏時節異愁煙苦霧少芳菲野卉蠻花鬬紅紫歐詩遊女髻鬟風俗古野巫歌舞歲年豐歐公自注云夷陵俗朴陋惟歲暮祭鬼則男女數百相從而樂飲婦女競爲野服以相遊娛經年謫遷厭荆蠻惟有江山興未闌醉裏人歸青草渡夢中船下武牙灘歐詩楚山

連白帝蜀道控烏蠻吳景夷陵江行倏忽經狼尾回旋過虎頭相看逢白狗猶自見黃牛錢某詩失其名西陵有小邑自古控荆吳形勢今無用英雄久已無誰知有文伯遠謫自王都東坡江水遠流千古恨峽雲長作四時容房輿之山勢低連巫峽遠水流初放蜀江平蕭庭直醉翁昔日經行處追想英風萬古愁芳草斜陽渾似舊茫茫江水自空流汪德輸楓落楚江寒鴈靜月高巫峽夜猿哀秦惟肖明朝一棹夷陵過始覺吳天楚地寬何麟舟行三峽亂峰間雪浪如山毛骨寒一帆喜見楚天闊回首長吁蜀地難陳栢年楚塞亭望州山頭天四低東瞰夷陵

西秭歸峽江微茫細如帶江外千峯青打圍范成大題望州山自昔夷陵爭戰地時平不復問干戈三游洞裏尋遺跡至喜亭前足雅歌洪邁重重山勢荊門去衮衮江流蜀道來洪遵天開圖畫五月江流萬里船迅如飛電擘羣山荊雲峽雨須臾過白帝江陵朝暮間范太史詩見資州志江流不復三峽險天際自此中州寬何逢原水流三峽無今古月照孤城幾興廢吳蜀英雄空戰爭屈宋風騷謾悲慨王十朋

楚塞樓詩

道路連巴塞風煙接楚邱寇準樓上何由楚塞名楚人

會此設重扃固知宇宙同文軌聊把江山作障屏黄播
雲連三峽蒼茫外人在千峯紫翠間曾慥浪痕自記岑
彭壘岡勢元依陸抗城查籥出峽朝天第一州使君重
皺最高樓蜀江雪浪初平處楚國金城欲盡頭劉長源
江轉荆湖第二州巴渝東畔楚西頭張權塞草遠連吴
會去羈懷易逐峽江平郭知古地接荆門形勢遠氣連
吳會物華秋王亢雄當蜀道三千里巍壓荆南十五州
許自誠出峽名標第一樓吳說楚國封疆六千里荆門巖
巒十二碚□□□南標銅柱北虎牙天險城邊古西塞
王十朋但見岑樓名楚塞不知元是國西門何麟亂山圍

楚塞平野落荆州黄人傑

四六

西陵古郡南國上游巴蜀恃爲咽喉荆楚倚爲根柢謝謗啓荆爲重地峽占上游鄰襄漢而當折衝禦侮之機在東南則爲深根固蔕之所謝謗啓杖藜登水榭而揮翰宿春天前稱杜老漾楫泛晴川而捨舟緣翠嶺後美歐公謝謗二陸故壘遺風未遠六朝更戍餘勇猶存黄源楚塞堂記捍蔽南楚控扼西蜀事迹峽居湖嶠地[illegible]岷江管鑑山號虎牙灘名狠尾圖經

輿地紀勝卷第七十三

輿地紀勝卷第七十四 文選樓影宋鈔本

東陽王象之編 甘泉岑鎔 淦 長生 校刊

荆湖北路

歸州 巴東 秭歸 建平 歸鄉 夔國

州沿革

歸州下巴東郡軍事九域志

楚地翼軫之分野此據史記天官書及西漢天文地理志又春秋元命包云軫星散爲荆州范蠡鬼谷先生張良京房張衡諸葛亮譙周陳卓並云翼軫楚荆州漢費直說周易云起張十三度至軫十一度爲楚分漢蔡邕月令章句云起張十二度至軫十一度爲楚分唐地理志峽歸爲鶉尾分

禹貢爲荆州之域元和郡縣志

於周爲夔子之國元和郡縣志云又樂緯曰昔歸典樂叶聲律注曰歸即夔與楚同祖

後王命爲夔子楚以其不祀滅之又按江陵志云周成王封熊繹爲楚子使居丹陽至十八世文王熊貲徙都于郢郢即今江陵府也熊繹元孫熊摯自竄于夔王命爲夔子杜預注左傳謂熊摯楚嫡子有疾不得嗣故別封爲夔又按史記楚世家服虔注曰夔在巫山之陽秭歸鄉是也今郡東二十里有夔子城

楚人滅夔地復屬楚左傳魯僖二十六年秋成得臣鬬宜申帥師滅夔以夔子歸

秦白起攻楚拔郢遂屬南郡昭襄王二襄元年通典云歷代地理與雲安同惟秦屬南郡

二漢因之輿地廣記

魏武平荊州以秭歸屬臨江郡元和郡縣志

三國時先蜀後吳孫權以劉璋爲益州牧住秭歸此據華陽國志在建炎二十四年初劉先主取蜀遷劉璋於南郡後因關羽敗吳據南郡孫權遂以璋爲益州牧住秭歸

吳景帝置建平郡興山秭歸隸焉永安三年晉志又云吳晉各有建平郡合統縣八然吳之建平郡治秭歸晉之建平郡治巫縣此吳晉二郡之

不同也元和志云晉武平吳置建平郡卽今夔州巫山縣是也秭歸縣仍隸焉通典云吳置建平郡在秭歸縣以爲重鎭其地險固孫皓末晉將王濬自蜀沿流伐吳吳之守將吾彥表請孫皓曰請建平增兵若建平不下晉師終不敢過皓不從卽秭歸縣界也晉因之輿地廣記晉又合吳建平爲一郡宋志云吳孫休永安三年分宜都立建平郡領秭歸等四縣晉又有建平都尉領巫縣等四縣晉武咸甯四年領改都尉爲郡於吳晉各有建平郡至太康元年平吳合二建平爲一郡領縣八宋屬荆州南齊屬巴州梁屬信州後周置秭歸郡輿地廣記隋屬巴東郡之秭歸縣舊唐志唐改信爲夔割秭歸巴東二縣置歸州唐志在武德二年又置興山縣唐志在武德三年改巴東郡天寶元年復爲歸州乾元元年五代隸南平天成元年五代職方攷歸峽二州自石晉以後並隸南平皇朝高氏納土乾德元年詔直隸

京師圖經在開寶二年仍隸荆湖咸平二年中興割隸夔州建炎四年尋復隸湖北紹興五年夔州諸司請復隸夔紹興二十一年復歸湖北淳熙四年夔州帥臣兼提舉歸峽兵甲司公事淳熙十五年夔帥楊輔上言夔與歸爲唇齒之邦四川之門戶乞比類贛州例兵甲盜賊之事許本路帥臣節制有旨令｜｜｜｜｜｜｜｜二州｜｜｜｜｜今領縣三治秭歸

縣沿革

秭歸縣 下

倚郭通典云本漢舊縣漢地理志南郡有｜｜本歸子國也舊唐志云漢縣屬南郡魏改爲臨江郡吳晉爲建平郡隋屬巴東郡唐武德置歸州元和郡縣志云漢置｜｜｜周武帝改秭歸爲長寧縣隋開皇二年屬信州大業中以信州爲巴東郡又改長寧爲｜｜｜唐置歸州以縣爲治寰宇記引袁崧有云屈

原此縣人也既破流放忽然暫歸其姊亦來因名其地爲秭歸秭與姊同

巴東縣 下

在州西六十五里舊經云本漢秭歸縣地屬南郡元和郡縣志通典及寰宇記並以爲本漢巫縣地寰宇記又云三國時屬吳舊唐志云漢巫縣地屬南郡周置樂鄉縣隋改爲巴東縣輿地廣記云宋有歸鄉縣後周太和三年置樂鄉縣隋開皇十八年改樂鄉爲巴東以在巴水之東故名隸信州武德二年隸歸州

興山縣 下

在州北八十五里寰宇記云本漢秭歸縣地屬南郡吳景帝永安三年分秭歸縣置丨丨丨隸建平郡隋廢之通典云吳主孫休置丨丨丨武德中分秭歸置下嬙此縣人也沈約宋志云祖山前漢屬武陵後漢屬南郡晉武帝太康元年改爲興山不同舊唐志武德二年析秭歸縣置丨丨丨治白帝城又云舊治高陽城正觀十七年移治太清鎮晏公類要云唐天授二年移治古夔子城端拱二年移治香溪北皇朝熙

甯五年省入秭歸後復置興山者環邑皆山也縣治興起於羣山之上故名元和郡縣志云其城南枕江西帶山東臨香溪水國朝會要云熙甯五年廢爲鎮改隸秭歸縣元祐五年復

風俗形勝

其地險固三國志云吳置建平郡宜都之西部也||||國之蕃表通鑑太始十年吳陸抗疾篤上疏曰西陵建平||||既處上流受敵二境若敵汎舟順流星犇電邁非可恃援他部以救倒懸也此乃社稷安危之機非徒封疆侵陵小害也增建平兵三國志晉將王濬自蜀沿江伐吳吳守將吳彥表皓曰請|||||若建平不下晉師終不敢過皓不從夔歸脣齒之邦四州之門戶楊輔乞兼歸峽甲兵司奏狀其城東北二面並臨絕澗西天溪南大江實爲天險相傳謂之劉備城元和郡縣志又云案先主征吳連營七百里至秭歸此城蓋當時先主所築也左荆襄右巴

蜀面施黔背金房大江經其前香溪遶其後見秭歸志臥牛山下故楚子國晉地理志建平郡下湖楚之北郡十有二歸之地最爲墝瘠建平郡嘉禾詩序荊楚之風夷夏相半晏公類要踏啼之歌晏公類要云巴人蠻蜑人好巴歌名曰踏啼注云荊楚之風夷夏相半有巴人焉有白虎人焉有蠻蜑人焉巴人好歌名踏啼白虎事道蠻蜑人與巴人事鬼紛紛相間寢以成風伐鼓以祭祀叫嘯以興哀詰朝爲市男女錯雜伐鼓以祭祀日未午交易而退故人好巴歌名曰踏啼拔河之戲晏公類要云以麻絙其竹分朋而挽謂之拔河以定勝負而祈農桑郡少農桑農不如工工不如商荊州記建平郡下巫峽峨峨岷江湯湯水天下清山天下秀唐歐陽詹送巴東林明府序

景物上

景物下

巴山在巴東縣治所依也

踏歌本朝張無盡寓跡於秭歸之靈泉因觀西溪燈社隨俗作踏歌四首至今燈夕皆歌之

吒溪在秭歸縣舊經云水石相激如噴吒之聲一名人鮓甕在雷鳴洞之南分三吒官槽口爲上吒雷鳴洞爲中吒黃石口爲下吒吒吒心大潭如甕故號人鮓甕

女布後漢書云盛洪之荊州記曰秭歸縣室多幽閑其女盡織布

合溪在秭歸縣兩溪合爲一故名

香溪即昭君溪也杜詩注云歸州有昭君村俗傳因昭君而草木皆香故曰香溪又云昭君有擣練石在巴東縣溪中即今香溪是也寰宇記云屬興山縣

新灘天聖丙寅贊唐山摧遂成||皇祐問太守趙誠疏鑿有磨崖碑其灘有龍門佛指甲官槽而官槽與龍門相對

龍山在秭歸縣唐乾封中占者以爲上有異氣乃置瓦屋於其山

虎沱即社日沱在秭歸縣

魚倉在秭歸縣

米倉在秭歸縣

金鄉在秭歸縣

櫻魚峽人多取櫻胎之未出者治而食之號曰||

獨醒亭 在歸鄉清烈公祠

獨清亭 在興山縣以三閭大夫故名之

雙鳳堂 在秭歸縣治縣令鄧惟清生二子遂建此堂而名之又值雙柏於堂下後二子俱參政事

三賢堂 在郡學以屈宋之文章萊公之忠烈學者所當敬慕因以建焉

翠峰亭 晏公類要在州衙東南五步大江上

碧巖亭 晏公類要云在州東一里下臨大江

明月山 在巴東山上有竅如明月

清風閣 晏公類要在州戟門東南五步

蒼雲山 在秭歸縣東二十九里山色蒼翠疑與雲接山有黑虎晉永嘉四年於此山得黑虎

白雲亭 在巴東縣寇萊公所建也

秋風亭 在巴東縣寇萊公所建也

水月院 在興山縣東一百里院有水池無陰晴月影常現故名

翰林亭 晏公類要云唐翰林李矗爲刺史建亭嘗遊宴於此在秭歸縣北五里高峯絕頂臥牛山上

學士樓 在教授廳前有八學士山

大沱石 在巴東縣歐陽文忠公硯譜云歸州｜｜｜其色青黑班班其文微麄亦頗發墨杜詩所謂奉使三峽中長嘯得石硯

獨石灘 在秭歸縣

雙城山

在巴東縣兩峯相對如城**三游洞**即巴東龍昌洞至和三年蔣槃彭德純周茂叔三人同游故曰丨丨丨有蔣槃記**三閭鄉**屈大夫所居**三峽橋**在秭歸縣東丨丨丨**四通山**在興山山形斗絕有四徑可上**五龍潭**在秭歸縣**七盤關**在州西五里**八學士山**在秭歸縣有八山疊皆朝州治**九窺灘**在秭歸縣**總宜亭**在興山縣**萬游溪**在巴東縣舊經云舊萬游二姓居此**桐木山**在巴東縣其山多桐故名**蓮花灘**在秭歸縣**棗子林**在秭歸縣**琵琶橋**在秭歸縣昭君選入漢宮時會鼓琵琶少憩于此**側柏山**在秭歸縣其山狀如側柏故名**鎖水頭**在秭歸縣西五里晉伐吳建平太守吾彥爲鐵鎖橫斷江面得名**奇石山**在興山縣東南七十五里上有兩石相對因名**破石山**在秭歸縣舊經云山有大石破爲十字人登陟者咸經其間**滑石灘**在秭歸縣岸皆滑石**靈泉寺**在州西三里面西臨水狀若瀑布張无盡於院著華巖合論有詩云合論流通七卷經點教開眼示羣生

不須天女添瓶水，自有靈泉一派清。

踏洞灘 在秭歸界與空舲相近

空舲峽 在秭歸縣東絕崖壁立湍水迅急上甚艱難舲中載物盡悉下然後得過故謂之｜｜｜上有火爐插在崖間

横樑灘 在巴東縣

曲尺山 在秭歸縣狀如曲尺

覆磬山 在巴東縣

拗頭灘 在巴東縣

掉尾灘 在巴東縣

藏口山 在秭歸縣上有屈原故祠

蜀口山 在巴東縣西四十九里亘巫山界舊云石門山天寶六年改今名

石門寨 在秭歸縣乃崖險去處其鄉民作木梯經由有緩急則斫斷木梯便不通行

石門山 寰宇記云｜｜｜｜在巴東縣東北三十五里山有石逕深若重門劉備爲陸遜所破走逕北門追者甚急備乃燒鎧斷道然後得免圖經以爲石門關通典以爲｜｜｜

石磧灘 在伍相公廟下

板橋灘 在巴東

建陽峽 在興山縣東七十里源出甯都入于香溪委蛇曲折四十八渡約十餘里至建陽村中

雷鳴洞 在秭歸縣大江之左駭浪激石聲若雷鳴

雲居觀 在秭歸縣觀在水中有金銅混元皇帝像并鐵眞人二尊皆開

元間所鑄**崑崙洞**在秭歸縣西六里石壁上有崑崙兒影手指洞中故名**清冷泉**出東溪石罅極清冷作亭其上因泉爲名石碣尚存**清白泉**在興山縣有碑在雲錦堂**屈曲山**在秭歸縣**樂平里**本屈原故宅原既被放忽然暫歸有賢姊曰女須亦歸諭令自寬離騷所謂女㜷之嬋媛兮申申其詈予也袁崧以爲秭歸之名始於此**望響洞**在秭歸縣**不語碚**在秭歸縣每有船過舟人不令語言**東犇灘**在秭歸縣**南羅溪**在秭歸縣**南浦灘**在秭歸縣**左顧山**在巴東舊經云有兩石壁若人同顧之狀**下牢溪**在秭歸縣西七十里杜甫詩云始知雲雨峽忽盡下牢邊**臥牛山**在秭歸縣治之後山形若臥牛上有翰林亭**隱驢山**在巴東縣東三十五里父老相傳云譚正夫騎驢入此山而隱因得名**野猪山**在秭歸縣多丨丨故名之**老鼠岍**在秭歸縣岸崖有一穴號曰丨丨丨**鯿魚灘**在秭歸縣又巴東縣有丨丨丨**龍興觀**在郡東北有唐元皇帝像及唐儀鳳二年歸州刺史董寄生造銅鐘重千斤見

存**龍昌洞**亦名三游洞在巴東有龍昌寺此洞非石洞乃山水之奇觀也一洞十里可以浮舟往來**龍堆灘**在巴東縣**龍湫洞**在秭歸蒼雲山之下**虎怕灘**在巴東縣**虎翼寨**在巴東縣東北乃興山至秭歸路也**馬犇灘**在秭歸對岸有楚王城即古丹陽城**馬肝山**在秭歸有石如丨丨在江之北**馬鞍山**在秭歸縣**雞嶺山**在巴東縣**燕子洞**在秭歸縣每秋社後燕子多集其中**雞肋山**在巴山縣**麝香山**晏公類要云在秭歸縣南一百二十里山多丨丨**羊牙灘**在秭歸縣**狼尾灘**六朝攻守圖云丨丨丨上有安蜀城**黿甲灘**在秭歸縣江岸有石如丨丨狀**人鮓甕**吒灘在秭歸一名丨丨山谷竹枝歌云命輕丨丨丨船頭郎此**鸕鷀磊**在秭歸縣**白馬驛**在興山縣驛畔石崖如白馬狀**黃顙洞**在秭歸縣**朱雀山**在秭歸縣南與州治相對因取南山丨丨之義**白狗峽**在秭歸縣東三十里據道經係七十二福地之數又名雞籠山荊州記水經注皆云秭歸丨丨丨蜀江水中兩

面如削絕壁之際隱出白石如狗形其足故名天欲雨則狗形青居人以此卜陰晴也元和郡縣志云石形隱起如狗因名之此石大水則沒行人無不投飯飼之

鯉魚磊在秭歸縣

青羊溪在巴東縣中有青石其狀如羊

螺玉山或曰螺屋山在興山縣之北

螺金山或曰螺巾在興山縣北

玉虛洞晏公類要云在興山縣南五十里舊經云唐天寶五年有人遇白鹿於此山薄而窺之乃有洞可容千人周迴石壁隱出異文成龍虎之形花木之狀日居左而圓月居右而闕如磨如琢若畫顏色鮮麗不可備述中有石座者三瑩然明白有石乳自上滴下結成物象列之前後宛如幢節皆溫潤如玉因謂之｜｜｜三伏之際凜若九秋郡守奏其狀乃於洞之側置觀晏公類要云御賜題額度道士七人

白洞灘晏公類要云在秭歸縣古詩云流頭白洞空相持

青樹溪在秭歸縣

黃石灘 **青石灘**並在秭歸縣

青銅山在巴東縣舊經云山出銅鑛

赤石灘在巴東縣

太清鎮元和郡縣志云在秭歸縣東七里相傳云此城居三峽要衝塞

山蠻之路孫權於此置城以備蜀號曰吳城開皇七年於此置丨丨丨唐地理志云秭歸縣東南有丨丨丨天寶六年廢**金栲栳**在秭歸縣昔有僧於此得丨丨丨故名**銅錢灘**在巴東縣又有鐵錢堆在巫山界**鐵峰山**在巴東縣舊經云山出鐵鑛**金蓋山**在巴東縣舊經云狀如傘故名**傘蓋山**在巴東縣舊經云狀如丨丨**水簾洞**在秭歸縣西二里有水自龍山而下掛崖如簾

古跡

丹陽城在秭歸東三里今屈沱楚王城是也北枕大江周十二里山海經夏啓封孟除於丨丨丨丨輿地志秭歸縣東八里有丨丨丨熊繹所封也元和郡縣志云在秭歸東七里楚之舊都也周武王封熊繹於荆丹陽之地即此也與江南丹陽不同治平中秭歸令韓象求有楚王城記通典云昔周成王時楚熊繹初都丹陽今東南故城縣是也後又移枝江亦曰丹陽**夔子城**寰宇記云在秭歸縣東二

十里春秋夔子之都熊摯所治也亦稱爲夔子之都蓋封於彼而滅於此水經云江水東經夔城南酈道元注云熊摯始治巫城後復移此城蓋夔徙也春秋傳楚令尹子玉城夔是也

高陽城　元和郡縣志云在興山縣西三里城在山上楚自以爲高陽之裔故有｜｜｜

歸鄉城　在秭歸縣東五里故歸國也

劉備城　卽今州城昔先主征吳連營七百里下至秭歸此蓋當時所築

樂鄉城　在巴東縣東一百步按隋地理志云後周爲樂鄉縣

安蜀城　在秭歸縣東八十里巴東志云在很尾灘上故壘猶存

信陵城　皇朝郡縣志云在巴東縣西十五里後周爲樂鄉縣卽此城是也

回鶻營　在郡西之二里唐會昌三年勑以歸降回鶻五十六人置營于此

秦王洞　在秭歸縣西南一百里舊經云世傳舊有神人出遊被衮冕自稱秦王故名

楚王洞　在秭歸縣

向王山　在巴東縣北臨大江山傍有鐵槍頭長數丈經數百年不見少損目曰向王槍

堯時餘燼　荊州圖經云空舲峽山在秭歸縣東絕崖壁立數百丈飛鳥不能棲有一火燼插石崖間望見可長

數尺相傳云堯洪水時行者泊舟崖側爨於此餘燼插之至今猶曰插竈

屈大夫宅 東漢地理注引荊州記云秭歸縣北一百里有屈平故宅累石爲屋基今其地名樂平宅其東北六十里有女須廟實宇記云女須即大夫姊也有擣衣石猶存

宋玉宅 在州東五里杜甫詩云搖落深知宋玉悲風流儒雅亦吾師江山故宅空文藻雲雨荒臺豈夢思

昭君村 在州東北四十里樂天過||||詩靈珠產無種彩雲出無根亦如彼姝子生此遐陋村杜甫詩云羣山萬壑赴荊門生長明妃尚有村一去紫臺連朔漠獨留青塚向黃昏

公孫樓柱 盛[宏]之荊門記曰巴東有一折柱孤直高三丈大可十圍傳云是公孫述樓柱破之血出枯而不朽

萊公遺迹 蘇東坡過巴東縣聞頗有||||詩云萊公昔未遇寂寞在巴東聞道山中樹猶餘手種松

寇萊公祠 在龍興觀之西中爲仰止堂又巴東亦有祠祠有萊公柏二株在縣庭民以比甘棠

伍相廟 在縣東十五里舊經以爲子胥非也伍舉事莊王王委之以國政或者其伍舉之廟乎

名山向王廟 在秭歸東陽人

姓向名公輔隋大業二年於所生之地穿山鑿石顯靈著異鄉民即其地立廟廟在縣東三百步

泰山廟 在興山縣西北巴東志云太祖征蜀夢神告以得蜀來日提至太祖祈前所夢之神曰｜｜府君也鄉人因立祠焉

宋大夫廟 在秭歸縣東五步即宋大夫故宅也

清烈公廟 元和郡縣志云屈原宅在興山縣北三十里晏公類要云三閭大夫祠在秭歸縣在州東五里即屈原之故宅也陸游歸州重午詩云屈平鄉國逢重午不比常年角黍盤

明妃廟 昭君名嬙避晉諱改曰明妃本縣人王穰之女也年十七漢元帝時待詔掖庭不得見後單于願婚漢氏於是以昭君行寰宇記云在興山縣昔明妃入胡於馬上彈琵琶怨且歌爲詩曰黎萊萋萋其葉元黃有鳥處此集于苞桑昭君服毒而死單于舉國葬之胡中多白草而此冢猶青鄉人思之爲之立廟廟庭之中有大柏樹周圍六丈五尺枝葉蓊鬱出其故臺及有擣練石在昭君溪中孟倫撰明妃廟記云新月娟娟目斷於漢家宮闕陰靈黯黯魂銷於敵地塵砂

紫極宮黃魔神 寰宇記載其廟記云咸通壬辰翰林蘭陵公蕭

遘自右史竄黔南泝三峽次秭歸夢神人曰險不足懼公詰之曰我｜｜｜也居紫極宮之西北隅將祐助明公出于此境又廟記載李吉甫自忠州除替峽漲洶怒忽有神人湧出水上爲之扶船李公祝而謝曰是何神也神曰我黃魔神也本朝寇萊公經從吒灘亦有神扶船而下自號黃魔

漢景帝廟 在秭歸縣西八里

楚冢 劒南詩藁云歸州光孝寺後有｜｜近歲或發之得寶玉劒佩之類陸游詩有曰秭歸城畔蹋斜陽古寺無僧晝閉房殘珮斷釵陵谷變苫茅架竹井閭荒

官吏

漢杜延年 漢書云｜｜封建平侯

蔡邕 東漢書云｜｜嘗爲巴東太守

吳吾彥 晉王濬造舟於蜀吳建平守｜｜曰宜增兵守建平晧不從彥乃爲鐵鎖以斷江流及晉師臨境諸城皆潰惟彥不下

蜀羅憲 爲巴東太守蜀亡守永安以拒吳

蜀李嚴 嘗宰秭歸後與諸葛亮並受遺輔政

寇準 太平興國中爲巴東令有野水無人渡孤舟盡日橫之向手植雙柏後人呼爲

萊公柏

趙誠天聖丙戌州東二十里贊唐山崩蜀江斷流沿泝易舟以行皇祐間郡守｜｜首以此畱意躬親督責附薪石根火縱石裂不半載而功成江開舟濟名曰趙江有磨崖銘今新灘有雙廟在秭歸縣東二十里祠江瀆黃牛二神象之竊謂贊山壅江流沿泝皆易舟故上祀江瀆下祀黃牛自｜｜｜鑿開新灘之後沿泝無易舟之苦皆趙史君誠之功而祀典不及第祀二神失其旨矣

張商英崇甯初爲尚書右丞時蔡京爲相議多不合謫知亳州入元祐黨籍京復相以散官安置歸州量移峽州

陳祐東都事略云陵井監人舉進士歷右正言右司諫以論事切直倅滁州蔡京用事貶歸州

黃民望永嘉人爲歸州教授逆曦之變人無固志民望獨倡明大義條畫守計

人物

屈伯庸屈瑕之後也采食於屈因氏焉生女須及子原女須廟在原宅東擣衣石猶存

屈原名平仕楚懷王爲三閭大夫與王圖議政事王甚珍之同列上官大夫及靳尚共譖毀之乃作離騷冀王

覺悟懷王入秦原力諫不從王客死於秦而襄王立復用讒言遷原於江南作九歌天問九章遠遊卜居漁父等篇以見志遂自沉汨羅**宋玉**屈原弟子爲楚大夫閔其師忠而放逐乃作九辯以述其志今秭歸縣玉之故宅也**梁嚴植之**字孝源秭歸人也仕梁爲博士生徒常數百人撰吉凶禮儀註四百七十九卷**唐譚伯亮**巴東人也好聚書手鈔千餘卷臨歿聚其親書曰子孫必有儒者興苟無人可焚之通衢**譚述**正夫十世孫嘗參山谷先生與之帖云欽聞清尚甚相思語於泉石間述有題詠甚富紹興庚戌楊進寇荆峽述命其子攻賊壘進失利**李景威**長編云歸州人在荆南時景威願假兵三千攻退王師計不行因扼吭而死**田祐恭**思州人建炎四年判將王闢陷興山縣遂破歸州鈐轄｜｜｜以木弩射之闢敗去繫年錄**万俟卨**紹興十四年參政｜｜｜使敵還秦檜假金人譽以數十言囑卨奏於上卨不可檜怒卨坐歸州居住繫年錄

仙釋

爾朱先生｜｜｜｜洞在興山縣西二十一里雲居觀之南先生修煉之所梁南嶽鄧先生名郁建平人隱於衡山辟穀三十餘年以澗水服雲母天監十四年無疾而終向油筒蘇溪人常遊成都大慈寺許元夕施油燃燈及暮止腰一筒而來向巡盞傾油無不及處題壁云秭歸｜｜｜｜而去僧道琮號清散和尚張無盡鄒道卿龔彥和張才叔皆爲之序云

碑記

古松枝碑在高陽鄉朱家村碑在樹上去地十許丈相傳云昭君祖塚碑石柱廟碑廟在秭歸縣之長城鄉柏長村唐黃魔神廟記載唐蘭陵公自右史竄黔南泝峽夢神將其祐助公出郡紀載甚詳乾符丁巳司戶袁循記今其碑在紫極宮又有譽鄉磨崖趙公記及張無盡正訛碑載李吉甫及寇萊公舟行皆獲神之助云玉虛洞碑有唐碑一片在洞門崖石之下混元皇帝像在郡西五里天慶觀開元二十九年牛仙客奏置天寶元年劉守滔刻之石唐

元皇帝像及唐銅鐘在郡北龍興觀內有元皇帝像及唐儀鳳二年歸州刺史董寄生所造銅鐘重十斤

懷忠堂記至和中蔣㮣作丨丨丨丨謂戰國詎今作者如宋玉則止於辨王褒止於懷劉向止於嘆賈誼止於弔皮日休止於諷梁悚則悼騷而已楊雄大儒猶曰遇不遇命也何必湛身哉不知先生之心三仁之心也蔣㮣有三游洞記與周茂叔俱游則處交必端矣

總歸州詩

宋玉歸州宅雲通白帝城杜甫入宅詩

若道士無英俊才何得山有屈原宅杜甫最能行

瞿唐漫天虎鬚怒歸州長年行最能杜甫最能行

巫山廟花紅似粉昭君村柳翠於眉誠知老去風情少到此爭無一句詩白居易

何事荊臺百萬家只教宋玉擅才華李義山詩

晚日寒天過秭歸

江天點點上愁眉況經宋玉愁秋處不特秋悲冬亦悲王十朋過宋玉宅詩靈均遺宅尚蘭畹熊繹舊城空竹叢同上歸州男子屈靈均歸鄉女兒王昭君山窮林薄不肥沃生爾才貌空絕羣男爲逐臣沉湘水女嫁穹廬夫萬里漢宮無色楚無人醜陋險邪君自喜張天覺楚國羈臣放十年漢宮佳人嫁千里山谷生男禁多才長沙伴湘纍生女禁太美陰山嫁胡兒絳灌通侯延壽死琵琶休怨漢天子唐庚東都男兒得湘纍西舍女兒生漢妃城郭如村莫相笑人家閥閲似渠稀范成大寫眞不怨毛延壽視死還同屈大夫異世同鄉俱薄命空

令千載起嗟吁汪藻放逐臣之常胡爲乎汨江不先於楚死未免作秦降黃熙謾取忠臣比香草不知讒口起椒蘭晏殊生來葬魚腹死後觸龍鱗楊備恥見橫人欺楚約忍聞稚子勸君行樊賓故宅秭歸江前山楚王城眷言懷此都不比異姓卿王十朋秦地昔聞償六里楚人今尚祀三閭關中屈大夫詩身乘華輅思熊繹詞誦離騷弔屈原城邑舊爲夔子國民人多是楚王孫王十朋贊唐山石裂半岸壅過波濤雪霜起張無盡新灘詩亂石烏牛伏驚濤白馬奔大家齊拭目看我過龍門秭歸集詩驚心烏石蓮花淖過眼黃牛竹節灘征棹直從中湍去好山

只得片時看秭歸集詩竹籬茆舍作晩市青蓋黃旗稱使君范成大竹聲蕭條衙鼓靜唯有吒灘喧萬雷范成大絕代昭君村驚世屈原宅范成大屈原宅畔蕙蘭怨神女祠邊雲雨愁邵伯溫秭歸通遠徼巫峽注驚波韋應別譚孝靡十二峯頭月欲低空零灘上子規啼同上

巴東詩

巫山暮足霑花雨楚水春多逆浪風白樂天入峽次巴東詩又云兩片紅旌數聲鼓使君艛艓上巴東野水無人渡孤舟盡日橫寇萊公知公惠在巴東不識三朝社稷功平日孤舟已何處江亭依舊傍秋風蘇轍雙柏今何在孤舟尚此橫陳堯臣

謂語巴東人世世當諱準蘇轍只道和戎功第一不知上策在親征邵博澶淵一斷奇功業句在孤舟野水中王十朋江上秋風宋玉悲長官手自葺茅茨人生窮達誰能料蠟淚成堆又一時陸游秋風亭詩云巴東詩句澶淵策信手拈來盡可驚陸游巴東三峽盡曠望九江開楚塞雲中出荊門水上來胡皓櫓聲嘔啞下巴東路接陽臺十二峯張商英

興山詩

延我於穹廬加我閼氏名殊類非所安雖貴非所榮石崇秋簷照漢月愁帳入胡風梁簡文帝專猶妾命薄誤使

君恩輕薛道衡　尺餘馬上曲猶作別時聲陳長城公　祕殿扃仙卉彫房鎖玉人毛君眞可戮不肯寫昭君雍洛靈異記隋煬帝在維陽有美人作遺意詩云云見廣陵續志　薄命由驕敵無情是畫師沈佺期　漢月還從東海出明妃西嫁無來日燕支長寒雪作花蛾眉憔悴沒胡沙生乏黃金枉圖畫死留青冢使人嗟李白　今日漢宮人明朝胡地妾李白　丹青能使醜者妍無鹽翻在深宮裏李白　黃金不買漢宮貌青冢空埋胡地魂僧皎然　若道巫山女麤醜何得此有昭君村杜甫　羣山萬壑赴荆門生長明妃尙一村一去紫臺連朔漠獨留青冢向黃昏杜甫古迹　自是君恩薄如紙不

須一向恨丹青白居易 白黑既可變丹青何足論竟埋代北骨不返巴東魂白居易 毛延壽畫欲通神忍爲黃金不爲人李義山詩 何事將軍封萬戶却令紅粉爲和戎胡曾詩 漢國明妃去不還馬駝絃管向陰山匣中縱有菱花鏡羞對單于照舊顏唐詩紀事楊凌明妃怨 影銷胡地月衣盡漢宮香妾死非關命都緣怨斷腸唐詩紀事顧朝陽昭君怨 曾爲漢帝眼中人今作狂胡陌上塵身死不知多少載塚花猶帶洛陽春蔣吉昭君塚 誰能殺畫工於事竟何益耳目所及尚如此萬里安能制夷狄歐陽修 意態由來畫不成當時枉殺毛延壽王安石 遣妾將身事戎敵

可憐羞殺漢廷臣石賡胡敵何曾不弄兵枉使蛾眉沒敵廷石賡好將巾幗賜朝臣可惜衣冠輕點污犬馬猶懷報主心妾身不恨丹青誤李朴妾身在代不如意漢中胡中俱斷腸馮時行極目胡沙滿傷心漢月圓一生埋沒恨長入四條絃文同

四六

輿地紀勝卷第七十四

輿地紀勝卷第七十五　文選樓影宋鈔本

東陽王象之編　　甘泉岑鎔溢長生校刊

荊湖北路

辰州　辰陽　辰溪　敘浦　義陵　盧溪　巫黔

州沿革

辰州　下　沅陵郡元和郡縣志爲盧溪郡軍事九域志楚地翼軫之分野西漢地理志軫星散爲荊州春秋元命包爲鶉尾分唐州志本古荊蠻地詩所謂荊蠻晏公類要槃瓠之後也事見東漢西南夷傳春秋屬楚秦昭襄王使白起伐楚略取蠻夷地置黔中郡寰宇記云今沅陵縣西二十四里故城是也漢高帝置武陵郡屬

荊州漢書地理志註云武陵郡高帝置莽曰建平屬荊州輿地廣記云漢高帝二年改義陵郡光武始改武陵郡按西漢志有武陵郡而無義陵郡東漢郡國志秦昭王置黔中郡高帝五年更名先賢傳曰晉代太守趙厥問主簿潘京曰貴郡何以名武陵京曰鄙郡本名義陵在辰陽縣界與夷相接爲所攻破光武時移東出亦無高帝改義陵之文不知輿地廣記何所依據今削去義陵二字又晉志亦云漢高帝改黔中爲武陵郡無義陵之文西漢志止有義陵縣然輿地廣記以爲高帝二年更名武陵郡元和志以爲高帝五年更名武陵郡亦不同象之謹按高帝二年漢祖方定關中與項王戰爭豈暇改易黔中郡縣之名若曰五年更名則是漢定天下之後何庶幾耳而沅陵沅水所經辰陽辰水所出今爲辰溪酉陽酉水所出義陵本序水所出今爲溆浦叅屬焉大率皆以水得名也或云酉辰東西水對稱耳並風土記東漢光武時武陵蠻反沒劉尚軍後遣馬援擊破之元和郡縣志羣蠻遂平號辰陽

縣見寰宇記然西漢志已有辰陽縣則辰陽爲縣非在東漢也後亦屬武陵郡通典

三國時或吳或蜀自晉及宋齊並爲武陵郡地此據通典

陳文帝分武陵郡之沅陵縣置郡圖經云在陳天嘉元年而隋志云舊置沅陵郡寰宇記輿地廣記亦不言郡之所治當從圖經隋改爲辰州取辰谿爲名元和郡縣志云在開皇九年又云按辰溪蠻夷所居也其人皆槃瓠子孫或曰巴子兄弟入爲五溪之長今西溪在州西次南武溪次南沅溪次南辰溪東南熊溪次東南朗溪其熊朗二溪與酈元水經註不同推其次第相當則五溪盡在今辰州界也煬帝改爲沅陵郡大業唐復置辰州寰宇記云武德四年平蕭銑置辰州置都督府督巫業錦三州舊唐志在景雲二年尋罷舊唐志在開平十七年明皇改爲盧溪郡天寶元年復爲辰州乾元元年皇朝太祖平荊湖除徭人秦再雄爲辰

州刺史蠻猺悉皆向化風土記自熙甯中章子厚置沅州割辰之麻陽招諭二縣以隸焉辰砂出於麻陽則今之辰砂非辰所產矣而辰見領縣四治沅陵

縣沿革

沅陵縣 中

附郭元和郡縣志云本漢舊縣屬武陵郡王莽改爲沅陵後復舊通典云本漢下雋縣地舊唐志云沅陵漢辰陽縣屬武陵郡本秦黔中郡縣也隋改辰陽爲辰溪仍分置沅陵縣乃置沅陵郡武德四年改爲辰州以沅陵爲理所

盧溪縣 下

在州西南一百三十里元和郡縣志云本漢沅陵縣地梁天監十年置盧州蕭銑於此置丨丨丨以南溪

爲名唐志云武德三年析盧溪置不同象之謹按唐武德四年平蕭銑則三年置縣尚在蕭銑有國之時也舊唐志亦云在武德三年分沅陵縣置

辰溪縣 下

在州東南二百六十里舊志云辰溪舊曰張陽平陳改名并廢故夜郎郡置靜人縣尋廢又梁置南陽郡建昌縣陳廢縣開皇初廢郡置壽州十八年改爲兗州大業初州廢元和郡縣志云本漢辰陵縣屬武陵郡後改曰辰陽以在辰水之陽離騷云朝發枉渚夕宿辰陽是也舊唐志云漢辰陽縣地隋分置辰溪縣

漵浦縣 中下

在州東南一百三十五里元和郡縣志云本漢義陵縣地離騷云入漵浦而邅迴即此也唐志云武德五年分辰溪置此縣輿地廣記云其城劉備所築

風俗形勝

郡在辰水之陽取辰溪以爲名風土記內控諸蠻咽喉外爲武陵障蔽辰州風土記云大抵辰當沅靖諸蠻咽喉出沒之地內可以控諸蠻而外爲武陵障蔽諸蠻不由此則商販不通武陵不得此則諸蠻通境雖欲高枕而臥不可得也

境內險要去處風土記云舟行東自桃源由鎗崖泝流而上湍流急險水多亂石而壺頭爲最陸行自桃源入夷望山六孟坡抵州州治重崗複隴西距沅境而五峴坡截然高峻沅昔恃此以爲固會溪在州北境當保靜南渭永順三州之衝烏速近沅陵浦口據辰溪敘浦往來之路此皆｜｜｜｜｜｜唯敘浦取長沙武崗比他道差坦夷

沅恃以爲固見上風土記

仰給鼎澧荊岳風土記曰辰沅靖三州朝廷非有望其賦入也往時本路轉運使每歲於鼎州撥支錢七萬貫絹二千五百匹紬四百匹布五百匹岳州撥紬二千七百匹綿七千兩澧州撥絹一千匹綿一萬兩荊門軍撥絹一千匹以此當一歲之計而沅靖所入亦稱是故兵廩贍給足以控制自紹興初湖盜鍾相竊發之後而辰

之歲計不行支撥止於鼎州支錢四千五百貫自是官兵俸給日窘隆興初守臣徐彭年有請于朝歲添給二千緡終未能少紓其窘也

槃瓠之後服章以班布爲飾隋書地理志云沅陵郡多雜蠻夏人雜居者則與諸華不別其僻處山谷者則言語不通嗜好居處全異頗與巴渝同俗諸蠻本其所出承槃瓠之後其服章多以班布爲之飾

辰州鬪屋圖經云風俗尚治屋宇五溪俗諺｜｜｜｜今連甍接棟皆覆以拔竹意古今貧富有不同也

五溪十洞頗爲邊患寰宇記按沅陵記云｜｜｜｜｜｜｜｜自馬伏波征南之後雜爲郡縣其民飯擾蓋恃險所致

居城市者衣服言語皆華人而山谷間頗雜以猺俗皇朝郡縣志風俗門

景物上

五溪水經云武陵有｜｜謂雄溪樠溪酉溪潕溪辰溪悉是蠻夷子孫後漢書註云今在辰州界元

和郡縣志亦曰｜｜盡在辰州界杜甫詠懷古迹五溪衣服共雲山註｜｜｜蠻夷所居馬援所征之地後漢武威將軍劉尚擊武陵｜｜蠻夷註

辰溪 寰宇記云即五溪之一也有白璧灣灣如半月亦號半月灣

辰水 漢書地理志云辰水出三峿山谷南入沅

盧水 元和郡縣志云在盧溪縣西二百五十里即武溪所出

沅水

酉水 ｜｜在州西南五里｜｜在州西北五里至並合流

沅陸 沅陵縣王莽改爲｜｜

沅陵 陳天嘉元年分武陵以舊｜｜縣置郡隋初改爲辰州大業改沅陵郡

武山 在盧溪縣武陵記云有磐瓠石窟見後

武陵 在盧溪善歌錄云武溪深復深飛鳥不能渡獸遊不能臨又曰下潦上霧看飛鳶墮水中即此也

潊溪

潊水

潊川 在潊浦縣出鄜梁山注于沅楚詞所謂入潊浦余邅迴兮迷不知吾之所如即此水也漢書云出鄜梁山

酉口 荆州記云沅陵縣居｜｜在武溪北

石窟 武陵記曰今山邊有石窟即馬援征蠻所居

紫山 在辰溪縣

丹湍 在沅陵吾山昔鄧艾在山爨丹於山落沅水今呼丹湍見元和郡縣

志

銅柱在盧溪縣會溪城對江三十步詳見碑記門　**芋山**寰宇記云在沅陵山有蹲鴟如兩斛大食之終身不飢今民取之　**葱山**寰宇記載沅水記云沅陵縣有孤山巖石上有葱如人植人時往拔取輒絕禱神而求不拔自出武陵記謂之葱嶺　**藍溪**在沅陵縣南十五里　**荔溪**在沅陵縣南十五里　**熊溪**在盧溪縣西三十里

景物下

漵流山在沅陵縣東一百三十里　**怡容山**在沅陵　**嵳峩山**在漵浦縣　**居住山**在盧溪縣　**磨嵯山**　**高明澗**在漵浦縣又有高明山　**光明山**在沅陵縣出朱砂又有光明山相亘亦出朱砂　**施黔水**在會溪城　**金井山**在漵浦山　**銅山寨**在辰溪縣　**紫溪山**在漵浦縣　**黑巖洞**在漵浦縣其中闇黑如漆故名　**白霧隘**在漵浦縣　**青溟灘**在沅陵縣明月山下　**紅旗洞**在漵浦縣耆舊云昔湖南馬氏遣兵收武

陵蠻至此隱隱見巖石中有似紅旗舒展**白璧灣**寰宇
之狀遂屯其上山有茶人呼爲馬王茶
記曰卽五溪之一也有｜｜**龍門澗**在辰溪縣南水
｜灣如半月亦號半月灣經註云龍門水
人辰**龍池洞**在漵浦縣**龍門山**寰宇記云龍門山一
溪西十里名光明砂井土人採
取入井把火行**龍溪觀**在辰溪有遁世高蹈先生善
二里燒石取之卷冢祥符六年勑封坐禁樵
採**仙靈澗**在辰**壺頭山**在沅陵縣百三十里寰宇記
溪縣云後漢馬援征蠻穿山爲室
以避炎氣武陵記曰｜｜｜邊有石窟卽援所居室
也此山頭與東海方壺山相似神仙多所遊集因名
｜｜山下有援停軍處荆**楠木洞**在漵浦縣二十里
公詩云但知鄉里勝壺頭石壁峭立梯竹以
登劃見天碧可納日月光景行未半有漲水蓋龍池
云洞中多怪石楠木羅洞門因名下瞰流水名無盡
溪**東亭澗**在沅**北斗灘**在沅**雲洞橋**在漵浦縣東橋
陵縣陵縣下有石巖凡遇
陰晦則洞中雲霧**無盡澗**在漵浦縣**無時山**坤元錄
生故名｜｜｜楠本洞云辰州

漵浦縣西北三百五十里丨丨丨彼蠻俗當吉慶之時親族會集歌舞於此山山多茶樹

半月灣在辰溪縣灣如半月故名

明月山在沅陵縣東一百三十里沅川記曰山下有明月池兩岸素崖若被雪寒松如插翠

明月洞在溆浦縣東六十里洞在巖上穴水一泓狀如月

景星觀在溆浦縣在城亦有丨丨丨

景星寺即今城西安福寺也唐高宗東討景星見南方因令天下置寺以景星為名

高都山在沅陵縣東二百五十里

大曲山在沅陵山中多枯木見寰宇記

小西山見酉陽逸典

大溆山在溆浦縣

三晤山漢書地理志云辰水出丨丨丨山下有三晤寺

三亭水沅水記云五溪之外有別溪名丨丨丨

五城山元和郡縣志云在辰溪縣東南三百六十里武陵記云楚威王使將軍莊蹻定黔中因山造此城

五溪蠻故老相傳云楚子滅巴巴子兄弟五人流入黔中漢有天下名曰酉辰巫武沅等五溪各為一溪之長故號曰丨丨丨又曰皆槃瓠子孫自為溪長非巴子兄弟見寰宇記

古迹

酉陽縣 九域在巫陽古城下註曰漢書地理志武陵郡有｜｜｜ **古漏城** 在沅陵縣寰宇記云漢橫海將軍韓說集兵於此 **都尉城** 武陵記云在西沅二川交互口津渚平闊城中遠眺行舟若樹一葉也 **靈州城** 在辰溪縣北 **巫陽城** 在辰溪縣北 **黔陽故城** 在沅陵縣烏速灘之東晉武帝置黔陽縣即此地 **鴈陽故城** 在沅陵縣 **黔中故城** 元和郡縣志云秦在沅陵縣西三里 **臨沅府城** 在沅陵縣 **平阿故城** 在沅陵縣光武時蠻反宋均築此城以拒之 **酉陽故城** 晏公類要云在沅陵縣西漢書地理志武陵郡有酉陽縣 **車靈故城** 在漵浦縣南一里靈則吳之叛臣入叙溪以自保後爲吳將鍾離牧殺之見元和郡縣志云 **劉尚故城** 在沅陵縣西南一百二十里今城雖廢亦控阸蠻獠之地 **會溪城** 皇朝郡縣志云本溪州五代時溪州刺史彭士愁遣子師暠率獎錦諸州降于馬氏至皇朝而師暠

之弟師晃乞於溪州舊基築城至嘉祐中彭士義叛已而乞降熙寧八年遂改爲|||隸沅陵縣官有知城巡檢主簿東距州城一百二十里

槃瓠跡 輿地廣記曰盧溪縣源石上有||||猶存磐瓠者高辛氏狗衛犬戎吳將軍頭致之闕下帝妻以少女槃瓠負女入南山上石室中生六男六女自相夫妻後遂滋蔓今五溪蠻夷即其種也事見東漢志

槃瓠石窟 元和郡縣志云盧水在盧溪縣西二百五十里即武陵所出黃閔武陵記云山高可萬仞山半有||||可容數萬人窟中有石似狗形蠻俗相傳即槃瓠也又有班蛇四眼大十圍不知長幾里

新息王廟 在漵浦縣即漢新息侯伏波將軍馬援也

唐明皇像 在天慶觀

酉陽逸典 方輿記云有小酉山山下有石穴中有書千卷秦人避地隱學於此因留之梁湘中王繹訪||||者以此也

大酉華妙洞天 堯時善卷唐張果皆會隱居此地名爲||||

善卷先生冢 皇朝郡縣志云在辰溪縣西南先生事見莊子耆老傳冢在此邦

官吏

後漢宋均 均爲辰陽長其俗少學者而信巫鬼爲立學校禁絕淫祀人皆安之

王翃 唐書云晉陽人天寶中擢才兼文武科爲辰州刺史與討襄州康楚元有功

溫造 唐大歷中爲刺史事見仙釋瞿相庭下註

張綸 汝陰人辰州溪洞蠻寇邊以綸知辰州賊遁去後蠻爲辰澧沿邊安撫諭蠻酋使脩貢與之盟刻石于境上

秦再雄 東都事略周行逢傳載太祖既下荆湖思得通蠻情習險阸智勇可任者以鎮撫之有辰州猺秦再雄者長七尺武健多謀歷山飛塹捷如猿猱太祖召至闕下除爲辰州刺史官其一子仍使自辟吏屬盡與一州租賦再雄遣親校二十八人分使諸蠻以傳朝廷招懷之意各得降表以聞蠻猺悉皆向化矣

吳審禮 丨丨丨興國人嗣復之子哲宗朝辰之猺人數寇境內以公知辰州公覗纂郎解甲撤備以誠信結人猺人感悅一境晏然公去輒復來寇部使者以聞上復任公自是在辰十年境土無一塵之警

楊抗 辰境皆深山窮谷無人之境蠻人間相剽

掠通判楊抗置立火樓伺其出入則鳴鼓爲號鼓聲相續數刻之間自城下達辰溪蠻人震駭幾至屏迹

邵隆 紹興中｜｜在商州披荆棘立官府州界金王人隆怏怏不已秦檜怒以隆知辰州繫年錄

趯 錢｜｜責全州未幾李光得責經過全州謁趯請貸千緡以二百千隨行八百千送歸家趯以八百千併光家書遣門吏行門吏持光書赴秦檜府陳首檜怒送大理寺寺差人取趯將趯錮身押往趯下法寺問與李光謀叛情節枷絣栲掠備至竟坐光累責辰州檜死得還

遷客附

人物

王庭珪 胡銓鄉人也銓過海以詩送之曰癡兒不了公家事男子要爲天下奇又云百辟動容觀奏牘幾人同首愧朝班得責辰州居

仙釋

瞿柏庭 辰溪人唐大歷四年避寇武陵師善卷先生事法師黃洞仙因有所遇仙去

家在辰溪縣西龍興觀事見於莊周之書舊矣而冢墓不詳於載籍此邦老傳習以爲是先生之冢

黄元仙 隋人隋亂棄官與夫人瞿氏隱于州西羅山與瞿氏上昇

鬼葬山 太平廣記云溆浦縣有鬼葬山巖中有棺木望之可長十丈謂鬼葬之墟耆老云鬼七日造棺昏晝唯聞斧鑿之聲因以爲名

碑記

銅柱銘 在會溪城晉天福五年溪州刺史彭士愁納土求盟楚王馬希範請于朝以立之學士李皐爲之銘五代史謂之彭士然者字之訛也當以丨丨丨爲正

景星寺碑 安福寺在沅陵縣城外西南隅寺有盧藏用所撰寺碑猶存

義蓮塘石刻 溆浦紅旗石壁間有義蓮塘三字石刻存

瞿柏庭記 長慶二年刺史溫造刻石紀其事于桃源

詩

朝發枉渚夕宿辰陽 離騷

入溆浦而邅迴 離騷

楊花落盡

子規啼聞說龍標過五溪唐王昌齡尉龍標李白以詩送之云云我亦將心寄明月從君直到夜郎西盧溪郡南夜泊舟夜聞南岸羌戎謳唐王昌齡作箜篌引云云或者謂即此也山留磐瓠迹洞有秦人書晏公類要小西書千卷晏公類要滔滔武陵一何深鳥飛不度獸不能臨嗟哉武溪多毒淫武陵深乃馬援南征之所作也援門生善吹笛援作歌以和之名曰武陵深其曲曰云云事見崔豹古今註南過猿聲一逐臣回看秋草淚沾巾寒天暮雨空山裏幾度蠻家是主人韓翃送客貶五溪辰陽太守念王孫遠謫沅溪何可論黃鶴青雲當一舉明珠吐着報君恩王昌齡別司馬太守與君同病復漂淪昨夜宣城別故人明主恩波非歲久長江還共五溪

賓王昌齡荅皇甫岳詩一柱高標險塞垣南蠻不敢犯中原功成自合分茅土何事緜銜薏苡寃胡曾銅柱詩辰州更在武陵西每望長安信息稀二十年興搢紳禍一終朝失相公威外人初說歌奴病遠道俄聞逐客歸當日弄權誰敢指如今憶得也依稀蓋志喜也王盧溪詩程史云王盧溪既得自便之命題詩壁間云云草市人朝醉畬田夜火明瀧江入地瀉棧道出雲行陶弼書白霧驛壁一曲青溪一曲山鳥飛魚躍白雲間溪山豈要行人到自是行人到此間六月五溪邊溪深氣象偏書陰疑雨後久冷覺秋先棧倚臨崖石竿通隔嶺泉陶弼詔條符節古連今王澤漸濡豈不深賦役未行中國法謳歌猶帶遠

夷音採金人簇青莎岸射虎兵圍黃葉林寄語壺頭灘上客預將忠信待浮沈陶弼

槃溪何代有蘭叢暇日移根郡閣東此後辰沅圖籍上栽培新法自山公陶弼

四六

處重湖遐僻之方撫五溪蠻猺之俗洞似紅旗灣如白璧瞿柏庭之石碑可讀馬伏波之銅柱猶存雖在

偏隅亦多遺跡爰分郡寄聊屈時才賀辰陽新守啟

輿地紀勝卷第七十五

輿地紀勝卷第七十六　文選樓影宋鈔本

東陽王象之編　甘泉岑 鎔 淦 長生 校刊

荊湖北路

復州　竟陵郡　建興　玉沙　景陵

州沿革

復州　上　景陵郡 治景陵縣 禹貢荊州之域楚地翼軫鶉尾之次 此據圖經 春秋戰國並屬楚 元和郡縣志 秦白起拔郢東至竟陵 史記 秦屬南郡在漢卽江夏之竟陵縣地晉惠帝分江夏立竟陵郡 此據元和郡縣志又沈約宋志云在元康元年然晉志江夏郡下有竟陵縣而無竟陵郡又盛洪之荊州記在元康元年 宋齊因之 此據寰宇記 梁又

置沔陽郡輿地廣記周武帝改置復州取州界復池湖爲名此據元和郡縣志隋志云後周置復州大業初改曰沔州隋改復爲沔州元和郡縣志在大業三年州尋廢爲沔陽郡輿地廣記象之謹按宋志竟陵郡理長壽即今之西郢州也齊志竟陵郡治竟陵即今之復州也隋志復州沔陽郡治沔陽即今之漢陽軍也通典叙沔州尋改爲沔陽郡則通有今竟陵郡之地詳通典之文則是時漢陽雖爲沔州州治亦併復州之地並在所屬也大率竟陵郡之名雖同而所理無定所至唐之後始定治竟陵耳唐高祖改爲復州治竟陵縣此據寰宇記在武德五年移理沔陽元和志及唐志並在正觀七年寰宇記在武德七年不同圖經云正觀七年移理沔陽當從圖經爲是改爲竟陵郡唐地理志復州竟陵郡本沔陽郡天寶元年更名竟陵郡又按唐地理志云郢州富水郡本竟陵郡天寶元年更名是竟陵改爲富水與沔陽改爲竟陵同一時也前此言竟陵郡者屬郢此後竟陵縣俱屬復州矣復

爲復州乾元元年此據寰宇記移理竟陵縣寶應二年此據唐地理志石晉改竟陵曰景陵郡在天福元年避晉諱也又景祐中王密學琪夢野亭記云石晉時以諱易今名蓋晉高祖諱敬瑭也自此不稱竟陵而稱景陵皇朝因之仍屬荊湖北路又按景祐王密學琪夢野亭記云石晉時以諱易今名重以翼廟故弗改舊經以爲石晉改景陵尋復故國朝又改景陵宋景文廣教院記亦曰竟陵避國諱改爲景陵則國朝會改景陵也與此小不同國朝會要云建隆三年改景陵神宗時州廢以景陵縣隸安州按元豐九域志湖北路無復州州邦於安州下有景陵縣元豐正在熙甯之後則復州廢於熙甯矣尋復立復州元祐元年今領縣二治景陵

縣沿革

景陵縣 緊

倚郭輿地廣記云楚封大夫鬬辛於此是爲鄖公元和郡縣志云戰國時秦白起攻楚拔郢東至景陵卽此也又云漢舊縣也屬江夏郡舊縣在今郢州長壽縣界竟陵大城是也周屬復州又改沔州隋地理志云舊曰霄城置竟陵郡後周改曰丨丨丨開皇初置復州仁壽三年州徙建興圖經云武德五年移復州治竟陵正觀七年移治沔陽寶應三年復治於此舊名竟陵國朝會要云建隆三年改景陵熙甯六年州廢以縣隸德安府元祐元年州復而縣如故

玉沙縣

下

在州口口口口里本監利沔陽二縣地後梁開平四年分漢江南爲白沙徵料院隸江陵縣皇朝乾德三年陞爲丨丨丨隸江陵府國朝會要云至道三年割隸復州寶元二年廢沔陽縣來屬熙甯六年廢爲鎮屬江陵之監利元祐元年復爲縣屬復州

風俗形勝

雲夢七澤之南率皆水鄉舊經地多卑濕人性淳和舊經

南郢之邑沅湘之間楚辭竟陵一栢一井圖經云謂陸子泉與天慶栢也

風俗之美無出吾國陸羽自傳爲竟陵人當時羽說竟陵｜｜｜｜｜

襟帶隨郢腹背吳楚地窪而卑水瀁而瀦朱昂賽廣澤廟序

夢澤之南江流漢襄是爲景陵東盡滄浪張允之焦侯德政頌

地濱江漢之沔民足魚蜃之饒天聖乙丑復州從事廳壁記多雜

蠻左隋地理志自晉氏南遷之後爲藩鎮重寄隋志云自晉氏南遷之後江夏竟陵安陸各置名州爲藩鎮重寄有古帝王之祀二曰伏羲曰神農

景物上

雪觀在子城上夢野今名夢野奇觀皇朝景祐中郡守王琪作于子城西南隅名曰｜｜晏殊

宋祁吳育楊微之蘇紳石延年皆有詩　**凝香**在郡治　**綠陰**在郡治　**瑞露**在郡治吳說所立　**南亭**在州南門外　**西亭**在羅城外　**北亭**在州北　**石城**廣記沔陽有石城在州西南西臨沔水因山爲固　**胥城**隋地理志云景陵舊曰丨丨　**內方**今名章山　**汊河**在南門外　**臼水**出聊屈山在古竟陵縣　**漢水**晏公類要云即滄浪水漁父所歌處　**夏水**水自南入長江經江夏雲杜縣東荊州圖副云此丨丨冬斷夏通故曰丨丨又郡國志即古滄浪之水漁父所歌其水內有鬄斗陂　**沔水**寰宇記云春秋謂周昭王南征乘膠船以進即此水　**揚口**輿地廣記云晉杜預爲荊州刺史開揚口達巴陵徑千餘里內避長江之險通零桂之漕即此今屬故沔陽縣　**桃陂**在竟陵縣　**鼉湖**寰宇記在沔陽縣東二十里　**鴈橋**舊傳得陸羽處初見羣鴈集覆小兒於下僧史積師得之育之三歲既長以易筮之得蹇之漸曰鴻漸于陸其羽可用爲儀乃氏以陸名以羽字以鴻漸因以鴈目其橋唐書載有僧得諸水濱既長以易筮之事同　**鴻軒**右史張文

潛謫居景陵日所創遺址在菜圃湖東按東都事畧文潛謫黃州監酒稅徙復州後又通判黃州今右史集有｜｜記又右史自復州起倅黃別｜｜薔薇題云余有黃州之行酌酒其下爲詩以與之别云單車又向黃州去風月相望一嘆嗟又將至官陂登土岡望復州詩云他人若問｜｜人堂下薔薇應解語此右史發復州時詩也觀此則鴻軒在景陵無疑今黃州亦有鴻軒意者右史所至皆有鴻軒如老杜之在夔三易居而皆以高齋命名耳

竟陵 孫宗鑑東皐雜錄曰自蔡州南至信陽軍始有山路險隘迤邐至安陸又兩驛至復州皆平地也南至大江並無邱陵之阻渡江至石首始有淺山謂之｜｜者陵至此而竟也謂之石首者石自此而首也

夢澤 寰宇記云城西大澤即古｜｜杜預注左傳云雲夢跨江之南北

景物下

湖山堂 舊名實香閣

煙雨樓 郡守王知新有｜｜｜詩

仁風樓 在子城上舊名

江漢樓

寶香閣在郡治韓適所立

雲章閣在郡學

宣化堂在郡學

養心齋在設廳東

三色檜在天慶觀通判丁諷有歌見後又揭金字牌其上刻曰圖進神靈老栢徽宗皇帝之所賜也張文潛詩云處處歲寒物生為千歲身柯條雖自異臭味本相親下有詩云亭亭古栢不知年天寶以前者舊傳

三澨水書曰過三澨而左傳有句澨漳澨雍澨薳澨大率皆水邊地名也

三陽湖在玉沙縣西二里東曰朝陽南曰南陽北曰水陽故曰三陽

五華山元和郡縣志云在竟陵縣東七十里即古風國之風城也風國即伏羲之後風姓國也周地圖記云五花山山嶺連屬北接郢州即此山也

五樂臺在玉沙古州城東北世傳楚王出獵之所

七里汚按周地圖記云夏水合諸水同入漢自漢入豬名為｜｜｜即屈原逢漁父與言濯纓鼓枻而去即此也

車湘港在竟陵縣界東北入玉沙縣界

巾戍山水經云竟陵郡有｜｜｜晉元熙三年得古銅鐘七枚於此

熨斗陂寰宇記云滄浪之水其側又有｜｜｜

覆釜洲在竟

陵縣西禪寺有州如覆釜即唐陸羽隱居之地 **石樓城** 晏公類要在州西十五里 **石渠堰** 在景陵縣西北三里其流自五花山下通巾水唐地理志云咸通中刺史黄元素開 **大隱林**

小隱林 郡國志云沔陽有大隱林林又有小隱林南有隱磯山是漁父釣所 **天門山** 在景陵縣西六十里唐鄒夫子別墅在焉陸羽自傳云負書于火門山鄒夫子別墅後俗忌改曰｜｜｜ **雲夢城** 郡國志云竟陵城西太澤即古雲夢澤也 **採桑村** 晏公類要云在景陵 **撒花臺** 在景陵縣東南六里廣百餘丈嘗有異花撒焉 **眞珠坡** 在靈澤廟東上中有珠 **龍穴山** 在景陵縣東北五十里近山有龍穴坡 **馬骨湖** 在故沔陽縣東南一百六十里夏秋泛漲淼漫若海春冬遂涸即爲平田 **白黿湖** 晏公類要 **白鷺湖** 在玉沙縣東十五里 **白猿廟** 郡國志云楚平王獲白猿於此 **白螺山** 晏公類要云在竟陵縣西南上有吳王廟 **白鶴寺** 即皮日休陸龜蒙讀書之所 **金雞冢** 高十餘丈在景陵縣西十里人傳有金雞鬬其上黄巢發

之蜂蝎蜂蠆羣起傷人不可近甘魚陂左傳楚公子北爲王次于魚陂杜預注云竟陵縣西北有｜｜｜滄浪鄉在玉沙縣青林城在玉沙縣東北十里青藤鎮在竟陵縣界

綠波亭　復池湖州取此名元和郡縣志云復州界後周武帝置回河水在竟陵縣東北七十五里自郢州京山縣河池水東流至此西江水乃襄江一派陸羽詩千美萬美西江水會向竟陵城下來境會石初在鼓角樓下碑云大中祥符九年正月十九日增築營基用弭水患因創開鼓角樓下路掘得一塊乃唐寶使君境會石太常博士知軍州事張希顏移在綠波亭南

境會亭在境會石北元祐初置郢月城寰宇記云在江口郎魏將黃祖所守之城文學泉郎陸羽井延賓亭在州東望仙樓晏公類要云在州城上刺史鄭肇建尋仙觀在景陵縣東三十里觀有白龍井井上常有雲氣廣惠院在景陵縣西北符堅冦襄陽朱序母韓夫人身率女丁築子城以捍陰祝日苟城不陷生靈獲全願捨景陵田園以爲佛寺是夕水

暴至泰兵悉犇因置僧院

廣教院在景陵縣西一里覆釜洲上本名西塔寺陸羽故居

紫極宮即今之天慶觀有古鐘唐中宗神龍年間所鑄

紫陽觀在黃鶴門外咸平元年李庭賓撰重修殿記

白沙水唐地理志郢州富水縣白沙山｜｜｜所出水經亦云江水過下雋東得白沙口梁置白沙院以水所經也乾德置玉沙縣蓋取諸此

范溉市在玉沙縣西四十里瀕漢江晉鄭交甫南遊過漢皐遇二女佩兩珠交甫與言願請子之佩二女解佩與交甫懷去十步探之亡矣回視二女亦失所在

南湖書院在州學南奉武成王之像及狄梁公張太中於其外

古跡

古風城在義河東詳見伏羲廟下

古復州城在玉沙縣北二里後周於此置復州隋移置於竟陵縣

雲杜故城寰宇記云漢陽縣故城在今縣西北輿地廣記云沔陽縣故漢雲杜縣也梁於此置沔陽郡後周置復州隋移治竟陵正觀七年州徙治此五代時復徙治竟陵

魚復

縣故城在故沔陽縣東五十里

古沔陽縣郡國志云即楚王城元和志云即雲杜縣地圖經云皇朝至道三年省沔陽縣爲鎭併其地入玉沙

晉霄城縣在州東北十五里霄城村

交甫解佩在玉沙縣西四十里日范瀱市

唐神龍鐘在天慶觀鐘誌云唐中宗即位改元神龍景午歲三月二十五日鑄

陸子泉在西塔廣教院舊號文學并謂唐陸羽也羽嗜茶得西湖中井泉以試茶後於廣州賦詩云千羨萬羨西江水曾向竟陵城下來王禹偁詩云甃石封□百尺深試茶嘗味少知音惟餘夜半泉中月留得先生一片心

皮陸讀書堂在紫□觀皮日休陸龜蒙讀書於此日休襄陽人於復爲近但龜蒙乃吳人何爲至此然龜蒙有寄日休讀襄陽耆舊傳詩五百言而日休次韻荅龜蒙亦五百言末云既見陸夫子驚心却伏廐結彼世外交遇之於邂逅則皮陸相與從遊或邂逅於此耳今武昌晏公類要在志頭陁寺亦有皮日休讀書堂

伏羲廟竟陵圖經在子城上又云致堂胡先生記元和郡縣志云古之烈風國即伏羲姓也丨丨丨之立於竟陵豈爲此耶

山廟在臨津門外即神農帝廟也竟陵有古帝王之祀二曰伏羲曰神農白起廟晏公類要在竟陵縣起嘗仗節東至竟陵白馬廟在子城南張益德廟景祐四年推官王道作碑

官吏

梁韋放韋叡之子也爲竟陵太守在郡和理爲郡人所稱唐狄仁傑唐中宗朝左遷復州刺史李齊物天寶間爲竟陵太守見陸羽於伶人中異之授以詩見陸羽自傳生子名復後知復州故周愿三感詩云八十年前棠樹陰竟陵太守公先人周愿樂天集｜｜可衡州刺史制云前復州刺史愿以符竹領郡有善政達于朝廷舉考課能無愧是選盧虔孟東野有送｜｜端公守復州詩云知音不韻俗獨立占古風忽挂觸邪冠遠逐南飛鴻肅肅太守章明明華轂躬商山元平路楚水有驚潨崔訂韓愈送崔復州序曰崔君之仁足以蘇復人云慶復人將蒙其澤後唐郭延魯爲刺史號以廉平自勵民甚賴之五代史云正俸之外未嘗歛貸本朝王彥超

後周爲復州刺史謹按國史建隆二年太祖皇帝幸
作坊宴射酒酣顧王彥超曰卿曩在復州朕往依卿
何不納我彥超降堦頓首曰當時臣一刺史耳勺水
豈可容神龍乎使臣納陛下陛下安有今日上大笑
而**梁延嗣**開寶四年復州防禦使||||入朝上慰
罷無之曰使高氏不失富貴爾之力也六月
戊子改濠州淳化三年知復州後爲工部侍郎
防禦使長編**朱昂**與弟協皆致其仕宰相張齊賢以
下皆賦詩贈元符中爲復州守張文潛以詩送
行以比二疏**張垌**之曰風流家世仁人後愷悌歌謠
楚俗**王琪**字君玉寶元中守復**万俟湜**字持正大觀
傳治効顯著稱爲循吏中爲郡守公
勤淸約未有前儷郡人謂之曰前有王**張耒**責黃州
其後有万俟言善政與王君玉等也酒稅徙
復州又起爲黃州通判有別**李森**巴州曾口人登第
鴻軒薔薇詩及望復州詩爲中州執法時王黼
秉政有侍郎鄧芝之綱侍婢乞假省親入王黼第遂不
復出鄧聞于朝送臺考實黼使人謂曰事得釋當以
少宰相處森以實聞且劾其罪黼逆知之急自
歸于上翌日中丞留班奏事讀奏畢除知復州

人物

宋張興世 竟陵人

唐陸羽 字鴻漸號竟陵子有煎茶碣

皇朝張徽 以詩名有滄浪集司馬溫公范忠宣公與之友善

張徽 徽之弟七持使節入剖郡符公淸超邁計口受俸其遺表云神雖去幹志不忘君

張汝 景祐寶元間汝以茂材異等召不就

陳嘉言 爲郡學諭文行爲鄉里所推開禧間敵犯景陵脅泉使降嘉言抗志不屈厲聲罵賊自沉于水同室六人俱死

仙釋

劉仙 紫陽觀前有丨丨飛昇臺晉劉道士修煉於此嘗服艾葉歲久得道白晝跨鶴而昇

積禪師 丨丨丨堤在西禪院師所築師姓史又名史禪師主宗席于西禪得陸鴻漸于水濱育而教之

碑記

會景石上題唐朝寶史君名**夢野亭記**景祐五年郡守王琪撰**夢野亭詩**景祐諸賢所作**蘭亭記蓋石刻**太守何公棨刻**陸鴻漸煎茶碑**見人物門**陸文學傳**集古錄唐劉冥鴻書陸羽自叙也劉虛白以羽自傳并李陽寫眞讚又爲後叙附咸通十五年刻石在復州**龍蓋寺碑**集古錄唐徐元弼撰王辭書碑以開成五年立在復州

詩

八十年前棠樹陰竟陵太守公先人李齊物爲竟陵太守生李監察後李監察守復故周愿三感吟云云

美爾優游正少年竟陵煙月似吳天車盤近岸無妨取舴艋隨風不費牽處處路傍

頃稻家家門外一渠蓮慇懃莫笑襄陽住爲愛南遊

縮項編皮日休送弟歸復州竟陵西塔寺蹤跡尚空虛不獨支公住曾經陸羽居草堂荒散鴿茶井冷生魚裴拾遺文學泉千羨萬羨西江水曾向竟陵城下來陸羽夜得嬰兒湖水邊崔訂題史禪師影堂楓迷楚客傷春野山晦荆王夢雨天王琪天邊雲送荆王雨江上楓彫宋玉秋張耒一上危樓七澤分勝遊平日此怡神荆臺蕪沒千年地楚望雲披四面春吳育詩游人漢女投珠露野火荆山出獵朝蘇紳秋見長江路晴寬七澤天永懷哀郢賦誰弔獨醒賢張耒夢野亭章華莽蒼無尋處雲夢逶迤寒更遲張耒高甍巨桷壓城闉平視將如七澤吞幾度春光招宋玉

碧欄干外獨消魂張耒 西風嫋嫋木颼颼身在江湖北岸州自古楚人辭最好爲君重賦竟陵秋張耒 此生放蕩隨羣動一覺竟陵瀟洒夢江山喚我此中來却愁風月無人共張耒 茫茫夢澤連禾黍斷壠橫岡散平楚登高試望竟陵城孤煙落日知何處它人若問鴻軒人堂下薔薇應解語張耒 水際疑逢陸文學草間恐有闞於菟趙綱立夢野亭 熱行更憶相如渴悵望華陵陸子泉張耒 景陵主簿極多閒萬事不理專討論黃庭堅 我來自北幾千里景陵一到心怡然人淳訟簡公事少屢遊星館時留連丁謂 景湖門外有汀洲灼灼紅蓮照碧流

張耒 雲夢澤南古景陵登臨聚景在幽亭幾重湛湛陂湖綠萬疊陰陰桑柘青 唐恪 聞道復州賢太守只如前在武陵時相逢未說爲州樂所至先傳喜雨詩 呂本中寄適道寺丞刻江漢樓柱 塔中老宿空留影湖上嬰兒謾記名唯有堦前一泓井至今不改舊時清 鄭庭芬陸子泉

四六

惟茲七澤之南實在重湖之右舊號竟陵今稱佳郡

輿地紀勝卷第七十六

輿地紀勝卷第七十七 文選樓影宋鈔本

東陽王象之編　甘泉岑 鎔 溢 長生 校刊

荊湖北路

德安府 安陸郡 安州 安遠 環岳 鄖州

府沿革

德安府安州 中 安陸郡安遠軍節度 九域志 禹貢九州之域 晏公類要云荊州之域禹貢荊及衡陽惟荊州雲土夢作乂又曰導亢水至于陪尾即其地也 西漢地理志註安陸有陪尾山 楚地翼軫之分野 漢書天文志曰江夏郡地得｜｜｜｜｜｜｜晉天文志曰自張十七度至軫十度爲鶉尾於辰在巳楚分野屬荊州又曰江夏入翼十二度 周職方氏荊州藪澤曰雲夢 周禮 春秋鄖子之國 元和郡縣

志｜｜｜｜｜｜後爲楚所滅晏公類要云楚滅鄖封鬬辛爲鄖公即其地杜佑通典云安州春秋鄖子國之秦屬南郡輿地廣記漢高帝分南郡置江夏郡於此領縣十四元和郡縣志又應劭註江夏郡云沔水自江別至南郡華容爲夏水過郡入江故曰江夏安陸預焉西漢地理志橫尾山在東北古文爲陪尾山東漢晉因之東漢志及晉志安陸隸江夏郡仍宋孝武分江夏郡置安陸郡元和郡縣志輿地廣記及沈約宋志並在宋孝武帝孝建元年寰宇記謂晉咸和中分置安陸郡然他書不載今從宋志齊寄治司州南齊志安陸郡寄司州治梁置南司州寰宇記在天監元年後廢州復爲安陸縣寰宇記隋志云梁置南司州尋罷西魏置安州隋志寰宇記輿地廣記並云｜｜｜｜元和郡縣志云後魏大統十六年改江夏郡爲安州後周改爲鄖州及安陸郡寰宇記及類要隋文帝初郡廢而州存煬帝

初州廢復爲郡寰宇記唐改安州舊唐志云武德四年平王世充改爲安州隸淮南道晏公類要云在正觀元年改安陸郡舊唐志在天寶元年復爲安州舊唐志在乾元元年置安黃州節度正元十五年賜安黃節度號奉義軍正元十九年尋罷元和元年梁置宣威軍五代史後唐改安遠軍節度通鑑載在後唐同光元年石晉降爲防禦州後漢復爲安遠軍節度後周罷節度降爲防禦州寰宇記云在周顯德元年皇朝復安遠軍建隆元年或隸京西九域志在天聖元年復隸湖北九域志在慶歷二年神宗潛邸陞爲德安府國朝會要在宣和元年依舊軍額今領縣四舊五縣嘉定年間割應山入隨州治安陸

縣沿革

安陸縣 中

倚郭元和郡縣志本漢舊縣屬江夏郡輿地廣記晉爲江夏郡治舊唐志宋分江夏立安陸郡唐武德四年改爲安州治安陸縣輿地廣記元祐初分置雲夢縣劉澄之山川記云安陸縣居鄖城見寰宇記

應城縣 中

在府西七十里元和郡縣志云本漢安陸縣地宋於此置應城縣隋志云西魏置應城不同象之謹按舊唐書志云宋置應城縣隋大業改爲應陽唐武德四年復爲應城非置於西魏也輿地廣記云天祐改曰應陽後唐復故皇朝因之曰應城縣

孝感縣

在府東一百三十里舊唐志云孝昌縣宋分安陸縣置武德四年置環州領孝昌環陽二縣八年環州廢以環陽孝昌二縣屬安州圖經云因孝子董黯立名也西魏置岳州及岳山郡開皇初廢以孝昌縣屬安

州後唐改孝感避廟諱也

雲夢縣

在府南五十五里元和郡縣志云本漢安陸縣地西魏大統末於雲夢古城置雲夢縣屬城陽郡國朝會要云皇朝熙甯二年省入安陸元祐元年再置縣又皇朝郡縣志云紹興七年敕移縣於仵落市紹興十八年復名雲夢

風俗形勝

江夏郡自後漢末當吳魏二國之境典午南遷後又當符秦石趙與東晉犬牙為界自後魏周隋與齊宋梁陳交爭之地元和郡縣志 武德大都督府武德七年改安州為大都督府督安申隋復沔光黃蘄溫 其城三重西枕涢水元和郡縣志安陸縣下 連

翼軫之分野控荊衡之遠勢李白代淮南壽山答孟少府移文北接漢東南望沔鄂偃然爲一都會大觀李元衡撰鎮楚唐記瀟灑有江鄉之興楚國山水之觀未有以易此者也宣和中鄭昂作跨鼇堂記曰平沙回岸縈帶城郭商帆漁舟出沒煙際云云入境之勝有如此鄭昂跨鼇堂記曰西挹白兆峯巒秀出其下李太白之所廬想見拏舟砂撫青海而陵八極也北曰壽山郎太白所謂攢吸霞雨隱居靈僊者也入境之勝有如此安州去荊渚非遠郡務甚簡張齊賢知江陵謝病乞歸洛上以｜｜｜｜｜｜｜｜｜｜｜可以頤養醫藥命知安州至道元年其士風醇厚其士多秀傑其民多隱德承平時宦游者樂焉周益公重立茇堂記韓退之喜於見華風韓退之詩李白喜雲夢之勝留此邦三年李白娶安陸人許圉師孫女鄖城志等自晉氏

南遷竟陵安陸各置名州爲藩鎮重寄人物與諸郡不同隋書地理志當隋絞州蓼交侵之地熙甯二年阮常蒲騷廟記地多磽瘠植貨不饒惟俗善儒學而近世名勝之流相望不乏由進士擢天下第一者三人矣熙甯二年李元衡學田記謂王世則太平興國八年狀元宋庠天聖二年狀元鄭獬皇祐五年狀元黃香之在漢以孝行著聞於天下郝處俊之在唐以忠言盡節於王室慕蓮亭記

景物上

神山唐書志在雲夢縣孔山元和郡縣志在應山縣京山在應城縣有溫泉出京山東澤中淵靜如鑑聞人聲則湯湯奮發其熱可以燖雞東南流注于漬章山在府東四十里古文

以爲內方山左傳吳自豫章與楚夾漢圖經云豫章即今之章山也唐李白娶安陸許氏及流夜郎妻在父母家有寄內詩曰南來不得豫章書亦言安陸之豫章也左傳昭公十三年杜預註亦謂此豫章當在江北淮水南

壽山 在安陸縣西北六十里接隨州界漢東志云昔山民有壽百歲者故名

漳水 在安陸縣西五十里隋地理志應陽縣有漳水即此也

澴水 出應山縣西雞頭山澴繞山谷因名丨十唐置澴州及澴陽縣因此水取名

溳水 元和郡縣志云在安陸縣丨丨故清發水也西北自隨水流入注于沔謂之鄖口

陪尾 禹貢外方桐柏至于陪尾即此

浮城 郡國志云吉陽縣東有蒲騷城今謂之浮城即左傳所謂鄖人軍于蒲騷是也

新市 寰宇記云在孝感縣郡縣志云後漢書謂王常起新市平林之兵即此也

安義 唐地理志云安州有府曰安義

三山 在孝感縣西北八十里三峰鼎立故名上有大洪山

五金八石 郡人有丨丨丨丨之說謂紫金山金峰千金坊萬金橋金口湖爲五金石巖部石紫石石照石淙馬踏石洗脚石不牛潭爲八石

秀嶺

皇朝郡縣志云在城西一里俗呼爲廖家山以廖明嘗居此山

黃堂在郡治滕侯口所建記曰據紫金之秀面碧玉之奇郎溪鳳臺如拱如揖

槐堂在應城縣治

楠池皇朝郡縣志云在應城縣南半里左傳楚武王卒於楠木之下即此也

鳳山在府東南其山狀若鳳凰展翼

鵲陂在雲夢縣東二十里

景物下

中和堂在府治便廳後

安和堂在府治黃堂後

聞政堂在中和堂後

思賢堂在倅廳思范公純仁也

車蓋亭在郡治西北隅魏文帝詩云西北有浮雲亭亭如車蓋是也漁隱叢話云蔡持正守安州日登車蓋亭作十絕句其間一絕云紙屏石枕竹方牀手倦拋書午夢長睡起莞然成獨笑數聲漁笛在滄浪殊有閒適自在之意

科斗山在府東北三十里

鐵城山在府北五里有石如鐵

石柱山在府北上有石柱高三丈

石梁山在府西北其山

連接白兆其勢如梁**石照山**類要在安陸縣西六十里**石巖山**在府南十里晉張昌作亂於石巖上織竹爲鳥形衣以五綵聚肉於其傍而集百鳥詐云鳳凰降而建元神鳳即此山也**石牛潭**在府西北水中有巨石似牛**金龍澗**在府西北道家有金龍玉簡學士院撰文具一歲中齋醮投於名山洞府**白龍翁**鄭獬病傷寒忽夢化爲龍浴於池口既覺若拽尾不收夢中但聞池上人呼白龍翁來也**於菟村**在雲夢縣**鳳凰臺**在府東二里屬安陸縣**鳳凰山**在孝感縣方輿記云安陸縣東四十里南有鳳凰崗晉孝武永和四年鳳產其上又云鳳將九子翔集安州之境又謂之乳鳳崗又隋地理志云孝昌縣有鳳凰崗**鷰子山**在府西北一百里山如燕窠

大安山寰宇記云在安陸縣西六十里**雙松堂**在郡圃今名安遠堂**二龍河**皇朝郡縣志在應城縣界**三龍河**皇朝郡縣志自鄧州京山縣發源入應城縣**四望山**在孝感縣山頂平夷周覽四方**四賢堂**始連氏之父舜賓有隱德歐陽文忠公表其墓二子庶庠從學

於二宋相繼登第庶清修孤潔當官號爲連底清庠既清而肅號爲連底東二宋二連同學於法興寺張文潛作四賢堂記

五桂堂 在書記廳元豐中方城范公爲掌書記官舍西偏有桂甚茂後范公之子致君致明致虛致祥致厚相繼登第致君記其事名曰｜｜｜其後周必大爲之記

五家山 皇朝郡縣志在應城縣東三十里王得臣麈史云此山伍氏所居故名

七相堂 在府治郡守陸世艮詩曰七相聲名俱屬此尚期他日更添君

八境巖 在九嵕山

九嵕山 在孝感縣又名九宗山宋永初山水記云其山環阜疊嶂林麓深杳中有圓明寺大谿横前景物幽趣蓋不減長安之九嵕也方輿記云有寶陁嵓仙人洞等處

九寶器 在孝感縣重和間縣民於楚子文廟東南地得古器大小凡六宣和間廣揚村又獻鼎三器並郢城志云

桃花巖 在白兆山即太白讀書之處蔡確詩云聞說桃花嵓石畔讀書曾有謫仙人

梔子村 在府南十里

根子茶 根似蔓菁而大又似蘿蔔俗呼｜｜｜他處皆無惟安陸有之郢城志

晝繡堂 連南夫政和六年知安州

作｜｜｜**橫尾山**在府東北古人以爲陪尾山見漢志元和郡縣志云禹貢熊耳外方桐柏至于陪尾卽此地也**洗腳石**在府西勝業院俗傳周世宗微時暫於石上濯足**澴河鎮**在孝感縣蓋孝感卽舊澴州也**眞珠坡**在雲夢縣東三百步每雨過有圓砂光瑩如珠**紫金山**在今府治西北峭壁斗絕石皆紫色故名紫金**白兆山**在安陸縣西三十里李白有｜｜｜桃花崖寄李侍御詩又北史于翼爲安州刺史禱雨于白兆山卽日感應**碧玉亭**在府南淨明寺山坡上**宰相林**在府東紫石村唐許氏松柳所在**司馬巖**郡圖超然亭下有司馬西嵒浮雲樓下有司馬東嵒**彌陀院**在孝感縣東一里皇祐間邑丞向經在任生一女熙甯二年冊爲皇后後謚曰欽聖憲肅建爲功德院**仙人洞**在白兆山**寶陀巖**在九嵕山**羅漢巖**在九嵕山**菩薩嶺**在應城山西**玉女泉**在應城縣西四十里隋地理志云應陽縣有溫水卽此也李白有神女歿幽景之句野老相傳玉女煉丹之地近山有洞**浮雲寺**杜牧之題安州

丨丨丨樓詩周顯德中毀寺改建黃堂而樓遂以備宴游

浮雲樓

救苦寺 在府西四里今名勝業院李白上安州李長史書中有春游救苦寺詩又有周世宗洗腳石古檜一株柴氏所植

古迹

南司州 梁置丨丨丨

故甑山縣 隋志復州沔陽郡下云後周置甑山縣建德二年廢故唐志無此縣

故吉鄉縣 元和郡縣志云本漢安陸縣地梁於此置平陽縣西魏改爲京池縣隋大業二年改爲吉陽縣圖經云開寶二年廢爲鎮隸孝感縣

鄖子國 古鄖子之國也楚滅鄖封鬬辛爲鄖公

故蒲騷城 元和郡縣志云浮城縣在應城北三十五里即古蒲騷城也左傳莫敖紐於蒲騷之役鄖人軍於蒲騷是也後魏於此置浮城縣隋廢

楚王城 在雲夢縣東一里按左傳定公四年吳入郢楚昭王奔鄖豈當時築城以自保歟

義陽城 皇朝郡縣志云在孝感縣北一百里

江夏城 在雲夢縣一十四里按宋書地理志云江夏郡治安陸後移治夏口

桓溫

城在府東十五里東石子村

董城舊經云志陽縣城本名｜｜因孝子董黯得名

雲夢宮西漢地理志云江漢西陵縣有｜｜｜按雲夢即西陵縣地則｜｜｜疑在雲夢縣

雲夢澤元和郡縣志云｜｜｜在安陸縣南五十里史記司馬相如傳云楚有七澤其小者名雲夢方九百里左傳云邔子之女棄子於夢中無雲字楚子濟江入雲中復無夢字以此推之則雲夢二澤本自別矣而禹貢及爾雅皆曰雲夢者蓋雙舉二澤而言之左傳曰敗於江南之夢寰宇記云舊尚書云雲夢土作乂唐太宗時得尚書作雲土夢作乂遂詔改從古本

堯夫亭在九嵕山范公嘗爲郡貳倅蘄春守至此題名石刻在寺中

范公亭在府中城廂舊名呂公亭呂丞相大防貶安陸時寓此後范致君再寓此讀書故名

黃香冢在雲夢縣

郝處俊釣魚臺在安陸縣石淙村

越王臺在雲夢縣

諸亮寨在府東羅陂村俗稱諸葛亮於此立寨

西湖村離孝感縣九十里俗傳本朝太祖潛龍日嘗因渴索酒飲村姥家姥持酒以進言榷禁甚嚴此私釀幸密之與金不受太祖貴

時有西湖村酒禁至今置萬戶酒

蒲騷廟 在應城縣今廟中神乃楚武王像縣南有三塚相傳爲楚武王塚傍有小池名構池

楚襄王廟 皇朝郡縣志云在雲夢縣東郢城志云秦嘗拔西陵襄王復取之故立廟

昭烈張巡廟 皇朝郡縣志在孝感縣治西即唐張巡廟按廟碑神在天寶中與張巡許遠雷萬春南霽雲等同守睢陽方霽雲斷指也巡亦截一指以自誓遂與巡等同死皇朝賜名昭烈廟

淮瀆廟 皇朝郡縣志云在城西三里淮出桐柏故俗號桐柏廟

郢公廟 在府學東

令尹子文廟 在雲夢縣西十里於菟村後遷于縣之艮隅皇祐四年仁宗降御香祝板猶在元祐賜忠應廟

張亮廟 晏公類要云唐郢國公張亮也

鄧通墓 在孝感縣之九嵕山圖經云通在景帝時沒入家財流落至此山也

官吏 寓客附

漢傅介子 漢傅介子斬樓蘭王封義陽侯

梁夏侯亶 天監六年爲安陸太守居州甚

有威惠邊人悅服

唐李聽 元和中爲安州刺史見聽神道碑李石撰文自安州刺史遷神武將軍舊史不書歐陽公集古錄以爲史氏之闕

李白 開元二十四年南遊至雲夢許相圉師家妻以孫女故客於安陸甚久詩集亦多題詠安陸事見鄉人相如大跨雲夢之事云楚有七澤遂來觀焉而許相公家見招妻以孫女便憩迹于此至移三霜焉李白上裴長史書

伊宥 嘗擢授安州刺史呂温代伊僕射謝男宥官表云且祁午之爲軍尉父已懸車陸抗之將父兵子非絳服豈比臣居端右男領方州鳴玉會朝朱轓行樂呂和叔集

後梁劉玘 後梁正明中玘守安州以城中闤闠櫛比冬月井泉多涸乃於城西北隅依石壁造水樓以備不測縣綆取水今超然亭即其址也明年安陸被吳人圍方知井樓之利

朱漢賓 五代崇義二年安州守朱漢賓墓記云政聲喧鸚鵡洲中和氣泛鳳凰山下

周知裕 五代史傳知裕爲安州畱後有善政

皇朝張齊賢 知江陵上章謝病知安州

金行成 長編云淳化元年知安州李範上言故通判｜｜｜本高麗人中第高麗國王表乞放還

人物

行成不願歸本國

寇準自相州徙安州未幾貶道州司馬

范雍康定中知安州

彭乘益州人康定中知安州會修注官闕中書擬乘在選中仁宗指姓名曰此老儒也雅有恬退者無以易之

孫甫字之翰以諫議大夫慶曆中知安州嘗著唐史記七十卷又唐史論斷行於世

范純仁東都事略云治平中爲殿中侍御史議濮王典禮遂出通判安州郢城志學校門云范純仁通守安州益爲教條日有課月有最出入起居動循法度安陸由是多學者

呂大防紹聖初安州居住

陳規宣和間知安陸縣就知府事自中原失守諸重鎮多失惟規與羣盜屢戰皆不能犯由是德安獨存安陸民德公爲廟祀之賜號賢城廟

韓適繫年錄云紹興四年初孝感闕令久陳規召適兼邑事有告適謀叛者規詰之曰汝胡爲反適叩頭請死規復遣還邑纔兩日適斬謀亂者數人以獻

謝顯道言行錄云胡安定之使湖北也謝爲應城宰公質疑訪道禮之甚恭

楚鬭穀於菟｜｜｜｜｜生於邵杜佑通典云安州春秋邵子之國

東漢黃香江夏安陸人博學經典能文章京師為之語曰天下無雙江夏黃童詔詣東觀讀所未嘗見書九域志安陸縣有黃香山亦有黃香冢

黃瓊字世英香之子也後為尚書僕射為太尉

黃琬子[玹]瓊之孫也建和元年正月日食京師不見而瓊以狀聞太后詔問所食多少瓊思其對未知所況琬年七歲在傍曰何不言日食之餘如月之初瓊即以其言應詔琬後官至太尉

唐許紹字嗣宗安陸人與唐高祖同學大業末任夷陵通守王世充篡位以三郡歸唐葬安陸縣東地名宰相林有碑詳見王碑下

郝處俊安陸人正觀中第進士襲父爵為甑山縣公俊為中書令請高宗不遜位武后耆老相傳郝侍中釣魚臺與甑山近

皇朝張君房字尹方安陸人為著作郎眞宗時日本遣使入貢眞宗詔本國建寺夷使乞詞臣撰寺記時直院之文多君房代為之既宣令撰寺記夷使待命而君房醉歡市樓索之不得直院大窘後楊億改閒忙令曰世上何人最號忙翰林失卻張君房

連舜賓字輔

之應山人詳見四賢堂註

令狐揆 安陸人卜築涓溪之南嘗雪中跨馬入城詣張君之第借書長吟曰借書離近郭冐雪渡寒溪

鄭獬 東都事略云字毅夫安陸人言大子即位郡國馳表稱賀不須官其子弟以開僥倖初仁宗重於選士廷試旣考定前一日取首卷獎賚祝之曰願得忠孝狀元而鄭獬遂魁多士

宋庠宋祁 父玘爲應山令僑寓安陸今城中錦標坊即其居止兄弟俱以文學顯夏英公命賦落花莒公一聯曰漢皐珮冷臨江失金谷樓危到地香景文公一聯曰將飛更作回風舞已落猶成半面粧英公曰詠落花而不言落大宋君異日作宰相小宋君非所及然亦須登嚴近後皆如其言宋郊祁母鍾氏夢人畀一大珠受而懷之旣覺猶覺暖已而公生後又夢前人攜文選一部與之遂生子京故小名選哥二公文學冠世天下謂之二宋皇祐元年庠拜相謚元憲

王得臣 安陸人有註和杜詩及麈史行於世

郭贇 安陸人爲上蔡令遇金人入寇罵賊而死

仙釋神異

孟靜素 安陸人隋文帝召詣長安至唐太宗正觀十七年尸解岑文本作碑褚遂良書

逸師 隋仁壽初遊安陸能一身分往諸縣人皆敬之嘗爲人所殺密埋糞壤間信宿復遊市間

靈濟大師 名法信豫章人唐寶歷二年自五臺山禮曼殊師太和元年在應城縣西壽甯寺引利刃截右膝復截左膝門人奔持其刃白乳流出師遂涅槃其足至今緘藏寺殿慶歷中賜號忍靈大師

仲殊 安州人嘗遊姑蘇臺柱上倒書一絕云天長地久大悠悠你既无心我亦休浪跡姑蘇人不管春風吹笛酒家樓與東坡爲莫逆交平生嗜蜜坡詩云安陸老人心似鐵老人心肝小兒舌不食五穀惟食蜜笑指蜜蜂作檀越遂自爲殊蜜有文曰寶月集

安陸城隍廟神 靖康初有道士設醮伏壇上至赤帝所有冕弁端委二百餘人受命庭下垂泣而去唯二人欣然有喜色道士問此何人閽者曰天下城隍神也得請于帝例合殘破唯湖州德安府與免喜色者二郡之神也其後干戈俶擾唯二郡無恙 碑記

晉董黯墓碑 圖經云郎董城在孝感縣北一百三十里昔孝子董黯家焉故後魏大統十六年改爲董城郡然明州慈溪縣亦有孝子董黯墓唐徐浩所書碑碣見存當攷

玉碑 麈史云州東十八里有宰相林郎唐許氏墓昔人因葬發地獲一碑石郎孝昌公許君墓碑治平中郡守周燮以其石頹玉以爲玉碑自其墓輓入城易以他刻磨去其文視之非玉也鄭獬遽止之無及矣

金泉寺唐碑 寺在府西五里有石浮圖九級上鐫數百字周武后延載元年安陸縣長孫達等所建

唐李聽碑 歐陽公集古錄云聽自安州刺史遷神武大將軍而史不書獨見此碑

詩

大安婦翁舍時來枕流眠 李白忤高力士放還而黃山晦叔桃花巖詩有云則許圉師家大安山下

行行指漢東暫喜笑言同雨雪離江上蒹葭出夢中面猶含瘴色眼已見華風 韓愈 遙送扁舟安

陸郡天邊何處穆陵闕王昌齡送人赴安陸暮雨不知溳口處春風只到穆陵西孤城盡日空花落三戶無人但鳥啼劉文房次安陸還把餘盃重相勸不堪秋草背鄖城羅隱昔云丹穴鳳翔集高臺端羅隱鳳凰臺山奇號九嵕名與雍州同范雍題九嵕山長安亦有九嵕山也安陸號方鎮江邊無事州民淳訟詞少務簡官政優范雍車蓋聊引步浮雲鎮消憂鄖川夢澤地古迹堪詢求白兆桃花巖翰林棲此邱范雍矯矯名人郝甑山忠言直節上元間釣臺蕪沒知何處嘆息思公俯碧灣蔡確柴皇徒步奔埃塵風雲未至時方屯石上無聊謾濯足泥蟠留此潛其神王得臣柴

皇洗腳石前瞻漢東樹卻眺夢中田宋庠大安山溪上接秦頭遠江分楚尾黃世長借書離近郭冒雪渡寒溪令狐揆卜築湞溪南雪中跨馬入城詣張君房借書令小童擕書簏負琴皁繒緩帽委轡長吟曰云云布衣林逸善繪爲令狐秋掾雪中渡寒溪圖紫金高處是鼇頭獨負華堂幾百秋形勢平吞北夢澤規摹雄峙南司州三關設險知無敵八相風流孰與儔李楫跨鼇亭令入卻憶保甯寺二水三山李白詩李楫鳳凰臺白兆山光相掩映紫金氣象轉深幽水西咫尺無人到乘興何妨一葉舟李楫車蓋亭日下湞川暮煙横夢澤秋范雍城郭依然鄖子國山川分得楚王臺蘇紳浮雲樓舉頭便是長安日弄袖時飄夢澤風

茂苑久拋飛鳥外楚臺遙在碧雲中滕甫浮雲樓樓在浮雲縹緲間浮雲破處見朱欄山光對入鄖城紫溪影橫飛夢澤寒鄭獬壽山北聳侵隋碧鄖水南流接漢青宋玉陽臺猶暮雨子虛夢澤半春耕楊繪朝雲尙拂陽臺去羽獵曾圍夢澤來曾鞏七澤空餘舊煙水張伯玉夢澤盤山長卿賦朱欄流水牧之詩錢勰地勢下臨鄖子國山光遙射楚王城惟有桃花巖上月曾聞李白醉吟聲李通儒安州水西寺李白舊題詩今古已堪嘆風煙獨昔時張之才

輿地紀勝卷第七十七

輿地紀勝卷第七十八　文選樓影宋鈔本

東陽王象之編　　甘泉岑建功（鎔、淦、𡎺）校刊

荆湖北路

荆門軍

長林
荆岑

軍沿革

荆門軍同下州星土分野五代已前並同江陵府輿地廣記又寰宇記云同荆襄二州前漢南郡有臨沮當陽編都縣西漢志東漢志同皆荆門之地而編乃今長林也圖經晉安帝時刺史桓元立武甯郡於故編縣沈約宋志云晉安帝隆安五年桓元以沮漳降蠻立領縣二曰樂鄉曰長林其屬有長林縣此據寰宇記南齊志亦有此二縣而舊唐志亦

云晉分編縣置長林縣以其有櫟林長坂故也隋省入長寧縣屬南郡隋志在開皇十一年改長寧爲長林開皇十八年已上見元和郡縣志唐於長林東境一百二十里置基州舊唐志云武德四年於長林縣東北百二十里置基州及章山縣七年廢基州以章山屬郢州郢州廢屬荆州八年省入長林廢基州屬荆州武德七年省入長林武德八年已上並見舊唐志尋以舊基州之境長林地立荆門縣皇朝郡縣志在正元二十一年新唐志云正元二十一年析長林置屬江陵府皇朝郡縣志張伯儀奏廢之裴均爲江陵尹請復爲縣在永正中見劉夢得記五代朱梁時高氏割據建爲荆門軍以寰宇記及皇朝郡縣志修入治當陽尋省皇朝郡縣志皇朝以荆南之荆門鎮爲軍分長林當陽屬焉又割襄陽之樂鄉地

以益之皇朝郡縣志徙治長林圖經云國朝因之仍｜｜｜不言高氏廢軍一節故云國朝因之輿地廣記云開寶五年置荊門軍與圖經不同按咸平元年知軍張式鼓角樓記太祖皇帝戡定天下以荊州之高氏歸國度其地而置軍戍遂刱置荊門軍復以荊州之當陽縣隸焉又元祐四年滿中行新復荊門軍記曰五季之亂高氏盜據荊南始建軍而治當陽藝祖建隆之初繼冲旣挈版圖歸國開寶五年始詔徙軍治于長林而附以襄州之樂鄉又按朱震鼓角樓記云開寶初王師旋歸洗兵江渚詔卽荊門縣墟爲城又太守壁記云開寶五年始立軍壁其說皆不同按國朝會要云開寶五年卽江陵府長林縣建軍以長林當陽二縣來隸則國朝建軍當從會要而高氏建軍當從滿中行復軍記又長編云開寶五年二月乙亥以荊南荊門鎭爲荊門軍奏廢軍爲縣隸江陵府尹圖經以爲在元豐間輿地廣記以爲在元祐元年會要及皇朝郡縣志並在熙甯六年當從會要

唐義問奏復爲軍圖經在元祐三年輿地廣記在元祐元年國朝會要在元祐三年又

皇朝郡縣志云元祐三年知荊南唐義問請復爲軍從之當從會要及皇朝郡縣志　今領縣二

治長林

縣沿革

長林縣　次畿

倚郭皇朝郡縣志在漢爲都編之地晉分江陵置長林縣元和郡縣志云本漢江陵縣地晉安帝時分置長林縣隋志云開皇十一年省入長甯縣十八年改爲長林縣舊唐書志云晉分編縣置長林縣以其有櫟林長坂故也盛洪之荊州記云當陽縣東有櫟林長坂昔時武甯至樂鄉八十里中拱木脩林隱天蔽日長林蓋取名於此皇朝開寶五年割襄州故樂鄉縣合爲一縣來屬仍徙軍治於此寰宇記云樂鄉縣即晉至樂鄉也

當陽縣　次畿

在軍南九十里元和郡縣志云本漢舊縣後周武成三年於此立平州隋廢平州至唐武德四年又於此置平州並析置臨沮縣六年改爲玉州元和郡縣志云八年省隸荊州皇朝郡縣志云五代高季興立爲荊門軍治當陽尋廢軍國朝會要云開寶五年隸荊門軍熙甯五年隸江陵元祐中復隸荊門紹興十四年廢入長林縣繫年錄云紹興十六年十一月庚辰復置荊門軍當陽縣

風俗形勝

東帶漢水西被硤石政和五年朱震重修鼓角樓記南距江陵北界漢水咸平元年知軍張式鼓角樓記北抗沮川晏公類要荊之北門張式鼓角樓記曰峯巒對峙厥狀如門故日荊門說者爲荊州之北門也西控巴峽扼其咽喉東連鄀郢爲之襟帶信荊楚之門戶襄漢之藩垣元祐四年滿中行新復荊門軍記介荊襄之兩間環列重山帶繞大澤

距江陵以抵漢水連鄢郢而控巴蜀張師中元祐軍鼓角樓記治長林實荊楚門戶控制要衝屏翰諸夏復軍題名記荊門控扼要衝冠蓋旁午于道崇甯丙戌朱震蒙泉詩序翠巘清流表裏城郭政和六年朱震蒙泉題詠序曰楚國山水之富在大江之南北而江北｜｜｜｜｜｜｜｜｜莫如荊門詞人才客臨流濯纓賦詩紀行徘徊乎清冷之濱而不忍去朱震蒙泉題詠序唐贊皇文饒逮二三賢哲咸有紀詠劉錯澄源閣記唐張曲江孟浩然輩嘗托於詩以寫其勝唐諸賢酉詠玉泉八詩序玉泉山水之勝甲天下題唐諸賢酉詠玉泉八詩序北泉藏珠南泉產玉荊門惠泉詩集序又李衛公詩云明璣難祕彩美玉詎潛珍潛玉亭序曰卞氏抱玉巖在疆內則山之有玉較然著明矣俯雲夢連巫

峽據襄漢之阻通沮漳之利由楚漢迄唐季常爲用武之地大觀己丑朱漢上圖經序襄陽封壤與荊門相犬牙滿中行

景物上

白社去江陵城三十里唐鄭谷嘗居白社有詩綵水出紫蓋山下綵碧甘馨異於常派丹溪在當陽縣北七十里巾水出竟陵東一百九十里西逕巾城下漳水在當陽縣北左傳曰江漢沮漳楚之望也班固地理志漳水東至江陵入陽水陽水入沔行六百里沔水今由長林東南潛江界逕故江夏雲夢陽水注之白杜預鑿開揚口其水逕巴陵而沮漳合流自爲新步通南江至荊南爲沙津通典云當陽有｜｜左傳曰楚文王師于漳澨即此也蠻水即夷水也桓温父名彝改曰｜｜王建荊門行云喚起官船渡蠻水在雞鳴淵之北沔水出武祁山谷至漢水即爲漢水至荊山東爲滄浪之水過襄陽縣北爲｜｜漕水荊南志云荊潭以上爲建水荊潭以下爲漕水建水在郡

北一百里伍端休江陵記云北帶建水謂此水也見寰宇記

沮水　與漳水並在當陽縣北文選吳都賦曰汲引沮漳此之謂也

章山　九域志有｜｜卽禹貢所謂內方也通典長林縣有章山

東山　在軍城南一里

西山　在軍城西三里有海會院有洞

南泉　出白崖麓之南溉田千畝

左溪　在長林縣宋書武甯郡地界蠻左蓋姓左人所居

蒙泉　在軍城西出於硤石山之麓卽蒙山也南曰蒙西北曰惠泉每晝夜兩潮水溢數寸世傳南出玉北出珠崇甯三年巨蚌夜遊北泉光彩四燭又有流盃曲水新圖經云國朝至內相彭乘疊爲三沼題曰惠泉

蒙山　在長林縣西兩巒對起如峩眉舊曰泉子山山麓有二泉

昭邱　見王仲宣登樓賦盛洪之荊門記謂當陽城樓也

溫泉　在白頃山其流下澗有細鱗游泳不若其炎也

冷泉　在百頃山

陽水　在長林縣東南

龍角　在玉泉寺又有龍眉並爲匣以祕藏

驢城　見磨城下

魚陂　在長林東一百二十里杜預注云傳去竟陵縣西北有甘魚陂

龍川

鳳川　太平御覽述異記當陽縣南有｜｜｜｜

麋城

在當陽縣東南五十里地名八渠城壁巍然或云三國時麋芳所築故名

玉泉 在當陽縣南二十五里色白而瑩故日玉泉

金牛 在紫蓋山荊州記云紫蓋山有名金每金牛出食光照一山即金之精

鐵山 接遠安縣界山產鐵

層臺 荊南志云昔楚莊王築之延袤百里砥石千里時有諸卿士諫王王從而毀之

荊臺 大業初改昭邱縣曰||

麥城 元和郡縣志在當陽縣東五十里關羽保麥城在沮漳二水之間王粲於此登樓而賦曰挾清漳之通浦倚曲沮之長洲是也寰宇記引荊州圖副云相傳楚昭王所築

磨城 元和郡縣志云在當陽縣東四十里盛洪之荊州記云麥城東有驢城沮水之西有磨城傳言伍子胥造此二城以攻麥城諺云東驢西磨麥自破

方山 在當陽縣北二十七里漳水之上西有紫金觀基四顧層峯環列

長坂 在當陽縣東北三十里

景物下

宣化堂 **燕香堂** 並在郡治

信美亭 在蒙泉

望楚亭 在東山太平頂

上**當陽坂**即曹公追蜀先主之處寰宇記云在當陽縣**當陽堰**吳江陵督張咸作大堰遏水以絕寇扳晉羊祜欲因水運糧揚聲破堰以逼步軍陸抗使咸亟破之至當陽聞堰破乃改船以車運大損功力**澄源閣**在棠泉**潛玉亭**在棠泉**浮香亭**在棠泉**惠養堂**在郡治**荊岑偉觀****湖北道院**並在郡治**洗耳溪**寰宇記云在當陽縣東十里舊經云許由洗耳於此**武陵山**在長林縣利陽西二十里今日｜｜大谷隋志曰樂鄉有｜｜｜樂鄉郎武山縣也**荊門山**荊南圖副｜｜｜上合下空有若門像**郟石山**在荊門之百步泉發其麓南北異派其南出珠其北出玉**小蘭亭**在棠泉**一障河**晏公類要在當陽縣**三家市**在當陽縣**三星山**在當陽縣東上有三星院**五鳳堆**在當陽縣按太平御覽云漢時有八龍五鳳遊於此故名**七星潭**在長林縣北三十里**九府觀**在當陽縣北十五里觀基存焉**十里松**在當陽縣**百頃院**在長林縣東四十里山有三峯

上多杏花有溫泉冷泉

杏子山在城西十里舊山項有杏千餘株

桃花水見王之道詩

象河山在長林縣北七十里有普安寺有泉是爲ㄧㄧ

龍泉寺在當陽縣之龍泉山胡文定公父墓在焉

龍尾山在長林縣西四十里

虎牙山在城西南三里

狼尾山在長林縣南五十里九域志編入江陵府蓋作志之時荊門廢爲縣入江陵故耳

鷄鳴洞在長林縣北一百二十里王建有詩

放鷹臺在黎陂鄉俗謂之楚王ㄧㄧㄧ

靈鷲山在長林縣北舊有靈鷲寺有穴日龍洞深五里石臺甚高二三月間有聲如鐘鼓雜奏笙簧間作聽者忘倦

白龍潭在郡城西一里朱漢上圖經謂蒙山之西日天井距蒙泉十五里水行池中與潭通潭下有數大竇泓澄不流旱乾疑注水未嘗竭

金龍潭在當陽縣北二十五里有潭當徽廟時建明堂來取此水投金龍鎮潭中故名又胡文定公故居在其上

鐵人谷在當陽縣沮水北山谷間有四鐵塊頎然如人形

仙居寺在仙居山五代屬樂鄉山今長林縣北一百二十里其寺橫跨石壁間而

流泉出其下若神仙所造故得名圖經有仙居山圖

金薄山 在長林縣武陵山西五里有｜｜｜有金石層疊如雲母唐置寺于此

玉泉寺 在當陽縣西南二十里山曰玉泉山陳光大中浮屠知覬自天台飛錫來居此山寺雄於一方殿前有金龜池李白贈玉泉仙人掌茶詩序云荊州玉泉寺清溪有茗草羅生枝葉如碧玉唯玉泉眞公嘗采而飲之邵氏聞見錄云章獻明肅皇后隨父至玉泉寺有長老善相謂后爲貴女贈金百兩至京師眞宗即位正位宮闈仁宗時垂簾聽政時玉泉長老住長蘆后召不至曰玉泉無僧堂長蘆無三門卒建二寺門堂今玉泉堂梁題曰后所建

紫金寺 南紫蓋山寺曰｜｜｜

紫蓋觀 在當陽縣南花陂唐志當陽縣下有南紫蓋山北紫蓋山寰宇記云紫蓋有南北二峯頂上四垂若織狀林石皆紺色上有丹并荊州記云｜｜｜有名金每日晦輒見金牛出食張子壽詩云指塗躋楚望策馬旁荊岑稍稍松門入泠泠澗谷深觀奇逐幽映歷險忘嶇嶔上界投佛影中天揚梵香

柴紫山 在當陽縣南八十里與紫蓋山連唐正元中道悟居此石室猶存

綠

林山元和郡縣志云在當陽縣東南一百二十里漢光武起兵於此輿地廣記云即所謂當陽之長坂也曹公追劉備而張飛拒之於此按元和志綠林是光武起兵處屬當陽櫟林自屬長林通典云當陽有｜｜｜王莽末賊所起

班竹岡在長林樂鄉之北唐韓翃送人赴江陵詩云｜｜｜迎山雨啼枇杷門向楚山秋

白崖山在城北三十五里紫蓋山之首

中城山杜佑云在樂鄉西南山有城壘極峻險唐樂鄉兼有武寧郡之西城故中城隸焉今山在荊門軍磨林溪之東曰中城云

圓臺山在當陽縣東六十里有棲霞觀故基古塔尚存俗傳唐玉眞公主所建之觀有石碑

都亭山在長林縣北一百二十七里自吳以來諸臣多都亭侯者

香爐山在當陽縣北四十里即古之綠林山

屏風山在長林縣西北三十五里壁立如屏幃絕頂平行中有兩泉紹興辛巳郡守姚某建廬于上爲避地之計開禧丙寅郡守李直柄亦徙居焉

熨斗坡在當陽縣唐李端荊門郡赴夔州詩云琵琶寺裏響空廊｜｜｜前濕成荒

淬劍池寰宇記在當陽縣北二十里

磨

劒山在長林縣馬鞍山西有秦王磨劒石上多礪痕　雲夢山在城西北四十里　雲夢澤通典長林縣有｜｜｜　順流橋在當陽縣北四十里張飛據水斷橋之所

古迹

隋玉州唐玉州隋玉州在今岳陽境上按岳陽志隋開皇十一年以湘陰岳縣置玉州今岳陽之玉州是也唐玉州在今當陽縣北沮水上按唐志武德六年以江陵郡之當陽置玉州八年廢今荊門之玉州是也由是觀之置於隋者岳陽之玉州也置於唐者荊門之玉州也此據岳陽志所辯者如此然攷之隋志卻云後周置平州屬梁王詧開皇七年改爲玉州九年廢則是荊門在隋亦爲玉州也然元和郡縣志於當陽縣下亦曰周立平州隋廢至武德四年又置平州六年爲玉州八年省邦不載隋置玉州一節然隋荊州之玉州乃是建於開皇七年隋志云是時尚屬後梁王詧國故隋唐之志不書其廢

置云

吳樂鄉　**晉樂鄉**　江陵志云有兩樂鄉吳樂鄉縣在今江南松滋縣界吳時陸遜守之晉樂鄉宋書志云晉安帝時置今在荆門軍國朝太祖平荆湖割舊樂鄉縣入長林縣來屬荆門卽晉之樂鄉也

武寧郡　晉置武寧郡於荆州之南梁承聖三年自侯景之難州郡大半入魏并州界北盡武寧西扼硤石人戶著籍者不盈三萬通鑑梁元帝以王琳爲廣州刺史琳謂人曰緩急恐不得琳力陛下何不以琳爲武寧太守作田訓兵以固江陵元帝不從後魏于謹伐江陵如入無人之境以武寧不守故也武寧卽今之荆門軍也

故樂鄉縣城　在長林縣界宋志樂鄉晉安帝立屬荆州之武寧郡卽荆門之樂鄉也國朝開寶五年割屬長林縣

魏基州故城　在今長林縣東祿麻山又有秤鍾上鑄云唐基州章山縣

故麻祿縣　在長林之東境

故荆臺縣　梁置安居縣隋改立昭邱隋大業初改曰荆臺縣

卞氏抱玉巖　事見潛玉亭銘

衛公賦詩石　晏公類要云惠泉亭在城南一百步唐李德裕節度荆南日嘗賦詩刻石

仲宣作賦樓　盛宏

之荊州記云當陽縣城樓王仲宣登之而作賦者也賦曰倚曲沮挾清漳則當在沮漳之間也**益德橫矛之處**水經注云當陽縣故城在東一百四十里謂之東城在櫟林長坂南長坂即張｜｜｜｜｜｜元和郡縣志云櫟林長坂在長林縣西北九十里｜｜｜｜｜｜｜**子胥港**在當陽縣東四十五里其流出麥城磨城之間**子推山**在城南三十里父老相傳以爲介子推所焚之山上有子推廟按介子推隱于綿上未嘗到楚地未詳**許由山**在當陽縣東**孟子港**在長林縣西南五十里孟浩然盤礴其上故名**曹將港**唐曹全晸劉巨容敗黃巢于此**王猛橋**海子橋舊曰｜｜｜猛孫王鎮惡居荊州**鬼谷先生與張儀蘇秦游學洞**在當陽縣西五十里按郡國志當陽縣青溪山有石室云鬼谷子居處**胡文定朱漢上廬**軍學二先生祠堂記李冲撰**二孫讀書堂**在長林縣東二里東泉國初孫僅孫何讀書山間後相繼魁多士故王逸送舒殿丞出守詩云他年館閣同遊處榮路芳縱繼二孫宣政之前朱漢

上與其弟巽亦讀書于此**漢臨沮侯國**通典云故城在當陽縣北**隋煬帝鐵鑊**在玉泉寺**唐咸亨鐘**在長樂寺鑄字云唐咸亨十三年**顯烈廟**在當陽縣玉泉山其神乃武安王關羽去當陽十五里有關王墓容齋四筆云紹興中洞庭漁者得壽亭侯印以爲關雲長封漢壽亭侯故歸之廟中**威顯廟**在長林縣平安市神乃張飛之子紹及其孫遵也俗呼爲張三郎張四郎**羊角哀墓**在長林縣今號爲羊角村九域志有左伯桃墓**楚昭王墓**在當陽縣南沮水之西又有楚三王塚在當陽又有荆王王墓平王墓**沈約墓**約葬于荆門城西有掘其埋銘云年月不利未能歸葬咸陽**尉遲塚**在城南五十里有唐尉遲敬德祠**胡光祿墓**文定公之父也在當陽縣漳濱鄉

官吏

孫鏞國初守荆門二子僅何於郡東山築堂讀書相繼魁多士見朱漢上志藁**彭乘**景祐三年

知荆門吳昉字彥昭福州人知荆門鍾相之黨攻城公闔室被害二子雍澧在襁褓間得免有旨官其二子竿乃其孫開禧間立廟軍城南賜廟額爲英愍

陸九淵撫州人號象山先生紹熙間守荆門

范彥輝繫年錄云紹興二十三年貶荆門初彥輝爲太府丞作八陰詩云何當日月明痛洗苔生病言者奏其謗訕故也

人物

漢王粲字仲宣山陽高平人獻帝時之荆州依劉表善屬文舉筆便成無所改定登當陽縣城樓作賦建安二十一年卒其贈文有曰遷于荆楚在漳之湄

唐孟浩然襄陽人往來漳濱故石城有孟亭長林有孟子港

鄭谷字子愚乾甯中卒于所居之白社故谷集有渚宮亂後作云白社已應無故宅清江依舊只空城

唐介字子方居當陽讀書漳水上後爲諫官直聲聞于天下神宗時爲參政

朱震政和五年登第舉八行號漢上先生

胡安國字康侯武夷人蔡京惡其不附

已退居當陽之漳濱高宗登位以張浚薦公進其春秋傳表曰謹修有用之文少報無功之祿後謚文定今當陽有文定故宅

仙釋

鄧眞人當陽縣南四十五里紫霞觀俗傳｜｜｜煉丹之所丹成淩空而去遺丹二粒於爐傍有鮑氏姑嫂得而吞之俱昇仙政和間建觀

司馬光玉馮翊人大歷五年南遊至長林縣盟沐易服召弟子曰吾其往眞都乎遂尸解

女冠胡伯女年十四得道梁大通四年游荊州登圓臺山築室環列羣書獨居七十年後尸解

隋智者姓陳氏居荊州華容目有重瞳梁陳時已得道陳亡歸隋煬帝執弟子禮號智師遊當陽止覆船山卽今玉泉也後遊天台東陽左谿智者

唐大通禪師神秀姓李氏汴人隋仁壽時詣蘄之黃梅師忍禪師師唐儀鳳中寓江陵及居玉泉寺南北學徒幾萬人時有能禪師居曹溪學者宗之號南能北秀

大慧禪師惠眞南陽白水

八一行禪師之師七歲日誦萬言得法於玉泉之景洪結廬三十年號蘭若和尚 僧齊己 與鄭谷輩爲詩友有詩八百篇號白蓮草堂集天福中卒瘞于玉泉寺

碑記

蒙泉題詠序 由沈傳師而下得五十七人朱震序 後梁宣明二帝碑 在長林縣南一百五十里唐韓休撰 沈約墓碑 在本軍管通判家 玉泉二碑 其一邵子明其一李安期 玉泉山大通碑 唐神武皇帝所題 唐正元玉泉廟記 大理評事董挺 三星院石塔刻 在當陽縣東莒堰其石柱刻云唐正元十七年葬智壽和尚舍利塔 餐霞觀碑 在當陽縣之圓臺有|||基乃陳宗遜撰庾遠書碑字剝落其碑中云前梁尚書侍中基州長史云云 三王城古碑 在當陽縣之綠林山漢王匡王鳳王常之所屯故曰三王城城中有故碑字缺落 石馬洞碑 在花溪之下消溪之上其廟神卽關王也五代

間有斷碑尚存

永興觀碑在當陽縣後街唐元和中立

唐南泉大雲寺蘭若和尚碑天寶中作

唐玉蘂詩集古錄云在荊門惠泉寺唐沈傳師李德裕唱和也

關將軍祠堂記集古錄云唐董挺撰張僨書以正元十八年立

二聖金剛碑集古錄云唐瞿撰并書開元中有史清者遇洞庭遇風將溺潛禱之見二神移其舟於沙上而免由是往來行旅皆禱祠之碑以元和三年立

詩

指途躋楚望策馬旁荊岑張九齡

荊門蔽三巴孟浩然

飛烟紀南城塵土荊門路天寒多獵騎走上樊姬墓杜甫

渚宮楊柳暗麥城朝雉飛劉禹錫荊州歌

玉馬朝周從此辭園林寂寞對豐碑千行宰樹荊州道暮雨瀟瀟聞子

規劉禹錫後梁宣明二帝南國山川舊帝畿宋臺梁館尚依稀劉禹錫荊門道峴亭西頭路多曲櫟林深深石鏃鏃看炊紅米煑白魚夜向雞頭店家宿王建荊門行斜分漢水橫湘山山清水綠荊門間同上野市人來郢毘鄰水接襄余叔英百頭寺建隼提封雲夢澤臨民咫尺峴山碑煙凝郊郭漳波淨翠遶樓臺楚嶠奇趙安仁送舒殿丞知荊門襟帶巴連蜀封疆楚接吳黃夷簡送舒殿丞嵩嶺便從雲外見峴山應向雪中看張俊送舒殿丞讀碑經峴首貰酒過宜城莫問依劉事休傷弔屈情李維送舒殿丞江路北來通漢水土風南去接荊蠻孫僅送舒殿丞門外溪山荊渚路馬前梅杏漢江春

李宗諤詩 紫蓋亭亭秀荆渚，股分緑水穿林莽。尚想當年老阿瞞，燕騎蚝矛走先主。

葛立方送舒殿丞 緑川紫岫洗詩愁，朱橘白魚供飲痛。

孫仲鰲送王之望知荆門 溪流尚帶桃花水，雲氣初披杏子山。

王之望皇華館落成 隋物尚餘雙鼎在，唐人猶有八詩傳。

劉昉題玉泉 指點荆門路，煙雲半有無。王之道

蒙泉詩

京路馬駸駸，塵勞日向深。蒙泉聊息駕，可以洗君心。沈傳師

茲泉由太潔，終不蓄纖鱗。到底清何益，涵虛勢自貧。李文饒惠泉

誰與山泉作主人。歐陽脩惠泉詩 淹留桂樹幾經春，野鳥巖花識使君。使君今是樽前客，誰與山泉作主人。

山水在城中，恐爲天下一。周直

孺惠泉金蓮初自上泉來李參詩注曰余守軍日植於此中則金蓮李所種也喻陟詩曰游蜂與狂蝶無計旁檀心湖北封疆最上游荊門中有惠泉流吳習禮源有雌雄分碧白楊繪惠泉詩注曰一派白謂之雄一派碧謂之雌孤城深鎖亂雲間城上雲開面面山負郭惠泉誰共訪衛公詩碣綠苔班孫堇古郡帶荒山寒泉出西郭蘇老泉泉源本無情豈問濁與澈貪愚彼二水終古恥莫雪蘇軾使君守玉州日日蒙泉上洪造湯湯散作家家惠莫與貪泉一樣看彭乘

四六

南郡殊景楚望名區天禧戊午劉鍇澄源閣記

輿地紀勝卷第七十八

輿地紀勝卷第七十九　文選樓影宋鈔本

東陽王象之編　　甘泉岑鎔 涂 長生 校刊

荊湖北路

漢陽軍　沔州　沔陽　漢津　古沔

軍沿革

漢陽軍同下州九域志在天文爲翼軫之分野圖經禹貢荊州之域禹貢又云江漢朝宗于海周官職方屬荊州周禮職方日正南日荊州藪曰雲夢川曰江漢杜預云禹貢漢水至大別南入江在江夏界水經漢水入江乃今漢陽軍之大別山之北漢口是也漢口亦日沔口亦日夏口江夏即鄂州江夏郡也春秋時鄖國也左傳日鄖人軍于蒲騷杜預注云鄖國在江夏雲杜縣東楚滅之按鄖國今德安城是也通典云沔州春

秋鄖國也戰國屬楚秦屬南郡通典漢爲江夏郡安陸縣地元和郡縣志魏初定荊州屯沔陽以爲重鎭三國志云云初使文聘爲江夏太守繼屯沔口吳太帝累攻不克在吳亦爲重鎭使陸遜屯之通典云後屬吳亦爲重鎭注云孫權嘉禾中陸遜屯江夏沔口又舊輿地志云三國志魯山縣臨江有城盤基數十里卽吳江夏太守所理晉立託陽縣元和郡縣志而江夏郡自上昶城移理焉後郡移理夏口縣屬不改元和郡縣志晉王敦表陶侃爲荊州刺史鎭沔口卽此晉書永嘉六年宋齊梁因之按通鑑齊和帝中興元年梁武帝自襄陽舉兵向魯山郢城帝曰吾自圍魯山以通漢沔又曰漢口路通荊雍控引秦梁糧運資儲仰此氣息所以兵壓漢口連結數州今若分兵前進魯山必阻沔路搤吾咽喉後卒平魯山郢城後周於此置復州通典寰宇記同隋改爲沔

州隋志復州沔陽郡治沔陽後周置復州大業初改曰沔州以沔水爲名大業初尋改爲沔陽郡則通有今竟陵郡之地通典唐平朱粲置沔州新唐志鄂州漢陽縣下注云沔州漢陽郡武德四年置舊唐志云朱粲分沔陽郡置沔州治漢陽縣自臨漳山下移於今理武德四年改沔陽郡天寶初年廢於建中尋復寰宇記以爲廢於建中復於元和輿地廣記以爲建中四年復置寶歷四年又廢與此不同象之謹按唐志鄂州漢陽縣下注云武德四年以沔陽郡之漢陽汉川二縣置沔州漢陽郡建中二年州廢四年復置寶歷二年州又廢以二縣來屬後牛僧孺奏廢沔州以其地入鄂州同上舊屬淮南道舊唐志五代屬吳及南唐五代史職方攷鄂州初隸吳後隸南唐周世宗平淮南與江南畫江爲界世宗以漢陽置軍顯德五年國朝太平興國二年以漢川

縣來屬尋廢國朝會要云在熙甯四年又復國朝會要云在元祐元年中興以來廢爲縣屬鄂州繫年錄紹興五年八月壬子廢漢陽軍爲縣隸鄂州以戶口減少故也守臣高舜舉乞存留不許、尋復爲軍繫年錄紹興七年閏十月飛奏也尋以通判癸未復漢陽縣爲軍用岳鄂州孔戍知軍事今領縣二治漢陽

縣沿革

漢陽縣 緊 附郭輿地廣記云本漢安陸縣地二漢及晉屬江夏郡東晉置沌陽縣然晉志無此縣名隋志開皇十七年置漢津縣屬復州舊唐志云隋初爲漢津縣煬帝改曰漢陽縣新唐志屬沔州治漢陽縣大和七年併入鄂州圖經云周顯德中爲漢陽軍治

漢川縣 下

在軍北一百六十里輿地廣記云本漢安陸縣地梁置梁安郡西魏曰魏安郡尋改曰汉川郡唐武德四年析漢陽置汉川縣屬沔州州廢屬鄂州皇朝郡縣志云後周顯德六年屬安州皇朝改汉州爲義川縣太平興國二年避太宗諱改曰漢川縣屬漢陽軍熙甯四年廢改爲漢川鎮隸漢陽縣元祐元年復紹興五年又改爲鎮七年復

風俗形勝

江漢朝宗于海尚書禹貢　美化行乎江漢之域毛詩　川曰江漢周官職方氏　吞江納漢文選吳都賦注漢水通而入江故曰｜｜而｜｜　沔口重鎮輿地廣記云漢入江處謂之沔口魏及吳人皆以爲重鎮　路通荆雍控引秦梁通鑑齊中興元年梁武帝曰漢口　楚有江漢川澤山林之饒西漢地理志　波漢之陽史記諸侯王表序　前枕蜀江北帶漢水元和郡縣志曾

山下梁武帝築漢口城以守魯山舊圖經文三國志以前書傳多稱漢而不言沔三國志以後書傳多稱沔而不言漢圖經漢沔特一水圖經水門按蔡謨建議以為沔水之險不如大江此正指漢水為沔水也桓宣傳宣鎮襄陽石季龍使騎七千渡沔襲之則漢水自襄陽以下在晉時皆名為沔水又孔安國顏師古皆云漢上曰沔蓋不必至安陸縣然後為沔水也||||||雲夢是二澤禹貢曰雲土夢作乂則||||||也故左傳桓公四年載鄖夫人使棄諸夢中言夢而不言雲又定公四年載楚子涉睢濟江入于雲中言雲而不言夢正與禹貢合據吳人入郢楚子西涉睢則當出于江南其後濟江入于雲中遂犇鄖鄖則今之德安府濟江而後入雲入雲而後犇鄖則雲在江北也又昭公三年鄭伯如楚王以田江南之夢杜預注云楚之雲夢跨江南北曰江南之夢則雲在江北已上見圖經

漢陽於古為沔州前枕大江卻負大別漢水出於北

與大江合元祐六年李知新漢陽學記表裏淸曠荆楚之壯觀也
皇祐三年楊儀先聖廟記郎官之名命於太白秋興得名於翰林
賈至元祐七年劉誼記云云而載沔守記賈載作亭之因蓋張謂李白於流竄之中其官稱寓於亭湖而名字播於聲詩官稱寓於亭湖名字播於聲詩見上仰視大
別之固俯視滄浪之浸閱吳蜀樓船之般鑒荆衡藪
澤之大賈至秋興亭記漢水東南合大江夾江而城左武昌
古漢陽大別與鳳棲相望熙甯中陳繹鳳棲經藏記楚國富山川
而登臨之思多元祐吳處厚秋興亭記據鳳棲之峻峰倚大別
之巨麓蜀江西來漢水東入山光水色四環而交映
宣和蔡純臣麥廊臺記荆江瞰其前大別峙其後施士衡譙樓記湖以

郎官名亭以浩然名風雅流傳在人耳目施士衡南紀集後序

景物上

石壁 在漢陽縣治 **玉山** 在漢陽縣 **月湖** 在漢陽縣 **魯山** 鄂州志云即今漢陽軍城水經注云又名翼際山元和郡縣志曰一名大別山有晉胡奮碑劉澄之永初山水記云沔陽縣東有魯山也史本新經云上有橫江將魯肅祠彼在三代時謂之大別山不知因何又名魯山也豈魯肅廟食于此而名是山歟梁武帝曰漢口不闊一里以前道交至不若遣軍逼郢吾自圍魯山以通漢沔使郢城竟陵之粟方舟而下 **汊川** 周世宗平淮南以漢陽漢川二縣置漢陽軍 **沌水** 在漢川縣 **灄水** 水經注云東合｜｜ **涢水** 在漢川縣東 **臼水** 在漢川縣左傳曰涉于成臼 **漢水** 即孺子歌滄浪濯纓處寰宇記云｜｜一名沔水又劉澄之山水記曰沔口古文以爲滄浪水即屈原遇漁父以爲滄浪之水清兮是也 **江水** 在城南 **沔口** 廣記云漢水入江處謂之沔口 **沔水**

水經注云沔水上承沔陽縣之太白湖東南流曰丨丨

鎖穴 在大別山之陰胡曾武昌詩云王濬戈鋌發上流武昌洪業土摧秋思量鐵鎖眞兒戲誰爲吳王畫此籌今大別山有丨丨二郎孫皓時以鐵鎖斷江處

梁城 在軍治東北五里方輿記云梁武帝築城於此

梅山 在漢陽縣

櫧山 在漢陽縣西

襄山 在漢陽縣

赤圻

赤磯 皆在江夏縣境

赤壁 荆州記臨嶂山南峰謂之烏林峰亦謂之赤壁周瑜破曹操處元和郡縣志云在汊川縣西八十里古今地里書多言是曹公敗處象之按三國志則赤壁不在汊川也何則曹公既從江陵水軍至巴邱赤壁又在巴邱下軍敗引還南郡周瑜水軍退並是大江中與汊川殊爲乖繆蓋是側近居人見崖岸赤色因呼爲赤壁曹公敗處也舊經引荆州記云臨嶂山南有烏林峰亦名赤壁又寰宇記引江圖經云烏林爲赤壁新經云今江漢間言赤壁者有五黃州嘉魚江夏漢陽漢川其說各有所據惟江夏之說近古而合於史漢陽之說蓋出於荆州記漢川之說蓋以赤壁草市爲赤壁草市說見元和郡縣志今其近處亦有烏林而唐漢陽圖經云赤壁城又

名烏林在汉川縣西八十里跨汉南北今汉川鄉據此
二說相去不遠然曹操初敗赤壁再敗烏林乃二地
今以爲一地二名既已失之况曹操舟師自江陵順
流而下周瑜自柴桑江州柴桑今泝流而上兩軍相遇於
赤壁則赤壁當臨大江今臨嶂及漢川各非臨江處
通典及元和郡縣志皆嘗辯汉川繆則臨嶂之繆亦
可知黄州之說蓋出於齊安拾遺以赤鼻山爲赤壁
見水經赤鼻山以三江下口爲夏口以武昌縣華容鎮爲曹
操敗走華容道其說尤繆蓋周瑜自柴桑至樊口
[illegible]而後遇於赤壁則赤壁當在樊口之上今赤鼻山
止在樊口對岸何待進軍而後遇之乎又赤壁初戰
操軍不利引次江北而後有烏林之敗則赤壁當在
江之南岸今赤鼻山乃在江北亦非也又曹操既敗
自華容道走退保南郡漢南郡今江陵華容今監利
也武昌華容鎮豈赤南郡路乎東坡赤壁賦中皆疑
似語嘉魚之說蓋出於唐人章懷太子注東漢劉表
傳云赤壁山名也在今鄂州蒲圻縣通典引檢地志
亦與此同元和郡縣志則云赤壁山在蒲圻縣水經
述江水源流至今巴陵之下云江水左逕止烏林南
酈道元注云石逕赤壁山北昔周瑜與黄蓋詐魏武

大軍所起處據此則赤壁烏林相去二百餘里然疑烏林赤壁一戰相繼烏林之捷又自赤壁始及觀江表傳赤壁敗後黃蓋與操詐降書始以衆寡不敵交鋒之日蓋爲前鋒至戰日蓋始用火攻之策操乃敗走如此則二戰初不同日後漢紀總書爲烏林赤壁觀者不審故指烏林赤壁爲一地要之道元乃後魏人去三國尚近考驗必得其眞

景物下

秋興亭在軍治後山巔唐刺史賈載建中書舍人賈至詩云詩人之興秋最高故以名亭後飛閣瞰湖對大別山景趣尤勝

郤月城元和郡縣志云在縣北三里又水經注沔左有｜｜｜｜又荊州記曰沔口北岸臨水有｜｜｜魏將黃祖所守吳遣董習破而擒之其城遂廢

郤月湖在漢川南七十里首尾迂直形如郤月

承天院在漢陽縣仙潛山

煙波灣在漢陽縣西北三十里唐崔顥題黃鶴樓詩曰日暮鄉關何處是煙波江上使人愁旁有里曰煙波里

漢廣堂在軍

治

楚波亭在吳王磯上

梁城山卽魯山也按南史梁武帝自襄陽趍建鄴築漢口城以守魯山卽此

石潭山在漢陽縣

土繭山在漢陽縣有崇仁院

寶峰院在漢陽縣

寶花臺在漢川縣上有雷使君廟

靈巖院在漢陽縣

香城山在漢陽縣西

雲章閣在軍學

湖蓋山在漢陽縣山形似蓋南臨漢水西帶大湖故名

陽臺山在漢川縣

臨山城在漢陽縣西六十里元和郡縣志云晉於荊州西臨嶂山下置沔陽縣江夏郡自上昶城移理焉

臨嶂山在縣西六十里唐武德四年自｜｜｜下故城移於今理

漢南山在漢陽縣西二十里以在漢之南故曰｜｜｜

漢陰山在漢陽縣西四十五里

南紀樓在軍治夏倪均甫有｜｜｜詩

內方山元和郡縣志云在縣南九十里

大別寺東城有大別方丈銘

大別山元和郡縣志曰其山前枕蜀江北帶漢水上有吳魯肅祠

小別山元和郡縣志在縣南五十里左傳自小別至于大別

大軍山

小軍山在漢陽縣昔吳魏相

持陳兵於大小兩山故有大軍小軍之號上獨山　小獨山在漢陽縣雙松亭在秋興亭東李白過漢陽｜｜｜別族弟浮屠淡皓有詩三山閣在軍治三峯臺在漢陽縣漢南山八疊山在漢陽縣有淨居院九眞山即五藏山九仙女煉丹於此百人山在漢陽縣南七十八里水經云江水左逕｜｜南右逕赤壁山昔周瑜與黃蓋詐魏武大軍所起也柏泉山在漢陽縣西北山下有景德寺寺有井古柏根蟠其中梅城里在漢川縣桃花洞在鍾秀門外上有桃花夫人廟杜牧之有詩見息夫人廟下注菖蒲洞在漢陽縣產菖蒲皆一寸九節翼際山水經注云｜｜｜上有吳江夏太守陸渙所治城又云翼際山即魯山也歎父山在漢陽縣酈道元水經注水至江夏東逕｜｜｜古岸當鸚鵡洲蕭公城在軍城西五里梁武帝所屯處劉公洲元祐八年有沙洲湧出知軍劉誼種荻其上因號｜｜｜後因李家請佃改曰李家洲吳王磯在大別山側女郎山在漢陽縣西二十里

相傳陽臺神女嘗會于此故名

仙潛山 卽五藏山咸通八年改爲|||俗呼爲九眞山

太子湖 在漢陽縣西十五里

太白樓 在軍北十里

太白湖 在漢陽縣西南一百二十里

刀環河 在漢陽縣寰宇記云以河形灣曲像刀環

雞翅山 在小軍山下水經注云江水右東徑|||

烏林峰 在臨嶂山南

雞鳴鎭 晏公類要云在漢川縣西一百八十里舊傳曹操敗於赤壁戍於城間聞外軍將至雞鳴而出故名|||

鳳栖山 軍治在|||之陽亦有鳳栖閣知軍劉辟疆記云昔有鳳栖于城陽之山間故名|||

鳳栖院 法照禪師所勑

龍窩石 在龍王廟昔有小龍見于廟門之石上行盤成窩故名

古迹

沙羨縣 黃祖所守也

漢津縣 隋置

汉川縣 武德四年置

甑山縣 今漢川縣有甑山城寰宇記云梁置周廢

沌陽縣 元和郡縣志云因此水以爲官

郎官湖 李白

詩郎官愛此水因號郎官湖序云故人尚書郎張謂出使夏口沔州牧杜公漢陽宰王公觴于江城之南湖方夜水月如練清光可掇張公殊有勝槩四望超然乃顧白曰此湖古來賢豪遊者非一而枉踐佳景寂莫無聞夫子可爲我標之嘉名以傳不朽白因舉酒酹水號之曰郎官湖亦鄭圃之有僕射陂也時李白詩曰泛沔州城南郎官湖今乃在城北不同耳

郎官亭 在郡後鳳栖山之陰

胡公祠 有晉征南將軍胡奮碑考晉武代吳胡奮出夏口則其蹤跡嘗至此今碑立祠亦廢

魯肅祠 晏公類要云在沔州城內廢

陽臺廟 在漢川縣南三十五里陽臺山上即宋玉爲高唐賦處今誤傳在巫峽今裴敬碑登其事又有陽臺院在漢川

息夫人廟 即桃花洞桃花夫人廟杜牧之詩云細腰宮裏露桃新脈脈無言幾度春畢竟息亡緣底事可憐金谷墜樓人即烈女傳息夫人也

武安王廟 即關羽祠也

橫江將軍廟 在軍東北江岸吳魯肅破皖城轉橫江將軍

廣威將軍廟 即朱何墓也在漢川縣東四十五里初劉平蜀有功後與杜曾相拒卒葬於此

琦墓 劉表之子也水經云在翼際山

官吏

沔州杜公 失其名 漢陽宰王公 失其名 張謂　李白 唐乾元間李白遷夜郎遇故人尚書郎張謂出使夏口沔州牧杜公漢陽宰王公觴于江城之南湖遂名之曰郎官湖賦詩紀之

虞當 柳文先友記云會稽人爲郭尚父從事終沔州刺史以信聞是時沔州治漢陽

彭乘 益州華陽人登進士第爲漢陽軍判官與同年生登相國寺閣望鄉關皆有從宦之樂乘獨悵然曰親老矣安敢捨晨昏之奉而圖一身之榮乎奏乞歸侍養寇準薦之召爲集賢校理求便親得知普州舊制蜀人不許赴蜀官特恩自乘始

游酢 知漢陽軍見言行錄

仙釋

九仙女 九眞山在漢陽縣西南昔九仙女煉丹於此今有煉丹壇又有菖蒲洞所產菖蒲一寸九

節

法照禪師今鳳棲院乃｜｜｜｜所刱也其題疏皆韓忠獻趙淸獻蘇文忠公親筆

碑記

晉征南將軍胡奮碑元和郡縣志云在魯山 南平將軍黃廣之碑寰宇記云在魯山爲討杜曾刻石以紀事

詩上

漢陽抱青山飛樓映褁渚白雲蔽黃鶴綠樹藏鸚䳇唐李羣玉漢陽春晚 張公多逸興共泛沔城隅郎官愛此水因號郎官湖風流若未滅名與此山俱李白沔州城南泛郎官湖 鸚洲橫漢陽渡水引寒煙沒江樹李白贈漢陽輔錄事 南湖秋月白王宰夜相邀錦帳郎官醉羅衣舞女嬌笛聲喧

沔鄂歌曲上雲霄李白寄王漢陽江夏黃鶴樓青山漢陽縣李白江夏漢陽輔錄事竹裏藏公案花間隱使車張謂題從弟判官竹齋雲向蒼梧去水從嶓冢來王貞白曉泊漢陽渡連天漢川廣孤客郢城歸王維送人歸夏口漢水橫衝蜀浪分杜牧寄牛相公西州風色好遙見武昌樓溫庭筠西州高風漢陽渡初日郢門山溫庭筠送人東遊漢陽渡口蘭爲舟漢陽城下多酒樓當年不得盡一醉別夢有時還重遊羅隱憶夏口鄂渚濛濛煙雨微女郎魂逐暮雲歸祇應長在漢陽渡化作鴛鴦一隻飛劉禹錫陽臺神女日暮鄉關何處是煙波江上使人愁唐崔顥題黃鶴樓詩今漢陽有煙波灣又有煙波里

詩下

倚牆吟望漢陽城山徧樓臺接上層夜靜鄰船問行計晚船相與向西陵楊徽之楚國封疆最上流夾江分命兩諸侯曾子固送雙漸之漢陽渺渺陽臺去茫茫鸚鵡洲干戈迷大別煙雨暝南樓曾慥沔鄂人爭漢口渡日落陽臺坂鼓吹隔岸聞樓觀排雲見潘大臨登大別眺望江發岷山如甕口漢從嶓冢又東流滔滔從此爲南紀我憶禹功時倚樓夏倪均甫南紀樓太白他年夜郎謫一樽聊與故人留南湖乞得郎官號從此名傳五百秋夏倪均甫郎官湖大別山邊漢水斜夏竦滔滔江漢穩容舟夜泊菰蘆月似

鈎大小有山餘舊別東西爲郡見危樓李昌圖舟樵次夏口歌南習巴巫遠客棹西歸沔水分乘暇屢登終不厭兩州鳴角任相聞孫珪題白雲樓鄭圃僕射陂漢陽郎官湖郎官何爲名張謂佩使符泛觴江城南迺與太白俱明月一萬頃清光天下無蔣之奇待制郎官亭從茲大別境高壓武昌都同上西來漢水接江流大別山前舊沔州看到夕陽無盡興一行飛鷺下汀洲林郡郎官湖上郎官遊只教閒客生閒愁煙波蕩漾四五頃風月淒涼三百秋吳處厚郎官湖大別山前拍湖水坐覺煙波幾千里碧山亭上秋興多四時清景森雲羅故八領麾江沔口

公暇登臨頻入手王得臣　忽來漢陽稱刺史又值魚肥
酒價美酒給公廚不用酤朝吟暮醉醉復醒郎官湖
上秋興亭江山四向盡可眺同上　故人隔闊在東州煙
波渺漫使人愁朝朝眼望頭陁寺夜夜魂飛黃鶴樓
同上　漢陽太守文章伯政事多閒愛賓客王得臣　江漢滔
滔一向東暮江澄湛夕陽紅吳處厚　極目草深雲夢澤
連天水闊漢川城范致虛　回首陽臺漢川路隔江煙雨
暗漁簑范致虛　袞袞長江水蒼蒼大別山古今人老盡
山水鎮長閒劉誼　張謂昔愛湖湖名自公始郭祥正　回望
武昌都樓臺碧天裏郭祥正　宵征江夏縣睡起漢陽城

黃庭堅謫仙此醉月郎官亦流風高适風送片帆來北客霜凋萬木見東州湖光碧湛郎官水葦岸黃深鸚鵡洲張商英秋興亭詩太白當年客沔州郎星出使此遲留蔡純仁岷江浩浩接天浮清漢東來遂合流蔡純仁南紀樓遠山簇簇水漫漫鄂渚樓臺可俯觀蔡純仁南紀樓人物英雄故沔州嶓岷千古奉雙流馬杞豈忍輕離江漢州去思日夜逐東流可憐南紀樓前路常與邦人憶蔡侯同上誰知江漢壺中地別有蓬瀛物外天同上歸家勿憂御史兩明月正滿郎官湖李邴書事瀲灩郎官水崔嵬大別山范致虛郎官遺愛鑿成湖李白題詩在昔初春水浪翻

鷿野鷺夏荷盤側戲游魚冬風結東凝青漢秋月分光落碧虛我愛四時風景好買山來此翊幽居無名氏題

郎官湖亭　漢沔當年控上游孫權曾此困曹劉三分霸業千張紙萬古斜陽一釣舟吳處厚秋興懷古見樵川集　兩州花萼競相輝間斷紅塵一水涯張顯白雲樓　江涵晚照東西渡山擬秋光遠近亭焉化

四六

四望東西二郡中分南北一江郡守于震六言詩　沔鄂相望誇樓臺之巨麗江山清絶數人物之英雄施士衡秋興上梁文　湖浸郎官之風月洲横處士之煙波禹貢披圖大別之名有自周南紀詠漢廣之化流今同上

輿地紀勝卷第七十九

輿地紀勝卷第八十　文選樓影宋鈔本

東陽王象之編　甘泉岑鎔淦長生校刊

荊湖北路

信陽軍

古申州　申國　平氏　義陽

軍沿革

信陽軍　同下州　治信陽舊州爲義陽郡　禹貢荊州豫州之域　舊經以爲楊州之域無所攷據按東坡指掌圖周職方豫州下有信陽之地元和郡縣志以爲荊州之域今參元和志及指掌圖書曰禹貢荊豫之域　鶉尾之分　新唐書地理志云安黃申光蘄爲鶉尾之分晏公類要引漢志云南陽郡得楚地翼軫之分野不同　古申國之地周宣王封舅之國　毛詩鄭氏注曰在陳鄭之南詩又曰不與我戍申左傳隱公元年杜預注曰申國今南陽宛縣

春秋時爲楚所滅此據元和郡縣志按史記楚文王二年伐申左傳僖公二十八年楚子入居于申杜預注申在方城內今方城在軍南屬信陽縣申息之北門不啟即此地也左傳文公二十六年秦併天下屬南陽郡元和郡縣志漢之平氏縣隸荊州之南陽郡寰宇記又西漢志云南陽郡統縣三十六平氏預焉皇朝郡縣志云今州即平氏縣也又屬南陽江夏二郡寰宇記及輿地廣記並同按元和郡縣志云鍾山縣屬江夏郡而義陽屬南陽平氏縣兩邑分屬兩郡故曰南陽江夏二郡魏文帝分置義陽郡通典尋廢圖經云魏文帝分置義陽郡而元和郡縣志以爲分置義陽縣與圖經異寰宇記載括地志云魏文帝初受禪置七郡義陽居一不同象之謹按沈約宋志於司州下載云義陽太守魏文帝立後省晉武帝又立蓋義陽郡雖立於魏未幾而廢至晉又立義陽郡焉郡雖廢於魏而縣則存故元和志止書曰魏立義陽縣耳元和志所紀有未盡處今從沈約宋志晉

武帝分南陽再立義陽郡統縣十二平氏預焉晉地理志云太康中武帝分南陽立義陽郡統縣十二平氏預焉又云武帝太康元年既立平氏縣凡置郡縣二十有三義陽居其一分天下爲十九州義陽屬荆州晉志在太康中置統縣十有二義陽預焉晉武帝封安平獻王孚次子望爲義陽王寰宇記云晉武帝復置義陽郡封安平獻王孚次子望爲義陽王自石城徙居仁順

即今軍治是也唐時義陽曰申州故曰即今軍治是也而寰宇記及圖經皆書曰州今合書曰軍治自晉置司州各理他所武帝以司隸置司州安帝僑置司州於南郡義熙中宋武置司州於武牢元嘉末立司州於汝南垂瓠宋文帝於北義陽復立

司州沈約宋志云文帝元嘉末僑立司州治汝南不同象之謹按通鑑文帝元嘉二十八年以魯爽爲司州刺史鎮義陽則司州非在汝南也元和志亦在元嘉末年又置宋安郡輿地廣記

宋明帝置司州於義陽通鑑在泰始二年沈約宋志云明帝復於南豫州義陽郡立司州齊志云宋泰始中立司州於義陽齊有南義陽北義陽郡而義陽縣乃屬北義陽郡齊因之梁改曰北司州天監元年隋志云齊置司州梁曰北司州後復曰司州後魏改曰郢州後周曰申州大業改爲義州尋去北字只爲司州後爲元英所陷改曰郢州元和志在天監三年又按通鑑梁天監二年魏鎮南將軍元英征義陽司州刺史蔡道恭聞魏軍將至遣楊由率居民保賢首山至魏人攻義陽三關皆沒於魏梁乃於南義陽置司州移鎮關南以鄭紹叔爲刺史魏置郢州於義陽以司馬悅爲刺史周武帝改郢州爲申州隋煬帝改爲義州隋志在大業二年尋廢爲義陽郡通典唐又立申州舊唐志在武德四年尋省南羅州又以羅山來屬舊唐志在武德八年改爲義陽郡天寶元年復爲申州乾元元年唐本屬淮

南道後隸蔡州節度正元己後皇朝以戶口少降爲義陽軍國朝會要在開寶元年改信陽軍國朝會要在太平興國元年避太宗諱故也舊隸京西北路中興以來改隸荊湖北路見下今領縣二治信陽國朝會要舊隸京西北路紹興四年隸襄陽府路六年隸京西南路十九年正月隸淮南西路是年三月隸湖北路

縣沿革

信陽縣 中下

倚郭圖經云本申伯所封舊唐志云本漢平氏縣義陽鄉屬南陽郡元和郡縣志魏文帝分平氏立義陽縣舊唐志云晉自石城徙居仁順今州理是也元和郡縣志云汀仝省義陽縣入平春晉孝武改平春縣曰平陽隋開皇三年改平陽縣曰義陽縣屬申州大業二年改屬義州唐志屬申州九域志云開寶九年

省羅山鍾山縣入義陽國朝會要云太平興國元年改義陽縣爲信陽縣

羅山縣 中下

在軍東北一百十里舊經云縣因山爲名屬申州元和郡縣志云本漢鄳縣地鄳縣鍾山是也梁武帝置西汝南郡於此隋開皇三年併入鍾山十六年於鍾山析置羅山縣屬申州隋志羅山縣下云後齊置高安開皇初廢十六年置曰羅山而別有鍾山縣與元和志不同唐志云武德四年置南羅州領羅山一縣八年州廢以縣屬申州國朝會要云開寶九年併入信陽縣雍熙三年復置縣治在羅山之北九里

風俗形勝

中在周爲侯伯元和郡縣志　羅山九塞之一方輿記淮南子謂今羅山冥阸之塞卽｜｜｜｜｜　義陽三關之險顧野王輿地志又齊志云司州義陽郡有三關之險隘平靖武陽黃峴三關是也　北接陳汝控帶許洛齊宋以來

嘗爲邊鎭寰宇記 信陽與三關勢如首尾左傳定公四年蔡侯吳子唐侯伐楚還塞大隧直轅冥阨所謂大隧即黃峴關直轅冥阨乃武陽平靖也自中原失守談兵者謂堅守三關則安陸以南可無虞莫汲嘗論之曰三關險矣關外百里皆險也若敵人得信陽將與我分險而守營要阨以抗武陽營雞頭以抗平靖營石門以抗黃峴若棄信陽是舉三關併棄之也||||||||||將欲全三關必先固守信陽云 欲復宛洛二都必自此地始當使與三關控扼緩急相應余童知信陽軍終更圖上山川形勢以爲云云上覽之喜擢知蘄州鄂陽志 信陽雖小實爲德安表裏繫年錄云紹興三十一年金人寇信陽軍趙撙屯德安日云云不可失也自將所部馳赴之敵騎徑去

景物上

羊山在軍東北三十五里 鵲山在羅山縣南九里 魚陂在羅山縣南七十里 澌水

南至隨縣界流入注水經云｜｜**淮水**西自唐州桐柏縣流入**溮水**元和郡縣志在故鍾山縣南**汝水**九域志**峴山**通鑑梁天監曹景宗等救義陽鑿峴魏攻義陽急景宗鑿峴不進但耀兵而已**羅山**元和郡縣志云在故羅山縣西南**霸山**於諸山最高大每出雲必雨雪**鍾山**寰宇記云在縣西南**金山**在軍南一十里通鑑梁天監七年魏辛祥堅守義陽梁遣將胡武成陶平虜州南｜｜之上連營侵迫祥夜出襲其營**天井**水經注云義陽郡城南一十五步相對有｜｜周百餘步**漆井**晏公類要云在縣東四十里**三關**淮南子曰何謂｜｜有平靖關今名行者坡在軍南七十五里又武陽關今名大寨嶺在東南九十里有黃峴關今名九里關在南百里按新唐志申州義陽縣南有故平靖關又安州安陸郡應山縣有故黃峴武陽百鴈平靖四關按元和志故平靖關城在縣南七十六里此關不知何代立義陽有三關之塞此其一也武陽黃峴二關在安州應山縣界長老云此關因山爲嶂故名平靖關又按初學記三關記云齊志曰後魏置平靖關於義陽故云

義陽有三關之塞此其一焉**九塞**大汾冥阨荆阮方武陽黄峴今亦屬信陽｜｜城殽阪井陘令疵句注居庸也**武城**在軍東北二十五里今有遺基而吳楚之爭有｜｜黑謂令尹子常此殆｜｜黑之所治歟**方城**圖經方城寨在軍東三十里左傳定公四年吳伐楚司馬戌謂子常曰子沿漢而與之上下我悉方城之外以毁其舟**謝城**在軍東三十里申伯所封之邑也按崧高詩曰亹亹申伯又曰于邑于謝則是申伯嘗邑于斯矣**曹城**在軍城南三十五里有曹店曹景宗頓兵鑿峴口所築元和郡縣志及寰宇記皆以爲在縣東三十里與圖經不同城南有曹店當從圖經

景物下

野公亭在放生池北**相公園**范忠宣公爲郡日創後人因以相公名園**德勝坡**在軍北四十里**柔惠堂**在軍治西取申伯柔惠且直以名之**咸喜堂**在軍治東取申伯周邦咸喜之義**平靖關**今名行者坡在軍南七十五里**士雅山**在軍南六里通鑑梁天監

三年魏將元英結壘於｜｜｜**武陽關**今名大寨嶺在軍南九十里**義陽山**寰宇記云在軍東五十步圖經云郡之主山也**石人谷**寰宇記云在縣西三十里**鐵佛寺**在軍南四十里**石城山**在軍東南五十五里輿地廣記云有石城山甚高峻史記曰魏攻冥阨蓋謂此山也呂氏春秋言九塞冥阨其一焉晉於此山置義陽郡今廢城猶在十道四蕃志云｜｜｜南有天井元和志本晉義陽縣所理**石壁潭**在信陽縣**桐柏山**寰宇記云義陽有淮瀆祠**淮源城**在軍西北六十五里隋書地理志云後齊志曰慕化**陪尾山**九域志**賢首山**在軍南七里通鑑齊建武二年魏劉昶王肅攻義陽王廣之引兵救義陽蕭衍夜發徑上｜｜｜又梁天監二年元英征義陽司州刺史蔡道宗遣城外居民保｜｜｜**鵲山寺**在羅山**雞翅山**在軍東南十道四蕃志云山有九渡水**麒麟山**在軍東南六十五里**釣魚臺**在軍西一十里**走馬嶺**在軍東一十五里**冥阨塞**在軍東南五十五里屬信陽縣又有大小石門皆鑿山爲

道以通往來必楚守隘之地也**黃土河**在軍東南百一十里**黃峴關**今名九里關在軍南百里**烏疊城**在軍北六十五里十道四蕃志中州有丨丨丨丨**白雪驛**王得臣塵史云鄭工部文寶將漕陝西經畫靈武後謫郢州京山縣稅過信陽軍之丨丨丨丨作詩云得罪前朝出粉闈五原功業有誰知年餘放逐無人識白雪關頭一望時**白雲樓**在子城東北**明月橋**在外城北門裏**大石門**見下**小石門**信陽縣有小石門皆鑿山爲二道以通往來必楚守隘之地**冥山**在軍南八十里**三角山**在軍南八十里**三秀堂**在軍治東城上舊名牧牛軒宣和杏上產芝被旨改名三秀**七里澤**在軍西七里淅水中南涯有龍王堂**九曲河**在軍南源出雞頭山**迴車橋**在外城縣巷之西**卓斧山**在軍北五十里寰宇記云上有寺下有潭**子路山**在羅山縣西南四十五里**仙君港**在軍西三十里**佛子嶺**在軍東南二十里**佛圖山**在羅山

古跡

古羅州城　在羅山縣南十里

故鍾山縣　元和郡縣志云本漢鄳縣地寰宇記云在州東西十八里本漢之鄳縣屬江夏郡隋爲齊安縣仍屬申州四年改齊安爲鍾山縣皇朝併入信陽縣

故羅山縣　寰宇記云在州東北一百一十里本漢鄳縣地梁武帝置西汝南郡於此開皇併入鍾山縣又析置羅山屬申州唐置南羅州領羅山一縣州廢以縣屬申州皇朝併入信陽縣

故鍾武縣　按西漢地理志江夏郡有鍾武縣東漢臧宮徇鍾武竹里皆下之注云在今申州鍾山縣西南程演職方機要云後漢省今故鍾山縣西南鍾武縣是

安昌城　左傳宣公十二年晉楚戰于邲唐侯爲左拒杜預注云唐屬楚國義陽安昌縣是義陽有安昌縣也今軍西有丨丨丨遺雉隱然又漢書安昌縣張禹傳河平四年封張禹爲安昌侯

淮源城　按隋書地理志後齊置曰慕化屬淮安郡今在軍西北

蔡母城　按西漢地理志南陽郡有蔡陽縣注云莽之母功顯君邑應邵曰蔡水所

出東入淮城在軍北故平靖關城元和郡縣志云在縣南七十六里舊有此關不知何代創伏犧廟在子城放生池東神農廟在軍西北四十里申伯廟在軍城東北申伯塚謝城即申伯所封之邑今有二塚相傳以爲丨丨丨李刺史墓在郡城東南刺史名鳳唐大曆中爲申州刺史有神道碑存楚王廟在軍北七十里

官吏

周申伯封國於申漢傳介子封義陽侯師丹封義陽侯晉毛德祖爲義陽太守宋劉昶文帝封皇子爲義陽王梁馬仙琕爲義陽太守柳仲禮爲司州刺史唐高士廉爲申州刺史姚崇唐書本傳崇坐與宋璟謀出太平公主於東都坐貶申州刺史皇朝呂公著封申國公范純仁神宗朝知信陽軍事略劉安世哲宗朝爲右正言論蔡確等責嶺外後知信陽軍事略

人物

漢鄧禹新野人　來歆新野人　魏鄧艾字士載義陽棘陽人也後封鄧侯爲征西將軍　蜀魏延字文長義陽人今義陽山爲郡之主山圖經云卽｜｜｜之故居　傅彤義陽人先主征吳退軍彤斷後拒戰罵賊而死　費禕字文偉江夏鄳人也後代蔣琬爲大將軍　鄧芝字伯苗義陽新野人遷廣漢太守所在清嚴有治績後遷車騎將軍　晉孟嘉陶潛以爲鄂人晉史以爲鄳人鄳乃今信陽軍羅山縣今從晉史附于信陽軍　皇朝舒繼明信陽軍羅山人時人以金剛弓之善射紹興間知信陽軍僞齊襲軍城繼明轉〻矢盡被擒賊誘以美官繼明罵曰吾甯爲大宋鬼汙逆賊耶遂遇害繫年錄云後贈修武郎官其子

仙釋

董奉｜｜山在縣西南八十里昔董奉嘗學道於此山得仙有祠在焉又南董仙君祠在賢首山

碑記

唐李刺史墓神道碑 刺史名鳳在軍城東南隅大歷中爲申州刺史有神道存焉字漫滅不可讀

舊圖經 教授鄖德麟編

新圖經 郡守關良臣序

詩

日坐竹馬橋夜宿牧牛軒 橋舊名司天橋元符二年忽有道人書於橋上曰｜｜｜｜｜｜｜｜｜｜遂從其名

歸人失舊里老將守孤城廢戍山煙出荒田野火行獨憐澌水在時亂亦能清 劉文房至申州

涼風吹古木野火燒殘營寥落千餘里山空水復清 方雄飛

過申州 孤煙出廣澤一鳥響空山愁入雲峯裏蒼蒼閉古關 劉文房

下馬湯家市前村數里賒敗籬瓜少蔓

簇舍荳先花畢公信詩城邊一水抱城流城外羣山擁郡樓守雉脚之路見南史朝市若山林意適無遠近結廬在城郭茅竹懷遠韻漢吏貴無華魯禮從先進野翁堂方塘納霽景一碧共晴寒龜魚橋不隔霞鶩鎮相看其誰領勝解結束小闌干微波坐來息人意亦平寬涵碧堂羣山關設險隙高屋晝多陰晴嵐度邱壑疎翠上衣襟琴聲有成虧畫手隨淺深不如陶謝輩着句寫登臨環翠堂之詩得於皇朝名賢文苑菁華集不著作者名氏春來芳草滿雞頭攝郡郭篪義陽懷古郡有雞頭山

輿地紀勝卷第八十

輿地紀勝卷第八十一　文選樓影宋鈔本

東陽王象之編　甘泉岑鎔淦垒校刊

荊湖北路

壽昌軍

東鄂晉地理志　樊楚水經注

軍沿革

壽昌軍同下州　古武昌郡禹貢荊州之域楚地翼軫之分野次爲鶉尾鄂州圖經　楚熊渠立其子紅爲鄂王此據史記楚世家又楚世家注引九州記曰鄂今武昌也元和郡縣志云至今武昌人事鄂王神是也　秦爲鄂縣屬南郡漢高帝分南郡置江夏郡鄂邑預焉此據西漢地理志　武帝封姊爲鄂邑長公主漢昭紀注鄂縣名屬江夏　吳孫

權自公安徙都鄂更名鄂曰武昌在通鑑黃初二年又按李巽巖鄂州南樓記曰吳孫氏更名漢鄂曰武昌今州東北百八十里武昌縣是也若今州則漢之沙羨耳以武昌下雉尋陽柴桑陽新沙羨六縣爲武昌郡此據元和郡縣志又吳志云甘露初析江夏置武昌郡而輿地廣記云晉太康元年改江夏郡曰武昌郡按吳志及元和郡縣志武昌郡置於吳大帝明甚而輿地廣記則以爲置於晉之太康不同象之謹按元和郡縣志安州載南北二朝兩置江夏郡吳之江夏郡理武昌魏晉江夏郡俱理安陸晉太康中旣平吳意者遂併吳所置江夏郡於吳昌郡非初置武昌郡也輿地廣記所書非是今不取然元和郡縣志所載亦有未盡處蓋吳初江夏太守黃祖來沙羨置此而吳記云孫權擒江夏太守黃祖於沙羨以程普爲太守督夏口則吳江夏太守當理沙羨非理武昌也自吳以沙羨等六縣併歸武昌郡而江夏郡遂廢元和志書云吳之江夏郡理武昌亦非是當書曰吳江夏理沙羨云尋遷都建業留皇太子登守

武昌以陸遜輔之通鑑在太和三年其後吳孫皓又都之甘露元年未幾還都建業陸凱上疏諫曰武昌土地實危險而塉确非王都安國養人之處且童謠言寧飲建業水不食武昌魚寧還建業死不止武昌居於是還都建業晉改江夏為武昌郡沈約宋志武昌太守下引晉起居注云太康元年改江夏為武昌郡領縣三曰武昌曰陽新曰鄂令惠帝又分荊揚十郡為江州通鑑在元康元年以傅綜為刺史治武昌此據輿地廣記東晉時陶侃庾亮謝尚皆鎮守武昌通鑑宋齊梁皆為武昌郡圖經隋平陳以江夏為鄂州武昌以縣屬焉隋開皇十年唐及五代以至于國朝並屬鄂州近陞為軍使嘉定十五年尋又陞為武昌軍以與鄂州節鎮之名相類因玉寶壽昌之文錫名曰壽

昌軍嘉定十五年樞密院關鄂州武昌縣係是江西上流去處見今本縣剏立兩軍專備防守江西衝要隘口竊慮知縣權輕難以彈壓十四年十二月三省樞密院同奉聖旨武昌縣陞作武昌軍使十五年正月武昌縣陞作壽昌軍節制本軍屯戍

今領縣一治武昌自元和置武昌節度已前凡曰武昌者即壽昌軍也自元和置武昌節度已後凡曰武昌者屬鄂州

縣沿革

武昌縣上

倚郭在周爲鄂楚熊渠封子紅爲鄂王即其地也秦爲鄂縣漢曰東鄂孫權始都于此更名武昌後徙建業孫皓復都之尋又徙焉自是爲重鎭沈約宋志鄂令下云漢舊縣屬江夏吳改鄂爲武昌晉武帝太康元年復立鄂縣而武昌爲縣如故並隸武昌郡切攺江左武昌爲江州治所又析置永興隋爲武昌縣隸鄂州而鄂縣省其後析縣西境置塘城縣尋廢併入焉

風俗形勝

土地危險而墝确吳陸凱疏晉楚東鄂晉地理志以荆江爲重鎭通鑑晉氏南遷以揚州爲京畿而穀帛所資者在焉云云而甲兵之聚者在焉武昌諸山坡陁延曼澗谷深密蘇轍九曲亭記沿西塞之峻崿袁宏惠征賦乘鄂渚而返顧兮屈原郊隧之內奧都邑之綱紀霸王之所根柢開國之所基址起寢廟於武昌左思吳都賦郎亭樊山相接而中斷江上望之如八字建康實錄戴洋爲庾亮言武昌有山無林政可圖始不可居終山作八字數不及九云云杜預嘗恐吳徙都武昌圖經云晉□□□□□□□□修備諸城積大船於夏口則計無所及武昌實江東鎭戍之中非但捍禦上流而已晉庾翼欲移鎭樂鄉王述與庾冰牋武

昌鼎據寔爲帝里李白武昌寄韓君去思碑方嶽重將固當居要害之地王述吳晉爲重鎮名將以爲鎮守舊唐志武昌縣下登武昌之故墟弔西門之衰柳是吳主之故宮兮昔仲謀之所有張耒吳故宮賦

景物上

泰山在武昌南二百二十里高五十丈周九十八丈蘆洲在武昌西寰宇記一名邏洲一名羅州輿地志云子胥叛楚出關於江上求渡時旁多人漁父曰灼灼兮侵已私與子期兮蘆之漪子胥既渡解劍與之不受子胥令其勿露漁父知其意遂覆舟而死即此處也瓜圻在武昌縣西南十里何頡詩序云吳王種瓜於此箬谷在寒谿西山殊亭在武昌縣亭臨大江復出山上扶風馬向理武昌日作元次山記取其才殊政殊跡殊此亭又殊命曰丨丨詩云時節方大暑試來登丨丨憑軒未

及息忽若秋氣生

異泉 在西塞山天寶中泉出山巔垂流四百仞元結命曰｜｜

怡亭 在殊亭東裴鶡作亭亭銘見碑記門李陽氷鐫島石間

車湖 在武昌東三十里蘇軾在黃州王文甫居湖上往來殆百數車武子故居及墓在其上

樊山 在武昌縣西四里今日西山寰宇記云嵩下有寒溪中有蟠龍石謝[元]暉詩曰釣臺臨講閱｜｜開廣宴是也

樊楚 水經注云古岸有鄂縣故城注云舊｜｜也

樊溪 亦名樊港又曰袁谿在樊山西南控縣南湖澤凡九十九東為樊口入于江

夷市 土俗編云晉西陽有豫州五水蠻陶侃為武昌太守作｜｜於吳城東以為交易之所大獲其利

西山 在武昌西三里一名樊山舊名袁山水經注孫權從鄂於袁山即樊山也寰宇記云孫吳游宴之地圖經云有西山寺九曲亭記所謂山有精舍西曰｜｜東曰寒溪是也西山寺牓黃魯直書蘇東坡張文潛皆有詩鄧聖求為武昌令遊寒溪西山東坡居黃與武昌相望常往來溪山間後與聖求會宿玉堂話舊作詩云憶從樊口載春酒步上西山尋野梅｜｜一上十五里風駕雨腋飛崔嵬同遊困卧

九曲嶺搴衣獨過吳王臺

西苑吳之舊苑

南湖事見五文湖下

南浦南湖之舊浦也江淹別賦云送君｜｜寰宇記云正在武昌

南樓圖經引土俗編云｜｜即今武昌縣吳安樂宮之端門也蓋唐元和中始以鄂州為武昌軍不應東晉時即有｜｜在鄂州江夏也今鄂州｜｜乃白雲樓故基元祐中太守方澤因其廢基以｜｜名之非其舊也昔庾亮在武昌佐吏殷浩之徒乘秋夜共登｜｜不覺亮至諸人將避亮曰諸君少住老子於此興復不淺便據胡床與浩等談詠李白武昌懷古詩云清景南樓夜風流在武昌庾公愛秋月乘興坐胡床

南岡在武昌縣南湖上晉王敦收郭璞詣｜｜斬之

輞山在江夏東南一百七十三里

石門在武昌散花灘兩石對峙如門郭祥正詩云雙崖屹然起剔蘚認題識乃知賢令尹會同漫叟醉唐武昌令尹馬安嘗與元次山醉于｜｜之下石刻存焉

石臼在石盆渡湖上東坡西山唱和云涙翁醉處今尚在｜｜抔飲無樽罍

石鼓在鳳山太平御覽云金牛崗西有三｜｜鳴必大雨

磁湖在縣東七十一里

退谷在樊山郎亭間

元結故居也次山招孟武昌詩序云漫叟作丨丨指日干進之客不得遊之作杯湖銘曰爲人厭者勿泛杯湖孟士源嘗黜官無情干進在武昌不爲人厭作詩招之詩曰風霜枯萬物退谷如春時窮冬涸江海杯湖發清漪武昌不干進武昌人不厭退谷正可遊杯湖任來泛云云

窊樽在石門下土俗編謂丨丨在陶公宅基中有黑石中坳如杯樽狀杯樽在郎亭山下郎山西乳石有窊因修以藏酒孟仕源愛之命爲杯樽則窊樽自是一物也舊經云郎亭山下石有窊顛者元結修以藏酒因名之

寒溪寰宇記在武昌樊山下山溪夏時凜然常有寒氣故名圖經云丨丨之上有晉舊寺曰寒溪寺陶侃爲置文殊銅像今別爲西山寺有菩薩泉東坡有泉銘云陶侃爲廣州漁人夜見神光海上跡之得金像初送武昌丨丨寺後惠遠禪師迎像於廬山

杯湖在樊山郎亭間方一二里孟仕源居退谷杯樽之下命曰丨丨元結有銘作杯亭

寒泉在吳王讀書堂下

釣臺在武昌丨丨門北大江中寰宇記武昌城下有石圻臨江垂峙四望極目江表傳孫權整陳於丨丨張昭傳權臨丨丨飲酒大醉曰今日酣飲

惟醉惰臺中

虬塘在武昌南百五十里有虬山山之陰有龍穴搜神記云居民見神虬飛翔禱雨卽應

鳳山在武昌縣東五十里寰宇記云見仙記云吳建興中鳳嘗降此

螺崗釋門

景物下

廣宴亭在武昌縣樊山北鮮元次山記云驗之圖記實吳故宴遊處縣大夫馬公登之嘆曰謝公詩云樊山開廣宴非此地耶因而修之命曰｜｜｜元結爲記

中允亭在金牛鎭南十里沈存中筆談云武昌張諤仕至中允於所居創｜｜｜

伯履亭在寒溪寺西

松風閣在西山寺舊有松林甚茂黃庭堅自黃州遊西山愛之因名

五丈湖在武昌東八里舊曰南湖以荷自蔽卽此

九曲嶺在武昌九曲亭下山九折東坡因亭名之蘇子由有記將適西山行於松柏之閒羊腸九曲而獲少平是也

萬松嶺在武昌樊山臨江道也舊有松林夾道彌塢

東方山在武昌南百五十里有石刻東方朔故隱

西塞山在武昌東百三十里介大冶於兩山之間爲關

塞也土俗編云吳楚舊境孫策擊黄祖子射曹王皐復淮西砦于此張志和漁父詞西塞山邊白鷺飛即此袁宏賦沿西塞之峻崿華容寺在縣西十五里見仙釋門黄石城寰宇記在武昌白巖泉在縣南百六十里泉山清秀幽致奇緇有馬祖禪師道場云禪師舊居也紫微觀在武昌南一百里黄子磯在縣西與邏洲相接世傳黄巢置砦于此醴泉井在武昌縣庭令賢則泉湧錦繡山在武昌縣西南九十里有新開院東有丨丨丨靈溪觀在靈溪山武昌記云即黄初中吳介象昇仙之地有鶴籠煉丹井飛石橋唐許長慶蔡悟眞於此上昇靈山寺在靈溪鄉之靈山今壽聖院有觀音鐵像散花灘在武昌西北歐陽集古錄謂其地爲吳王丨丨丨散花洲在縣東西塞山下王得臣江夏辯疑云周瑜戰勝犒士散花於此試劍石在樊山下其石中斷洗劍池在松風閣下世傳吳王淬劍於此解劍亭在武昌子胥渡處也浮石山寰宇記云闊七十里春冬乾涸中有石獨立周迴二十步形狀極下縱水泛漲而不

能没

吉祥山在武昌東七十里吳王微時隱此羅隱詩云吳主當時隱此山吳都去後滌瀉湲嶺梅作折春粧薄沙鳥晴分銘篆開

安樂磯在縣東三十里江上水經云大江石岸有厭里口安樂浦江表傳云權使子登出征次于安樂

峥嶸洲寰宇記云在武昌西劉毅破桓元於此

武昌柳陶侃鎮武昌課種柳都尉夜盜柳爲已種侃問西門柳何以盜種都尉驚怖謝罪後劉禹錫詩一辭溫室樹幾見武昌柳

武昌山在本縣南百九十里高百丈周八十里舊云孫權都鄂易名武昌取以武昌而昌故因名山土俗編以爲今縣名疑因山以得之

大小回在武昌樊口者曰大回元結詩所謂回中魚好遊者是也在釣臺下者曰小回元結詩所謂回中浪不惡是也元次山漫歌云樊水欲東流大江又北來樊山當其南此中爲大回叢石橫大江又云是釣臺水石相激衝此中爲小回

郎亭山在樊山西路出武昌退谷中未梁時朱友恭鑿山開道射以強弩遂拔武昌卽此也

望夫石武昌山北有丨丨丨荆公詩雲鬟煙鬟與誰期一去天邊更不歸還似九疑山上女千秋長望舞裳

衣

金牛堆在武昌南百二十里輿地記云昔有｜｜｜數十出於堆石上遺跡存

金牛鎮今有｜｜｜嘉定甲申議以｜｜｜陞爲縣與武昌縣並隸壽昌軍以費重事竟止

白雉山在武昌南五十里寰宇記云山有芙蓉峯前有獅子嶺後有金雞石南出銅井晉宋以來置爐烹煉

白鹿磯在武昌西九十二里有神人山歷代帝王記云吳建衡二年有神人乘｜｜從山出今爲｜｜｜

蟠龍石在武昌東北江上太平御覽云舊傳有龍蟠於此庾信哀江南賦龍蟠鳳集之鄉

牧馬港在武昌縣東其上即吳王故城蓋領馬處

虎頭山在武昌東三里土俗編云上枕｜｜下瞰南湖一佳勝也

馬跡山在武昌南百八十里石上有雙馬迹

雞鳴闕故基在武昌宮城東郎吳東宮門俗云吳王夜役鬼工爲城未合雞鳴而罷

鳳栖山寰宇記云吳建興年間鳳凰降此山因名

節度石寰宇記石在江中輿地志｜｜｜西陵與武昌分界處

菩薩泉在武昌西山嶔竇中東坡有銘

神人山寰宇記云歷代帝紀載吳建衡二年有神人乘白鹿從此

山出

仙人石在武昌南百二十里石形岩嶢有栢蟠根其上

劉郎洑在武昌東江上舊名流浪後訛爲劉郎坡詩伍洲遙望劉郎藪是也

古迹

鄂王城寰宇記云在鄂州東一百八十里楚子熊渠封中子紅於鄂居此城九州記曰今武昌是也

吳王城在武昌東周四百八十步又鄂王城即楚封子紅處在縣西南二里東西九十里南北百步

孫權故都城元和郡縣志云在縣東一里本漢將灌嬰所築晉陶侃爲刺史理其地

故西陵縣輿地廣記二漢屬江夏郡魏屬弋陽郡晉惠帝分屬西陽國陳省入武昌縣

廢塘城縣寰宇記云在武昌大業九年廢

故鄂縣城寰宇記云本漢舊鄂縣晉太康年廢縣

樊山戍土俗編云吳晉以來戍守有戍主統之及唐有樊山府府兵雖罷僞吳僞唐時爲樊山北石

避暑宮在武昌寒溪上世傳西山寺即故基土俗編云至今無暑氣有吳王讀書

堂在寒溪山間王伯虎詩離宮避暑今安在英雄埋沒隨空埃**郊天壇**在武昌西山郊壇崗又名即位壇水經注吳主孫權即位告天於此**太極殿**在安樂宮建康實錄云吳大帝南郊即位還陞｜｜｜蓋吳安樂宮之正殿也**安樂宮**在武昌吳王城中黃龍吳從建鄴赤烏十年始移武昌材瓦繕丹陽南宮舊傳宮中古瓦澄泥爲之可以爲硯一瓦直萬錢**吳王讀書堂**在寒溪山間

吳造峴寰宇記云輿地志載孫權於樊口破風破船鑿樊嶺而歸因名東坡夜行武昌山詩云清風弄水月銜山幽人夜渡吳王峴注吳王峴在武昌西山九曲亭下**陶公宅**在武昌縣西北今爲羅漢縣晏公類要云陶侃甍於樊口今有｜｜｜**元次山宅**在武昌縣西五里家在樊陰見文集**樊姥廟**在樊山水經注云孫權獵山下將夕見一姥問何不立豹尾遂爲立廟蓋屬車豹尾爲天子之應**吳大帝廟**在安樂故宮**陶侃廟**武昌記在蟠龍石側**桓宣武墓**寰宇記云在武昌即桓元子墓**戴淵墓**寰宇記云在武昌縣**車武子墓**在車

湖江夏紀詠載張俞車湖詩憶昔車公居此地遺墟繚繞臨清軒惜哉斷石文尚在野老不識投波瀾注云武子墓下得碑其文尙在田父斷而沈之江

趙龍圖墓 諱令岌建炎初知黃州金人入寇敵脇之降不屈罵敵而薨黃人歛遺體葬于此

官吏

自宋孝武置郢州於江夏而武昌以縣屬焉故丨丨之名不顯

吳陸遜 孫權遷都建業留遜輔太子登掌武昌留事

潘濬 與陸遜俱駐武昌掌留事

滕牧 孫皓還建業以牧鎮武昌

晉陶侃 領西陽江夏武昌

周撫 爲武昌太守

桓宣 爲武昌太守

庾亮庾翼庾冰 俱鎮武昌

宋沈慶之 爲武昌內史

人物

孟嘉孟陋 武昌人陋乃嘉之弟清操絕倫喪母毀瘠殆於滅性不飲酒食肉者十餘年簡文輔政召不起桓溫躬往造焉不敢屈致晉隱逸傳

郭翻 武昌人爲庾亮所薦召不就咸康末乘小舟

歸武昌省墓庾翼躬造欲強起之又以船狹欲引就大船不可翼俯屈其舟中 **郭希林** 曾祖翻晉世家尚不仕希林少守家業徵召一無所就 **元結** 兵與逃亂自稱浪士又呼漫郎居樊山

仙釋

東方朔 東方山有石刻云丨丨丨之故隱也 **介象** 會稽人學道入東山治度世禁氣之術吳主召至武昌甚尊敬之後死武昌日中時也晡時至建康吳主命發棺視之惟一符耳 **成武丁** 桂陽臨武人過長沙遇異人與藥二元日服之當成地仙後卒友人於武昌逢武丁乘白騾而行改其岡日騾岡 **張志和** 西塞山即其所隱 **僧惠光** 武昌記云縣西五十里有華容寺舊名禪林寺唐正觀中庵前有一樹樹上有藤每見一病鼠無毛沿樹而食半月餘毛生當時文皇聖體不康惠光採其藤以進日百靈藤帝服之疾愈惠光求歸御劄建寺以處名日禪林 **馬祖禪師** 俗編云丨丨丨丨初寓于禪房寺又徙于新開二處皆其道場也

碑記

梁陵王華容寺碑在武昌西山唱和石刻在武昌夏侯宋客墓表唐元結撰在武昌縣惠公禪居表元結撰在武昌縣窊樽銘在武昌縣東方山石刻在武昌之東方山有石刻云漢東方朔之故隱也怡亭記蔣之奇序云怡亭銘刻於江濱巨石之上至今存焉乃永泰元年李陽冰篆李莒八分書裴虬作銘唐令君馬向石門石刻在石門郭祥正詩云雙崖屹然起别薛認題識又注云石刻存焉退谷銘丨丨丨序云杯湖西南是退谷杯湖銘序云杯湖東抵杯樽西浸退谷北匯樊水南涯郎亭

詩

釣臺臨講閣樊山開廣讌謝朓和耿武昌行看武昌柳髣髴

映樓臺孟浩然至武昌庾公愛秋月乘興坐胡床李白淸景南樓夜風流在武昌李白春風三十度空憶武昌城李白送別楚水淸若空遥將碧海通同上上下武昌城長江竟何有寥落幾家人猶依數株柳劉文房故城下懷古江山十日雪雪深紅霧濃起來望樊山但見羣玉峰唐詩紀事云孟彥深字士源爲武昌令元次山居樊山新春大雪彥深以詩問之積雪閉山路有人到庭前云是孟武昌令獻苦雪篇唐詩紀事云元次山酬孟彥深武昌無限新栽柳不見楊花撲面飛唐詩紀事云韋蟾下杜人罷鄂州賓僚祖餞蟾曾書文選云悲莫悲兮生別離登山臨水送將歸以牋授賓從請續其句逡巡有妓泫然起曰某不才不敢染翰欲口占兩句云云曉泊武昌岸津亭疎柳風數株曾手植

詩下

好事憶陶公錢起秋來倍憶武昌魚夢着只在巴陵道唐岑参武昌應已到新柳照紅旗劉禹錫松桂蔭茆舍白雲生坐邊元結招孟武昌漫郎家庭下復在樊水邊去郭五六里扁舟到門前元結將牛何處去以此句爲題耕彼西陽城叔閑修農具直者伴我耕元結詩叔閑漫叟韋氏生直者漫叟長子將船何處去以此句爲題釣彼大回中叔靜能鼓橈正者隨弱翁叔靜漫叟李氏生正者其仲子也西塞山邊白鷺飛桃花流水鱖魚肥張志和漁歌嶺梅乍煖殘粧恨沙鳥初晴小隊閒羅隱西塞山聞說吳王避暑宮滿山六月絳紗紅錢叔獻至西山

武昌古名地英秀森琳琅既號詩書窟復稱雲水鄉王元之孫何送弟儋之鄂　武昌官柳見毫鳌八字山遥細似眉

武昌樊口幽絶處東坡先生留五年東坡　楚雨還昏雲夢澤吳潮不到武昌宫東坡　春江緑漲蒲萄醅武昌官柳知誰栽憶從樊口載春酒步上西上尋野梅同遊困卧九曲嶺褰衣獨到吳王臺東坡武昌西山　西山九曲亭衆山皆培塿離離見吳宫莽莽真楚藪空傳孫郎石無復陶公柳爾來風流人惟有漫浪叟東坡　江上青山亦何有伍洲相對劉郎洑東坡詩　誰道武昌岸下魚不如建業城邊水蘇子由　武昌山川今可想緑水逶迤煙

莽蒼王安石 武昌赤壁弔周郎寒溪西山尋漫浪黃魯直 常思武口與樊山南北相望一水間張舜民 傳語寒溪莫惆悵漫郎今已借舟還張舜民 聊爲過江宿寂寂樊山夜張耒 昔日陶公宅今爲釋子居張耒陶公宅詩 中流望赤壁石脚插水下張耒次樊山 武昌山水誠佳哉當年五柳親栽培家家開門枕江水春風照耀桃與梅鄧溫伯次東坡韻 長江雪浪過樊口西山翠插天崔嵬袁百之次東坡韻 圓壇展祀日樊山開宴時釣臺高嶬嵲離殿鬱參差蔣之奇泊武昌 泉明爲邑日漫叟卜居時蔣之奇石門 二李妙分篆裴銘語尤佳郭祥正怡亭 乃知賢令尹曾同漫叟醉惟此

兩石門不開亦不閉郭祥正吳王宮殿作飛塵野鳥幽花各自春料得寒溪喧笑日也曾驚動武昌人吳居厚山上盤旋九曲亭春江滿目與天平青蘋白鷺漁家屋幾幅輕綃畫得成吳居厚西山連虎穴赤壁隱龍宮潘大臨江從樊口轉山自武昌連潘大臨官柳不知興廢事春來還是綠纖纖李孚可笑幽航載歸夢遲明身在武昌城李康年攝尉武昌自江夏登舟一夕而至杯湖風舞翠銷轉樊山煙鎖青螺堆王伯虎建業水長那不飲至今應愧武昌魚李昌圖煙雨淒迷雲夢澤山川蕭瑟武昌宮陸游武昌感事

四六

山連江渚水映巖巒春雲卷而錦繡俱呈秋浪澄而屏風倒立僧道凝吉祥山記

輿地紀勝卷第八十一

輿地紀勝卷第八十二　文選樓影宋鈔本

東陽王象之編　甘泉岑鎔 淦 長生校刊

京西南路

光化軍須知云紹興十一年升光化縣爲軍會要不載年月

國朝會要云太平興國三年分南北路後併一路熙寧五年詔以襄鄧隨金房均郢唐八州爲京西南路紹興四年改襄陽府路以襄陽府隨郢唐鄧州信陽軍六郡隸六年廢襄陽府路復置京西南路以襄陽府唐鄧隨郢金房均州信陽九郡隸十三年割金州隸利州路十九年撥信陽軍隸淮南西路嘉定十二年陞棗陽軍隸本路

襄陽府

漢水　鄧城　荆山　臨漢
粱山　襄漢　樊城　襄府

府沿革

襄陽府望　襄州襄陽郡山南東道節度九域志京西湖北路安撫使京湖制置使新制禹貢荆豫二州之域元和郡縣志楚地翼軫之分野漢書地理志云襄陽楚地翼軫分野晏公類要云鄧穀二縣又隸南陽郡得韓地角亢之分野於周諸國則穀鄧鄾盧羅鄀之地春秋時屬楚寰宇記襄陽城本楚之下邑習鑿齒襄陽記秦兼天下自漢以北爲南陽郡今鄧州南陽郡是也自漢以南爲南郡今荆州是也元和志引楚地記云又漢志南郡之下有襄陽縣應劭注曰在襄水之陽王莽改相陽襄陽乃南郡南陽二郡之地通典東漢末劉表爲荆州刺史始理襄陽通鑑漢獻帝初平元年劉表爲荆州刺史單馬入宜城誘斬宗賊五十五人而取其衆遂徙治襄陽魏武平荆州通鑑在建安十

三年分南郡置襄陽郡晉志魏置治宜城故鄀也通典云獻帝時魏武置襄陽郡輿地廣記云郡自宜城徙治焉以地在襄山之陽爲名寰宇記引荊州圖副云又兩漢志云以在襄水之陽故曰襄陽自赤壁之敗魏失江陵元和郡縣志南守襄陽重兵以備吳此據指掌圖又通鑑建安十三年曹操北還留曹仁守江陵樂進守襄陽十四年復失江陵至建安二十四年關羽攻于禁攻曹仁於樊城圍呂常於襄陽而曹操議徙都以避其鋭又通鑑青龍二年魏明帝云昔先帝東置合肥南守襄陽西固祁山賊來輒破於三城之下則三國以來魏專守襄陽以爲固西晉爲荊州所治南齊志雍州下舊唐志云襄陽縣晉爲荊州治所羊祜杜預皆鎮襄陽通鑑東晉南渡元帝以魏該爲雍州刺史鎮鄧城襄陽別有重戍南齊地理志雍州未以雍州領襄陽也孝武始於襄陽僑置雍州通典云東晉僑

置雍州而圖經亦云孝武始於襄陽僑置雍州尋廢又立京兆扶風始平河南廣平郡皆寄治襄陽及庾翼將謀北伐遂鎮襄陽通鑑晉康帝建元元年南齊地理志同朱序後以梁州刺史鎮襄陽通鑑在太元二年陷於苻堅堅敗淝水序乃得歸通鑑在太元四年又以雍州刺史鎮襄陽元和郡縣志云永嘉之亂僑於漢水之側立爲雍州以朱序爲南雍州刺史元和郡縣志蓋以序領雍州刺史鎮襄陽非梁州又按通鑑太元二年桓豁鎮襄陽表朱序爲梁州刺史鎮襄陽非雍州也二書所載不同象之切攷東晉立國江左僑置郡縣漢中爲晉守則梁州治於漢中而雍州自專治襄陽若漢中失守則梁州併領於襄陽乃僑寓耳非治所也故通鑑太元三年書朱序爲梁州刺史者蓋自孝武寧康二年符泰陷蜀併失漢中故梁州僑置於襄陽至太元十五年序以雍州刺史還鎮襄陽太元十七年郗恢代朱序爲雍州刺史鎮襄陽不言領梁州者蓋是時因太元九年符秦之敗東晉已復漢中梁州刺史復歸所

治故襄陽第專領雍州耳又按金州志云自樵縱之亂楊難當之亂皆失漢中而梁州刺史往往寄治於魏興事平復故梁州不復寄治於襄陽矣遂專爲雍州刺史治所太元十七年宋割荊州五郡爲雍州晏公類要在元嘉二十六年又宋志云分荊之南陽順陽襄陽新野景陵五郡爲雍州南齊志云宋永嘉中割荊州五郡來屬遂爲大鎮又文帝大舉伐魏先廣襄陽資力通鑑元嘉二十六年以廣陵王誕爲雍州刺史上以襄陽外接關河欲廣其資力乃罷江州州軍文武悉配雍州湘州入臺租賦悉給襄陽明帝又割十一郡隸焉領郡十七遂爲大鎮彊藩北接宛洛跨對樊沔爲鄢郢北門晏公類要梁武帝起兵於此通鑑在齊永元二年梁置南雍州舊唐志後梁蕭詧都此通鑑西魏改曰襄州隋書地理志襄陽郡下曰江左並僑置雍州西魏改曰襄州置總管府大業初府廢隋文帝立

山南道行臺并總管府于襄州煬帝時州府並廢隋志亦同唐置襄州舊唐志在武德四年王世充平改爲襄州因隨舊名爲山南道行臺舊唐志武德四年山南道行臺統交廣至一百五十七州尋罷行臺爲都督府舊唐志在武德七年罷都督府舊唐志在正觀六年爲山南道在正觀初年又爲山南東道通鑑在景雲二年改爲襄陽郡舊唐志在天寶元年復爲襄州乾元元年陞爲山南東道節度方鎮表在至德二年以襄州爲襄陽府韓文順帝實錄在順宗即位之三年陞大都督正元二十一年復爲襄州元和元年五代梁唐之際改忠義軍後以延州爲忠義復以襄州爲山南東道五代史皇朝因之屬京西路眞宗潛藩陞襄陽尹圖經在咸平初爲京西安撫使慶歷元年陞

足食庾亮表襄陽石城疆場之地齊志尚書殷融言襄陽石城疆場之地對按荒寇寄治郡縣民力寡少可并合之襄陽荊楚之舊西接梁益與關隴咫尺北去河洛不盈千里土沃田良方城險峻進可以掃盪秦隴退可以保據上流庾翼疏衣冠之緒相尚經籍隋志晉爲重鎭隋地理志晉氏襄陽爲重鎭四方湊會益多故衣冠之緒相尚經籍焉皇子出鎭元嘉二十二年以武陵王駿爲雍州封皮自晉江左以來襄陽未有——文帝欲經畧關河故有此授見襄陽志牧守門北接關河宋文帝以襄陽北據關河欲廣其資力襄陽安樂之歌宋梁世荊雍爲南方重鎭皆皇子爲之牧江左辭詠莫不稱之以爲樂土故王誕常作安樂之歌見梁元帝再臨荊州詩注鄢郢北門蕭子顯齊志云彊蠻帶沔阻以重山北接宛洛平塗直至跨對樊沔爲————跨對樊沔見上襄陽左

右田土肥良桑梓野澤處處而有蕭子顯齊志雍州序表裏漢峴唐鄭修獻丞相聞喜裴公見襄陽志峴山作鎮漢水通津新書江陵唇齒襄陽志江陵步道五百里勢同唇齒無襄陽則江陵受敵並廣記天下喉襟唐蕭頴士曰襄陽乃今天下之喉襟襄陽江陵勢同輔車元和郡縣志磅礴北津礅硂南雍孫沖登襄陽城樓賦漢流東下楚山南峙西挾沮漳北通鄧鄀据蜀粵之上游壓平楚之千里魏泰文選樓方城漢水之大雲夢七澤之富畫工吟筆之不能盡者皆致吾几席之中同上臂淮楚與巴蜀足交廣而首畿甸孫沖登襄陽城樓疆蠻帶江阻以重山北接宛洛蕭子顯齊志西極梁州南包臨沮北接陰鄧邑居隱軫蓋一都之

會也晏公類要江漢間州以十數而襄陽爲大張子壽集江陵以漢水爲北津宛邱高策新修平路橋記襄陽舊楚北津東漢地理志注云｜｜｜｜｜｜從襄陽渡江經南陽出方關是周鄭晉衞之道其東津經江夏出平澤關是通陳蔡齊宋之道宋玉王逸張悌習鑿齒之徒實生此土故民尚文其地近被二京之饒富遠通三川之遊佚北魚南徐之習不替故其俗尚侈襄陽圖志又云魚洪徐鯤日北路魚南路徐跨荆豫之境遠走江淮近控巴蜀號南北襟喉必争之地郭見義襄陽府營造記唐自中葉以後藩鎮之變四起惟襄陽屹然中立天子實賴以平淮蔡周朋來襄陽府修峴首春風李綽濠州城記四望亭記四葉表閭王荆公詩｜｜｜｜唐尹

仁恕有唐旌表孝子碑萬歲通天二年張東之立

羊公問望與峴山俱傳羊祜樂山水每造峴山置酒言詠不倦嘗謂鄒湛曰由來賢達登此遠望者多矣皆湮滅無聞使人悲傷湛曰公德冠四海道嗣前哲令聞令望必與此山俱傳若湛輩乃當如公言耳

襄陽地高於夏口通鑑敬宗寶歷元年牛僧孺以武昌軍節度使過襄陽山南東道節度柳公綽服櫜鞬候於館舍將佐諫曰||||||此禮太過公綽曰奇章公甫離台席尊宰相所以尊朝廷也竟行之

襄樣史稱襄州為漆器天下取法謂之||

西望隆中東眺白沙習鑿齒

殿于襄邸卽晉志魏泰文選賦

風流餘韻藹然被於江漢之間歐陽修

元凱以其功叔子以其仁同上

襄陽為荊州之藩籬繫年錄吳拱遺大臣書

景物上

楚觀在府治 **鳳山**在襄陽縣東南十里梁韋叡於山立寺唐孟浩然傳云楚澤爲刻碑鳳林山南即此 **鴨湖**在襄陽縣劉備乘的顱所越處東流爲|| **晉栢**在峴山上下有小碑題曰||柯幹如鐵石 **太山**在襄陽縣南二十里 **峴山**寰宇記云在襄陽府十里羊祜常登||慨然嘆息 **三峴**紫蓋山萬山峴山謂之|||襄沔記 **萬山**元和郡縣志云在襄陽縣西一十里與南郡鄧縣分界東漢郡國志注云即交甫見遊女弄珠處 **柤山**音柤習鑿齒襄陽記云吳時朱然諸葛謹從沮中尋山險道北出柤中 **穀山**在穀城縣西北十里有古穀城穀伯綏之舊國也

穀城同上 **薤山**在穀城縣西北六十里寰宇記云山上有孤竹三莖三年生一筍筍就竹死代謝如春秋又云諸山雲起此山無雲終不降雨土人以爲驗 **檀溪**皇朝郡縣志云蜀先主乘的顱馬西走墮於斯溪一躍而過元和郡縣志云在襄陽縣西南初梁高祖鎮荊州聞齊始安王蕭遙先等五人輔之謂之五貴歎曰政出多門乃潛造器械多伐斫竹木沉於||爲舟裝之備參軍呂僧珍獨悟其

旨亦私具艣數百張義師起乃取||竹木裝戰艦
諸將爭艣僧珍每船付二張事尅集今溪已乾涸非
其舊　**桃林**　在襄陽縣南六里南襄州記云桓冲北伐
矣　頓軍于此是時食桃至春其核萌生遂成
茂林故曰　**松嶺**　九域　**菊水**　九域志云其旁產　**孟亭**　初
||津　志　芳||極甘馨　三
維過郢州晝浩然像於刺史亭　**蔡洲**　在襄陽縣東北
圍因曰浩然亭鄭誠改曰||　漢水中後漢蔡
瑁居其　**葛井**　按荊州記云諸　**筑水**　元和郡縣志在穀
上因名　葛亮宅有井　城縣漢爲筑陽縣
蕭何之子封　**蠻水**　寰宇記云自義清縣界流入宜城
筑陽侯是也　縣界桓溫避父諱改名曰夷水
元和郡縣志云在南漳縣西北八十里西絕險
荊山　惟西南一隅纔通人徑禹貢云荊及衡陽惟荊
州其注云北據||即此是也其旁有石室云是卞
和宅胡曾||詩云抱玉巖前桂葉稠碧溪寒水至
今流空山落日猿聲　**景山**　按酈道元水經云郡
叫疑是荊人哭未休　||即荊山首也　**隆中**　國
志縣西七里曰||漢晉春秋諸葛亮家南陽在襄
陽城西二十里號曰||蘇東坡||詩云諸葛來

西國千年愛未衰誰言國朝魏泰文選樓賦曰
襄陽野生此萬乘師**襄邸**烈烈蕭公殿于襄邸

鄧城寰宇記云在穀城縣東西郎漢蕭何所封**辭山**襄俗以姑遊爲亭自正月二十一日二十二日移市於城北津弄珠灘尋小竅石穿簪於釵上帶歸至三月三日遊南山諸寺至四月八日罷遊謂之辭山風俗大暑如此**漢江**源出嶓冢**襄水**在襄陽縣西北五里源出柳子山下北流爲檀溪南流爲襄水**玉池**南都賦云其陂鉗盧玉池**金城**鄘道元水經注云夷水又經金城前今屬宜城**白河**在鄧城鎮**濁水**在鄧城**清水**在鄧城**清溪**東漢志沮臨沮侯國有丨丨漢北**粉水**在穀城縣北六里按水經云丨丨出房郎荆山**粉水**陵縣南雍州記云蕭何夫人漬粉鮮潔異於諸水因名**靈泉**在中廬鎮景山鄉靈泉寺中**漳水**在中廬鎮山海經云荆州丨丨出焉中出黃金**沮水**在中廬鎮西南四百二十里本出永清縣界流入當陽縣界又南流入遠安縣界

均水皇朝郡縣志云在穀城縣入沔謂之均口**漹水**皇朝郡縣志云在中廬鎮**涑水**寰宇

記云丨丨亦名襄水

景物下

聞喜亭在府治唐咸通中太守裴坦建趙璘撰記樂善堂梁簡文爲晉安王鎮襄州日晝前政刺史李陽等十三人形像於丨丨丨襄陽志長嘯亭在峴山雅歌堂在府治善謔驛柳文丨丨丨丨和劉夢得酬淳于先生詩水上鵠已去亭中鳥又鳴辭因使楚重名爲救齊成注驛在襄州之南郎淳于髡放鵠之所雄覽堂在府治籌邊堂在府治北顧亭在府治望楚山古馬鞍山晉劉宏山簡九日宴遊於此宋武陵王愛其峯秀改曰望楚山愛峴閣在漕治占三峴之勝得中峴爲多湧月亭在峴山漢廣亭在府治南望羣山環繞有漢水映帶平陸萬里使人感慨又名北顧亭濯筆池在虎頭山華嚴院世傳劉元德濯筆于此又云謝公事見劉珵謝公巖碑刻木谷皇朝郡縣志在南漳縣郎孝子丁蘭所居

沉碑潭 南雍州記云天色晴明漁人常見此碑於潭中謂之｜｜｜本朝顔荛詩云潭上風清无宿霧漁人常見杜公碑又有沉碑亭在潭上 **解珮渚** 在襄陽縣西十里皇朝郡縣志云鄭交甫見二女 **弄珠灘** 在城北津 **抱玉巖** 按襄沔記云荆山有抱璞岩卞和得玉於此今之所南漳西界 **作樂山** 在襄陽縣西北二十里荆州記云有｜｜｜諸葛亮嘗登所居山作樂又云習鑿齒隱遁之所 **屏風山** 在穀城縣北九十里有白耿玉堂仙人嘗於此得素書 **尉斗坡** 偉送客歸襄陽詩云｜｜｜前春草色 **琵琶池** 在襄陽縣東二里 **冠蓋里** 荆州記曰襄陽郡峴首山南至宜城百餘里其間雕牆峻宇漢宣末有卿士刺史二千石數十家朱軒騈輝華蓋連延掩映於太山廟下荆州刺史行部見之雅歎其盛號爲｜｜｜ **大隄城** 寰宇記襄陽｜｜｜今縣城也荆公賦擬峴臺詩城似大隄來宛宛溪如青漢落潺潺 **大雅山** 在中廬舊縣西九十里 **中山城** 寰宇記云在宜城縣西南山 **中峴山** 在襄陽縣西北五里舊名紫蓋山師高蕞

改爲丨丨盛宏[框]之荆州記云鄧城西七里有丨丨獨樂山丨丨丨諸葛亮常登此山作梁父吟

雙泉寺在南漳縣西二十五里今名海會寺有蓮花泉跳珠泉

三秋池九域志岐棘山上有三秋池

三顧門諸葛亮云三顧臣於草廬之中自此門出故也

三賢堂張漢陽麗居士孟浩然俱襄陽人謂之襄陽三賢

四友堂魏泰有丨丨丨四詠謂竹栢梧松也

六門堰九域志召信臣所造

八疊山在南漳縣西六十里司馬宣王鑿山開道屈曲八疊因名

九鳥山在南漳縣西南四百里

百丈山在襄陽縣南二十里傳云有麝香獸栖止久矣劉表遣人採藥遇麝香藏坎得麝香數斗如石蓮馨香芳馥非世所有

萬山寺在襄陽縣晉太興中立寺有鄭懺碑其下有大石龜

鹿門山在宜城縣東北六十里上有二石鹿故名後漢龐德公唐龐蘊孟浩然皮日休俱隱居於此今有萬壽院孟浩然詩云漸到丨丨丨山明翠微淺昔聞龐德公採藥遂不返隱迹今尚存高風邈已遠又云鹿門月照開煙樹忽辯龐公棲隱處

馬窟山祥符圖經

云漢時有數百疋馬出其中焉形小似巴滇馬三國時陸遜攻襄陽於此穴又得馬數十疋送建康蜀使至其家在滇池識其馬毛色云卽其父所乘馬對之流涕

馬頂山 在襄陽縣一名馬穴

馬鞍山 通典云|||昔劉洪山簡九日宴處

虎頭山 在襄陽縣東南五里半山形蹲踞因名

牛首灘 在襄陽縣

羊角山 在南漳縣西百餘里

鳳林關 類要在襄陽縣

鳳臺驛 在襄陽縣舊羅城東門外昔南關有處女學綉鳳凰一日成功仙去見仙釋門

龍興寺 在襄陽縣西北三里有金銅像雍州記云釋道安所立

雞鳴澗 在宜城

雞頭山 寰宇記云臨漳山在南漳縣之西一百八十里一名|||北臨漳水

漁樂亭 在襄陽城外竹溪竹柳森陰諸亭參差清流貫其閒

伏龍山 在襄陽縣西南三十里又穀城縣亦有|||曾鞏知襄州日祈雨此山祝文云衆山雲起此山無雲終不降雨衆山無雲此山雲起必降大雨

臥龍山 郎高陽池襄陽侯習郁依范蠡養魚法晉山笥鎮襄陽每出池上置酒名曰高陽

牽羊壇 耆舊傳襄

陽有壇號｜｜｜刺史初至必宰一羊詣壇遶之以
其遭數驗治州之年晉文帝爲刺史一羊行六遭不止
果八年　呼鷹臺　寰宇記在鄧城東南一里坡詩莫上
而遭　｜｜｜平生笑劉表表有野鷹來曲
又李豸詩云呼鷹復　斬蛟渚　寰宇記云盛宏之荆州
何用龍臥獨不顧　記城北沔水先有蛟龍
爲人患鄧遐爲襄陽太守拔劒入水蛟繞　白馬山　在
其足遐因揮劒截蛟自後無復蛟患矣　襄
陽縣東南十里以白馬泉名南雍州記云每年刺史
三月三日禊飲于此又類要引巳祏集云在鳳林關
、、泉　在穀城縣東一里造酒極美世　紫金寺　在襄
謂之宜城春又謂之竹葉盃　陽縣
東北　清溪山　寰宇記云　清溪水　出臨沮縣西青山之
四里　在南漳縣　東有濫泉即清溪源
也　赤溝水　在穀城縣　清泥洲　在穀城縣　石梁山　｜｜南雍州記云｜
｜形似橋梁｜
也　白雲起卽　谷隱山　在襄陽縣東南十三里晉習鑿
崇朝而雨　齒隱遯之所有僧寺曰興國院
今名紫金寺元微之詩云　風子山　在襄陽縣西南三
貪過谷隱寺留讀峴山碑　里半有隧道風穴

雲封寺在襄陽縣東三里即龐統宅也 月嶺寺在襄陽縣 學業堂孔明讀書之所謂之｜｜｜在江之南 興國院在襄陽縣東南十三里舊名紫金寺谷隱山即晉習鑿齒隱遯之所 延慶寺在襄陽縣梁韋叡所立又無量寺釋道安所建 清涼堰在襄陽縣 溫湯泉在襄陽縣 木里溝見官吏門 柳子山在襄陽縣北七里襄河檀水出其下又有柳子水梁簡文為州日泛舟窮柳子之源 桃林津見桃林下 木香村寰宇記云在宜城縣昔段成式有別業於此村 穀神山寰宇記在穀城縣西十里上有石城號曰｜｜｜ 檀溪寺在檀溪側晉釋道安之寺有金像六焉皆道安所造今在襄陽縣西五里 司空山在南漳縣西百餘里 臥佛寺在襄陽縣東南六里襄陽記云梁太清二年立以山坐東南西因作臥佛以鎮之 聖人洞在襄陽縣南二十一里唐正觀七年見一翁形服異常遊于此故以名洞 國王城在穀城縣東北四十九里按南雍州記云晉順陽王暢所都 仙女洞在南漳縣抱玉巖之東

古迹

古樊侯國祥符圖經云鄧城||||九域志云仲山甫之國也又有樊侯國在樊城縣魏泰廟記云仲山甫封于樊即樊侯也　**鄾城**在鄧城南八里即古鄾子之國鄧南鄙也　**古漢宜城故城**元和郡縣志云在今宜城縣南九里本楚鄢縣其地出美酒　**廢樂鄉縣**皇朝郡縣志云在襄陽南二百二十里本春秋鄧國地今周顯德二年併入宜城縣　**故鄧城縣**元和志云在襄陽縣東北二十里本春秋鄧國地寰宇記云即古樊城齊書云建武中大將軍曹虎鎮此魏孝文率兵十萬圍樊城經月不下即此城也天寶中改臨沮縣正元中改為鄧城縣縣繫年錄紹興七年廢鄧城縣為鎮　**故臨漢縣**元和郡縣志云本漢鄧縣地古樊城仲山甫之國也西魏於此立安養縣天寶元年改為臨漢縣關羽圍曹仁於樊即此地也今謂之樊城　**故博望城**張騫所封也　**漢陰城**寰宇記云在穀城縣北漢為縣今廢城存　**山都縣城**寰宇記云秦之邑廢城在中廬

鎮**黎邱城**寰宇記云廢城在今宜城縣**鄧城**皇朝郡縣志云在穀城縣漢蕭何所封也**穀城**皇朝郡縣志云在｜｜縣西北五里穀伯綏之舊國也**中盧故城**西漢志顏注云在襄陽縣南東漢有中廬侯國以隋室諱忠故改曰次廬繫年錄云紹興七年廢中廬縣爲鎮**夫人城**即晉朱序母韓夫人率ㄡ婢所築元和志則載於襄陽縣下謂之理中城寰宇記則載之鄧城下按鄧城在襄陽北十三里方秦攻朱序於襄陽城韓夫人不應率女婢往遠外築城寰宇記所載非是本朝王宗旦詩云詩人刺哲婦老氏戒戒佳兵何此金湯固長存粉黛名**白起堰**韓愈宜城驛記又曾鞏宜城縣長渠記云自起塹水灌鄢其爲渠因以不廢**白公淵**南雍州記云白起伐楚之日涉此水而濟號曰｜｜｜**昭王井**韓愈宜城驛記井北有楚昭王廟**王粲井**在襄陽縣西萬山前有石欄唐上元遷欄於州**道安巖**今在延慶寺昔釋道安就此營造**高陽池**寰宇記云在襄陽縣晉山簡字季倫嘗鎮襄陽每臨此池未嘗不大醉而還**習家池**襄陽記云

峴山南有習郁池按郁後漢人爲黃門侍郎封襄陽公即晉鑿齒之先也

光武臺九域志

劉琦臺元和郡縣志云丨丨與諸葛亮登樓去梯之處也

袁曹渡在穀城昔丨丨爭丨於此

杜甫故里南豐曾鞏曾有詩紀其事

孟浩然居圖經

卞和宅按襄陽記云荊山有石室相傳云丨丨丨也

宋玉宅酈道元水經注在郢城之南

鄧禹宅九域志

陰氏宅即陰后所居

蔡瑁宅在蔡洲曹公造其家瑁後爲曹公丞相

王粲宅在襄陽縣西一十里萬山東坡下又有丨丨丨井

龐德公宅在峴山南慶昌里今廢

諸葛孔明宅在襄陽縣西十五里隆村又有丨丨避水臺在宅之西

龐士元司馬德操宅在呼鷹臺側

宋孝武帝宅今鳳山延慶寺舊經云劉馬鞍山宋武帝所生處

琦樓舊在府東五里八十步都城內琦與諸葛亮謀自安計

王粲樓見襄陽雜詠

文選樓舊經云梁昭明太子所立以撰文選聚才人賢上劉孝威庾肩吾徐防江伯撰孔敬通惠子悅

徐陵王囿孔樂鮑至等十餘人號曰高齋學士**楚昭王廟**在宜城縣**楚襄王廟**韋應物詩云衲因恍惚高唐夢贏得風流千載名**漢高廟**在襄陽縣之鍾山**諸葛威烈武靈仁濟王廟**在襄陽縣伏龍山唐光化五年封武靈王乾道四年被旨以威應賜英惠廟額加號仁濟李豸有詩云卯金運祖往孔明隱隆中又云向非三顧重白首田舍翁**劉表廟**在襄陽縣**關將軍廟**即漢將關羽也舊在鳳林關內**鹿門廟**寰宇記云習鑿齒襄陽記云習郁爲侍中時從光武幸黎邱與光武通夢見蘇嶺山神光武嘉之拜大鴻臚錄其前後功封襄陽侯使立蘇之祠刻二鹿夾祠神道百姓謂｜｜｜**張漢王廟**在鄧城鎮東南于家洲十七里有神道碑在襄陽**楚王塚**初習池北有大古塚相傳云是楚王冢齊建元中盜發此塚得古書竹簡青絲編簡後沈約亦得數簡以示劉繪繪云是周禮逸篇**楚莊王墓**在襄陽縣鄧城鎮鄧城內**習郁墓**在習家魚池**劉表墓**在府城東**曹景宗墳**在襄陽縣**丁蘭墓**

在鄧城鎮**郭先生墓**在穀城西**宋玉墓**在宜城縣東南二十二里**黃憲墓**在宜城縣北官路東前有石虎**淳于髡墓**在宜城縣北善謔驛中**桓温冢**寰宇記云冢間鼓角聲卽襄陽必有軍旅

官吏上

鄧遐漢水有蛟龍｜｜爲襄陽守入水斬蛟自是無害**胡烈**事迹後漢｜｜爲襄陽守築石隄民歌之曰譬春之陽如冬之日耕者讓畔百姓豐溢惟我胡父恩惠難忘**王寵**鄭獬木渠記云後漢｜｜守南郡鑿蠻水與木里溝溉田六千餘頃遂無飢而柤中爲天下膏腴**劉表**字景升魯恭王之後也初平元年表爲荊州刺史軍馬入宜城遂理襄陽**關羽**字雲長河東人羽攻曹仁於樊圍呂常於襄陽破降于禁威震華夏曹操議徙都以避其鋭**羊祜**字叔子太山南城人祜出鎮南夏甚得江漢之心在軍常輕裘緩帶身不被甲鈴閤之下侍衛不過數十人增修德信以懷遠人墾土八

百頭其始軍無百日之糧季年乃有十年之積後卒百姓為建碑望其碑者莫不流涕杜預字元凱京兆人羊祜舉預自代都督荊州衆庶賴之號曰杜父成功之後於峴山之首及潭中皆置碑焉又開楊口起夏水達巴陵內瀉長江之險外通零桂之漕山簡字季倫河內懷人也永嘉三年為征南將軍都督荊湘鎮襄陽庾亮庾翼亮上疏乞移鎮襄陽之石城并遣諸軍羅布江沔庾翼以滅胡取蜀為任有衆四萬師次襄陽其氣十倍朱序義陽人甯康初以梁州刺史鎮襄陽太元十三年又以雍州刺史鎮襄陽宋武陵王休龍元嘉二十二年為雍州刺史詳見風俗形勝皇子出鎮下注隋薛道衡隋時檢校襄州總管高祖曰朕欲令爾兼撫萌俗今爾之去如斷一臂在任清簡吏民懷惠唐李孝恭唐河間王孝恭武德六年拜荊州大總管六年遷襄州道行臺尚書時嶺表未平孝恭撫慰四十九州皆來歛附張柬之字孟將襄陽人相則天誅二張返正中宗復唐社稷以功封漢陽王仍授襄州刺史魯景安祿山反拜為襄陽節度初賊欲剽亂江湖賴

景拒其衝故南夏以全　賈耽建中時爲節度使　曹王皐正元中爲節度割汝隨以益軍練兵吳少誠畏之　樊澤李絳撰遺愛碑云江漢之賓漸其教化浹于肌膚　李愬長慶三年爲節度使　孟簡元和中爲節度張祜詩云｜｜雖持節襄陽屬浩然　柳公綽長慶三年爲節度使　裴度太和四年爲節度使　牛僧孺開成四年爲節度　劉巨容乾符六年爲節度大破黃巢

本朝潘美開寶中爲山南東道節度使　趙普雍熙四年拜山南東道節度使　耿望長編咸平二年知襄陽建議襄陽縣有淳河舊漑民田三千頃宜城縣有蠻河漑田七百頃又有屯田三百頃請置營田務市牛分給之郎以爲京西運使制置營田是歲種稻三百餘頃　查道景德初知襄州　韓維神宗朝爲翰林學士上言孔文仲對策入等以直言罷黜恐涉不便出知襄州事畧　曾鞏熙甯中知襄州　燕肅景祐中知襄州重鐫墮淚碑　劉邠元豐中知襄州　謝泌東軒筆錄云｜｜知襄州日張密學逸爲鄧城縣令有善政鄧城去襄陽十餘里泌暇日多乘

小市從數吏度漢水入鄧城界以觀風謠或載酒邀張子野吟嘯終日其高逸樂善如此**上官均**東都事畧云徽宗朝爲給事中時相爲紹述之說以風均均不從徙襄州與元祐黨**岳飛**繫年錄六紹興五年復郢州遂引兵復襄陽紹興六年爲湖北京西宣撫使置司襄陽

官吏下

令佐

陶侃劉洪爲荊州辟侃爲南蠻長史**沈慶之**元嘉中大破羣蠻遷中兵參軍**曹景宗**齊時爲冠軍中兵參軍**梁昌義之**梁高祖初起爲建安王中兵參軍**韋叡**袁顗爲雍州刺史引**沈約**齊初爲征虜記室帶襄陽令**江革**爲征北記室參軍兼中盧令**唐元結**唐書云天寶中第進士復舉制科嘗參山南東道後攝領府事復歸樊上呼爲漫郎云**朱昂**長沙志云昂嘗爲宜城令**本朝梅詢**祥符中通判襄陽**宋郊**天聖二年登第大理評事同判襄州**尹洙**天聖二年進士又舉書判拔萃授山南東道節度掌書記**狄栗**爲穀

城縣令見歐陽公穀城縣文宣王廟記

賈黯 東都事畧云字直孺南陽人舉進士第一通判襄州還朝薦范仲淹富弼之賢

謝景初 元豐四年通判襄州編集古今詩號襄陽題詠凡一百三十首

趙令時 爲東坡所薦後爲襄陽從事與李豸魏泰交游

豐稷 四明人爲穀城令時韓持國曾子冏相繼守襄葉康直爲光化令有能名韓公曰豐葉二令他日必皆清近襄陽人歌之曰葉光化豐穀城清如水平如衡大臣薦稷清修儉直乃除御史彈劾不避權要

宗澤 言行錄云建炎初知襄陽府

人物

宋玉 宜城人

王逸 宜城人著楚詞章句

馬良 字季常宜城人兄弟五人並有才名諺曰馬氏五常白眉最良

丁蘭 後漢河內人少喪考妣刻木爲人髣髴親形事之若生

龐德公 後漢南郡襄陽人也居峴山南未嘗入城府夫妻相敬如賓琴書自娛覩其貌肅如也荊州刺史劉表延

請不就先賢傳云舊語諸葛孔明爲臥龍龐士元爲鳳雛司馬德操爲氷鑑者德公之題也　**習珍**爲零陵北部都尉孫權害關羽諸縣響應珍舉兵爲權所破權遣潘濬討珍珍謂曰我必爲漢鬼不爲吳臣不可逼也月餘糧盡曰受漢恩厚不得不報之以死卽伏劒自裁　**諸葛亮**字孔明家于南陽之隆中好梁父吟自比管樂事具三國志　**龐統**字士元襄陽人也從父德公以爲鳳雛司馬徽雅有知人鑒統往見徽徽歎曰德公誠知人此實盛德也必爲南士之冠冕魯肅遺先主書曰士元非百里才別駕始展其驥足後說先主取益州從入蜀攻城爲流矢所中而卒　**楊儀**爲諸葛丞相長史嘗規畫分部籌度糧穀不稽思慮須臾便了亮深愛儀之才幹　**楊顒**蜀丨丨字子昭襄陽人爲丞相亮主簿亮自校簿書顒諫曰坐而論道謂之王公今明公親校簿書不亦勞乎及顒死亮泣三日荆公詩曰慟哭楊顒爲一言餘風今日更誰傳區區庸蜀支吳魏不是虛心豈得賢　**羅憲**襄陽人後守永安而蜀亡吳人攻之不能克　**張悌**襄陽人襄陽圖志云宋玉王逸丨丨習鑿齒之徒實生此土悌爲吳

相晉武平吳悌死於難

李衡 吳丨丨郡人遣客於武陵洲上種柑橘千株歲得絹千疋

習鑿齒 晉襄陽人也博學洽聞以文章稱荆州刺史桓溫辟爲從事遷別駕溫覬覦非望鑿齒著漢晉春秋以裁正之起於漢光武終於晉愍帝於三國時以蜀爲正魏武雖受漢禪尚爲篡逆至文帝平蜀乃爲漢亡而晉興明天心不可以勢力強也

柳元景 襄陽人元嘉末年北詩入武關

張柬之 以賢良召年七十餘對策爲第一狄仁傑薦其有宰相材同平章事神龍元年中宗復位柬之以功封王爲刺史

杜審言 襄陽人也與李嶠崔融蘇味道爲文章四友有孫曰甫

杜并 父審言貶吉州司戶州司馬周季重郭若訥致其罪并年十三懷刃刺季重左右殺并蘇頲傷并孝烈誌其墓

孟浩然 唐襄陽人也隱鹿門山年四十游京師王維私邀入內省俄而元宗至詔浩然出問其詩云不才明主棄多病故人疎元宗曰朕亦何嘗弃才因放還張九齡辟爲荆州從事張祜詩云高才何必貴下位不妨賢孟簡雖持節襄陽屬浩然

柳渾 舉進士累拜監察御史爲左補闕渾職與吐蕃會盟渾曰夷狄

人面獸心臣切憂之吐蕃刼盟德宗驚曰卿儒士乃知軍戎萬里情乎

龐蘊 唐詩紀事云蘊字道元衡陽人後居襄陽臨終召刺史于頔謂曰但願空諸所有謹勿實諸所無言訖奄然而化世號龐居士

尹氏 襄陽耆舊傳云唐尹忭父嗣宗居喪踰禮子忭侍養彌篤父卒廬墓墓產紫芝之子恭先孫仁恕皆有孝行俱被旌表於是一門四闕荆公詩云四葉表閭唐||

胡旦 國朝鄧城人也天聖二年進士冠天下後歷知制誥祕書監以文章名世初琢大硯方五六尺既而埋之且刻曰胡旦修漢春秋硯

張士遜 國朝陰城人天聖間拜相

魏泰 襄陽人崇觀間章子厚欲官之拂袖還家

米芾 襄陽人

范宗尹 鄧城人宣和三年擢直言乙科建炎間爲輔相

仙釋

皇甫黑 梁太清中以仙去今廟在宜城縣西北二十里

道士陳道器 居女觀山餌松栢年百餘歲登山往來未嘗喘息及死如蟬蛻

青溪道士 結廬于青溪山郭璞爲臨沮長常遊

其處詩云青溪千仞餘中有一道士。蔡女仙太平廣記晉——襄陽門請繡鳳眼畢功之日自當指點既而繡成老父指視安眼俄而功畢雙鳳騰躍飛舞老父與女仙各乘一昇天。道安釋——自北至荊州與習鑿齒相見道安曰彌天——與習鑿齒俱輿而致焉習鑿齒蹇疾堅與諸鎮書曰昔晉氏平吳利在二陸今破漢南獲士裁一人有半耳

碑記

漢元儒婁生碑舊在穀城今移在光化軍漢南陽太守秦頡碑碑在今宜城縣故墻中漢郭先生碑在穀城縣歐陽公集古錄云歲月未詳不見書撰人姓名在襄州東漢襄陽太守胡烈碑皇朝郡縣志云在穀城縣南漳縣之固城諸葛武侯故宅碣晉李興撰魏劉熹學生冢碑集古錄云文字磨滅其間

有稱大魏而有學生名百餘熹嘗歷穀城令學者從之受業而殁者悉葬之謂之學者冢在穀城縣晉

南陽太守司馬整碑　晉南鄉太守頌在今副都統司墮淚碑寰宇記云在襄陽縣東九里晉羊祜之鎮襄陽有功德於人百姓於峴山建碑立廟歲時饗祭望其碑莫不流涕杜預因名曰——　梁改墮淚碑梁大同十年太常卿劉之遴撰今在羊祜碑之　梁檀溪寺禪房碑集古録云梁劉建之撰沙門道安重建天監十一年立陰

後梁修峴山亭記在峴首　陳伏波將軍墓誌序并碑陰在府治　後周儀同碑周元年宇文周碑今在襄陽縣民董氏家按通鑑宇文周立國之初但稱王不建年號至陳武帝永定三年崔猷建議請稱皇帝建年號始改元武成故此碑但稱元年則此碑之立當在武成之前　後周席肅公神道碑保定四年卒今在府治　周襄州靜眞觀碑今在府中　隋鳳林寺興國寺碑集古録鳳林寺碑庾信撰又李

德林製興國寺碑隋開皇中立今在襄陽縣延慶寺隋啓法寺碑集古錄云隋丁道護書仁
壽二年立隋故處士羅君墓誌銘在府治容齋隨筆云其字畫勁楷類褚河南然
其父子皆名淸爲不可曉龍朔二年立唐啓法寺金銅無量壽像碑張昌
齡文永淳二年建碑今在襄陽之龍興寺唐阿陁經碑無年月在襄陽之龍興寺周襄
州靜眞觀碑何彥先撰登封元年立碑在府中武后時碑也唐旌表尹孝子
碑張東之文萬歲通天二年立今在府中集古錄云天寶五年立唐襄州編學禪寺
碑韋承慶撰鍾紹京書開元二年立集古錄云在襄州今在轉運司愛峴閣下唐裴公碑
開元八年建在峴山唐靳公遺愛碑張九齡撰在峴山唐獨孤府君碑
集古錄云李邕撰蕭誠書誠書世多有而此尤佳碑今在峴山唐金剛經石幢唐開元二
十六年建碑在龍興寺唐故襄州處士孟君墓碣銘唐樊澤撰碑今在谷

隱寺唐放生江石柱記集古錄云天寶十載李蹬記在府城小北門外唐宜城驛記元和十四年韓愈撰唐新學記正元五年立盧羣文在府學唐侍中王粲石井欄記集古錄云正元十七年于頔撰胡鉦書上元二年來瑱移井欄置於刺史官舍故甄濟撰彭朝議書碑在都統司樊公遺愛碑李絳撰元和八年立在子城中唐高廟詩碑會昌五年立碑在府治唐蜀丞相諸葛公碑大中三年李景遜撰今在隆中唐漢光武新廟祝文大中八年李景遜撰今在襄陽之八疊唐羊公及改墮淚碑大中九年李景遜重立碑在峴山唐置延慶禪院碑蔣係撰今在延慶寺唐延慶洞行記唐咸通蔣係盧滔等遊山所題碑今在延慶寺唐東海徐公德政頌李騭撰咸通六年在峴山唐相國徐公辭立碑表咸通九年立在峴山唐聞喜亭記趙璘撰記在子城上唐故麾雲將軍

宋公墓誌咸通九年立在張王廟唐新修後漢荊州劉公廟碑劉權撰廣升二年碑劉巨容所立碑在城中廟前唐改封諸葛亮爲武靈王廟記唐光化五年封諸葛孔明爲武靈王碑今在隆中唐延慶寺重修法堂碑碑皆殘闕今在延慶寺後梁新修峴山亭記正明二年記碑在峴首石晉新絅臥龍山武靈王學業堂記李光圖撰天福三年記碑在襄陽之伏龍盧僎碑集古錄云唐閻寬撰史惟則八分碑字殘闕劉棗強碑唐詩紀事云皮日休撰||||墳去襄陽郭五里曰柳子關襄之人只知孟浩然墓不知有先生墓峴山亭記熙寧三年歐陽修記聞喜亭詩在||||歐陽修撰東坡帖在高齋諸葛武侯贊張栻撰在府治鄒道鄉碑在府治

總襄陽詩

天楚山碧巖巖漢水碧湯湯秀氣結成象孟氏之文章南望鹿門山藹若有餘芳舊隱不知處雲深樹蒼蒼白樂天懷孟浩然　秋水淅紅粒朝煙烹白鱗白樂天　商路雪開旌旆遠楚堤梅發驛亭春襄陽風景由來好重與江山作主人張籍　清思漢水上涼憶峴山巔吾家碑不昧王粲井依然杜甫迴棹詩注杜預沉碑峴山之下王粲宅有井　漢水碧於天南荆廓然秀廬羅遵古俗鄢郢迷昔圖陸龜蒙讀襄陽耆舊傳　自從宋玉賢特立冠耆舊離騷旣日月九辯卽列宿卓哉悲秋辭合在風雅右陸龜蒙　熨斗坡前春草色香爐峯頂暮煙時韓雄　楚王城堞空秋草羊祜江山祇

暝光吳融白雲登峴首碧樹醉銅鞮澤廣荊州北山多
漢水西馮載寄王公子謫仙唐世遊茲郡花下聽歌醉眼迷
今日漢江煙樹盡更無人唱白銅鞮前人漢上偶題襄陽耆
舊別來稀此去何人共掩扉唯有白銅鞮上月水樓
閑處待君歸羅陶送人歸襄陽江波明楚甸山色奪荊岑韓愈
從君固有荊州樂懷古能無峴首情吳融登襄陽城千里分
符漢上城曾鞏爽籟盡成鳴鳳曲遊人多是弄珠仙顏堯
莫況杜預閑碑石剩倒山翁醉接䍦劉摯彼美羊公意
今在峴山詩劉敞襄陽城裏人不知襄陽城外風光好
峴山一夜玉龍寒鳳林千樹梨花老隱者襄陽雪夜語言輕

清微帶秦南通交廣西峨岷歐公誰能持我詩以往爲我先賀襄陽人前人襄陽春遊樂何許峴山之陽漢江浦使君朱旆來翻翻人道使君如羊杜蘇軾帶水依山一萬家襄陽自古富豪奢北軒二月回頭望紅日連城盡是花賈黯宜城徵美醖漢水得佳魴登峴思前哲遊池醉夕陽晁迥弄珠解佩風流古緩帶輕裘道味閑胡揆中年爲吏晚專城不獨身榮府亦榮漢江風流見羊杜相門經術有韋平道陳師道

習家池大堤銅鞮詩

春江月出大堤平堤上女郎連袂行唱盡新詞歡不

見紅霞煙樹鷓鴣鳴前人塔歌詞襄陽青山郭江漢白銅鞮孟郊昔年居漢水日醉習家池嚴維山公出何往往至高陽池日夕倒載歸酩酊何所之時時能騎馬倒着白接籬古白銅鞮歌冠蓋非新里章華卽舊臺習池風景異歸客滿塵埃前人登襄陽城宿昔襄陽雄盛時山公常醉習家池孟浩然習氏蹤誰寄羊公道可躋楊於陵習家重載酒漢水別沉碑盧拱辰閑想習池公宴罷水蒲風絮夕陽天容齋隨筆薛能習家池沼草萋萋嵐樹光中信馬蹄漢主廟前湘水碧一聲風角夕陽低僧無本行次漢上鳥泊隨陽雁魚藏縮項鯿停盃問山簡何似習池邊盧明甫過

檀溪柳暗大堤曲梅藏解佩人王晦叔白銅鞮側花迷塢

解佩江邊柳拂青查道酒旗相望大堤頭堤下連檣堤下樓日暮行人爭渡急槳聲幽軋滿中流李善夫大堤曲三月襄陽綠草齊王孫相引到檀溪的盧何處埋龍骨流水依前遶大堤胡曾檀溪落日欲沒峴山西倒着接籬花下迷襄陽小兒齊拍手欄街爭唱白銅鞮傍人借問笑何事笑殺山翁醉似泥李白襄陽歌襄陽行樂處歌舞白銅鞮江城迴淥水花月使人迷李白襄陽曲山公醉酒時酩酊襄陽下頭上白接離倒着還騎馬同上襄陽好風月留醉與仙翁王維漢江習池倒載時一往却是古

今眞實情劉敞　峴首習池屢能到大堤花艷一番新前人　王粲初開井山翁舊醉池孫信臣　清風習池上落日峴山西使君來問俗聽唱白銅鞮錢易　未把迂疏笑山簡更須同上習池遊曾鞏　習郁穿池事勝遊山翁酣飲繼風流顏龔　習家池畔思前事遊女江邊想弄珠檀溪春水長青蒲溪上行人問的盧前人　王宣古樓閣習郁舊池塘燕肅　遙想習池寒月夜幾人談笑伴詩翁王安石寄張守

峴山漢水詩

峴山依舊遶漢水遶城流李直方　峴山思駐馬漢水憶迴舟丹壑常如霽青林不與秋張九齡　夢暗巴山月家

連漢水雲岑參　峴山移柱石流水輟恩波李正封　峴山疊翠凌雲秀漢水挼藍照物清眞從古　楚山橫地出漢水接天回杜審言　遙看漢水鴨頭綠恰似葡萄初醱醅李白　控帶荊門遠飄浮漢水長韓愈　思結秦雲外恩生漢水東楊巨源　試垂竹竿釣果得槎頭鯿孟浩然詩漢水鯿魚極美襄人以槎斷水因謂槎頭鯿　遠水來嶓冢長雲曳楚區孟浩然　南紀滔滔去西陸淼淼來張喬　鱸魚自是君家味莫背松江憶漢江皮日休　莫戀漢江風景好峴山花盡早歸來白居易　漢江波浪綠如苔每到江邊病眼開羅隱　三楚風煙會漢津宋庠　惟有州南漢水長漢水南流峴山碧蘇轍　雄鴨綠

頭看漢水肥，鯿縮項出魚查。梅堯臣 連天漢水鴨頭春，樂府銅鞮艷曲新。楊億 今日漢江煙樹靜，更無人唱滿銅鞮。寇準 漢水泱泱遶鳳林，峴山南路白雲深。前人 江水冬更深，鯿魚冷難捕。蘇軾

沉碑墮淚碑詩

高岸沉碑影，曲溆麗珠光。唐李百藥 水激沉碑岸，波駭弄珠皐。李百藥 峴首何人碑，行客獨垂淚。李善美 空思羊叔子，墮淚峴山頭。李白 淚憶峴山墜，愁懷襄水深。孟浩然 人事有代謝，往來成古今。羊祜碑字在，讀罷淚沾襟。孟浩然與諸子登峴山 襄陽太守沉碑意，身後身前幾年事。漢江

千里未爲陵水底魚龍應識字（鮑溶）方城漢水舊城池陵谷依然身世移歇馬特來尋故事逢人惟說峴山碑（李涉）記得襄陽耆舊語不堪風景峴山碑（溫庭均）曉日登臨感晉臣古碑零落峴山春松間殘露頻頻滴酷似當年墮淚人（胡曾峴山）心搖漢皐佩淚墮峴亭碑（白居易）嶓冢去年尋漾水襄陽今日渡江濆山遙樹遠才成點浦靜沉碑欲辯文（元微之渡漢江）羊公名漸遠唯有峴山碑漢水清如玉流來本爲誰（元微之襄陽道）若更登高峴看碑定淚流（賈島）峴山臨漢江水綠沙如雪上有墮淚碑青苔久磨滅且醉習家池莫看墮淚碑山翁欲上馬

笑殺襄陽兒李白　水深不見底中有杜預銘潭水竟未涸後世自知名蘇恂　解佩蓋已迷沉碑終自伐曾鞏　林掩羊公廟淵沉杜預碑孫信臣　峴首重尋碑墮淚習池還指客橫鞭逃亡已覺依劉表寒畯應須禮浩然蘇轍

龐德公諸葛亮孟浩然詩

昔聞龐德公採藥遂不返隱迹今尚存高風邈已遠孟浩然題鹿門山　昔日龐德公未曾入州府襄陽耆舊間處士獨淸苦攜家隱鹿門劉表焉得取杜甫　鹿門月照開煙樹忽到龐公棲隱處孟浩然鹿門歌　地闊峨眉晚天高峴首春爲君耆舊內試覓姓龐人杜甫　草廬龍舊臥花府

鳳曾棲鄭絪漢水醉時波尚綠鹿門吟處草猶生盧延遜弔孟浩然峴山自高水自綠後輩詞人心眼俗鹿門才子不再生怪景幽奇無管屬施肩吾懷孟生襄陽城郭春風起漢水東流去不還孟子死來江樹老煙霞猶在鹿門山陳羽過孟子舊居龐公棲鹿門絕迹遠城市超然風塵外自得邱壑美吳均龐德公按部先春鳳林野寫懷空望鹿門山李建中襄陽州望古爲雄耆舊相傳有素風四葉表閭唐尹氏一門逃世漢龐公王荆公寄張襄州鳳林秋晚見日落鹿門事遠無人傳劉望之孔明高臥處龐統舊居時遇主龍方起逢辰驥莫追孫信臣襄陽懷古只言天下

少霖雨不知隆中有臥龍晁公武　故人今不見日夕漢江流借問襄陽老江山空蔡州此詩唐詩紀事作王維詩而別本又作白居易詩不同象之謹按詩中有故人不可見之語則是作詩之人與浩然相識也浩然與王維同生於元宗之世按唐書王維過襄陽嘗畫浩然之像于亭上則故人今不見之語必王維所作也　復憶襄陽孟浩然清新詩句盡堪傳即今耆舊無新語漫釣槎頭縮項鯿杜甫　孟簡雖持節襄陽屬浩然張承吉題孟浩然宅　可憐垂世詩千首換得荒墳數百碑顏蕘題孟浩然墓

宜城酒詩

祖席宜城酒征途雲夢林孟浩然　漢江水漲鴨頭綠宜城酒熟鵝兒黃曾紆　宜城之久醞李肇國史補曰酒之美者丨丨丨丨丨

作邑三年事事勤宜城分物自君新已能爲客留遺愛何必栽花遺後人前人九醞宜城酒人傳峴首碑古今情不別更問習家池劉敞宜城醞酒今朝熟停鞍繫馬暫棲宿梁元帝宜城酒熟花覆橋沙晴綠鴨鳴咬咬溫庭均常林歡歌峴山不可見風景令人愁宜城多美酒歸與葛強遊盧明府九日懷襄陽碧雲愁楚水春酒醉宜城錢起

四六

杜預紀功之石蟲篆猶存羊君墮淚之碑人心尙在杜預南征紀功勒爲二碑一沉萬山之下一立峴山之上羊祜碑在峴山百姓望碑淚下杜預名爲墮淚碑峴首遺碑緬想羊公之政習池佳致可追山簡之

遊上官均知襄州謝啓昔羊祜之名德既能懷敵故能安邊如孔明之奇才不先謀人每先治己吳琚謝表控此上游式是南服柳文謝李尚書舊多三輔之豪今則一都之會故在晉稱南雍而在楚爲北津厥俗哤雜亦云難理張子壽集是號奧區又稱勝槩羊叔子之事業方爲用武之邦庾元規之風流更是徵交之地李義山集峴山同峻漢水俱流杜征南魯史之餘山太守習池之宴非留車嗣即登范雲歌郢中繞雪之妍舞江上弄珠之態同上北控關河拓祖宗之故境東連楚泗據江漢之上流事迹

輿地紀勝卷第八十二

輿地紀勝卷第八十三　文選樓影宋鈔本

東陽王象之編　甘泉岑鎔淦長生校刊

京西南路

隨州　漢東　隨陽　隨國

州沿革

隨州　上　漢東郡崇信軍節度九域志及寰宇記同韓地角亢氏分野晏公類要云漢志南陽得丨丨丨丨丨丨丨又東漢志云鄧隨泌均爲鶉火之分野禹貢豫州之域在南得荆州之地此據晏公類要寰宇記荆及衡陽惟荆州虞舜皆爲荆豫二州之境圖經云禹貢豫州之南境春秋爲隨國春秋桓公六年鬬伯比曰漢東之國隨爲大杜預注云隨國今義陽縣是也其後楚滅之以爲縣此據輿地廣記

又元和郡縣志及寰宇記則謂漢置隨縣而晏公類要則以爲秦置隨縣而圖經則皆曰漢初立爲隨縣於表則曰楚爲隨縣不同象之謹按左傳宣公十年楚子縣陳宣公十二年鄭伯曰夷於九縣注謂楚滅國皆以爲縣則隨滅於楚之時爲縣矣今諸書所載第弗考左氏注耳歐陽輿地廣記書曰楚滅之以爲縣則與左氏之注合今從輿地廣記**戰國屬楚**通典云其地屬韓不同**秦屬南陽郡二漢因之**兩漢志南陽郡下並有隨縣**晉屬義陽郡後分置隨郡**此據通典又晉志義陽郡下有隨縣元和郡縣志云晉太康九年分義陽郡置隨郡圖經謂晉惠帝置隨郡與此不同象之謹按晉志云武帝平吳分南陽立義陽郡未嘗置隨郡也又沈約宋志云宋初領郡三十一分隨郡義陽屬司州則是宋初已有隨郡恐置於晉末故晉志不書但非置於太康之時耳**自宋已還多分子弟爲王**晏公類要云太康中分爲隨國通鑑有隨王誕**南齊隨郡領縣四**南齊志隨郡領隨縣永陽門西安化四縣**梁簡文帝時西**

魏將楊忠拔隨州通鑑在簡文帝太清三年西魏於隨郡置并州隋志漢東郡下注云西魏置并州後改曰隨州尋改并州爲隨州隋志及通典云西魏置并州後改曰隨州而元和郡縣志及圖經並不載置并州一節象之謹按後周書帝紀載西魏廢帝三年改并州爲隨州隋文帝時郡廢圖經煬帝時州廢又分其地置漢東春陵二郡此據通典又新舊唐志云隋爲漢東郡寰宇記大業初年唐復併爲隨州舊唐志在武德三年改爲隨州隸山南東道圖經改漢東郡舊唐志在天寶元年復爲隨州舊唐志在乾元元年國初爲防禦州國朝會要尋陞爲崇義軍節度寰宇記在乾德四年國朝會要在乾德五年象之謹按通略載乾德五年征蜀副總管崔彥進不法責崇義軍留後特進隨州爲崇義軍以處之當從通略改崇信軍國朝會要太平興國元年改爲崇信軍節度長編云開寶九年太宗卽位避御名

中興以來陷於僞齊岳飛始復隨州繫年錄云紹興四年江西制置岳飛復隨州舊領縣三曰隨縣曰唐城曰棗陽國朝會要云紹興五年廢唐城爲鎭隸隨縣棗陽陞爲軍郤割德安府應山縣來屬隨州撥棗陽應山類編云嘉定十二年制置趙方奏陞棗陽爲軍郤割德安府應山縣來屬仍以棗陽之桐栢鎭隸隨縣郤將隨縣近便鄉村撥換與棗陽軍對易今領縣二曰隨縣曰應山治隨縣

縣沿革

隨縣 上

倚郭輿地廣記云故隨國楚滅之以爲縣元和郡縣志云本漢舊縣後漢朱祐傳云今隨州｜｜是也舊經云後漢初起兵平林即北邑今邑東有平林鄉輿地廣記云晉惠帝置隨郡宋齊因之舊唐志云西魏於縣置隨州隋爲漢東郡皆治｜｜國朝會要云紹興四年省唐城爲鎭屬｜｜又圖經云嘉定十二年

陞棗陽爲軍割棗陽之桐柏鎮來屬

應山縣 中下

在州城東一百二十里元和郡縣志云本漢隨縣地德安志云本隨及平春縣地寰宇記云梁大同二年分隨縣置永陽縣隋開皇十八年改永陽縣爲應山縣屬安陸郡新唐志云武德四年以縣置應州八年州廢以應山屬安州舊唐志云應山漢隨縣地屬南陽郡梁分隨縣置永陽縣隋改爲應山以縣北山爲名應山縣嘉定己卯併應山縣隸于隨

風俗形勝

紫雲如蓋黑蛇化龍 藝祖潛晦漢東有紫雲如蓋詳見官吏門董宗本下 山名曰龍居 漢東志云自隋文帝興之後||| 漢東之國隨爲大 左傳 後漢初平林王常起兵於此 晏公類要云在隨縣又圖經云今邑東平林鄉即王常起

兵之所九域志云平林在今隨縣東北其人繁富其俗醇厚紹聖四年范公撢撰長慶寺碑泉甘石潤荊州記云驢泉山石潤牛馬經過貪其甘不肯去土人云牛馬解逸即此山尋之鄴侯家多書韓退之送諸葛覺往隨州讀書詩云揷架三萬軸城南李氏藏古今書而歐陽文忠公於此得昌黎韓文公集隨州學記又歐陽公昌黎文集序云予家漢東大姓李氏子堯輔頗好學予多遊其家見故書發視得唐昌黎文集六卷因乞李氏以歸讀之見其源深而雄博介襄郢申安之間漢東志隨地有括囊之勢漢東志注云言四境環之以山如囊橐然入而難於出也隨雖名藩鎮而實下州山澤之產無美材土地之貢無上物歐陽修李秀才東園記隨在春秋世未嘗通中國盟會朝聘僻居荊蠻於蒲騷鄖蓼小國之間特大而已歐陽脩李秀才

東園記庳貧薄陋自古然也同上隨爲州去京師遠其地僻絶曾鞏尹公亭記

景物上

錫水在州東一十三里默水在州西北三十五里暖水在大洪山西北湯泉在大洪山即疏黃池凍山在應山縣東西四十里鄭城志云或謂之蜂兒山元豐間太守滕甫自大梁赴官路經此山時無風雨而寒甚因名壽山在州東北三十五里山下之民皆壽百歲故名紀山在棗陽縣南一百五十里山之南屬宜城縣山北屬棗陽縣仙邸在州南應山在應山縣西南三十里縣以此山得名禮山在應山縣東八十里唐置應州於此經臺在應山縣東南三十里昔唐三藏取經到此山曬經靈山又名奇峰在洪山吉山在應山縣東南有南吉北吉二山古吉陽縣在山之南厲山禮記祭法云厲山氏之有天下也其子農能殖百穀注云厲山

氏炎帝也起於厲山西漢志注云隨故厲國也皇甫謐曰厲山今隨之厲鄉也荆州記曰隨郡有厲鄉村有靈山厲山左傳僖公十五年注云義陽隨縣北有厲鄉即所謂伐厲以救徐是也

浮山 在棗陽縣北九十里

溳水 在州南四十五里源出大獅山流入溳河

衮山 在州北山

檀溪 在隨縣通鑑齊永光元年蕭衍爲雍州刺史多伐材竹沈之丨丨及二年衍舉兵出檀溪竹木裝其艦事皆立辦

槎水 九域志云左傳楚人除道梁槎營軍臨隨卽此地也

楊山 在應山縣東北一百十里舊有姓楊人得道此山

梅邱 在州北西有東西有丨丨

黿潭 在州東六十里

龍坡 在州北

平林 輿地要覽云隨州隨縣邑東北有平林王莽末平林人陳牧廖湛亦聚衆千餘人號平林兵

均川 州西四十里

溳川 隨縣十一都

瀱水 在唐城西北

漻水 輿地廣記云按水經丨丨出江夏平春縣西南過安陸入于溳

環山 寰宇記在應山東北百里

環水 出應山縣西雞頭山

九井 東漢載荆州記云隨縣北有重山山有一穴云是神農所生又有兩重塹中有九井

相傳神農既育九井自穿汲一井則衆井動卽此地爲神農社常年祀之**三關**淮南子曰何謂｜｜有平靖關今名行者城有武陽關今名大寨嶺有黃峴關今名九里關詳見信陽軍三關注**雲潭**在州東南五十里**夢河**在州西北八十里**漳水**在州南一百里源出隨縣界漳溪嶺南流一百里入光化縣**汝水**在應山縣北九十里入信陽界**武河**西南流五里至樊老湖合縣東河**唐鄉**寰宇記引左氏傳云晉楚戰於邲唐侯爲左拒杜注云唐侯楚之小國卽此地**新市**在大洪山下通郢州路

景物下

瑞雲亭在州城上郎太祖紫雲之瑞也**白雲樓**邢居實｜｜｜賦云洞庭之北兮漢水之東嚮高樓之特起兮羣山環峙會不知其幾重**白雲亭**在大西門裏州治後**湞陰亭**何弃湞陰亭記云平望周覽翠碧千里**清暑閣**在子城裏西南**綠野堂**在龍安山長慶寺

餐霞閣舊與譙門對峙今移於郡治之西崇信堂在州治讀書臺張平子||近民軒在州治雙檜亭在隨城山太平興國院高明亭逍遙亭並在太平興國院太平河在應山縣太平鎮源出大龜山風月堂在倅廳安居山在州東北一百十五里隋地理志云在應山縣明聖泉在大洪山高貴山在應山縣西北三十里有靈濟祠堂前有聖水井有白龍栲栳山跨隨唐二州有栲栳院章潛詩云秀色團團如栲栳孤高端可壓羣山藏雲蓄雨無蹤跡怨鶴啼猿自往還珊瑚泉在七寶山硫黃池大洪山有湯泉氣如琉黃石井山在應山縣西三十里石鑑山在州東南七十里有水一泓可以照形曰石鑑石庵山在應山縣北八里舊經云山上有圓石望之如庵故名金庭洞在桐栢西南係隨縣界去鎮八十里金燈院在城東慶曆中尹洙會謫居此寺鐵城山在應山縣北四十五里俗傳上有古鐵城赤石山在州北一百三十里其石赤故

名唐天寶六年改爲赫石青藤坡在應山縣黃連寨在應山縣白泉河在應山縣東三十里源出八十母山縣流而下入涓白露河源發三朶山東南流二十里至三家潭合縣東河大義山在州東北幾環百里民居其間貧富自相取足有義風故名大紫山在州東北一百三十里大洪山慈忍靈尊者道場在州西南隅以峰巒奇絕舊爲奇峰寺後改爲靈峰寺今爲崇寧保壽禪院山崛起一方巉然雲間四面斗險山絕頂峰巒崖石中有大湖寺人經行數常見雲氣在下靖康避寇之人立寨柵自保賊竟不能破以斗絕不可躋攀也大梁山在應山縣東北四十一里大城山在應山縣東一百里有古城在山上雙泉山有雙泉號珊瑚七寶泉有一僧眞身塔一所東雙泉西雙泉傳燈錄云襄州雲蓋山雙泉院曰西雙泉以隨州雙泉院爲東雙泉三女山舊經云山下有洞有三女於此學道並得仙故名三鍾山寰宇記云在隨縣東北五十里山有三堆狀如覆鍾又通典云隨縣有三鍾三瓜山在城山之

南有三阜如瓜勢

四望山在隨縣東山最高四望皆見

四賢堂在應山縣法興寺爲二連二宋故也

七寶泉在雙泉山上有珊瑚｜｜｜

九堆山其山高峻上有九曲堆故名

九十九崗自棗陽至厲鄉道路交錯素號｜｜｜｜

桐栢洞｜｜｜多而可名者五日飛泉洞迎陽洞水簾洞羅漢洞金庭洞凡五

桐栢山介隨唐之間山之高阜名凌雲山絕頂日太平頂舊隸唐州桐栢鎮今撥屬棗陽縣以縣治爲鎮晏公類要云桐栢廟在應山縣

松子山在應山縣東北八十里地名新店

松葢山在州西北九十里山多大松遠望如葢故名

隨城山在州南七里

唐城山元和郡縣志在唐城縣北三十里

漢東山在州西六十里

淮瀆祠晏公類要在應山縣

洞庭山在應山縣西四十里中有一穴罔測淺深

石女山在州東北八十里有青石狀如女形

仙女洞在大洪山西有神女住遂名洞有三

佛兒嶺在大洪山路中

菩薩嶺在應山縣

仙城山在州東南八十里昔有僧立庵

時祥光示現又名善光山善光寺雲公城在應山縣東七里高六丈東臨環水暖水河在大洪山北聖水河在州西北第三都善光寺在隨縣南七十里始建煬帝宮女出家陽城山在應山縣北四十里龍鬭崖大洪山頂有大湖神龍所居後龍鬭搦開層崖湖水南落見漢東志龍安山有長慶寺龍居山隋文帝微時所居宅基今爲智門寺有雪寶井雞音山往來常聞山口雞鳴故名燕巢山在應山縣東北四十里玃弩山晏公類要云山中有此獸昔人射之不中弃弩而去馬穴山山下有穴似馬故名驢泉山寰宇記云在隨縣北九十里上有池旱不涸昔出神驢故名荊州記｜｜｜石鹵澗牛馬經過貪其甘不能去土人云牛馬解逸卽此山尋牛心山在州北高峻望之如牛心鶴子山在壽山北鶴子山在大洪山蠙珠觀桐栢山｜｜｜有鐵像天尊人傳常有二龍伏見守護驌驦陂在州北唐城白雲鄉左傳云唐成公有兩驌驦馬今唐城鎮有驌驦馬驌驦橋有石刻三字猶

存胡曾詩云行行西至一荒陂因笑唐公不見機莫惜驌驦輸令尹漢東宮闕早時歸

鸚鵡山 郡國志隨州｜｜｜蓋山上有石如｜｜故名

斷蛇邱 東漢志隨縣西斷蛇邱元和志云在隨縣北十五里隨州有｜｜｜隨侯出而見大蛇中斷因舉而藥之後蛇銜明珠報德故名

斷足巖 在大洪山

覆手山 在應山縣東六十一里舊經云一峯五澗遙望狀如覆手

磨劍潭 在棗陽縣西南三十里

跳石山 在應山縣東北一百里有東惠濟院石上有巨人跡

吉陽山 在應山縣西三十里山有兩峯形如角髻

石魚河 在州南洪山界

石牛嶺 在州東

石龍山 元和郡縣志在應山東北二十五里有石盤囘曲若龍形後漢王常傳在刼略龍鍾注云石龍山與三鍾山之間也

白龍堂 圖經云在州治之後

大狐山 晏公類要在隨縣南都賦云天封大狐卽此也

大龜山 荊州記云在應山縣北六十里有石自然若龜隋書地里志亦云在應山縣

武陽關 元和郡縣志云澧山關卽齊志所謂武陽關也在安州東北二百四十里在應山縣

東北一百三十里北至信陽一百五十里

百鴈關 又名白鴈關元和郡縣志云在安州東北二百里在應山縣北九十里北至信陽九十里東至武陽關一百里唐地理志云在應山縣今不可攷即百鴈關

平靖關 元和郡縣志義陽有三關此其一也在安州北一百七十里在應山縣北六十五里北至信陽九十里東至百鴈關一百六十里注云義陽隨縣北有厲鄉

鳳現關 離應山縣一百二十里俗傳曾有鳳凰現於關下

天井澗 澗之內有平原寨在應山縣治東丙寅敵寇侵犯居民皆在此寨

柳榆河寨 在應山縣東北寨內有南北二寨丙寅敵寇侵犯居民皆在內

黃連寨 在應山縣治之北丙寅敵寇侵犯居民皆在內

古迹

古應州城 在應山縣東一百步

楚子城 在故光化縣北春秋桓公八年楚子合諸侯于沈鹿黃隨不會使薳章讓黃楚子伐隨軍于漢淮之間因築此城以通隨故號楚子城

平靖縣

城在應山縣北麻陽市今日爲平靖村

平林故縣元和郡縣志云在隨縣東北八十八里王莽末關東起兵陳牧廖湛起兵號平林兵

故光化縣在州東三十里寰宇記有光化縣圖經又云南齊置安化縣西魏改爲新化後周改爲光化熙甯廢爲鎮隸隨縣非今之光化軍也

故唐城縣輿地廣記云古唐國元和郡縣志云本漢隨縣城隨於下溠鎮置唐城縣國朝會要紹興五年廢唐城縣爲鎮隸隨縣

故桐栢縣元和郡縣志云本漢平市縣地梁置淮安縣輿地廣記云隋開皇初更縣名曰桐栢縣唐屬唐州國朝會要云隆興二年廢爲鎮隸隨州

神農生穴荆州記厲山下一穴神農所生穴口神農廟存漢東道院賦曰昔神農氏之神聖兮顧嘗宅于茲土

劉季山在隨縣東四十里俗傳漢高祖曾過此山

隋文帝宅漢東志在州城西南自隋文帝興之後山名曰龍居按隋文封爲隋侯後封隋國公進爵爲王大定元年即帝位此乃封建所居之地又曰今智門寺即故宅基殿基中有龍鳳塼甚大又有隋文帝廟宇記云在州東南一里天寶七年置

尹公亭

尹洙謫居是州於居止之北阜竹栢閒結茅爲亭既去而隨人不忍廢名曰尹公亭南豐爲之記

舜子井 在舜子巷有秦碑刻

隨侯臺 寰宇記云在縣北八里隨侯所築放彈之所臺址存

神農廟 九域志引郡國志云廟在厲鄉村又云厲山神農所生厲山炎帝所起

季大夫梁廟 太平寰宇記云在州南八十步今在子城之外羅城之內

隨侯墓 寰宇記云在隨縣北二十里

官吏

周章 隨人後漢時爲郡從事竇憲免就國南陽太守行春欲謁之章曰今日行春豈可私謁且憲椒房之親退就藩國剖符大臣千里重任不可太守不聽章以佩刀絕馬鞅乃止

宗慤 宋元嘉中爲隨郡太守

柳元景 宋元嘉中爲隨郡太守廣施方略斬獲羣蠻

柳世隆 元景弟之子也宋孝武謂元景曰卿昔以威武之號爲隨部今復以授世隆

王寬 南史宋王元謨之子寬母在西

爲賊所執請西行襲隨收其母明帝嘉之但圖寬形以上

蕭敷 宋明帝時爲隨郡內史招懷遠近士庶安之

令狐綯 唐書｜｜｜歷隨汝壽三州刺史有佳政汝人請刻石頌德綯固辭曰臣任隨州日郡人乞留轉河南少尹加金紫此已名聞日下不必更立碑頌

李惠登 唐書李惠登爲隨州刺史爲政清靜率意所安暗與古合

李繁 唐寶歷中爲隨州刺史柳公綽云博覽廣包崇清淨之化施于隨人韓文公詩云鄴侯家多書插架三萬軸謂李繁時爲隨州刺史藏書多故也

李愿 長慶中爲隨州刺史

温庭筠 唐詩紀事云｜｜開成中黜爲隨州縣尉

董宗本 長編云遵誨父也仕漢爲隨州刺史太祖往依焉遵誨嘗謂上日每見城上有紫雲如蓋又夢登高遇黑蛇約長百餘尺俄化爲龍飛騰東北去雷電隨之是何祥也及上辭宗本去遵誨不復見紫雲矣及上即位一日召見遵誨伏地請死上曰卿尚記往日紫雲及化龍之夢乎開寶元年以遵誨爲通遼軍使長編

皇朝王全斌 乾德五年爲崇義軍節度使

石守信 除崇信軍節度使

錢惟演 以崇信軍

節度歸本鎮惟演出於勳貴文辭淸麗名與楊億劉筠相上下見漢東志

張君房天聖二年爲守

王德用通略云仁宗朝知樞密院事中丞孔道輔又劾奏之降知隨州

尹洙慶歷中黜責隨州寓居金燈院後人爲立尹公亭

劉彝事略云熙寧中代沈起知桂州交趾陷欽廉邕三州責隨州安置

沈括事略云神宗朝永樂城陷括以始議坐貶隨州

呂大防紹興中知隨州

范純仁哲宗朝章子厚用事純仁忤子厚意落職知隨州

張商英徽宗朝知隨州召爲戶侍

李道紹興元年桑仲以其將李道知隨州二年劉豫遣張玘至隨招道道執其使見繫年錄

人物

季梁賢臣也見左傳九域志有季梁傳又云季梁使隨侯修政楚不敢伐

後漢

周章南陽隨人諫太守謁竇憲

宋綬氏族編云字公垂隨州平棘人召試中書眞宗奇其文聽於祕閣讀書召

試學士院與父臯同在館閣世以爲榮爲正言比赦令下釋逋負未報者六十八州緩請限半月以聞於是得脫械者三千二百人除逋負數百萬子敏求

連舜賓 字輔之應山人有隱德鄉里所悅服歲饑出穀萬斛損價以糶惠及旁邑歐陽公表其墓庶庠其子也從學於二宋相繼登第世謂人才二宋盛德二連張文潛作四賢堂記謂二宋二連也及歐陽文忠公表其墓

劉逵 隨縣人元豐元年焦蹈榜第二人及第後登宰執言者論其廢紹述之政取元祐之學坐謫安州

城南李氏 歐陽脩韓文後序云予少家漢東州南有大姓李氏遊其家見故書視之得唐昌黎先生文集六卷因乞李氏以歸讀之見其言深厚而雄博

仙釋神

許旌陽鐵符 漢東守張商英記光化趙翔家藏旌陽鐵符眞本摹刻散施靈應顯著

紫陽先生 先生歸自京師至葉縣王喬祠目若有覩泊然而化道俗迎之忽開顧如生

元丹

邱紫陽先生之門人與李白交遊白嘗云威儀元丹邱道門龍鳳後隱于潁陽太白集中有贈元丹邱詩歌

靈濟大師神足大師於太和元年爲民祈求以身代牲卽引刀截左右膝白乳流出儼然入滅今所求雨澤神足置道場必有感應

迎**僧善洪佛牙**張天覺修善洪西迴錄云咸平五年春襄州鷲嶺沙門善洪乞往西天取經併佛牙舍利有旨聽行自秦州永寧塞入蕃云云後人尸毘國得佛牙五枚舍利五十粒路過大小雪山七十五重江河不得底者大小三十三渡經過三十九國以祥符八年四月還京眞宗御便殿引進佛牙舍利賜善洪紫衣銀絹善洪願住隨州大洪山既至大洪捨佛牙舍利併葬于

洪山兩將軍立化大洪山靈濟慈忍大師隨云見漢東志人物門爲鄉民張武陵登山祈雨感應張武陵爲建寺山上以二子給侍後尊者密諸神龍截足代牲遂不起于座既入滅已張氏二子卽立化于尊者之旁神色不變

僧海淵初敵騎圍蔡有蔡州人也紹興藍統制者守城被圍兩月城中震恐用淵計夜半出圍敵大驚朝廷授以成忠郎不受遊應山絕粒八年

已而坐化今塑其屍以祀之

大洪山監寺 雲麓漫抄云建炎紹興初隨陷於賊而山中能自保有帶甲僧千數事定皆命以官汪彥章集有補大洪山監寺承信郎

封長源公長源王 唐天寶六載赦文五岳四瀆雖差秩序興雲播潤蓋同利崇號所及錫命宜均其五岳既已封王四瀆當升公位其淮瀆宜封長源公河靈源濟清源江廣源見唐會要又皇朝康定二年勅四瀆淵源歷代常祀物均蒙於善利禮未稱於徽稱載攷國章式崇王爵淮瀆長源公爲長源王

僧慶預 繫年錄紹興元年襄鄧鎮撫桑仲以其將李道知隨州時隨州闕守通判王彥威與州縣官皆寓洪山寺主僧｜｜守洪山以扼賊道至隨遣彥威以歸遂掌州事｜｜京山人也

僧守珍 江藻外制有大洪山｜｜｜補承信郎誥汝營壁塢輯鄉間繫年錄以爲恐與｜｜事相關

碑記

舜井斷碑 碑字漫滅唯碑陰有五大夫字餘亦莫辨相傳秦時碑舊在舜子巷嵩間元祐間移

隨州治今在漢東閣下元祐丁卯許覺之記碑首有詩云一千二百餘年外萬古銷磨不可尋舜子井泉誰記古隨人間巷祇如今隸書字雜科蟲體氏爵名存藥石陰陰登覽時來醒醉目也勝他物在園林漢延熹六年敬祀頌序在桐柏山淮瀆廟唐漢東紫陽先生碑陰李白撰柳公綽書碑角殘缺字漫滅不可讀碑陰寶歷二年紫陽先生塔銘李白撰碑袁宇記在廢光化縣開元寺唐賜院額碑寺今名普安在城東二里金剛經碑亦在普安寺歐陽文忠公送襄城李令小詩送張文潛三小簡碑刻在漢東閣下壁門皆眞蹟東坡墨蹟崇甯改元刻石今在倅廳大洪山慈忍靈濟大師碑文楊傑撰大洪山靈峰禪寺十方記張商英撰淮瀆大字在淮瀆廟舊志林蘖序新志董之奇志

詩

彼美漢東國川藏明月輝誰知喪亂後更有一珠歸李白

行行指漢東暫喜笑言同雨雪離江上蒹葭出夢中面猶含瘴色眼已見華風韓愈

令君歸漢東明珠報知己沈佺期

鄴侯家多書插架三萬軸一一懸牙籤新若手未觸爲人強記覽過眼不再讀偉哉羣聖文磊落載其腹容齋隨筆云韓文公詩鄴侯蓋謂李繁時爲隨州刺史藏書既多且記性警敏故籤軸嚴整如是耳

九十九岡遥天寒雪未銷羸童牽瘦馬不敢過危橋蔣吉漢東道中

鷗飄漢浦風波急鴈下鄖溪霧雨深羅隱重過隨州

淮南搖落客心悲涓水悠悠怨別離早鴈初辭舊關塞秋風先入古城池劉長卿贈虞沔州

方城若比長

沙遠猶隔千山與萬津唐詩紀事溫庭筠紀唐夫送詩云隋帝舊祠雖寂寞楚妃淸唱亦風流羅隱漢東秋思城上風光鶯語亂城下煙波風拍岸錢文僖公守隨每對酒必自歌云云路識靑山在人今白首行歐陽脩野草粘天雨未休客心自冷不關秋塞西便是猿啼處滿目傷心悔上樓沈括登漢東樓山郡經時無好客鈴齋終日儆閒扉范純仁詩筒相逐到隨城練句揮毫老益精范純仁詩到隨州更老成江山爲助筆縱橫黃魯直夢不到漢東茗盌乃爲祟黃魯直荆楚西南地淸明咫尺天遠山猶帶雪高柳已藏煙邢恕雲容山色兩爭奇遠水遙天共落暉邢恕詩城隅樓榭與雲

平城下溪流見底清邢恕白雲樓　須水帶西城城高儌郡亭邢恕隨爲楚西南郡頗富山水邢恕登樓楚甸窮雲山連楚塞夏木暗隨城王安中　漢東老人家壁立隨行只有淵明集王安中　忘情漢東客行鄖水南禪王安中　隨州九十九重山安得鄉人住此間王安中隨贈鄉人　隨嵒百欠一陸產萬不一王安中隨州食覆盆　隨州西南多羣峯爭高競秀無終窮衆山迤邐漸行盡始見獨尊惟大洪楊逴　前年蹭蹬一麾出乃得憑軾漢水東楊逴　李白文章世有名柳公書札擅家聲紫陽仙去詞空在寶歷殘碑字已平紫陽先生碑乃李白撰碑文柳公節制漢南而書之　君官泰山北我住漢

江東異國俱爲客清尊恨不同邢居實送鼂以道　駕言晨出灄臺隅涓上登臨酒拍壺不似峴山羊叔子心隨漢水欲吞吳張商英涓陰亭　灄涓雙水抱城隅高誼前聞季大夫九十九岡風俗厚人人兒已握靈珠陳師道　誰料此行逾溠水吾能未到説隨州王安中唐城道中作

四六

爰領使於漢東俾膺受於齊鉞初敓成命想慰輿情張浚除崇信軍節度使制　比疇寶婺之邦命之書社今得漢東之壤利以建侯俾易地而作藩已告廷而敷號史浩除崇信軍節度　聚落隨山之下煙嵐涓水之濱已分終身行吟楚

澤敢圖今日復望堯雲張商英謝吏部侍郎表

輿地紀勝卷第八十三

輿地紀勝卷第八十四 文選樓影宋鈔本

東陽王象之編　甘泉岑鎔 淦 長生 校刊

京西南路

鄂州　富水　石城　郊郢　郢都

州沿革

鄂州 上 富水郡防禦 晏公類要 禹貢職方皆荆州之域 圖經 鶉尾之次於辰在巳楚之分野 劉歆三統歷十二次配十二分野云自張十七度至軫十一度爲鶉尾於辰在巳楚之分野又漢書地理志云楚地翼軫之分野今之南郡江夏零陵桂陽武陵長沙及漢中汝南郡盡楚之分野 春秋屬楚爲郊郢 左傳桓公十一年鬬廉曰君次於郊郢 秦屬南郡 圖經 二漢屬江夏郡 漢志 雲杜縣之

地元和志又西漢志應劭注曰左傳若敖娶於邔今邔亭是也東漢志注曰縣東南有邔城故國魏文帝以江北諸郡立郢州三國志紀黃初三年尋廢三國志紀在黃初三年末復以郢州爲荊州晉惠帝分江夏郡立竟陵郡晉志宋立郢州通鑑孝武建元元年分荊湘江豫州之八郡置郢州治江夏竟陵以郡屬焉宋志郢州竟陵郡下有雲杜縣齊因之南齊志竟陵郡下有雲杜縣梁爲南司北新二州之境此據通典又隋志竟陵郡長壽縣下注云梁置北新州安陸郡下注梁置南司州又元和郡縣志引周地圖云蠻酋渠田金生代居此地常爲邊患梁普通末遣郢州刺史元樹討平之因置新州與圖經所載雖小不同然通鑑梁武帝普通六年魏荊郢蠻反有冉氏向氏田氏種落最盛各稱王侯道路不通又大通二年魏郢州刺史元達請降詔郢州刺史元樹迎之自普通六年至大通二年僅僅三年而元樹尚爲郢州刺史則討田金生郎元樹也但通鑑失書置新州一節耳西魏平漢

東以石城爲守境通鑑簡文帝大寶元年魏將楊忠執柳仲禮降安陸取漢東乘勝至石城湘東王繹遣使求和魏人許之盟之日魏以石城爲封梁以安陸爲界志乃還乃分屬安州通典改梁南司州爲安州隋志安陸郡下注云梁置司州尋罷西魏置安州故通典云分屬安州改梁北新州爲溫州後周書帝紀及元和郡縣志西魏廢帝二年改新州爲溫州又立富水郡隋志富水縣下注云舊日南新市西魏改爲富水縣又置富水郡開皇初郡廢後周分置石城郡又於石城郡置郢州隋志云後周置石城郡通典云後周分置石城郡後於石城郡置郢州寰宇記同隋煬帝廢溫州其所隸縣入安陸郡此據元和郡縣志而隋志安陸郡統縣入京山富水二縣隸焉又廢郢州其所隸縣入竟陵郡隋志竟陵郡下有長壽縣唐初於長壽縣復立郢州舊唐志云武德四年置郢州於長壽縣併竟陵安

陸二郡於京山縣復立溫州此據寰宇記又新唐志云武德四年以京山富水二縣復立溫州又新唐書安州下注云武德四年平王世充改安陸郡爲安州領縣八京山富水預焉其年以京山富水二縣並屬溫州尋廢郢州以長壽縣入鄀州新唐志在正觀元年廢鄀州以長壽縣隸溫州正觀四年又廢溫州復置郢州唐會要云正觀元年廢郢州十七年復置新唐志云十七年治京山後治長壽而溫鄀二州盡併於郢初隸山南道元宗時隸山南東道開元十一年改爲富水郡天寶元年按唐地理志復州本名沔陽郡天寶元年更名富水郡是竟陵改爲富水與沔陽改爲竟陵同一時也前此言竟陵郡者屬郢而不屬復此後言富水郡者盡屬郢矣復爲郢州乾元元年皇朝初領縣三太祖時省其一省富水入金山太宗時分屬京西路太平興國三年陞爲防禦太平興國木年

興因之今領縣二治長壽

縣沿革

長壽縣 上

附郭通典云有漢竟陵縣故城在今縣南晉宋以來爲長壽縣元和郡縣志本古之石城吳於此置牙門戍城羊祜領荆州亦置戍焉宋分竟陵縣置長壽縣理石城屬竟陵郡宋志云明帝太始六年立萇壽縣南齊志竟陵郡下有萇壽縣圖經云西魏改萇壽縣曰長壽縣隋志云梁置北新州元和郡縣志云魏文帝大統十七年於縣置郢州以縣屬焉後遂因之隋志又云後周置石城郡舊唐志云武德四年於縣置郢州正觀元年廢郢州以縣隷温州温州廢又隷郡州十四年復置郢州縣屬焉皇朝因之又寰宇記記晉武帝改爲長壽縣屬竟陵郡象之謹按竟陵郡立於晉惠帝不應武帝時便有竟陵郡蓋晉武帝有太始年號而宋明帝亦有太始年號寰宇記第見太始年號則以爲晉武帝年號而弗考宋明帝亦有此年

號耳寰宇記非是當從元和志及圖經云宋太始六年

京山縣

在州東一百十里元和郡縣志云本漢之雲杜安陸二縣境後漢爲雲杜新市二縣境漢有新市平林兵即古富水縣也隋志云梁置新州西魏改新市曰富水京山曰角陵隋改角陵曰京山舊唐志云京山本隋縣屬安陸郡寰宇記云西魏改爲温州隋初州廢改京山縣元和郡縣志云唐以京山爲温州理所正觀十七年廢温州以京山富水屬郢州

國朝會要乾德三年廢富水入京山焉

風俗形勝

鄖子之國左傳　石城因山以爲固晉羊祜立石城因山以爲固輿地廣記與圖經載不同　自沔以北水急岸高魚貫泝流水陸異勢通鑑　楚郢之境西浮江漢東馳京嶺晉咸康五年庾亮欲移鎭石城蔡謨云云

古風遺事有陽春白雪之美（唐正元中郢州刺史劉丹記）東抵安陸西抵荆門南抵景陵北抵襄陽蓋通荆襄川陝陳蔡汝潁之郊舟車往來水陸之衝也（石才孺撰風土考古記）背山臨漢水（元和郡縣志云長壽縣城本古之石城｜｜｜｜｜吳於此置牙門戍城羊祜鎮荆州亦置戍焉即今州理是也）其民朴其俗儉其土饒粟麥有西北之風聲氣習焉（風土考古記見圖經風俗門）今郢之理古石城戍也郡城跨大江之東（唐郢州刺史崔耿撰天王堂記）波光野色極目千里雲煙風物朝昏萬狀足爲騷人詩客攄發情性之資（元祐中知郡李某白雪樓題跋）東走江淮西道梁漢南徑荆湘北則馳騖乎陳蔡汝潁之郊（張聲道圖經序）漢水以爲限（同上）

楚地諸州皆有樓觀收攬奇秀而郢之白雪尤雅尤雄勝謝諤重建白雪樓記宋玉曲高寡和楚襄王問於宋玉宋玉對曰客有歌於郢中者其始曰下里巴人國中屬而和者數千人其爲陽阿薤露國中屬而和者數百人其爲陽春白雪國中屬而和者數十人而已引商刻羽雜以流徵國中屬而和者不過數人是以其曲高和彌寡

景物上

新亭劉賓丨丨詩云每到丨丨郎厭歸野香經雨長松圍四簷山色消繁暑一局碁聲下紫微

蘭臺在州城龍興寺西北舊傳楚襄王與宋玉遊于丨丨之上清風颯然而至王披襟當之曰其地

梅臺在城一十里舊傳梅福築臺於此

桃園在白鶴樓舊傳漢人於此植桃仙人張楷嘗遊焉

孟亭唐詩紀事王維過郢畫孟浩然像於刺史亭後名浩然亭故王維有憶浩然詩云故人不可見咸通中刺史鄭誠改曰孟亭有皮日休記云

金港寰宇記云在長壽縣東二百步源出構木山

石城輿地廣記云晉羊祜鎮荆州立石城以爲固宫
本志云子城東南北三面基墉皆天造正西絶
壁下臨漢江又圖經形勢門云宇文氏經畧江漢亦
先取石城于蓮之兵始能自郢濟漢長驅江陵令楊
忠等率精騎據江津斷東路祜又克武郢之爲
甯武甯郎今之荆門也魏軍遂至城下郊郢郡古郊
郢也左傳曰寰宇記云在京山東南十五里晏
君次於｜｜温泉公類要云冬月有素氣如煙昔有
玉女乘車南臺在州城龍興寺西北舊傳楚襄王與
入于此泉宋玉遊于｜｜之上清風颯然而至
主披襟當章山在長壽縣南西魏嘗立章山郡圖經
之郎其地云西魏平漢東立基州統章山郡在
漢水之東今之章山是也隋開皇九年廢章山郡更
以麻淥爲章山則隋章山縣在漢之西今麻淥是也
五泉在京山縣西五十里山谷沙石中泗河在京山
泉凡五穴五色迸出湧如沸鼎寰宇記
縣西四十里東入富河寰宇記在京山縣東北一百
復州竟陵縣界里從隨州隨縣來入安州應
城激河在長壽縣穴河在長壽縣一漢江在州之西
縣北二十里百三十里自北來經

石城而南歷竟陵漢陽入大江**唐山**圖經**晉柏**在京山縣高百尺廣數圖昔有詩僧題曰柏牙誰謂晉時栽深夜寒聲徧九垓只見蒼然摩碧漢不知靈種刼初來**新市**通典富水下云後漢新市故城在今縣北又漢光武紀云新市縣屬江夏郡故城在今郢州富水縣**臼水**在京山縣南四十里左傳楚昭王奔隨將涉成臼卽此

景物下

白雪樓圖經子城三面墉基皆天造正西絕壁下臨漢江｜｜｜冠其上石城之名本此今在郡治又李緯｜｜｜序云凭欄下瞰百有十尺羣峯列其前巨浸奔其下皇朝類苑劉太傅賓覊置是郡作詩云江上樓高十二梯梯梯登盡與雲齊人從別浦經年去天向平蕪儘眼低寒色不堪長黯黯秋光無奈更淒淒欄干曲盡愁無盡水正東流日正西**陽春亭**在通判廳與白雪樓相望**平遠亭**跡在城上**中和堂**在州治**斑衣堂**在州治**解珮亭**在城北十四里漢江邊或

傳卽鄭交甫解珮處 寶香亭在龍興寺北 五客堂唐李昉嘗畫五禽於壁間以鵠爲仙客孔雀南客鸚鵡隴客鷺鷥雪客白鷳閑客 漢皐亭在解珮亭側今二亭皆廢有基尚存 潮水泉在縣北深谷中有泉隱于石日再潮至則有聲如雷水遂泛溢俄頃乃退 聖水院在京山縣西二十里山半有泉濆激飛瀉其流遶寺溉田數百頃寺多名公詩 京源山在京山縣東十里僧寺後山窟下舊有石刻以崖枯草莖瘦水清魚影寒爲韻律詩十首今半爲野火所敗 內方山在長壽縣南一百三十五里又名章山西魏嘗立章山郡 武陵山元和郡縣志云卽橘木山也 會仙橋在京山縣直街張楷嘗跨驢過此至今石上遺跡特異 空山洞在京山縣南二十五里山間洞戶有石鼓擊之鳴徹中有石仙女石鏡石臺 新羅泉在京山縣北十里芭蕉寺舊云新羅僧修行于此一日白衆欲歸神告之勿去僧曰吾思鄉中水矣神指其地卽有泉出僧嘗之與鄉味等 昇仙橋與長壽縣門相直梅福飛仙于此 衮鐘潭在京山縣西南三十

五里者舊云昔有寺鐘忽自樓出衮衮入于河所歷處至今草木皆偃生

煉丹井在長壽縣東南八十步舊傳今縣治乃梅福舊宅嘗煉丹於此

曲池水寰宇記云梁太清四載邵陵王綸爲富水郡太守雅好賓客樂於詩酒每慕王右軍蘭亭流觴曲水之興故効焉

偃月城在長壽縣南一百三十里郡國志云竟陵有偃月城三面章水擁焉卽漢縣城基猶存

溫湯水元和郡縣志云在今京山縣南十五里擁以溉稻田其收數倍寰宇記云其湯有十八眼水

青泥池寰宇記云卽木橘山又名武陵｜｜｜卽三國志樂進與關羽青泥山相拒之所亦曰橘木山在長壽縣

白沙水去京山縣六十里唐志云郢州富水有白沙山白沙水出

寶香山寰宇記云在長壽縣北一里又有寶香寺在京山縣

寶香亭在龍興寺北

金雞塚在長壽縣界

石人山圖經在京山縣半崖間形像極可觀

石城寺滕宗諒詩云山勢如城遶楚宮幾人登賞我心同溪雲去作人間雨澗水來生座上風

白鶴觀在京山縣會仙橋南

鴨背山寰宇記在京山

縣南二里鹿湖池在長壽縣聊屈山之麓深不可測舊傳有白鹿入水禱雨輒應卽善利公廟鳳凰池在京山縣俗傳在帝虞時鳳凰嘗集于此龜鶴池在長壽縣西南梅福養龜鶴之所龍鳳港在城南舊傳楚王嘗乘彩舫載嬪御往來遊戲虎跑泉在京山舊傳關羽駐兵於此山高無泉士卒渴甚夜有虎蹲哮而石間泉湧龍回寺在城南八十里舊傳光武尋嚴光至此而遂返故曰龍回放鷹臺在城南藪澤間四望空闊極目千里而臺居其中舊傳楚武王游獵放鷹于此今尚存大洪山元和郡縣志云在京山縣孤秀爲衆山之傑山多鐘乳二王廟楚文武二王廟在櫹木山上三閭廟見九域志郢州古跡下五龍堰在城東舊傳嘗有五龍見于此故亦立廟五華山在京山縣唐地理志去竟陵有五華山今屬京山有五華大王廟七寶山在京山縣西額產銅鐵多寶寺鄭文寶在京山日有寒食經秀上人詩花時懶看花來訪野僧家勞師擊新火勸我雨前茶其詩篆刻石在寺中多寶潭在京

山縣郭深數尋方廣丈餘建炎之亂寺爲盜火所燔鐘自烈焰中躍入于潭今歷歷可覩

興陽寺 類苑云郢州漁人網于漢水一石長丈餘乃羣小蚌鱗次相比綢繆鞏固以物試拭其端得一書卷乃唐天寶年所造金剛經題誌甚詳字法奇古其末云醫博士攝比陽縣令朱均施首尾無壞漬士豪李孝源所得孝源感經像之異施萬緡寫佛經一藏于郢州｜｜｜

宜陽關 九域志云｜｜｜魏文帝守隘之地

樠木山 在長壽縣事見左傳楚武王事

司戶潭 在京山縣舊傳昔有司戶禱于此遲其應也委身潭中少頃甘澤大霈因名｜｜｜

古跡

新市故城 圖經在京山縣二十里劉伯升招新市平林兵注云在今郢州富水縣北寰宇記云後漢爲縣故城在今縣東北

竟陵故城 寰宇記在長壽縣漢爲縣故城在今縣南

廢富水縣 寰宇記云在州北二百四十里隋置因界內富水川以爲名國朝會要皇朝乾德三年併入京

山縣圖經在京山縣北六十里坦平可容數千家土肥木茂郎唐富水治所也今爲富水寺唐會要云富水縣武德四年置温州正觀十七年州廢來屬**漢城基**在長壽縣南七十里瀕大江舊傳關羽嘗屯兵于此**張良山**寰宇記在京山縣北一十里山有張良走馬路至今不生草木**曹武市**在京山縣東四十五里舊傳魏武從孫權過此**闘王嶺**在京山縣北北上平如掌有毬場及故城壘形**宋玉石**凡二唐李昉守郡日得之榛莽間今移在白雪樓前**莫愁村**古樂府云莫愁石城人今丨丨丨在漢江之西舊所居也地多桃花春暮花落流水皆香又賈塹亦有莫愁溪郡守樂章莫愁辨云莫愁者不知其何代人而名傳於唐史禮樂志意其爲宋人乎志載諸樂府者自周房中樂以及楚漢之曲下迄于隋煬帝之泛龍舟凡數十篇皆以世次爲序其間載石城曲宋臧質所作而繼曰莫愁石城樂所出也次於臨川王烏夜啼而列在隋王誕襄陽曲之前二王皆宋人也自此而後始敘齊梁之曲則知其爲宋人無疑也又李義山詩曰如何四紀爲天子不似盧家有莫愁容齋三筆云梁武帝河中

之歌曰河中之水向東流洛陽女兒名莫愁莫愁中三能織綺中四采桑南陌頭十五嫁爲盧家婦此莫愁者洛陽人近世周美成西河一闋專詠金陵所云莫愁艇子曾繫之語豈非誤指石頭城爲石城乎

宋玉井在舊州學前橫木山之後**楚賢井**在城東舊傳即宋玉宅俗名琉璃亦名宋玉井

子陵山洞在京山縣南六十里即嚴子陵隱一所也傍有石室名席星井寺曰淨安嘗有一星光甞見井中昔人賦詩云翩翩釣臺翁弊屣棄利祿煙溪七里瀨風月一竿竹平生知己誰故人劉文叔三聘乃肯來公卿指爲辱高風輕萬乘敢以足加腹居然動天象下應太史卜帝星胡爲落此間豈非此有子陵山蒼蒼珉井一百丈至今深夜光芒寒野老相傳是陳迹斷碑摸索苔蘚斑往事恍惚不可問青山綠水空潺潺

仙女洞在京山縣東洞門三中有石枕石鏡臺建炎中嘗有道者秉燭入其中數日而出則隨州也後有繼入者即遇迅雷暴雨不可復入云

申大夫廟在京山縣即申包胥也

李靖廟在州城今呼爲李僕射廟

樊妃冢張子壽集郢城西北有大石冢數十觀其

封植多是楚時諸王而年時久遠不復可識唯有丨丨丨因後人爲植松柏故行路盡知之張有詩云楚子初遅志樊妃嘗獻箴能令更擇士非直罷從禽舊國皆湮滅先王亦莫尋唯傳賢媛隴能結後人心牢落山川意蕭疏松柏陰 **楚王墓**在京山縣北八十里有大墓數十 **蕭天子墓**不知何主也在京山縣 **許相公墓**在京山縣又有許仲謨墓建炎間冦伐得黃金燈檠 **彌勒院**在城東門外白乳高僧塔在焉

官吏

袁恕己神龍二年爲刺史 **令狐楚**劉禹錫集自衡州刺史移郢州 **許渾**太和中爲郢州刺史 **朱台符**景德元年卯郢州 **尹洙**景祐中以范仲淹黨敗郢州酒稅 **王安石**爲京山丞孔夷有送王介甫赴京山丞詩 **呂大防**元祐中爲相紹聖初以言者謫居郢州事署云 **席益**建炎二年知郢州繫年錄 **岳飛**繫年錄云江西制置岳飛復郢州僞守荆超投崖而

死

人物

申包胥 郢人與伍子胥友善吳入郢包胥乞師于秦哭其庭不食七日秦哀公爲之賦無衣出兵救楚 **宋玉** 郢人始事屈原原既放逐因與景差事楚襄王焉 **陸羽** 竟陵人廬于太門山乃舊京山縣境與竟陵相接唐書以爲復州竟陵人誤也

仙釋

梅福 漢書||九江壽春人而此間遺跡具存列于祠記豈亦潛遁于此耶 **張楷** 後漢書云||字公超隱華山常跨驢至縣賣藥而京山會仙橋遂以楷得名 **董仲符** 漢董永之子也母乃天之織女故生而神靈數篆符以鎮邪怪嘗遊京山潼泉以地多虵毒書二符以鎮之害遂絶今篆石在京山之巔 **楊仙** 宣政間寄跡於朱司戶家數載一日曰我辭世矣不疾而逝後二載朱往京師見于

通衢顏笑如舊

臨谿和尚有入道深淺頌五首見傳燈錄

居祐禪師住臨溪山見傳燈錄

白乳高僧塔在彌勒院昔黃巢戮一僧刀方加白乳流出巢異之邪人敬禮累土爲浮圖

潼泉獨孤標和尚唐天祐中卓菴山中

趙横寺僧在京山縣南靖康間霍明據郢遣其徒沒角牛領兵寇復州過趙横寺欲縱火主僧求見盛怒將斬之以其貌古而言有理遂加敬焉洎入寺寂然無人但見先師慈護菩薩塑像懼而焚香斂兵亟去

碑記

唐毗沙門天王祠堂記開成丁巳郢州刺史崔耿撰

荆山郭橋記正元十年郢州長史劉丹記

孟亭記咸通四年皮日休撰云先生襄陽人也說者曰王右丞筆先生于郢之亭先是亭之名取先生之諱後易之以先生之姓云又江陵寄居李耆壽嘉定庚午於郢州白雪樓之倉側得斷石一塊上有六十五字乃唐李亙體文理斷續不可讀其間有孟先生三字終於波

動岳陽城五字則知其爲孟亭記今石尚存風土考古記教授石才儒作宋玉之宅有井龜鶴有池聊屈之山鹿湖之靈雨澤應焉高僧之塔白乳之異兗渠懼焉以至新郢肇郢亭之名王維畫孟亭之像李昉創五客之堂崔耿建大王之祠皆昔人勝槩遺跡

詩上

莫愁在何處住在石城隈艇子打兩槳催送莫愁來唐樂書志云莫愁者出石城樂石城有女子名莫愁善歌謠古詞曰一一郢客吟白雪遺響飛靑天徒勞歌此曲舉世誰爲傳試爲巴人唱和者乃數千呑聲何足道歎息空悽然李白不見郢中歌能否居然別陽春無和者巴人皆不節文選云張協雜言愁隨江路盡喜入郢門多孟浩然故郢生秋草寒江淡落

暉劉長卿

白雪樓中一望鄉青山簇簇水茫茫朝來渡口逢京使說道煙塵近洛陽白居易

雪中梅下與誰期梅雪相兼一萬枝若是石城無艇子莫愁還自有愁時李商隱

石城誇窈窕花縣更風流李商隱

石城昔爲莫愁鄉莫愁魂散石城荒江人依舊棹舴艋江岸還飛雙鴛鴦帆去帆來風浩渺花開花落春悲涼煙濃草遠望不盡千古漢江閑夕陽鄭谷

君思郢上吟歸去故自渝南擲郡章劉禹錫送周使君歸郢中

古郢雲間白雪樓漢江還遶石城流何人知道遼天月曾向朱門送莫愁胡曾

郢門將咫尺龍節莫夷猶送客與雲散行人看月愁

遥聞江漢水日與政聲流錢起送元使君忽見寒梅樹開花漢水濱不知春色早疑是弄珠人唐詩紀事云王適幽州人詠江濱梅莫言白雪少人聽高調都難稱俗情不是楚詞詢宋玉巴歌猶掩繞梁聲汪遵因家漢水曲相送掩柴扉故郢生秋草寒江淡落暉緑林行客少赤壁住人稀劉文房送人歸郢賴得竟陵守時聞建安吟贈别折楚芳楚芳摇衣襟孟東野贈竟陵盧使君還似郢中歌一曲夜來春色遶西樓許用晦酬盧端公峴亭風起花千片流入南湖盡日香許用晦白雪名隨溪水流漫勞旌旆晚悠悠許用晦酬錢汝舟

折楊黃華笑者多陽春白雪和者少知音四海無幾人況乃區區郢中小千載相傳始欲慕一時獨唱誰能曉古人以此分冥冥俚耳至今徒擾擾（王荆公）郢人爛熳醉浮雲郢女參差躡飛鳥秋來欲歌聲更吞石城寒江暮空繞（王荆公）楚江白逶迤楚山碧參差玉炊稻粒長縷切魚膾肥（司馬公送張伯常移居郢州）酒飲宜城美歌聞白雪高（温公答張伯常郢州見寄）蘭汀蕙浦入平蕪天遠孤帆望中滅屈平宋玉情不盡千古依然在風月（魏泰白雪樓）石城目斷空殘照白雪非人只麗譙（前人）白雪樓危壓曉霓樓下波光數毛髮邦君登臨賦萬景景與清吟

相皎潔前人　楚之襄王問宋玉玉時對以郢中歌歌爲白雪陽春曲始唱千人和再唱百人逐至此和者纔數人乃知高調難隨俗梅詢　郢國當時唱猶傳白雪眞問今非昔日和者幾何人梅詢送蒙寺丞赴郢　千載浪名金馬客一宵沉醉石城樓郢人休唱陽春曲白盡湖南刺史頭張舜民　但見蒼山挿霄漢石城古木高崔嵬城頭層樓又清絶向有遺音名白雪劉敬　山郡經時無好客鈴齋終日敞閑扉范純仁和郢州張伯常　思君日日上高樓心逐西南漢水流前人　陽春白雪城荒蕪巴渝竹枝奚足取范純仁石城行　陽春樓側春方到白雪樓邊雪未殘前人　昔

人委珮今安在沙月漁燈入夜寒前人月落煙空郢樹
秋蘭臺幾夜夢魂遊此心却羨滄江月南去石城城
下流前人三峽雲煙連郢水兩川風月接荆門前人漢水
縈紆遶石城山風吹雨雜江聲前人漢波南傍石城流
水色遥分沔鄂秋江徹楚闗千里接章山相對古基
州前人蒼茫遺珮憐交甫零落清歌送莫愁孔夷送王介甫赴京
山丞傷心白雪陽春麗極目朝雲暮雨非張濂題白雪樓村近
莫愁連竹塢人歌楚些下蘋洲王璜白雪樓荒危堞在
莫愁村近暮煙横陳天麟百年宋玉石三里莫愁鄉地
接荆門近煙迷漢水長劉戒之愁非爲宋玉亦不因莫

愁劉清之　紛紛花雨暗江頭隔岸煙村喚莫愁艇子只今誰是主方知身世是虛舟張適正　莫愁千古難再得只有畫圖傳楚國聶有　白雪樓傾不記秋樓前江水自悠悠多情猶憶湖南守一曲陽春白盡頭王之望　冉冉水上雲曾聽屈宋鳴娟娟水中月曾照莫愁行項安世

四六

蘭臺避暑之宮雄風自若陽春白雪之曲餘韻莫傳石才孺考古記　山有子陵之洞世仰高風水有莫愁之溪人誇美景同上　眷惟古鄂舊號名藩　自荊及衡昔以表其封域通吳帶蜀今復據其襟喉並州郡事迹

輿地紀勝卷第八十四

輿地紀勝卷第八十五　文選樓影宋鈔本

東陽王象之編　甘泉岑鎔　涂長生　校刊

京西南路

均州　武當　[illegible]則　鄖城　始平　大塞　鄖鄉　麇國　始平郡　齊興　淅陽郡

州沿革

均州　上　武當郡武當軍節度　武當　禹貢豫州雍州之域　武當隸南陽郡郡屬豫州鄖鄉爲錫縣隸漢中郡郡屬雍州　志　秦韓之交角亢氐東井輿鬼之分野　南陽屬韓韓爲角亢氐之分野漢中屬秦秦爲東井輿鬼之分野　春秋屬麇　輿地廣記　戰國屬韓及楚　南陽屬韓漢中屬楚後屬秦　秦漢屬南陽漢中二郡地　武當屬南陽郡鄖鄉屬漢中郡　魏屬南鄉郡晉屬

順陽郡（通典）永嘉之亂雍州始平郡流人之在襄陽者江左因僑置始平郡以領之寄理襄陽宋孝武割武當縣以隸之（此據元和郡縣志）齊爲始平郡（南齊志有始平郡領武當武陽始平平陽等四縣）又置齊興郡（南齊志齊興郡領齊興安昌鄖鄉錫縣安富略陽六縣通典云齊立始平郡尋改爲齊興郡是通典謂始平齊興本是一郡後特改其名爲齊興耳象之謹按南齊書始平齊興二郡並載於志而始興屬雍州領縣四齊興屬梁州領縣六所領之縣名不同則非改始平爲齊興也）梁爲南始平郡（此據圖經）後魏改始平郡爲武當郡（此據元和郡縣志）梁又置興州（寰宇記云在梁太清元年隋志云梁置興州不載）西魏改興州爲豐州（隋地理志曰後周改爲豐州圖經曰西魏改曰豐州不同當考）隋初郡廢（通典）改豐州爲均州（寰宇記在開皇五年元和郡縣志在開皇三年又隋

志浙陽郡武當縣下註云舊置武當郡又僑置始平郡後廢改爲均州因均水以爲名煬帝初州廢通典爲浙陽郡大業初年割浙陽郡之武當均陽二縣置武當郡舊唐志在隋恭帝義寧二年唐改爲均州舊唐志在武德元年太宗時州廢浙州之浙陽縣舊唐志云貞觀元年廢均州又省堵陽安福二縣以武當鄖鄉二縣屬浙州尋廢浙州復置均州舊唐志云貞觀八年廢浙州以武當鄖鄉二縣置均州又廢上州割豐利縣來屬爲武當郡天寶元年復爲均州乾元元年唐隸山南東道貞觀五年勅見寰宇記皇朝陞爲武當軍節度國朝會要云均州舊爲防禦宣和元年陞爲武當軍節度今領縣二舊領縣三曰武當豐利鄖鄉國朝會要云乾德六年廢豐利人鄖鄉改今領縣二治武當

縣沿革

武當縣　上

倚郭元和郡縣志云本漢舊縣屬南陽郡後漢延岑起兵於此後遂空廢元嘉末移縣理延岑城又東漢帝紀云後漢建武四年鄧禹率二將軍與延岑戰于武當破之輿地廣記云魏屬南鄉郡晉志載順陽郡下有｜｜｜通典云齊置始平郡舊唐志云梁置南始平郡後魏改爲豐州隋改爲均州皆治武當縣新唐志云正觀十五年於此置均州寰宇記云顯慶四年移於今所

鄖鄉縣　上

在州西一百三十五里元和郡縣志云本漢錫縣古麇國之地也左傳曰楚潘崇伐麇至于錫穴是也二漢志錫縣並屬漢中郡輿地廣記晉太康五年改錫縣爲鄖鄉縣晉志魏興郡有錫縣而無鄖鄉縣宋志及南齊志並無鄖鄉縣隋志鄖鄉縣屬淅陽郡新唐志云本淅陽郡武德元年以鄖鄉置南豐州八年州廢以鄖鄉隸淅州舊唐志云貞觀元年廢均州以鄖鄉人淅州八年復置均州以縣來屬國朝會要云

乾德六年廢豐利來屬

風俗形勝

郡城即後漢延岑所築寰宇記云後周武成元年自鄖鄉城移於延岑城又云郡城即後漢延岑所築而元和郡縣志及寰宇記武當縣下又云唐顯慶四年自延岑城移治今所則今郡似非延岑故城與寰宇記不同當攷因均水以爲名寰宇記云隋改均州蓋界内因均水以爲名其山武當其浸滄浪東連襄沔西徹梁洋南通荊衡北抵襄鄧均州圖經序襄陽堡障郡守題名記均陽古郡兼原隰江山之勝元符三年晁端夫紫雲亭記魚稻之鄉風物美秀泉甘土肥宣和辛丑福唐陸愷宗海樓記擷芳珍而鱠紫鱗桑麻蔽山衣食自足民人樸野公庭無事陸愷宗海樓記宗海樓

下臨清漢江山映帶景物之變無窮騷人之所不能詠畫工極思莫狀其髣髴宗海樓記得一麾於邸鑾之中同上郡節權載之送殷均州序云今茲持郡節新紱在殷兩藩有輝兩藩有輝見上俗好楚歌晏公類要西南絶勝之境元符初劉濬望仙亭記民多秦音圖經面迎遠翠武當之疊嶂也左瞰長波漢川之巨流也秀色參天岌嶪南來澄練遶郭逶迤東去晁端夫紫雲亭記東南百里有鹽池唐志武當縣東南百里有鹽池均州西有長山當襄鄧之衝通鑑唐僖宗中和四年

景物上

鈞水前漢地理志云丹水東來折入鈞註云鈞亦水名與均同淯水寰宇記云在鄖鄉縣西六

十里有渚水漢地理志註云丨丨入于漢俗云渚口是也**丹水**隋圖經云豐州丹水出丹魚先夏至十日夜間伺之魚浮水有赤光上照如火以網取之割其血以塗足可以步行水上見寰宇記**漢水**元和郡縣志云云武當縣北四十里水中有洲名滄浪洲**鹽池**元和志又唐地理志並云在武當縣東南百里池水四周上生紫氣池左右草木十餘里氣所染着上如雪霜嘗之鹽味土人謂之鹽花**南巖**在武當山**北巖**在武當山**西山**元和郡縣志云今名寶蓋山在鄖鄉縣西南三里其山南臨漢水水經云山有石蝦蟇倉卒看之與眞者不別**錫穴**左傳楚潘崇伐麇至于丨丨是也**水簾**在武當山**金泉**在郡治治平元年王齊記**石門****石室**寰宇記載南雍州記云武當山有丨丨丨丨相承云尹喜所棲之地**仙室**九域志云武當山一名仙室**太嶽**圖經云武當山一名丨丨**星牖**寰宇記云西山北別有崖傍視之有一穴甚明傳號爲丨丨丨**天池**在武當山**地肺**皇朝郡縣志云一名肺山有救窮草冬夏不枯食之忘飢**朝山**武當山記云山周回

四五百里中央有一峰名曰參嶺高二十餘里望之秀絶出於青雲之表謂之丨丨蓋衆山朝揖之主也

聖木 圖經云在武當縣東洲渚漢江中長五丈

社樹 隋圖經云南陽武當南門有社栢樹大四十圍梁蕭欣爲郡守伐之言大蛇從樹腹中墮下麤數圍長三丈羣蛇數十隨入南山聲如風雨

虎溪 在武當山

龍洞 在武當山

龍井 在武當山

龍池 並在武當山五龍觀又有大頂丨丨在七十二峰之上一上幾四十里頂有池水祈禱無不應驗

景物下

太和樓 樓前面太和峰山水環會爲一州之壯觀

擁節亭 在州城南門內

天柱山 在鄖鄉縣錫義鄉山去縣二百里山之左有一峰曰天柱山上有三石門內有飛仙一日三朝

武當山 東漢郡國志註引荊州記曰縣南二百里有武當山九域志云一名仙室寰宇記云一名太和山趙康凝唐記云斯山有嵩高之參佐五岳之流輩皆在山內漢武帝遣將軍戴生之於此山採藥遂得道不

汲武當山記云區城周迴四五百里中有一峰名曰
参嶺高二十餘里清明之日然後見峰山有三十六
巖郭仲産南雍州記云武當山學道者常百數若學
者心有隆替輒爲百獸所逐有石門石室相傳尹喜
所棲之地山在南陽界而去洛陽甚近圖經引道書
載眞武生於開皇元年居武當山四十一年功成飛
昇今五龍觀 **定心石** 大小有二下臨萬仞巋然陡絶
即其隱處 觀者股慄喜事者或立其上以
示心術 **寒泉水** 水經注云漢水又東謂之澇灘冬則
之平 水淺下多大石又東爲洋灘夏水湧
急川多湍伏寰 **滄浪水** 元和郡縣志云在武當
宇記在鄖鄉縣 縣即禹貢｜｜之｜也 **滄浪**
洲 寰宇記在鄖鄉縣隋圖經云漢水經 **石佛巖** 在武
琵琶谷至｜｜｜即漁父棹歌處 當山
石昭峰 晏公類要在武當縣 **石臼泉** 晏公類要在武當縣 **石階山** 寰宇記載隋圖
經云一名華岳地肺一 **金鎖嶺** 在武當山｜｜｜前
名肺山福地有救窮草 有流水古記云國師
鎖獮猴於此 **寶蓋山** 元和郡縣志在鄖鄉縣西山
水涸放汝去 一名｜｜｜其山南臨漢水 **香**

爐峰圖經在武當山梳洗臺在鄖鄉東六十里王震有詩云俗緣磨未盡空山傍粧臺溪雲惹粉黛巖花寶鬒開琵琶谷見滄浪洲下兜牟山寰宇記云在鄖鄉縣東十里卽漢中南陽分界處落帽峰晏公類要在武當縣圖經云古老相傳乃戴將軍得道上昇落帽於此峰因名有詩云我愛武當好將軍會得道蛻舉入雲霄高岑名落帽錫義山元和郡縣志云一名天心山在豐利縣山方圓百里形如城四面有門水經注上有石壇相傳以爲死仙所居山高谷深乾明寺本唐濮王泰薨妃閻氏捨宮地建延福寺皇朝興國中降旨以乾明寺爲額有大唐經藏碑銘成和聚後漢郡國志云南陽郡武當有成和聚太平興國寺唐廣德二年代宗謂惠忠師曰朕有一子乞保延昌乃以太平延昌爲寺額御筆書字賜之今在本寺太平興國二年改賜今額明道觀唐正觀十八年改濮泰王宮爲龍飛觀在鄖鄉縣西天聖八年特賜朝元圖內有聖祖天尊大帝御座傍側有太祖太宗皇帝御容紹興十七年迎奉朝元圖前赴行在□□□□

泉在武當山 千齡洲寰宇記載庾仲雍漢記云滄浪洲亦謂之｜｜｜亦名滄浪水又東逕龍巢山下 千丈崖晏公類要在武當縣又有千丈峰 萬斛山在武當山 萬戶谷在武當山定心石下中鼻山之東其廣容萬戶故名 薇蘅草晏公類要云出鄖鄉縣有風不偃無風獨搖寰宇記云｜｜｜生錫義山

古迹

舊豐利縣寰宇記云在鄖鄉縣西二百四十里元和志曰本漢長利縣地在長利川故名宋於此僑置上洛郡後魏改爲豐利郡隋立｜｜｜舊唐志云後魏置豐利郡分錫縣置豐利縣武德初屬上洲洲州廢屬均州唐會要同又九域志云乾德二年廢入鄖鄉 謝羅山圖經云晉咸和中歷陽謝允捨羅邑宰隱遇斯山故田｜｜｜即武當地也 俞公巖古記隋僧慧哲住巖中誦蓮經有白衣老人自謂俞公三反來聽曰我東濵之子謫居此地限滿得還斯我所居願奉仁者 李園巖

李仲仙|||潘岳閑居賦註房陵朱仲家有縹李世所希有巖在千丈峰之下

黃大清修道巖晏公類要在武當縣

陶幼安百花泉巖晏公類要在武當縣

希夷庵在武當山

修多羅藏唐肅宗賜經五千卷藏額亦肅宗所賜

唐濮王泰廟九域志云有|||墓圖經云||||歿於此有墳冢在縣北五里長辨村

張黃二眞人葬履壇在龍山之頂鄖鄉縣西北一百里昔有二眞人飛昇遺履而去其徒乃||于壇有石道士二人侍立壇所

唐濮恭王墳冢去鄖鄉縣北五里地名長辨村

謝安謝賢二冢在武當縣南一十五里

鑾王冢在武當縣南二百步

官吏

唐濮王泰正觀中濮王泰在均州建延福寺浮圖記云隆本支於衛梓昭茂葉於虞桐

殷均州唐權載之有|||序

李繁處州郡守題名云李繁元和十三年自均州刺史除

曹

翰太祖征蜀以翰爲均州刺史鑿山開道商旅以濟詔翰兼轉運使而糧餽不乏事略

司馬周卿 温公集云周卿通判鄧均二州先是房州竹山有金谿出金豪族專其利監司欲命官往市皆憚險辭周卿遂往躋攀崖巘看之終盡條目公私俱利

尹洙 事略云洙嘗知渭州董士廉城永洛洙奏罷之董上書訟洙乃責均州監稅

李垂 事略云自絳州還朝或謂曰諸公欲用爲知制誥但宰相未嘗相識盍往見垂曰道之不行命也執政知而惡之出知均州

范純粹 事略云哲宗朝爲戶侍寶文閣待制坐元祐黨謫均州居

韓維 事略云元祐元年爲門下侍郎後坐黨籍責均州安置

陳與義 號簡齋居士建炎二年知州

王煥 繫年錄云建炎四年紅巾賊犯均州知武當縣丨丨率邑人保山寨賊至或勸之遁煥曰使吾有此心則不能與邑人爲此來矣遂舉家俱死

淩景夏 繫年錄云紹興二十二年知均州丨丨在館中與秦檜異論閒居十餘年

龐德公圖經云山有｜｜｜巖按德公襄陽人居峴
山後攜妻子登鹿門採藥不返今有隱處
張士遜均州人鄖鄉縣有鄧公里象之謹按士遜乃
光化人爲鄖鄉簿非均人也或者因官就居
於此故有
鄧公里

仙釋

戴將軍郡國志云漢武帝遣之
此山採藥遂得道不返陰眞人字長生漢陰
皇后族聞馬
先生有道隱武當山從其學眞誥稽神樞云｜｜
後在忠州仙都白日飛昇謝允字道通歷陽人｜
咸康中入武當山水經云允捨劉虯字靈預宋泰始
羅邑宰隱遯此山故曰謝羅山中爲晉王記室
解官辟穀隱武當尹眞人南雍州記云武當山有石
山今劉爽巖是也室相承云是尹喜之室有
鉅淋玉案圖經及郡縣志山世遠陶洪景云｜｜郎
云武當有尹喜巖卽其處尹公弟子捨家入
道事在讖書已得爲太和山眞人眞武開皇元年三
武當古謂之太和山事見眞誥月三日生

而神靈誓除妖孽救護群品捨家入道居武當山四十二年功成飛昇遂鎮北方及召而至語以其故妖氣遂息因謂曰爾後每遇庚申甲子及三七日當下人間斷滅不祥今飛昇臺即飛昇之地五龍觀即其隱處

陳摶字圖南亳人始四五歲有青衣媪乳之自是聰悟舉進士不第隱武當山移居華山每寢百餘日不起太宗朝召見賜號希夷先生有題余公巖詩

黃衣道者開寶中僧元明往武當山朝曦欲上宿霧半斂見一黃衣入經藏中亟招之已失但聞異香馥郁詩曰八十老僧今自說曾於霧裏見仙人張相國詩集云

慧哲姓趙襄陽人誦經巖中龍子來聽見俞公巖記

處洪唐末居武當山時王建以盜繫獄吏縱去遁武當山處洪語曰子骨相特奇宜從軍求富貴奈何為盜建感其言隸忠武軍後封蜀王

慧忠住武當山七年天寶末安祿山遣其將武令珣圍鄧令珣問燕主歷數師憤然曰逆寇安足問但吾生靈自尼耳祿山滅南陽守表其事肅宗召見賜號國師

碑記

漢中部碑 漢張來君碑 魏興太守碑在豐利縣 隋韋氏神道並漫滅 隋顯崇觀碑隋大業五年爲至尊皇后祝壽之所記銘存於州治後碑云大業五年己巳歲今五百餘年觀在鄖鄉縣西二百三十里 大唐威武公廟記乾道三年翁洮撰山南東道觀察使趙凝立 唐延福寺碑在鄖鄉縣乾明寺上元元年王府功曹沈長卿撰後火焚碑湮毀興國中僧海清於坎窞中依堵墻甃之如故 石橋記在武當山落帽峰 舊魏興郡太守譚義德政碑在鄖鄉縣一百五十里 大唐延福寺浮圖記咸通五年創沈長卿纂文張元靚書 乾明寺重刻經藏記上元三年建張教授段士遜述黃通書 新圖經子游序

詩

我愛武當好將軍曾得道蛻舉入雲霄高岑名落帽

古落帽峰萬事若在手百年聊稱情他時南嶽去記得此巖名陳摶題俞公巖蘇壁留詩志何大可憐太華老圖南張士遜題希夷庵桐枝手植有桐孫二紀重來愧此身三匹衣魚聯貴仕十洲軒冕接淸塵耕桑雖喜多新隴耆艾堪嗟少故人蕭寺前題粉壁在又書丁巳對壬辰張士遜雍熙中植桐于蕭寺壬辰登科後告老來寺留題我生本似遠行客況是亂時多病身經山涉水向何處羞見竹林禪定人戴叔倫題武當蘭若

四六

惟武當之提封乃襄陽之保障巨流之澄練遶郭羣山之秀色參天武當郡□□□

輿地紀勝卷第八十五

輿地紀勝卷第八十六 文選樓影宋鈔本

東陽王象之編　甘泉岑 鎔 淦 長生 校刊

京西南路

房州

房陵 防渚 上庸
白馬 庸國 竹山

州沿革

房州 下 房陵郡保康軍節度 九域志 禹貢梁州之域 元和郡縣志 楚地翼軫之分野 前漢地理志 鶉尾之次於辰在巳 後漢地理志 舜封丹朱于房 新唐書宰相系表房氏下云舜封堯之子丹朱于房 古麇庸二國之地 寰宇記 庸以兵助武王 尚書牧誓註云庸在江漢之南 春秋爲房子國 元和郡縣志云左傳文公十一年楚子伐麇麇成大心敗麇師于防渚鬬驅

以爲防陵卽春秋時防渚防渚之得名蓋自此始也戰國時屬楚元和郡縣志秦屬漢中郡寰宇記云秦惠文王十二年攻楚取漢中地置漢中郡始皇徙趙王遷於房陵按元和郡縣志漢立房陵縣屬漢中郡然自秦時已從趙王遷於房陵矣不應至漢始立房陵縣也呂不韋之家亦徙焉史記呂不韋傳云不韋之舍人坐徙蜀房陵志云郎此地也二漢因之房陵及上庸縣並屬漢中郡東西漢志漢中郡下並有房陵上庸二縣又東漢志房陵縣下引巴漢志云建安十三年別屬新城郡東漢末獻帝改防爲房立房陵郡元和郡縣志云東漢改防爲房水經注云房陵郡漢末所置又云漢末分置上庸郡城三面際水晉志注云魏置新城郡及上庸郡不同又置上庸郡水經注云漢末置上庸郡蜀劉備遣孟達攻房陵上庸二郡事見通鑑建安二十四年魏文帝以蜀將孟達來降乃合房陵上庸

西城三郡爲新城，以孟達爲太守。通鑑在魏文帝黃初元年。理上庸。此據華陽國志。又水經注云：魏文帝合房陵、上庸、西城立新城郡，以孟達爲新城太守，治房陵故縣。後達叛魏降蜀，司馬宣王討平之，移理房陵。寰宇記。分新城郡地置上庸郡。三國志在太和二年。歷晉、宋、齊爲新城、上庸二郡。此據寰宇記及晉、齊志並有房陵及上庸、新城郡，領縣六，理房陵縣；而上庸郡領縣七，理上庸縣。梁置岐州，與郡同理房陵。寰宇記云：梁天監末置岐州。隋志亦云梁末置岐州。侯景之亂，地入西魏。元和郡縣志。改新城郡爲光遷國。寰宇記在魏廢帝二年。後周武帝廢光遷國，改置遷州。此據元和郡縣志及通典，而無年月。寰宇記云在武帝元年。隋煬帝廢州爲房陵郡。領縣四，曰光遷、竹山、房陵、上庸。通典在煬帝時。唐改遷州。唐會要云：武德元年改爲仙州，又於竹山置房州正觀八年廢房州入仙州後却置房州又於竹山縣置房州舊唐志在武德元年領竹山上庸二縣又置武陵凡領三縣隸山南道正觀初年尋廢遷州自竹山移房州治於廢遷州城舊唐志在正觀十年改光遷爲房陵縣寰宇記云其年省武陵縣隸山南東道唐會要在正元五年武后時中宗居房州輿地廣記又唐鑑書云帝在房陵改房陵郡舊唐志在天寶元年復爲房州舊唐志在乾元元年五季梁太祖時房州刺史楊虔叛附于蜀通鑑在開平元年皇朝隸京西路太宗時陞爲保康軍以劉繼元爲節度使長編云雍熙三年十二月癸丑置保康軍於房州以右衞上將軍劉繼元爲節度使中興以來置金房開達四州安撫使以房隸于金州建炎初年後專隸京西隆興元年今領縣二治房陵

縣沿革

房陵縣 上

倚郭唐書宰相世系表云舜封堯子丹朱於房朱生陵以國爲氏左傳文公十一年成大心敗麇師于防闞駰云房陵卽春秋時防渚也元和郡縣志云本漢舊縣屬漢中郡初爲防後漢改爲房以陵爲名隋志云舊曰房陵置新城郡梁末置岐州後周郡縣並改光遷舊唐志云魏改爲光遷國武德初改爲遷州置光遷縣又改爲房州兼改光遷爲｜｜

｜國朝會要云開寶初省永清縣入焉

竹山縣

在州西一百三十里本古之庸國漢之上庸縣元和郡縣志云周武王會諸侯於孟津庸人往焉尚書泰誓曰庸蜀羌矛微盧彭濮人是也左傳曰庸率羣蠻以叛楚使盧戢黎侵庸後遂滅之秦置上庸縣故新

尚言秦將以上庸六縣易張儀于楚通鑑赧王四年後漢立上庸郡隋志云梁曰安城西魏置｜｜｜舊唐志云武德元年置房州正觀十七年移州治房陵縣國朝會要云開寶初省上庸縣入焉圖經云縣三面據水得山川形勢之便古城屹然

風俗形勝

在漢之東華陽國志云新城三郡漢中所分也｜｜｜故蜀漢謂之東三郡所在深險華陽國志載孟達云｜｜｜｜｜司馬公必不來諸將來吾無患矣土地險隘其人半楚華陽國志其地四塞險固華陽國志云秦始皇以其地四塞險固徙呂不韋舍人萬家于房陵卽唐遷州故城圖經州窮險有蠻夷之風唐書韋景駿傳其人率多勁悍決烈同上民俗安於山僻同上庸以兵佐武王尚書牧誓房陵宋仲之李潘岳閑居賦三面際水水經注云

漢末分置上庸郡｜｜｜｜又孟達云其城三面阻水登句將山見馬鬛建鼓嶷然半天袁崧記山水之艱有黃金二年馬鬛建鼓之險華陽國志有江漢川澤山林之饒民以漁獵山伐爲業漢地理志其險也有建鼓馬鬛之崔嵬其勝也有睡嶽龍光之幽密呂昌明登嶷嵐門賦木落石門淵澄粉水呂昌明賦歷五代亂離無兵火之患誠久安之地也陳希亮修城記房在畿右爲僻郡兵火之後以險獲全繁盛甲於一路運使周綰改悔來館名至喜館記重山疊嶂寰宇記三花九室爛柯山在房陵縣西南四十里卽樵人爛柯處也山北有九室宮卽陳摶隱居之地地多勝處按房陵又有三花仙祠蘇軾有三朵花詩卽此故｜｜｜｜｜｜爲房陵故事房自戰國時更屬秦楚故其民實

兼秦楚之俗至今安於山僻男子燒畬爲田婦人績麻爲布以給衣食少從學之士其信巫重祀子分贅勁悍決裂蓋兼秦楚之俗也皇朝郡縣志房陵迺古房庸二國漢李並列爲郡唐初猶分房遷二州正觀中始合于一譙樓記西接金商東聯襄鄧據楚蜀咽喉之會當南北風寒之衝同上龍馬渡江京右爲北鄙屬郡凡六獨防渚居萬山底庾司助防渚貢銀記麇庸二國房州圖志序金城千里有白馬塞山孟達嘗登之歎曰此丨丨丨丨廣記

景物上

坐嘯在郡治鈴齋在郡治舫齋在郡治道院在郡治防渚圖志云其

地即春秋之防渚古麇音君廣仙房州圖志梁侯景之亂地入西魏廢帝二年改新城郡爲光遷圖昔傳此地有三百人於川西南房州山中學道得仙因名其地爲｜｜後人語訛爲光遷黃水建炎四年桑仲還房陵金房均安撫王彥從間道遂出兵斷其糧道彥濟師攻自｜｜仲奔潰追至白積斬獲甚衆房州平繫年錄白積同上青峯在房陵縣之東白谷在房陵縣東陽溪對岸赤崖在房陵縣西房陵鄉阜山在房陵縣西圖志云魯文公十六年戎伐楚西南至于｜｜此其地也沮水元和郡縣志云出景山入于漢江左傳曰江漢沮漳楚之望也東谷在竹山縣東長腰山相接南山在房陵縣南三里陳簡齋有房州遇敵奔入南山詩北河寰宇記云源出房陵縣西繞城而東流不通船有石崖門阻隔房山元和郡縣志云在房陵縣西南四十三里寰宇記云山四面有石室似房因名堵水在竹山縣寰宇記云源出金州平利縣界黃平源嶺下九域志云竹山縣有｜｜郎今南江水通漢江筑山筑水自州治北東流經永清縣至襄

州穀城縣南注于漢江元和郡縣志云在房陵縣南三里魏張郃下巴西宕渠劉備屯軍筑戶即此水也

粉水 寰宇記云源出房陵縣東北永林山水經云｜｜導源東流經上庸縣取此水以淘粉則皓曜鮮潔異於衆流

粉城 因粉水爲名

景山 在房陵縣西南二百里山海經云荊山之首曰景山土多金玉寰宇記云東與京山相連

定山 吳曾漫錄云房陵｜｜有朱仲李園三十六所

浸水 寰宇記云在王家山下南流入武陵水堪染纑紗紗色白如練九域志亦云竹山縣有｜｜

湯泉 在州東十里劉光祖有詩夷堅丙志云山中有朱砂龍守護甚嚴

微江 導源自巴東入于堵

豔谷 在竹山縣武山相對　神

漢水 水經云｜｜又東過堵陽縣堵水出焉

霍水 導源自房陵至竹山入于渚

鴈山 在房陵縣山海經云荊山之首曰景山鴈南翔偏經其上土人由此改曰｜｜

狼山 寰宇記云夾水導源出此山

鳳溪 在竹山縣西武陵山下

鰲水 寰宇記云在竹山縣西十里其水足蛇邑人云莫飲鰲谷水水中有蛇鼉

鼉水 即鰲水其水多蛇鼉一曰

瀧水**鬼田**在竹山縣東二里隔堵水約二頃不生樹木只有茅荻每歲清明日祭而燎之預卜其豐儉燎草盡即是年豐風俗爲驗于今亦然**鍾乳**本草注云｜｜房州三洞出者亞於始興自餘非其土地不可輕服

景物下

靖共堂在郡治**保康堂**在郡治**至喜館**在房陵縣北二十里舊名悔來館紹興十四年漕使周綰易今名綰有詩云悔來名館歎何因俚俗流傳不雅循我欲改題爲至喜一新標榜慰行人**濯纓亭**在郡治**凝香閣**在郡治**圍春堂**在郡圃**熙春樓**在郡圃**龍祇山**寰宇記云在竹山縣南二里古老相傳昔有道士王若冲於此山服栢葉白日冲天**雞鳴山**在房陵縣北百里**馬息山**在房陵縣北七十里**馬息驛**在房陵縣北六十里**馬盤山**在房陵縣**馬塞山**即鴈山一名鴈塞又名鴈浮山**龍光寺**在州

治南卽盧陵王故宮**鷹子山**在竹山縣寶峯鎮之左**麀子洞**在馬盤側**藥溪水**寰宇記在房陵縣**白雲巖**在竹山縣楮平山下劉光祖｜｜｜詩萬竹山中丹葉秋五峯巖訝白雲畱黃花夾路開無主青嶂隨人翠欲流**白馬山**元和郡縣志云在竹山縣西南三十餘里山石似馬望之逼眞曹孟達嘆金城千里卽此山也**黃竹山**元和郡縣志云在房陵縣北百里因黃竹嶺爲名山上竹色皆黃**橫鞍山**在竹山縣庸城山相連**建鼓山**在房陵縣袁崧記云登句將山見馬鬣建鼓嶷然半天元和郡縣志云與馬騣山相接冬夏積雪**爛柯山**在房陵縣西南四十里卽樵人爛柯也**覆船山**在房陵縣西**停舟山**在房陵縣西**石門山**寰宇記在房陵縣**方城山**元和郡縣志云在竹山縣東三十里山上平坦四面險固山南有城周十餘里春秋庸地有四方城居其一春秋楚使廬戢黎侵庸方城注云在上庸縣**庸城山**寰宇記云在竹山縣西五里舊名垂鼓山在上庸縣庸人昔居此邑山上置鼓因名垂鼓又按隋志

云竹山縣有垂鼓山九域志云竹山縣有庸城山

礐石山在竹山縣北舊云山有礐石其白如雪

長蘿山元和郡縣志云在上庸縣即今竹山縣北四十里

獨松驛在房陵縣房山相連

上元水寰宇記云源出庸嶺下南流入孔陽水有一潭深不可測或投石其中即有雷雨

孔陽水寰宇記在竹山縣其源出檀溪嶺其水洗物除垢亦堪磨刀劒甚利也

受陽水在南山之南即唐所析受陽縣是也建炎戊申胡騎入寇公私室廬俱爲煨燼遂移治竹山至紹興癸丑復移於房陵之張羅平是年六月乃移今治

倉樂山在竹山縣東北百餘里舊經云昔有邑人徐元周家富積粟於此後遇飢饉民乏之食發倉粟以救飢鄉人德之故名此山

光遷水在房陵縣西三十里即古光遷縣治所羅溪

臨愁水寰宇記云在房陵縣有三十五小溪其名惡者曰丨丨丨

罵詈山寰宇記云在房陵縣城四面有三十四山其名惡者曰丨丨丨

解散川張舜民有詩云有客嘗談丨丨丨偶因晴景到山前溪流似鏡清無底石壁如門翠插天

長腰山在竹

山縣東　俁口谷在竹山縣西鳳溪口　昌聖寺在房陵縣北二百里晉釋道安所建　望仙山在竹山縣南九女山相連　望夫山在房陵縣南東渡口　望楚山郎方城山房州圖忠云楚懷王二十八年秦與齊韓魏共發兵攻楚方城秦軍登山以望楚國故亦名丨丨丨　兩乳山寰宇記在房陵縣　二溪山在竹山縣百丈山隔岸　三花祠福溪巖寺有三花仙祠三花仙者元豐間嘗簪三花游於市傅睎儉三朶花詩千年飽服長生藥三朶長簪不老花　五女山在房陵縣鄧村　九女山在竹山縣望仙山之石　九室宮在爛柯山唐置以山有九室故名陳摶修煉之所　百丈山在竹山縣微江對岸　三十五溪太平寰宇記云房陵縣有三十五小溪　三十四山太平寰宇記云房陵縣有丨丨丨丨

岐州梁天監末立丨丨與郡同理房陵　廢上庸縣元和郡縣志本漢上庸縣今竹山縣

埋是也。蕭齊武帝於此立新豐縣，屬上庸郡。後魏改爲孔陽縣，開皇二年屬羅州，正觀十年改屬房州。國朝會要云：開寶中省入竹山縣。

廢永清縣 寰宇記云：在房陵縣東一百一十里，本漢防陵縣地。周地圖記云：後後魏廢帝二年分房陵置人洪縣，後周改爲永清縣，今併入房陵縣。

光遷國 漢中記云：｜｜｜昔傳此地古有三百人於川西南房山中學道得仙，因名其地爲廣仙，後人語訛爲光遷。寰宇記。

房子國 圖志云：春秋爲｜｜｜｜。

秦王城 晏公類要云：在竹山縣南一里。舊經云：秦時築。唐景龍中掘得石云：秦白起伐楚於此下寨。

女媧山 在竹山縣，燕子山相對。

尹吉甫廟 元和郡縣志：在城西南三里。唐咸通中置。

房山廟 郎崇覛廟也。在房陵縣西二十里。正觀二年建，乾道二年封威顯侯。

趙王冢 元和郡縣志：在房陵縣北九里。秦使王翦滅趙，徙王遷於房陵。王思故鄉，作山謳，聞者莫不流涕。又按唐要圖云：房州有｜｜｜｜。

黃香塚 在房陵縣。

樊噲塚 在房陵縣七十里。

張敖塚 在房陵縣西百餘里。

三王冢 在房陵縣南有大冢。

三所號丨丨丨縣北有趙王冢並無碑記

官吏

唐知謇　中宗幽房州知謇為州刺史待遇以禮中宗德之擢知謇自貝州刺史為左衛將軍

韋景駿　自趙州長史遷房州刺史州窮險有蠻夷風景駿為諸生貢舉

李國正　天寶末為襄州司馬且介戎政公以侍板輿辭換房陵太守表課尤異權載之集

崔述　正元十二年為房州刺史攉情厲身以裕勞人惻隱所被四封嘉靖權載之集

本朝辛文悅　長編云不知何許人上幼從文悅肄業及即位召見判太常寺周鄭王時在房州上謂文悅長者開寶二年命文悅知房州事

趙逢　懷戎軍人建隆元年上親征澤潞中書舍人丨丨憚涉險不行貶為房州司戶長編

石普　真宗方崇祥瑞之事普請罷天下醮設歲可省緡錢七十餘萬以贍國用遂房州安置事略

蘇緘　仁宗朝為廣東路兵馬都監合兵襲儂賊金城寨失利貶房州司馬見淸源集

陳希亮　字公弼眉州

盜起京西富弼薦知房州州素無兵備希亮以牢城卒雜山河戶得百人日夜部勒聲振山南盜不敢入境事略

張舜民 謫居房州號浮休居士

楊仲宏 崇寧初來守決郡事有餘必躬詣學首以書籍不全奏之乞賜書朝廷允其請因得書與諸生講習由是人稍知學

晉嚐 河中府人武舉入官紹興三年來守適桑仲蹂踐之餘軍民絶糧公於蜀郡收取穀種令軍士開墾至秋大熟倉廩富足凡貧民之能爲工匠者令修製軍器農具移州治荊州學俾民遣子弟入學免役稅

汪不臧 紹興十三年爲房陵令到官剖決民訟人皆服之十六年竹山屯駐軍楊榮叛及縣境相與言曰房陵輸送軍糧整齊戒不可擾遂自城外以去

人物

黃香 寰宇記云黃香後漢爲吏部尚書卽此郡人有至孝之名卒於此有家在郡東

尹吉甫 圖經云尹吉甫世傳爲房陵人今城西里有廟房之人尹姓爲多豈其苗裔歟

九室宫在房陵縣西四十里乃爛柯福地天池

仙釋

陳摶子｜｜修隱之所太宗賜號希夷先生其地景物幽勝有陳先生長睡巖仙

三花仙師元豐間來自京師嘗館三花游於市廛頗能詩有仙意通守許安世以其詩詰告於東坡坡有詩云郡守李侯在京師與之相善問抑以前事則云至房中說之及侯守房三花日記房中之言否既見李侯七日而尸解作詩云學道無成鬢已華不勞千劫漫蒸沙歸來且看一宿覺未暇遠尋三朶花兩手欲遮瓶裏雀四條深怕井中蛇畫圖要識先生面試問房陵好事家

誌公俞商衡道林巖記云房州西二十里鳳凰山道林巖寺有僧寶誌掛錫之地也誌出於宋齊梁陳之間代有異迹避亂居此自梁距今幾千禩松間字畫猶存李白有誌公畫贊

無姓和尚和尚始居房州龍興寺中徙居是州柳子厚岳州聖安寺｜｜｜｜碑云

碑刻

後唐刺史修廨斷碑 圖經云自唐正觀十年由竹山徙房陵廨宇其詳莫可攷證近得斷碑數百字有特修廨署壯郡城之氣概巧安池榭光衙府之威稜而逸其年月究其官稱乃後唐之刺郡者

唐述聖碑 在南門外五里田間唐廬陵王嗣聖元年遷房州神龍元年復闢故宮爲龍光寺寺有述聖碑建中三年立今斷缺不全

乾溪石壁間有篆書古字 隆游山記

房陵愍說 皇朝類苑云愍說者不知何人所撰偶一弊冊中錄之云熙甯丙辰襄通衢一死婦阿毛其夫楊金配隸房陵死本州請頤負夫骨歸葬故鄉遭時大疫遂斃于道嗚呼轅門之匹婦豈不知攺從於人免凍餒以苟餘生乎飄能以義藏中惸然不憚數千里之遠負夫骨以歸此節婦義女之爲及斃於道天乎福善助順之理信所以難忱也

詩

天地幾萬里日出桑海東今古飆倏忽難磨名與功

斯地近關陝何當長相雄經紀殊不遠旨麾如疾風心奇智則啚（一作命自啚）於此小春容飲堵吟諸塞上山不辭難金城收（一作狀）藩屏更成聊自寬（孟達初爲新城太守登白馬塞歎金城千里作上堵吟音韻哀切今水次人尚歌之）惟君固房陵節誠古今（李白贈韋太守詩）售用無非竹衣裾盡是麻（浮休居士謫居房州嘗有詩云云蓋房無絲帛故也）有客嘗談解散川偶因晴景到山前溪流似鏡清無底石壁如門翠插天夜氣結成三洞下春渠飲盡一州田臨行始覺房陵好更欲遲留住一年（張舜民）石門泄風無晝夜古木截道藏雷雨（簡齋游南嶂）新晴遠村白薄暮羣峯青（同上）紙坊山絕頂下

斜却看來處路南北兩巖花簡齋回首房州城山中夜何永簡齋同行得快士勝處頻淹留乘除了身世未恨落房州簡齋十里平郊連郡堞一溪清水溉民田周海度險聊憑九節杖凌虛來謁三花巖章澥萬山飛不出有屈向誰伸寄語弦歌宰留心且爲民會弼題房城驛房陵郡僻皆山川竹山更在房西偏道由房城絕險阻高崖峻嶺相綿延邵勉女媧山下少人行澗谷聲中一鳥鳴劉光祖女媧山嶺似頹城野日荒關留遺跡界金房蜀人初向京西道是處爲家莫斷腸劉光祖房州亦是家守歲落燈花鄉信長憑鴈旨餐自施鵶劉光祖除夕晴日喧闐

半嬰民石灘爭拾寶璣勻夔州踏磧遨頭宴防渚穿珠市尾人（劉光祖穿珠節）往日房陵憐逐客物情不覺在天涯十年來作六州長四海共知雙鬢華封內半爲胡敵踐路傍時問野人家京山初入京西道晚景輕風旆脚斜（後溪翁）

四六

劄房陵之小壘介邊瑣之窮鄉舍邑稀疎殆若三家之市山蹊險阻甚於九折之塗舟車困而行旅弗通田畝狹而農夫告病（汪德輪房州到任謝表）

輿地紀勝卷第八十六

輿地紀勝卷第八十七　文選樓影宋鈔本

東陽王象之編　甘泉岑鎔 淦 埜校刊

京西南路

光化軍　酇城　陰國　陰城

軍沿革

光化軍 同下州 禹貢豫州之域 圖經又晏公類要同 韓地角亢氏之分野 漢書地理志南陽得 春秋穀伯國 元和郡縣志又云左傳穀伯綏來朝今縣北十五里故穀城是也 楚地陰國所遷 左傳云遷陰于下陰者是也 秦漢爲陰縣爲酇縣屬南陽郡 西漢地理志云秦置南陽郡郡酇縣註云酇侯國莽曰南庚卽蕭何所封陰縣注云今襄州有陰城縣縣有酇城鄉又云南陽郡秦置 後漢

末魏武分立南鄉郡按舊圖經云建安十三年南鄉建國碑云建安末分立南鄉郡輿地廣記於鄧州浙川縣下載云本漢南鄉縣魏置南鄉郡不同象之謹按容齋隨筆云以晉史考之南鄉本南陽西界魏武平荆州始分爲郡至晉太始中所管八縣則輿地廣記之說似有所據又按東漢志南陽郡下有南鄉縣而無南鄉郡郡又小不同然魏武平荆州正在東漢獻帝十三年則紀年雖繫於漢之建安而分置郡縣其權實出於魏武當書曰後漢末魏武分立南鄉郡**領縣六曰武陵筑陽丹水陰城順陽浙川**諸史不載惟見於晉南鄉太守司馬整碑晉志但云南鄉魏時屬荆州武帝平吳改爲順陽郡而不著順陽治所與廢屬縣之名獨此碑可以見也輿地廣記云晉改南鄉郡爲順陽郡後魏復爲南鄉郡又分置浙川縣按通鑑晉穆帝永和十年桓温伐秦水軍自襄陽入均口至南鄉步兵自浙川入武關則江左初已有南鄉及浙川矣廣記謂南鄉復於後魏浙川置於後魏年月悉非是**晉武平吳改南鄉郡爲順陽郡**此據歐陽公集古錄

及晉地理志荊州序元帝南渡以雍州刺史魏該鎮酇齊地理志云後復爲南鄉郡此據輿地廣記淅川縣下苻堅之亂沒于苻秦後秦姚興時又復歸晉此據元和郡縣志鄧州下又通鑑晉安帝義熙元年劉裕遣使求和於秦且求南鄉等諸郡秦王興許之羣臣咸以爲不可興曰天下之善一也劉裕拔起細微能討誅桓[元]興復晉室內釐庶政外修封疆吾何惜數郡不以成其美乎遂割南鄉順陽新野舞陰等十二郡歸于晉宋初順陽郡屬荊州後割屬雍州此據沈約宋志荊州序云宋初領三十一郡後分南陽順陽襄陽新野竟陵爲雍州湘川十郡爲湘州梁因之圖經云宋初承晉齊仍宋舊齊改陰爲陽梁復爲陰於酇立酇城郡領陰酇二縣西魏因之後周廢爲縣屬襄陽郡隋志襄陽郡陰城縣註云西魏置酇城郡後周廢隋改陰曰陰城唐立酇州領穀城酇城二縣唐志在武

德四年壽廢爲鎮隸襄陽之穀城縣唐志武德五年皇朝陞陰城鎮爲光化軍長編云乾德二年三月以襄州陰城鎮爲光化軍領乾德縣國朝會要在乾德三年又廢爲光化縣并省乾德縣爲鎮九域志在熙寧五年高宗紹興十一年復置爲光化軍領光化縣又以光化軍爲通化軍紹興二十八年避僞太子光瑛諱改光化軍爲通化軍光州爲蔣州其後逆亮叛盟復爲光化軍及縣如初焉繫年錄云紹興二十八年五月改光化軍爲通化軍三十一年十二月中丞汪澈言光化軍以避敵人之名易光化爲通化可謂切齒乞改光化軍名額一依舊制從之今領縣一治光化

縣沿革

光化縣　望

九域志云在襄陽西北一百八十里輿地廣記云乾德縣本楚地陰國所遷卽春秋左傳云遷陰于下陰者也二漢爲陰縣屬南陽郡西魏置酇城郡後周郡廢屬襄州隋曰陰城屬襄陽郡唐正觀八年省八穀城縣屬襄州皇朝乾德三年以陰城鎮置光化軍及置乾德縣熙甯五年廢軍改乾德縣爲光化縣屬襄州後

復置

風俗形勝

風俗與襄州同寰宇記

蕭何所封非沛郡之酇縣漢書傳顏註云酇屬南陽郡漢志南陽郡酇縣顏註云侯國卽蕭何所封臣瓚曰茂陵書何封國在南陽酇音贊師古曰瓚說是而或云何封沛郡酇縣音才何反非也按地理志南陽酇縣云侯國沛酇縣不云侯國也又南陽酇者本是春秋時陰國所謂遷陰于下陰者也今爲襄州陰城縣縣有酇城城西見有蕭何廟彼土又有筑水筑水之陽古曰筑陽縣與酇側近連接據何本傳何薨之後子祿無嗣高后封何夫人同

爲酇侯小子延爲筑陽侯孝文罷同更封延爲酇侯是知何封酇國兼得筑陽此明驗也通典地理云有漢故酇城在縣東北漢之酇縣也蕭何所封說文云酇音贊縣在南陽在何反縣却在沛郡按班固泗水亭高祖碑云漢蕭何受封于鄧又江統徂淮賦云戾鄧城而倚軒實蕭公之故國謂何封沛郡之酇明矣近代戴規將衆說斷云何封沛之酇夫人封南陽之酇臣瓚及文穎等註皆據茂陵書蕭何所封在南陽按茂陵書在武帝末年去何不遠指事爲親然切詳南陽之酇縣與沛郡之酇縣相去二千餘里不容强合爲一又謂蕭何與夫人同與何夫婦各封一酇尤爲不經象之謹按蕭何之封酇侯自在高帝五年而何夫人同之封酇侯乃在高后之二年年月不同往往以何封後子祿無嗣故高后二年因何之故國分而爲二夫人同封於酇小子延封於筑陽同以二年受封其實筑陽於酇皆在何舊封之內蓋高后以何開國功臣不欲絕何之嗣故以何封邑分而爲二以繼絕世矣非於酇之外而更有所謂筑陽也不然則文帝之時罷夫人之封而併以小子延爲酇侯則復合酇與筑陽爲一國矣自何之始封子祿之無後夫

人同之封鄧小子延之封筑陽皆南陽之境內非沛郡也使何果封於沛郡之鄧則子祿無後之時何夫人同不應始自沛之鄧移封於南陽之鄧名同事異不可以不辨

隨州有廢光化縣非襄陽之光化也

通典光化鄉在郡東則荊州之域餘則梁州之域分野星土並同隨州按寰宇記云舊五鄉今一鄉自漢至宋爲隨縣之地南齊分置安化縣西魏改爲新化後周改爲光化皇朝熙甯五年省縣爲鎮隸隨州在州之東南水路抵德安府界已上見隨州舊漢東志此即隨之光化非襄陽之光化也

景物上

漢水 出嶓冢尚書禹貢云嶓冢導漾東流爲漢又東爲滄浪之水是水有四名曰漾曰沔曰漢曰滄浪特以地爲別爾故孔安國云泉始出山爲漾水東南流爲沔水至漢中東行爲漢水滄浪之水則同周禮職方氏於荊州曰漢江詩之風雅曰滔滔江漢南國之紀漢廣德廣所及春秋傳曰漢水以爲池蓋總

而言之則爲漢別而言之則爲漾爲沔爲漢爲滄浪故天聖中參政王公雜詠及襄陽百詠集中見有題滄浪漢水之句即此可見矣

白河 在城東南一百五十里水自東北自鄧州穰縣界入本軍界流出襄陽界與泌河合流入漢江

泌河 在城東南與白河對地里同合流入漢江按襄陽志云泌白二河乘一二百石船

景物下

馬窟山 在二都城東南六里按南雍州記云漢時有馬百匹從此窟出因此名爲馬頭山唐天寶六年改爲｜｜｜｜

固封山 在軍城西北九里晉順陽王城西舊經云本名崇山唐天寶六年改爲固封山

小江河 在軍城西北四十里水源出商州界由順陽鎮經淅川流于漢江故晉建國碑云其封丹淅通其後粉筑流其前挾大漢以爲池面崇山以爲固者是也

朱寨河 在軍城東六十里水自北界磚灘河接本軍經葛堰至朱寨出吳莊入襄陽縣界入漢江

孟樓河 在城東北五十

里水自北界禹山廟下流入本軍界孟橋出羊峯口入漢江

温水河在城南二里西南流入漢江按南雍州記云温水出自宏農縣境冬月水微温因以名之今考水自馬窩山西泉水瀑出或曰水出宏農恐未必然

五百洲皇朝郡縣志西南四里因村以爲名寰宇記云在乾德縣西南四里南雍州記鄧城南四里有五百村榆樹連理異本合榦鄉人以爲社其洲并樹在五百村因此爲名

古跡

漢鄧侯城寰宇記云在乾德縣北三里西臨漢江輿地廣記云漢鄧縣蕭何所封屬南陽後漢因之晉置順陽郡初治鄧焉西魏置鄧城郡後周廢入陰城故城在今縣東北

故乾德縣寰宇記乾德縣在今穀城縣遵教翔鸞漢均三鄉乾德三年以年號名縣

固王古城寰宇記在乾德縣東北五里按穀城縣圖經云晉咸寧中封扶風王子暢爲順陽王城內有順陽碑

蕭相國廟南雍州記云在城內漢書高紀註云襄州陰城縣有鄧城城西見有丨丨丨丨

元儒婁先生

墓在城東南一十八里墓次東五步有碑題云元儒婁先生碑見在江東新城內軍學基上

學生墓在城東南十八里按南雍州記云魏時陰城令濟南劉喜好古博雅開設學校學生百餘人有不終業而夭者爲收葬之號曰學生墓

官吏

歐陽修集古錄云余自夷陵貶所再遷乾德縣

葉康直四明志云豐稷爲穀城令韓持國曾子固相繼守襄薦于朝時兵部侍郎葉康直方爲光化令亦有能名韓公嘗曰豐葉二令他日必皆淸近襄陽人歌之曰葉光化豐穀城淸如水平如衡

謝覬溫公集有送謝覬知光化軍詩云廐吏整車馬忽忽辦曉裝青袍出閭閻朱旆指滄浪野店杏初發津亭柳未黄行行不可駐猶及勸農桑

人物

漢婁壽墓碑云先生諱壽字元老南陽隆人也祖太常博士父安貧守賤不可榮以祿先生童孩

多奇岐嶷，有志好學，不厭不矜，小善與人，交久而能
敬，榮沮溺之耦耕，甘山林之沓靄。又曰：有朋自遠，不覓
紳萃，講習不倦，年七十有八，熹平三年二月甲子不
祿。今光化軍乾德圖載此碑，景祐中，余自夷陵貶所
再遷乾德令，按圖求碑而婁有墓在穀城界中，余率
縣學生親拜其墓，見此碑在墓側，遂據圖經遷碑還
縣，立於勅書樓下，至今在焉。碑舊在穀
城縣，今移于光化軍，見歐陽公集古錄。

張全操

江東人。乾德四年四月知光化軍｜｜｜上言：三司合諸處場
院主吏有美餘粟及萬碩、芻五萬束以上者，上其名
請行賞典。此苟非倍納民租、私減軍食，何以致之？宜
追寢其事，勿復頒行，除官所定耗外，嚴加止絶。長編

張士遜

東都事略云：士遜，光化人。又皇朝類苑云：退
傳張張公少孤貧，讀書武當山，有道士見而異
之，曰：子有道氣，可隨我學仙。公不欲，道士亦弗強，曰：
不然，亦位極人臣。公及第，久困選調，年幾五十，邵武
縣還朝，以文贄楊公大年，公忽自牕隙目之，知非常
人，延入欵語，又觀所爲文，以爲有宰相器，未幾薦爲
御史，尋充壽春王友，由此際會，遂登台輔。士遜年八
十六而卒，本朝大官年高無出其右，故陳堯佐詩云

靑雲岐路遊將遍白髮光陰得最多也事略又云上章請老優拜太傅進封鄧國公致仕宰相謝事自士遜

石瀍 字會川光化人博通古今其詩淡泊時出以偉麗仕既不遭晚歲自晦於田里官至朝散郎有滄浪集十卷陳與義去非爲作集引子嶮字巨山陳去非少學詩於會川巨山復問詩於去非既登科以文學受知當路終敷文閣待制嘗上中興復古詩

仙釋

許旌陽鐵符 光化趙蘇家藏｜｜｜｜｜｜眞本摹刻散施靈應頗著事見漢東志張商英記

碑記

漢[元]儒婁先生碑 集古錄云書不著書撰人名氏碑以熹平中立在光化軍乾德縣壽墓之側今遷于縣門下

晉南鄉太守整碑 集古錄云古南鄉太守碑不著書撰人名氏碑云君諱整字孔修太宰安平王之孫太尉義陽王之子今在光化軍軍郎襄州穀城縣之陰城鎭按

晉志不列南鄉郡據此碑所載縣令名氏有武陵筑陽丹水陰城順陽析六縣此蓋南鄉郡所治也南陽南鄉人爲之立此頌碑以泰始四年立今移光化軍又容齋隨筆亦嘗有云金石刻有晉南鄉太守司馬整碑其陰刻掾史以下姓名合三百五十一以晉史考之南鄉本南陽西界魏武平荆州始分爲郡至晉泰始中所管八縣才二萬戸耳而掾史若是之多掾史旣然吏士又可知矣民力安得不困哉晉順陽王碑在固王古城

詩

層樓歷清漢初上便忘歸夕靄藏平野晴煙漏翠微城昏晩鴉集江靜野鷗飛何日賦招隱行吟傍釣磯李豸光化覊景樓見襄陽志江皋草茅軟馬首路平寛歎老龍鍾態傷春料峭寒月簷茆影亂風瓦竹聲乾喜從佳公

子詩成槊在鞍李豸置酒向南宫分明將將雄指蹤爲第一大國賞元戎似續惟人傑危忘盡狗功賢哉垂儉德千古仰清風王祐南陽鄭詩望遠初飜葉隨風已結陰雨蓬宜倦枕鄉夢入寒衾莎笠侵鄖俗溪山動越吟煙波千里去誰識魏牟心沈括光化道中遇雨

四六

轂伯故國鄧侯所封雖曰小邦實爲要地姑借一麾之重以增千里之雄光化守啟

輿地紀勝卷第八十七

輿地紀勝卷第八十八 文選樓影宋鈔本

東陽王象之編 甘泉岑鎔淦壆校刊

京西南路

棗陽軍

棗陽 白水 春陵

軍沿革

棗陽軍本漢蔡陽縣地屬南陽郡後漢分蔡陽立襄鄉縣此據元和郡縣志又東漢志南陽郡下有襄鄉縣屬義陽郡此據輿地廣記又晉志義陽郡下有蔡陽而無襄鄉後魏置南荆州寰宇記隨州棗陽縣下西魏改曰昌州輿地廣記後周改襄鄉縣曰廣昌縣元和郡縣志隋初郡廢輿地廣記在開皇初年尋避太子諱改廣昌縣曰棗陽縣

因棗陽村以爲名也（元和郡縣志在仁壽元年）唐改昌州曰唐州以棗陽縣屬焉（輿地廣記在正觀十年）又按春陵縣本漢蔡陽之白水鄉武帝以零冷道之春陵封長沙王子買爲春陵侯（元朔五年）至戴侯仁以春陵地形下濕（按長沙之春陵郎今之道州）上書請徙南陽元帝許之以蔡陽之白水上唐二鄉徙仁爲春陵侯（元帝初元四年）光武其後也（張衡賦曰白水龍飛蓋謂此也）晉改春陵縣爲安昌縣後復曰春陵置安昌郡隋初郡廢屬昌州（輿地廣記在開皇初）州廢屬春陵郡（輿地廣記在大業初）唐及五代並屬唐州國朝因之中興以來屬隨州後因莫將申請陞爲軍尋降爲軍使（國朝會要隨州棗陽縣紹興十

二年陞爲軍是年降軍使以隸隨州詳見建軍始末近因制置趙方申請特陞爲棗陽軍焉棗陽軍守禦編載在嘉定十二年又紹興十二年莫將等劄子隨州與唐州接界欲陞棗陽爲軍將襄陽府東鄰唐州地界北抵光化軍界東西劄五里屬棗陽軍其淮水之南有唐州桐柏鎮欲撥隸本軍紹興十二年送下京西安撫司申欲乞棗陽知縣兼充軍使更不添置官屬依舊隸隨州管下嘉定十二年六月以守禦有功有旨特陞爲棗陽軍置官屬又嘉定十二年荊湖制置使趙方狀照得隨州棗陽縣密迩敵境彈壓爲先官府稍卑體面不振知縣雖兼軍使境土實隸隨州撥請事宜合與加重俾自爲郡庶壯邊城欲望朝廷陞棗陽縣爲軍其於固圉不爲無補矣又小貼子照得隨州棗陽縣係是極邊密接敵境雖兼軍使事權未專今來所陳將棗陽爲軍却將德安府應山縣撥隸隨州奉聖旨依劄付隨州本州照得桐柏鎮元隸棗陽縣爲軍其桐柏在本州之北去本州只一百餘里去棗陽則隔越隨縣地分二百餘里至本軍三百里切慮棗陽設有緩急其桐柏邊面去棗陽既是隔絕委難任

責合將桐栢撥隸本州却於本州隨縣所管附近棗陽鄉村合撥換與棗陽軍庶幾順使今領縣一治棗陽

縣沿革

棗陽縣 中下

倚郭舊唐志云漢春陵縣屬南陽郡隋志春陵郡武德三年改爲昌州領棗陽春陵清潭湖陽上馬五縣其年分湖陽上馬置湖州五年廢昌州及清潭縣貞觀元年春陵入棗陽其年以廢湖州之上馬湖陽來屬九年廢顯州自此移唐州於廢顯州仍屬焉十年改屬隨州國朝嘉定十三年陞爲軍

風俗形勝

襄峴爲今臣鎮而棗陽又襄外屏 襄棗戰守編 隨郢可壯藩屏荆襄寄護風寒 戰守編 氣佳哉鬱葱葱 詳見古迹春陵故城

景物上

孟城漢東志 落城漢東志 昌城漢東志 榆陂戰守編 紀山在棗陽縣南一百五十里 覇山舊屬隨州新撥隸棗陽 觀崗戰守編 鐵山戰守編 資山在州北其上深邃闊遠居於其間者可以耕種脩竹大木環山之民皆資焉故以爲名舊屬隨縣新撥隸棗陽 濜水鄺善長註水經云西南經蔡陽縣故城東西南流注於泉襄沔記云源出隨州濜山南流入昆水西北入襄陽縣界張衡南都賦云滍澧濼濜是也 瀴水襄沔記云源出隨州棗陽縣石鼓山經襄陽縣界一百五十里西流入漢不通船運 亥河戰守編 濁河戰守編 白水郎劉白河源西流三十里名襄河又西流二十里入濜河縣南四十里白水山上有光武廟戰守編日白河 南泉在瀴源山南流入襄江 汝泉在武王山東其泉北流入中河 東河自栲栳山發源

西流百里至羅陽又南流五十里至縣東門迤邐下今唐州白河入襄江中河發源藥子河西北流八十里至磨劍潭又西南流十里合袞河武河西南流五里至樊老湖南合縣東河車橋在棗陽縣西南一百里泉橋在縣西南三十里橋下有泉因名橋孟城在縣西南一十八里

景物下

劉白河發源見於白水上源西流三十里入袞河二十里合瀘水牡丹山在縣南檞林崗戰守編隳草陂桑田河發源自牛河西南流十十里至羅陽西合縣東河白露河發源三朶山東南流三十里至三家潭合縣東河黃溪陂青龍堰南搜河在棗陽東北一百里北流入唐州界南黃村濜源山在棗陽縣南七十里亦名石虎山甘泉山在縣東北四十里地肥水甘故名白水山在棗陽縣南四十里上有光武廟赤眉山在棗陽縣東北八十里世傳赤眉嘗軍此山下地名為北

寨 大府山舊屬隨縣新撥隸棗陽 四望山在棗陽縣東北一百里四望遠近皆見

八廟灣 九十九崗 栢家山戰守編 楊家宅 周家崗 團石山在棗陽縣東北九十里棗陽湖陽兩縣界其石白而團故名 獅子山在棗陽縣南四十里光武廟前 石羊崗 石虎山在棗陽縣七十里亦名東石虎山又有西石虎山 餓虎峪 臥牛臺漢東志曰世傳漢光武騎青牛于此 磨劍山在棗陽縣西南三十里 亭子坡 栲栳寨 拜郊臺漢東志 望樓崗

古迹

岑彭馬城在縣東北水中有石羊虎存焉 東漢襄鄉縣城輿地廣記云初屬南陽郡後廢焉故城在今縣東北皇朝郡縣志云在東北東漢舊縣也 襄鄉故城在軍東北東漢

舊縣也

蔡陽城漢志

東春陵故城元和郡縣志云在軍縣南三十里漢景帝子長沙定王發子春陵節侯之邑也按東漢長沙定王發子春陵侯戴侯仁求徙南陽元帝以蔡陽白水鄉徙仁爲春陵侯蔡陽屬南陽郡望氣者蘇伯阿見春陵城郭唶曰氣佳哉鬱鬱葱葱則南陽之春陵也及代祖即位幸春陵復其徭役改曰章陵元和志作於唐避太宗諱改世祖曰代祖

光武宅按光武本紀註光武舊宅在今棗陽東南宅南二里有白水是也圖經又云有城一座在縣南三十里一名曰城又名昌城城北有臺高二丈上有一石方圓一丈元和郡縣志云在縣東三十里宅南三里有白水東京賦所謂白水龍飛是也避唐太宗諱亦曰代祖寰宇記云建武三年幸春陵祠園廟因置酒舊宅大會父老故人之地

下溠戍寰宇記云梁天監中置在棗陽縣東南一百里後魏宣武帝正光中南伐破之置爲鎭後梁又復却爲郡皆此戍也

武王山在棗陽縣南七十里世傳楚武王獵于此山又號武王城上有一石名將軍石

蔡子池盛宏之荊州記曰棗陽縣蔡倫宅其中具存傍有池名丨丨丨

王荆公酬微之贈池紙詩波工龜手咤今樣魚網肯數荆州池唐成公驌驦馬左傳云唐成公有兩丨丨今唐城鎮之南地名唐里有驌驦陂驌驦橋有石刻三字存焉南頓君陵在軍東二十七里元和郡縣志云世祖之父也漢光武廟隨州圖經云在縣東一里劉氏冢一塚在棗陽縣東六里鄉民傳爲劉季塚又爲劉稽塚未知孰是武帝塚一塚在棗陽縣南三十里地名趙寨鄉民謂丨丨丨莫知其詳

人物

岑彭棘陽人王莽時守本縣長漢兵攻棘陽彭奔宛與嚴說共守數月糧盡乃降諸將欲誅之伯升日彭郡之大吏執心堅守是其節也今舉大事當表義士不如封之以勸其後更始乃封彭爲歸德侯令屬伯升伯升遇害後從光武岑熙尚安帝妹涅陽公主少爲侍中虎賁中郎將朝廷多稱其能遷魏郡大守視事二年民歌之日我有枳棘岑君伐之我有蟊賊岑君遏之狗吠不驚足下生氂含哺鼓腹

焉知凶災我喜我生獨丁斯時美矣岑君於戲休哉

鄧艾 字士載棘陽人也見司馬宣王宣王奇之辟爲掾遷尚書郎時欲廣田蓄穀爲滅賊資使艾行陳項已東至壽春艾以田良水少不足以盡地利宜開河渠可以引水澆溉大積軍糧又通運漕之道乃著濟河論以諭其指又以爲昔破黃巾因爲屯田積穀於許都以制四方今三隅已定事在淮南每大軍征舉運兵過半工費巨億以爲大役陳蔡之間上下田良可省許昌左右諸稻田并水東下令淮北屯二萬人淮南二萬人十二分休常有四萬人且田良水豐常收三倍於西計除衆費歲完五百萬斛以爲軍資六七年間可積三千萬斛於淮上此則十萬之衆五年食也以此乘吳無往而不克矣

令之敬 字思禮棘陽人五歲讀孝經十六策春秋左氏制旨孝經義擢爲高第名之敬升講坐勑朱异執孝經唱士孝章武帝親自論難之敬剖釋縱橫仍除童子奉東郎賞賜優厚

岑文本 字景仁棘陽人祖善方其父之象任隋爲邯鄲令坐爲人訟不得伸文本年十四詣司隸理冤衆屬目令作蓮花賦文成合臺嗟賞後舉秀才及河間王平荆州其下欲剽掠文本

說孝恭孝恭善之下令上侵畧署文本別傳貞觀元年除秘書郎兼直中書省岑羲字伯華文本之孫也中宗擢右散騎常侍同中書門下三品睿宗立罷爲陝州刺史再遷戶部尚書景雲初復召同三品進侍中封南陽郡公

碑記

唐隨州棗陽縣普照寺毘沙門神素像頌并序驌驦

橋石刻三字在唐城鎮

詩

聽歌知楚近投館忽如歸魯堰田疇廣章陵氣象微孟浩然次夕陽館詩註云章陵魯堰皆棗陽境也

白水龍飛已幾春偶逢遺迹問耕人邱墳發掘當官道何處南陽有近親韓文公題

廣昌館春仲賦南征歲暮復北走區區徒爾爲慚愧道
傍堠岐路劚羊腸重岡九十九馬疲須着鞭袖短難
藏手與君從此別把袂倚衰柳百年但如斯不日成
老醜我本四方人飄泊誰爲偶有意問山神此生復
來否邢居實棗陽道中　閤閤林鳩起荒荒草樹深重岡隨路
遶野渡放船深王初寮棗陽道中

四六

輿地紀勝卷第八十八

輿地紀勝卷第八十九　文選樓影宋鈔本

東陽王象之編　　甘泉岑鎔淦堃校刊

廣南東路

秦平百越置南海桂林等郡漢屬交州部吳分交州置廣州唐分嶺南安南桂管邕管容管爲五府各置經畧使而嶺南節度使治廣州是合廣南東西二路之地並隸于廣州皇朝至道以後分廣南爲東西路東路兵馬鈐轄廣州領之西路兵馬鈐轄桂州領之皇祐四年並兼本路經畧安撫使定分爲廣南東西兩路矣以今日地理論之廣南即秦南海地也廣西即秦之桂林地也

廣州

清海　番禺　南海

番州　東莞　經畧軍

州沿革

廣州　中　都督府南海郡清海軍節度九域志廣南東路經略安撫使廣東十四郡皆屬焉今制九域志以爲領州十五賀州已隸廣西今督府所領者凡十四郡

禹貢揚州之域晉隋書並謂交廣之地爲禹貢揚州之域而唐志云嶺南道蓋古揚州之南境元和郡縣志亦云爲禹貢揚州之域史記謂揚越漢書注云本揚州之分故云揚越而通典則以爲非禹貢九州之域又非周禮職方之限稽其封畧攷其鎭藪而禹貢職方皆不及此故列於九州之外皇朝郡縣志云以今日之地里攷之潮州舊隸揚州連州舊隸荆州未可盡以爲九州之外也合行修正象之謂晉隋唐之志既作於通典之前亦必有所據未容盡廢也姑兩存之

在天文牽牛婺女則越之分野通典云得漢之蒼梧鬱林合浦交阯九眞南海日南皆其分也唐志亦云嶺南道蓋古揚州之南境漢南海鬱林蒼梧珠崖儋耳交阯合浦九眞日南等郡部廣康端封梧藤羅雷崖以東爲星紀分桂柳鬱林富昭蒙龔繡容白羅而西及安南爲鶉

尾分韓文云踰甌嶺而南皆古越之地於天文其次星紀其星牽牛兼得楚之交通典云漢零陵桂陽今始安之北境及始興宜皆屬楚春秋時百越之地秦置南海郡元和郡縣志置南海尉以任囂典之通典囂且死召龍川令趙佗行南海尉事漢書南越王趙佗傳佗自立爲南粵王佗傳漢因封之通典使和輯百粵無爲南邊害佗傳凡王五世九十三年而亡寰宇記武帝既定越地以爲南海蒼梧鬱林交趾九眞日南珠崖儋耳郡元和郡縣志按南海郡卽秦南海故郡也屬交趾刺史沈約宋志云南海太守本秦立尉佗王此漢武帝元鼎六年屬交州獻帝陞爲交州牧南海志在建安八年獻帝丞孫權以步隲爲交州刺史遷州於番禺卽今之州理也

此據元和郡縣志又通鑑建安十五年孫權以步隲爲交州刺史而交趾太守士燮率兄弟奉承節度則交州刺史時已治交趾矣自步隲爲刺史之後始理番禺後又以番禺爲廣州而交州復治交趾孫休以交州土壤太遠乃徙交州理龍編元和郡縣志分交州置廣州領郡十理番禺晉志廣州下注云吳黃武五年分交州之南海蒼梧鬱林高涼四郡立爲廣州俄復舊永安六年復分交州置廣州分合浦立合浦北部以都尉領之孫晧分鬱林立桂林郡及太康中吳平遂以荆州始安始興臨賀三郡來屬合統郡十又通鑑魏元帝咸熙元年七月吳分交州置廣州是時吳景帝孫休尚無恙也是月吳景帝孫休卒孫晧始立而元和志乃以爲孫晧分交州置廣州二者不同象之謹按孫休之卒孫晧之立同是永安六年七月而所書建置有孫休孫晧之異似若難辨然攷之沈約宋志云廣州刺史吳孫休永安六年分交州置則置於孫休也明矣當從宋志晉氏因而不改元和郡縣志安帝時盧循陷番禺執廣

州刺史吳隱之隱之拒守百餘日城陷循自稱平南將軍攝廣州事通鑑在晉安帝元興三年循用徐道覆計舉兵向建康通鑑晉安帝義熙六年劉裕伐南燕徐道覆勸循乘虛襲建康會劉裕破南燕引兵還循兵至蔡洲爲裕所敗遂還尋陽劉裕敗之於蔡洲裕又治水軍遣孫處沈田子自海道襲番禺傾其巢穴通鑑在義熙六年八月孫處乘海奄至番禺攻拔其城通鑑在義熙六年十一月盧循既敗收兵至番禺圍之二十餘日不能拔乃走交州至龍編敗死通鑑在義熙七年宋明帝分交廣二州地置越州治臨漳通鑑在宋明帝泰始七年宋志云越州刺史宋明帝泰始七年立領百梁等九郡而南齊志云越州鎭臨漳領臨漳等十七郡宋廣州領郡十七齊廣州領郡二十三皆理番禺

寰宇記梁陳並置都督府隋平陳置總管府隋志改廣州為番州煬帝改番州為南海郡隋志云仁壽元年置播州而通典及元和志皆以為置番州往往以番禺以命州當從通典曰番州然諸書皆以為改廣州為番州在仁壽元年象之謹按通鑑開皇二十年十一月立晉王廣為太子次年即便改元仁壽則仁壽元年改廣州為番州避太子廣之諱也而改州為郡通鑑在大業中唐平蕭銑置廣州總管府寰宇記在武德四年通鑑武德五年廣州賊帥鄧文進降是在隋末已復名廣州而所謂番州者特避煬帝之諱耳為大都督府寰宇記在武德七年改中都督府寰宇記在正觀中而唐志謂之中都督府後以廣桂容邕安南五府皆隸廣州以廣州為嶺南五府節度五管經略使南海志云在永徽以後理所曰經略軍南海郡係本州城內有經略軍額管鎮兵五千四百人曰清海軍恩平郡管

兵一千人恩不今恩州曰桂管經略使始容郡管兵千人曰容管經略使普寧郡管兵千一百人曰鎮南經略使安南都護府管兵四千二百人曰邕管經略使朗寧郡管兵千七百人名嶺南五管已上並元和郡縣志而寰宇記及南海志並以爲在永徽中而通鑑天寶元年載嶺南五府經略使統經略清海二軍桂容邕交四管治廣州兵萬五千四百人寰宇記云其衣糧皆本道自給陞五府經略使爲嶺南節度通鑑在肅宗至德元年改爲南海郡通鑑天寶元年改州爲郡郡刺史爲太守復爲廣州通鑑至德二年十二月改郡名官名一依故事而諸書皆以爲在乾元元年蓋至德二年十二月詔改郡爲州則遠方諸郡當至次年始改故在乾元元年五府不屬自杜佑始新圖經云自杜佑爲嶺南節度當兼五府經略適執政者遺脫佑獨不兼故五府不屬自杜佑始唐末分嶺南節度爲東西道改嶺南節度使爲東

道節度唐方鎮表在懿宗咸通三年又通鑑咸通三年蔡京制置嶺南奏請分嶺南爲兩道以廣州爲東道邕州爲西道黃巢攻破廣州五代史劉隱傳在乾符五年而通鑑在乾符六年不同象之謹按唐書黃巢傳巢以六年三月圍福州後陷桂管寇廣州其陷廣州在陷福州之後不應六年陷福之後五年却陷廣當在六年巢以士卒疾疫不能守廣州乃去掠湖湘通鑑在乾符六年賜嶺南東道爲清海軍節度唐方鎮表在乾甯二年而通鑑不書賜嶺南東道爲清海節度一節第云以薛王知柔爲清海軍節度旣同是乾甯二年恐因除薛王知柔爲節度故賜清海之名以寵之耳昭宗時劉隱爲清海軍留後天復元年後以隱爲清海軍節度通鑑在昭宗天祐元年五代史劉隱傳在開平二年不同象之謹按通鑑劉隱以天復元年爲清海軍留後至天祐二年節度徐彥若卒遺表薦之隱以重賂結朱全忠乃奏以隱爲清海節度年月可攷而通鑑於朱梁開平二年亦無命清海

軍之文今不取子孫竊據其地至皇朝平嶺南地歸版圖五代史劉隱傳云自唐天祐三年隱爲廣州節度使至皇朝開寶四年平嶺南後凡六十七年仍舊爲清海軍節度國朝會要在開寶四年領廣南東路兵馬鈐轄圖經云在景德二年帶本路經略安撫使通略在皇祐四年陞爲帥府國朝會要在大觀元年今領縣八治南海番禺二縣

縣沿革

南海縣

望

倚郭本秦番禺縣地屬南海郡元和郡縣志云隋開皇十年分置南海縣屬廣州隋志南海縣下注云分置番禺縣尋廢大業初置郡於此仁壽元年隸番州大業初隸南海郡唐隸廣州僞漢置咸寧常康二縣國朝會要云開寶五年詔廢僞漢廣州常康咸寧二縣依舊爲南海鎮寰宇記云仍併番禺縣入焉

番禺縣 上

倚郭元和郡縣志云本番禺舊縣故城在今縣西南二里縣有番禺二山因以爲名屬南海郡漢以來因之宋志云漢立番禺縣故兩漢志及晉宋齊志南海郡下並有番禺縣開皇十年改置南海縣即今縣是也長安三年於江南洲上別置番禺縣取舊名也其洲周回約八十里國朝會要云開寶五年併番禺入南海皇祐五年復置輿地廣記與南海分治郭下

清遠縣

在州北二百四十里元和郡縣志云本漢中宿縣地隸南海郡吳晉並隸始興郡故晉志始興郡下有中宿縣元和志又云梁於此置清遠郡中宿縣屬之開皇十年郡廢置清遠縣屬廣州隋志云舊置淸遠郡又分置威正廉平恩洽浮護等四縣平陳並廢以置清遠縣唐志云武德六年省正賓縣入焉

懷集縣 中

在州北一百八十里寰宇記云本漢四會縣地屬南海郡宋志於綏建郡懷集縣下云本四會縣之泿屯鄉元嘉十三年分爲懷集縣元和郡縣志云開皇十年改屬涯州即今廣州洽涯縣理是也二十年廢涯州改屬廣州唐志云武德五年置威州併析置興平霍清威武三縣正觀三年州廢省興平霍清威武二縣入懷集來屬廣州開元二年省永固縣入焉國朝會要開寶五年併洊水縣入焉

東莞縣 中下

在州東南三百里寰宇記按南越志云水流入海帆道三日至東莞漢順帝時屬南海縣地元和郡縣志云晉成帝咸和六年置寶安縣屬東莞郡宋志東官太守治寶安縣而南齊至東官郡有寶安而治懷安元和志又云開皇十年廢郡以縣屬廣州故隋志廣州南海郡下有寶安縣寰宇記云隋立寶安縣然宋齊志東官郡下已有寶安縣則寶安縣非置於隋也唐志云本寶安至德二年更名東莞國朝會要云開寶五年廢隸增城縣六年復置

增城縣　中

在州東一百二十里元和郡縣志云本番禺縣地後漢置增城縣故後漢志南海郡下有增城縣又云按崑崙山有閬風增城取美名也屬南海郡晉宋齊因之故三志並有增城縣隋志增城縣下注云舊置東莞郡平陳廢寰宇記云吳黃武中於此置東郡而立增城縣不同象之謹按增城已見東漢志非立於吳也又漢晉宋齊志曰增城縣並隸南海郡又非隸於東官郡也隋志第云舊置東莞郡不明言置於何時然宋志雖則有東莞郡云咸和六年分南海縣立乃治寶安縣非治增城縣二者俱不同當攷國朝會要云開寶五年廢增城縣六年復置

新會縣　下

在州西南三百三十里本漢南海郡地晉志云恭帝分南海立新會郡宋志云晉恭帝元熙二年分南海立宋齊志並有新會郡而無新會縣元和志云隋開皇十年置新會縣屬岡州象之意其郡雖置於晉而

縣則置於隋耳隋志云舊置新會郡平陳郡廢又併
孟台永昌新建熙潭化召懷集六縣入爲封州十一
年改爲允州後改爲岡州大業州廢併廢封樂縣入
焉唐志武德四年以義甯新會二縣置岡州新會郡
正觀十三年州廢以新會義甯屬廣州是年復以二
縣置岡州開元二十三年州廢以新會義甯屬廣州

香山縣 下

在州東南四百里本東莞縣香山鎮元豐五年運判
徐九思請建爲縣國朝會要云紹興二十二年又陞
爲縣不同恐建請於元豐而創置於紹興耳不然則
元豐創縣中間復廢至紹興而復置二者不同新圖
經云元豐徐九思請建爲縣止置寨官一員紹興
二十二年東莞縣姚孝資請州聞于朝創立縣也

監司沿革

廣南東路轉運司

臺治在城中通略云太祖開寶四年二月克廣州夏
四月以王明爲廣南西轉運使長編云開寶五年命同

知廣州潘美尹崇珂並兼嶺南轉運使王明爲副使許九言爲判官轉運判官自九言始也通略云開寶四年置市舶司於廣州知州爲使與運使同掌之則是運使與知州同置司於廣州自此常置司廣州

提舉常平茶鹽司

臺治在城中南海志云廣南茶鹽提舉置司實始於宣和二年按職源云熙甯中遣使提舉常平此提舉常平之始也宣和中推行鈔法添置提舉此提舉茶鹽之始也其後廢置不常至紹興五年詔諸路提舉茶鹽官併入茶鹽司至十五年詔諸提舉茶鹽官改充提舉常平茶鹽公事至今職任如故

提舉市舶司

臺治在城中按通鑑唐代宗廣德元年有市舶使呂太一太祖實錄開寶四年下廣南以同知廣州潘美尹崇珂並兼市舶使通判謝處玭兼市舶判官陳了齋父僩傳云熙甯中詔泉人賈海外者往復必使東詣廣否則沒其貨元豐三年詔書言廣州市舶條已修定乞專委官推行廣東安撫更不帶市舶使後專

置提舉而轉運亦不復預矣中興小歷云建炎詔兩浙福建市舶歸隸轉運司而廣南如故中興會要載高宗問張闡舶司歲入幾何闡對云以歲計之約二百萬緡如此則三路所入已不爲少

風俗形勝

番禺負山阻險南北數千里西漢南粵傳和輯百粵西漢南粵傳集楊越以保南藩史記南粵敘傳地總百越山連五嶺史通連山隔其陰鉅海敵其陽韓文人於南海如東西州焉韓文盡收南海之民同上廣南越分謂之嶺表類要嶺南五府其四各置帥獨廣節度爲大府韓文送鄭權序嶺南帥得人則一邊盡治選師常重於他鎮韓文送鄭權序南海之墟祝融之宅韓文南海廟碑州岳所產豈直明珠大貝而已梁王僧孺

南海郡求士教呂風序南方事無不統南海廟碑刺史常節度五泱泱衣冠斯盛云云嶺諸軍仍觀察帝命南伯南海廟碑地大且遠常選用重其郡邑云云人以殿南服南海廟碑外國之貨日至珠香犀象玳瑁奇物溢於中國韓送鄭權序南海之間有衣冠之氣郭璞濱際海隅委輸交部南齊志捲握之資富兼十世尉佗餘基亦有霸迹南齊志南海交趾各一都會所處近海多犀象瑇瑁珠璣奇異珍瑋故商賈至者多取富焉隋志揚州南海序其人性並輕悍椎髻箕踞乃其舊風其俚人則質直尚信同上包山帶海珍異所出晉書吳隱之傳嶺外最遠可以避地五代史劉隱傳唐末天下已亂中朝士人以云云故多遊焉唐世

名臣子孫皆客嶺表五代史劉隱傳云｜｜｜｜｜謫死南方者往往有子孫｜｜｜｜

｜自嶺以南二十餘郡南海一都會也隋志越臺之境

胡賈雜居余靖知廣州表南海實筦榷之地有金珠貝甲脩

牙文犀之貨唐劉蛻獻南海崔尚書廣州負山包帶南溟陸寶

可富捲握致盈南海集環水而國以百數則統于押蕃

舶使焉柳宗元五嶺峙其北大海環其東衆水匯于前

羣峰擁于後氣象雄偉蔣之奇州學記吾州南肘大海厥土

廣潟牢盆取贏又百佗郡洪邁鹽倉記番禺大府節制五

嶺秦漢已來號爲都會俗雜五方余靖羅漢院記番禺控引

海外諸國賈胡歲具大舶齎奇貨涉巨浸以輸中國

許得已南海廟逹奚司空碑逖彼番禺去都萬里境接羣蠻地居

海湙許致撰魏公遺愛碑

景物上

廣府韓潮州表又唐大詔令云減抵罪決杖詔江淮人移隸廣府

番州隋志

番山在南海

禺山通典云在番禺縣卽尉佗葬處又番禺雜記云番山在南禺山在北

王山通典云在南海

州城元和志云步騭所築也騭爲交州刺史登臺遠望乃曰新城海島膏腴之地宜爲都邑遂遷州於番禺建築城郭焉

東溪在州東卽甘溪下流夾流皆刺桐傍有坦途郡人踏青之地

東城熙寧中呂夷簡得郡治東古城遺址築之袤四里

西城熙寧程師孟築周十餘里

南海元和志云在南海縣南水路百里自州東八十里村號曰古斗自此出海浩淼无際韓文公送竇從事序亦有南海二字

金山在新會縣西百五十里唐地理志山谷焦赤下有昔人所掘窟深窅如井俗云

掘之愈深有金沙如糠粃狀寶山在東莞縣舊以山有寶置場烹銀名石甕場今山中銀淬猶存

鼓門廣州刺史周僛採龍山木爲門鼓一給桂林郡一給交州隔二州二鼓相應斗村按廣州記云廣州東一百里有古丨丨自此出海溟渺無際日井在州治野渡北月觀在清海樓西

月溪在清遠縣其源出牛嶺合貞江鳳水在南海東北八十里從高流下巨石激散如鳳舞之狀

鰐湖在東莞之東監方圓數十丈其深無底舊有鰐魚故名猊山元和志云在增城縣東南二十三里多娑娑羅竹圍三四尺至堅里人以爲弓弓形如弩

龕泉在增城縣西青山有神龕帶銅環上此水有禨此水則便澍雨牛潭事見金鎖潭下龍戶見詩門龍窟蒲母養龍人呼爲丨丨

堯山寰宇記云在南海縣舊在浛沂縣三十里盛宏之荊州記云丨丨赭巖迭起冠以青林郡國志云廣州丨丨高四千丈自番禺迄交趾見之

湯泉在清遠縣東二百里有石如鑊泉流不竭氣蒸如霧可煮食物熩洲在番禺縣南八十里海中上有蒸熩之氣因名五嶺

李善文選丨丨生日秦北爲長城之役南有丨丨之戍裴閔廣州記丨丨大庾始安臨賀桂陽揭陽也

五管 事略云初朝廷禦邊重西北而輕東南知制誥王拱辰請倣唐制並東路之潮西路之邕容各總節制與廣桂爲丨丨

沓潮 劉禹錫集云元和十年終風駕潮南海羨溢南人日丨丨也奉三更歲一有之余爲連州客或爲予言其狀因歌之附于南城志

聖池 在新會縣北二里有山號北山山頂有塘四時花果不種而生及成實有樵夫採摘者輒有雷雨古號爲聖池今基尚存

眞水 在清遠縣東七十里流經縣前過至上梅村四會縣分界漢書云樓船將軍楊僕出豫章下丨丨是也

廉水 在清遠縣西四十里高平鄉源出重山趾水側有人姓廉居此因以爲名

貪泉 在番禺縣西二十里石門口北岸郡國志云呂嘉拒漢積石江中爲門水名丨丨舊云登大庾嶠則清穢之氣分飲石門泉則清白之質變卽吳隱之舉厄處南越志云昔漢將田千秋征南越全軍覆没之處

靈山 在増城縣北開元鄉遇旱祈雨輒應

利山 元和志云在新會縣

越溪 在州東北三里自景泰山流下

而至超悟寺曰丨丨又東與東溪會俱入于海**燕水**在清遠縣源出番禺縣黃山北流九十里合眞江**秦水**在清遠縣其源出本縣界秦山下南流四十里入官湖合眞江**崑山**在新會縣有道人卓庵於上其巔有井曰天井**崙山**在新會縣西北六十里上有白龍池故老云有龍飛騰于山巔**峽山**在清遠縣東三十里崇山峻峙如壁太華中通江流廣慶寺居峽山之中有殿甚古梁武帝時物也舊傳黃帝二庶子善音律南採崑崙竹爲黃鍾之管隱于此山祠在東廡**石門**在州西北二十里兩山對峙橫截巨浸據南北往來之衝屹若門闕漢樓船將軍楊僕將精卒先陷尋陿破石門即其地**藥洲**在西園之石洲郭祥正遊藥洲詩云驅車欲何適獨往觀丨丨大亭插層城玉虹跨深溝常年一百五載酒傾城遊**武山**在東莞縣海南柵之南余靖嘗候潮於此**圓沙**昔有賴布衣改遷邑基雷識云沙頭圓出狀元**桂蠹**漢書陸賈傳曰尉佗獻丨丨二器注云桂樹蠹虫者也

景物下

簡節堂在州治 整暇堂在州治 坐嘯堂在州治 清風堂在東園

廣平堂在州治以宋璟而得名也 慶瑞堂在州治熙寧中產雙蓮經略曾布建 海山樓在城南極目千里爲登覽之勝 清海樓在子城上下瞰番禺二山 石屏臺在經略廳西有池百餘步池中刻石其狀若屏或云南漢時玉液池也郭祥正詩云石屏臺下玉池泉遶岸石屏青齒齒輦置應須費萬金園囿森羅供宴喜劉鋹族盡已無餘此石猶存舊基址云 華遠堂在轉運司 澄清堂在轉運司 景濂堂在石洲湖西以景慕周濂溪故名 仁壽堂在提舉司 達觀樓在市舶司 斗南樓在子城上扶胥浴日之景列其前海山肘其後 鴈翅城州城之南長九十丈故樓共有三十三間 燕臺堂在宅堂內 鳳凰臺舊名春岡在增城縣治之西熙寧七年鳳凰集其上百禽隨之食頃去 浴日亭在扶胥鎮南海王廟之右小邱屹立亭冠其巔前瞰大海茫然無際東坡詩云劒氣崢嶸夜插天瑞光明滅到黃灣坐看暘谷浮金暈遙

想錢塘涌雪山謝師民詩云煌煌太陽精浴以滄溟水光潤無纖滓畏愛從此始 連天觀在提擧司 觀風堂在州廳東 睇錦亭在城上 戲綵堂在廳事北 挹袖軒在浮邱山朱明觀 遺履軒在浮羅山葛洪得仙處 衮繡堂在廳事東 金紫崗在香山南五十里 雙井湖在東莞縣東南一百里舊經云昔下有雙女陷湖歲月綿邈每至晴霽湖中有雙鯉長丈餘 雙女山開寶四年王師伐南漢潘美掠其請和之使速度隴頭之險至馬遷屯｜｜｜王師至白田南漢主出降遂入廣州 五羊城寰宇記云在南海縣五仙人騎五色羊執六穗秬而至今呼五羊其城周十里初尉佗築之後爲步騭修之晚爲黃巢所焚 五仙觀在州治西偏初有五仙人各待穀穗一莖六出乘羊而至既遺穗與州人騰空而去其地爲祠 七僊寺 八賢堂在十賢堂東南淳熙經略周自強取本朝賢牧潘美向敏中余靖魏瓘邵曄陳世卿陳從易張頡立祠 九思堂在市舶司 九曜石郭祥正詩云番禺西城偏九石名九曜危根插

滄浪古魄鎮臨眺何人試巧手鑿此混沌竅

九熟稻抱樸子曰南海有丨丨之稻

九龍泉在白雲山絕高處鄭安期隱於此初無泉有九童子見須臾泉湧因名

十賢堂在子城上元祐經略張頡取前代賢牧十人滕修吳隱之王綝宋璟李尚隱盧奐李勉孔戣盧鈞蕭倣立祠南海集十賢贊後序云番禺負山帶海夷舶歲至珍異叢夥而數人者皆能以廉清爲吏民師表

千佛塔在州西淨贊寺端拱中郡人林脩建古井九環列基外中有巨鼎藏劍二鏡一瘞佛于其下劉氏長壽寺也劉之宗女爲尼居之其塔高二十七丈

千秋井萬歲井晏公類要云都督劉巨置

萬人城通典云清遠縣本漢中宿縣地縣北湞山上立萬人城有湞陽峽在縣南

天井岡通典云在南海縣

天塘水在增城西縈迴瀩田號天塘

星泉井在金肅門外直街時有光若星故名

雲母山寰宇記云在增城縣東七十里山出雲母續南越志云唐天后朝增城縣有何氏女服雲母粉得道於羅浮山因所出名之

文筆峰在水南與州相對

曹幕山在東

莞西北八十里林陰蓊蔚大者合抱農隙採山如織百材於此取辦**石船山**在東莞西三十里上有大白石狀如船可十丈故老云有村婦浴于石船後石爲雷擊作三段**石鼓山**在東莞縣東南四百里石上有紋綵似龍鱗南越志云其土有亂則鼓鳴昔有盧循來寇隱然有聲循卽敗**石門水**寰宇記云在南海縣一名貪泉源出南海縣西三十里平地晉中興書云往廣州飲貪泉易廉潔之性南越志石門之水俗云經大庾則淸穢之氣分飲石門則緇素之質變則吳隱之酌飲之所也**白龍池**在新會崙山下**白鹿岡**寰宇記云在南海縣郡國志云廣州南四十里有白鹿岡高五百丈**白水山**寰宇記云在增城縣白水山有五距烏縣北又有搜山有荔枝樹高八丈相去五丈而連理山有瀑布四時不竭**白雲山**在景泰山之東絕高處**黃雲山**在新會北一行禪師來遊有雲自出色如金**赤石岡**在州西南五里南越志云其色若丹占氣者謂其下有金扶南國人欲以金鎰市之刺史韋明謂南州之鎮弗許**黃木灣**韓退之南海廟碑云在廣州東

南十八里｜｜｜之｜**紫芝橋**在泮塘中路元有亭歷靈芝因名**紫石戍**元和志云在南海縣東七十里**翠層樓**在石屏臺北**碧虛觀**在蒲澗舊傳秦始皇訪安期生于此**朱明觀**在州西浮邱山上**琵琶洲**在南海東以形似名**珊瑚井**在浮邱山**珊瑚洲**在東莞南五十里昔有人摒網得珊瑚樹故名**沈香浦**在南海石門吳隱之投香于水舊有亭曰沈香**浮練洲**在南海東海中上有白沙望之如練因名**浮邱山**在州西四里有朱明觀浮邱道人得道之地**羅浮山**寰宇記云在南海縣本名蓬萊山一峯在海中與羅山合因名山有洞通句曲又有璇房瑤室七十二所裴淵廣州記云羅浮二山隱天唯石樓一路可登｜｜｜記曰羅浮者蓋總稱羅羅山浮山二山合體謂之羅浮在增城博羅二縣之境**歌舞崗**郡國志云｜｜｜南越王佗三月三日登高處**別情洲**寰宇記云增城縣小洲古老相傳於此洲上敘別**和光洞**寰宇記云在清遠縣東三十里中宿峽內有四色山石櫑花**亂石山**在蒲澗後杜審

言詩曰乍將雲鳥極還與星河次上聳忽如飛下臨如欲墜

滴水巖 在蒲澗上峭壁屹立飛泉下瀉勢若建瓴東坡詩云千章古木臨無地百尺飛濤瀉漏天

靈洲山 寰宇記云在南海縣南越志肅連山西十二里有靈洲焉其山平原彌望層野極目郭景純云南海之間有衣冠之氣者斯其地也唐志｜｜｜在鬱水中有寶陀院東坡詩云靈峰山上寶陀院白髮東坡又到來．

參里山 寰宇記云在保安縣東北九十里南越志寶多縣東有參里縣人黃舒者以學聞於越華戎慕之如曾參之為故改其里曰參里也

中宿峽 寰宇記云在清遠縣東三十五里譚子和修海嶠志云二月五月八月有潮上二禺峽遂溯返五羊一宿而至故曰中宿峽

觀亭山 寰宇記云一名觀峽山一名中宿峽在清遠縣東三十五里晉時縣人使洛有一人寄書云吾家在觀亭山石間懸藤即其處也但扣藤當有人取之還者依其言果有二人出水取書而令前遂入泉中主禮畢遣出雖經潛泳衣不霑濡

馬蛟山 在城北七里俗傳有蛟化為馬以虣土人

鳳凰巖 在東莞縣歸德柵

鷓鴣峰

在增城縣北以形似名**駱駝嶺**在東莞縣西八十里以形似名**獅子石**寰宇記云在清遠縣東中宿峽內北山頂上形如獅子頭身尾足耳宛然**金牛山**在東莞西二里山勢岩嶤下瞰海水有亭在絕頂路皆攀緣而上名曰海月奇觀水光接天一目千里**石燕穴**在清遠東北二十里**龍眼渡**在新會縣**虎頭巖**在鶴舒臺北崎嶇險絕人迹罕到**馬鞍山**寰宇記云在南海縣十里南越志始皇朝望氣者云南海有五色氣遂率千人鑿之以斷山之岡阜今所鑿處形如馬鞍**菖蒲澗**在州東北二十里澗舊有菖蒲一寸九節安期生嘗服之**荔枝洲**在南海東四十五里周迴五十里劉氏創昌華苑于上**蓮花峰**在東莞東北四里**寶陀寺**在靈洲山東坡有詩**金芝巖**在峽山北頂上唐開元中望氣者云五十里內有靈山發金草遣使求之於此獲靈芝錚然作金聲因名**金鎖潭**寰宇記云在清遠縣東三十里秦時崑崙貢犀牛帶金鎖走入潭中晉時漁人釣得金鎖掣牛不得忽斷得金鎖一尺**金臺岡**寰宇記云在信安縣

東北九十里在海中形如覆船因號覆船山行人惡之因改爲金臺岡銅鼎溪寰宇記云在南海縣南越志云銅鼎溪天清水澄見其鼎銘刺史劉道錫遇過之擊其耳而牽之耳脫而鼎潛入引者悉懼咸謂之靈也抱旗山在水之南與州相對標幡嶺在峽山南頂上唐大歷間哥舒晃扳廣州遣將平之夢神人謂曰見幡卽回及賊平回師果見掛二幡禺山頂乃有二神之護助媚川都屬東莞縣南漢置隸凡三千人入海採珠開寶五年詔廢媚川都觀音院盧肇有詩詳見詩門觀音泉在東莞縣東監之南山觀音山在清遠縣周袤百里峰巒疊秀因名菩薩嶺在香山縣南九十里羅漢山在香山縣南十里仙湧山在新會縣西北六十里地名羅坑本無山一夕風雷震怒湧出數峰因名仙湧佛跡山在佛跡寺上有大盤石中有佛足獅子像跡宛然今有寺景星巖在增城縣巖洞中有臺閣寶蓋之狀玉清觀在增城縣東北七里有茂平石水從石山來湍流入渠犇注潭中渠生九節菖蒲有葛仙溪石碾鎮象塔

在東莞縣南漢邵廷琄所建 **釣鯉臺** 在增城縣峽山寺西秦趙胡於二禺山間釣得金鯉重百斤貢秦王釣臺尚存 **釣鰲臺** 在東莞縣 **龍穴洲** 在東莞縣南大海中有龍出沒其間故名春波澄霽蜃氣結爲樓觀城堞人物車蓋之狀耆舊見之 **龍磨角石** 在增城縣峽山中舊傳春有龍入于江摩角其上歲有新痕 **龍山萬壽寺** 在新會縣西二里山有龍窟東西相望僅百步東山數穴窅不可窺以石投之隱然不絕西山則玲瓏下屬表裏洞開總於窟者九故老云神龍出入地 **資福寺** 在東莞縣一百六十步有羅漢閣元符三年比邱祖堂建閣成走惠州求記於蘇軾惠有古舍利蘇公易以犀帶并藏閣上與作偈及舍利塔銘再生栢贊 **西竺山** 在城西北四里有廣果寺 **來遠驛** 紹興六年十月戊午改廣州奉眞觀爲來遠驛以備招徠諸國貢使繫年錄

古迹

趙佗故城 元和志云在南海縣西二十七里即尉佗都城也 **陸賈故城** 元和志云

在南海縣西十四里賈之來也佗不即前賈故爲城以待之**盧循城**在州南岸狀如方壺又番禺新誌云盧循城在郡南十里與廣州隔江相對今故堞隱然**東官郡故城**寰宇記云晉義熙中置以保安縣屬焉郡縣志云東官郡有蕪城即吳時司鹽都尉壘**廢岡州**寰宇記云今信安縣理也按廣州記四會有金岡新會即岡州在側因岡爲州名也晉末置新會郡宋齊梁陳並因之隋平陳廢置封州後改爲亢州尋又爲岡州今廢爲縣此州最邊大海晴少雨多時遇大風則林木悉拔又俗織竹爲釜以蠣殼屑泥之煮鹽**廢番禺縣**寰宇記云在州轉久彌密又藥有兒藤千金草南五十里秦漢舊縣屬南海郡二漢置交州領郡朝七吳置廣州皆治於番禺即尉佗所葬之處也

漢臺在城西五里地名西場硬步臺本名國岡高數十丈四面爲羊腸道南越志歲時尉佗登此望漢而朝拜皇朝郡縣志云在南海縣西南六里大崗之側高三丈南越志云昔尉佗自稱南越王漢遣陸賈勞問因說以歸漢佗留賈數月爲臺以飲後遇正朔於北北向而朝因以名之唐正元中刺史李玭於

其基建亭

越王臺

在州北悟性寺唐庚記云臺據北山南臨小溪橫浦牂牁之水輻輳於其下顧瞻則越中諸山不召而自至却立延望則海外諸國蓋可髣髴於溟濛杳靄之間

越王井

在番禺越岡半日趙佗井劉漢呼為玉龍泉

尉佗樓

許澄登ㄧㄧㄧ詩劉項持兵鹿未窮自乘黃屋島夷中

鮑姑井

即葛洪妻也井在彌陀寺

達磨井

在悟性寺前梁達磨指其地曰下有黃金萬餘兩貪者力鑿泉漯而金亡以師為誑師日是金未易以斤兩計也又有達磨石在峽山寺

甘溪池

在州東北五里番禺雜記云晉陸史君以海水味鹹導以給民唐會昌中節度盧公復加疏導南漢鑿山取泉以廣之名甘泉引入苑中有泛盃池濯足渠避暑亭

劉王花塢

乃劉氏華林園又名西御苑在郡治六里名泮塘有桃梅蓮菱之屬

劉氏銅像

在天慶觀東廡昔劉鋹及子名範銅為像略不肖似即殺冶工凡再三乃成

南越王弟建德故宅

在州西故虞翻之園圃今為報恩光孝寺乾明法性二寺

安期生宅

今為覺真寺在蒲澗北東坡有詩

廣

安宅 在西城內嶽廟東運使庾管鑑請于朝買沒官田三十頃又別撥租米七百餘錢九百餘貫以給士夫子孫之落南者其扶喪出嶺入亦量賙其行服｜｜｜五十餘間居之月給糧米有差

南越王廟 在南海縣北南越志云趙佗葬於此山爲陵其側立廟號曰靈廟漢加謚曰昭襄王

南海廣利王廟 韓文公南海廟碑云廟在廣州治之東南海道八十里扶胥之口黃木之灣唐封爲廣利王長編開寶四年命司農少卿李繼芳祭南海劉鋹先尊海爲昭明帝廟爲聰正宮其衣飾以龍鳳詔削去帝號及宮召易以一品之服圖經云紹興七年加號洪聖廣利昭順威顯王

虞翻廟 在南海縣西北三里虞翻嘗爲孫權騎都尉以數諫爭徙交州

助利侯廟 木達奚司空也梁晉通中菩提達磨由天竺與二弟航海而至司空其其弟也

城隍廟 在州西城內百步按裴鉶傳載崔煒之入趙佗墓遇羊城使者因得歸後謁｜｜｜見其神類使者乃具酒肴以祭因廣其廟｜

任囂墓 ｜元和志在南海縣北三里

趙佗墓 寰宇記云在南海縣南越志云趙佗之墓也自鷄籠以北

至此山連岡屬嶺又云黃武五年孫權使交趾治中從事呂瑜訪鑿佗墓自天井至于此山功費彌多卒不能得掘嬰齊墓即佗之子得珠襦玉匣之具金印三十六一皇帝信璽皇帝行璽餘文天子也又得印三鈕銅劍三枚並爛若龍文其一刻曰純鈞二曰干將三曰莫耶皆雜玉爲匣

嬰齊墓 見上

呂嘉墓 在州東北二十三里

漢徵士董正之墓 董正字伯和漢末徵士州人也清白不羣志趣高尚晉隆和中太守袁彥伯追奏其行義詔旌表門閭南越志云番禺縣有||||||

劉王墓 在郡東北二十里漫山皆荔子樹龜趺石獸歷歷具存昔有發其墓者其中皆鐵鑄之及南海番禺新會皆有劉氏墓

大奚山 南海志在東莞縣海中有三十六嶼居民以魚鹽爲生朝野雜記云大奚山者在廣東島中慶元三年提舉徐安國捕鹽島民嘯聚爲盜劫高登爲首殺平民百三十餘人經略雷潨與安國素有隙以生事聞於朝盡執島民戮之無噍類詔罷安國以錢之望知廣州象之嘗聞發之士友鄭岳云岳嘗作館于廣州是歲賊勢猖獗福州有延祥寨水軍海寇畏之錢帥申請于

朝乞差延祥將官商榮將兵以往而｜｜｜之人用木支格以釘海港官軍不知蹊徑竟不能入而島民盡用海舟載其弩以廣州州兵敗止再湖達城下州民散避賊會官船水手首善跳船與賊首之船遇乃從檣竿上飛過斫斷其帆索帆墜船不能進賊船遂亂商榮因用火箭射之賊遂大敗

官吏上

吳鍾離牧 字子幹意之七世孫也遷南海太守威恩部伍智勇分明操行清純有古人之風

晉陶侃 字士行爲廣州刺觀在州無事朝暮運甓常隱分陰

吳隱之 晉書云隆安中爲廣州刺史嘗著貪泉詩詔曰惜之孝友過人祿均九族革奢務儉南域改史有祠在十賢堂

滕脩 褱宇記云脩爲刺史獲一巨蝦鬚長四丈四尺有祠在十賢堂

宋隨王誕 宋志廣州序云江右以其遼遠藩戚未有居者惟宋隨王誕爲刺史

王鎮之 出鎮廣州加都督宋武帝謂人曰鎮之少著清績繼美吳隱在鎮不受俸祿去它之日不異初至南史本傳

王琨 宋琅邪人爲廣州刺史人服其

清雖吳隱之不能過見毗陵志張裕字茂度仕宋爲廣州刺史綏靜百越嶺外安之梁王僧孺仕齊爲太學博士梁時爲南海太守日吾欲遺子孫不在越裝並無所取隋劉權爲南海太守盜起顧推權爲首權固守拒之子世徹又密遣人賫書詣權稱四方擾亂諷令舉兵權召集佐寮對斬其使周文育字景德嘗曰取富貴但有大翣耳累征有功除南海令及平侯景累遷散騎常侍唐宋璟邢州人開元初徙廣州刺史廣人以竹茅茇屋多火璟教之陶瓦築堵人爲璟立遺愛碑張燕公撰頌云天子念窮鄉之僻陋徽道之脩阻吏或不率不循人或不康不若乃命舊相廣平公宋璟唐書云璟自廣入朝帝遣內侍楊思勗驛迓之未嘗交一言思勗自以貴幸訴之帝帝益嗟重梁昇卿涉學工書於八分尤工歷廣州都督書東封朝覲碑爲時絕筆盧鈞字子和擢嶺南節度使海道商舶始至異時帥府爭先售其珍鈞不取時稱潔廉盧奐唐書本傳天寶初爲南海太守時謂自開元後四十年治廣有清節者宋璟李尚德丨丨三人而已馮立爲廣州都督嘗見貪泉曰此豈

憊之所酌耶吾雖曰飲豈易吾性哉**李尚隱**爲廣州經略使及還人或裒金以贈尚隱曰吾自性分不可易非畏人知也**李勉**唐書本傳云拜嶺南節度使召歸至石門盡搜家人所蓄犀珍諸物投江中時人謂可繼宋璟盧奐李商隱**孔戣**初明州歲貢淡菜蚶蛤戣奏罷之會嶺南闕帥憲宗謂裴度曰嘗罷蚶菜者誰歟爲朕求之度以戣對卽授廣州刺史士人之落南不能北歸與有罪之後百二十八族戣用其才良廩其無告者其女子嫁遣之**蕭倣**唐書本傳云拜嶺南節度使性公廉州雖富珍貨月俸外不入其門家人病左右取槁梅於公廚以和劑倣知趣市還之**馬總**充嶺南經略使總崇儒學清廉不撓夷獠便之於漢所立銅柱處特鑄二柱刻書唐德繼伏波之迹**王琳**字方慶唐書本傳云方慶拜廣州都督廣州地際南海每歲有崑崙以珍物與中國交而舊都督冒貨崑崙懷刃殺之又管內諸州首領舊多貪縱方慶於首領縱暴者悉繩之境內清肅議者以爲有唐以來治廣州者無出方慶之右**杜佑**權載之集杜佑碑曰其鎮南海服嶺阻深族類猜害謂爲廣州觀察使事見類

要

楊於陵爲嶺南節度使辟李翺在幕府教民陶屋易蒲屋以絶火患

崔珙父頲生八子世以擬漢荀氏八龍珙累擢嶺南節度使入對延英文宗訪治珙對精亮有理趣帝咨嗟

陸鴻漸佐南海隴西公幕府自號東園先生東園即廣州東郊園也

柳玭仲郢子以明經補秘書正字爲嶺南節度副使廨中橋熟既食乃納直於官

李迢通鑑唐僖宗乾符六年黃巢攻廣州即日陷之執節度使李迢巢使迢草表述其所懷迢曰子受國恩親戚滿朝腕可斷表不可草巢殺之

奚廷琄國朝建隆時劉鋹將奚廷琄言於鋹曰漢乘唐亂居此五十年幸中國有故干戈不及而漢益驕今兵不識旗鼓而人主不知存亡今眞主已出將盡有海內勸鋹修兵爲備不然遣使以通好鋹憯然莫以爲慮及王師來伐始思廷琄言遣廷琄以兵出洸口抗王師嶺人倚以爲良將會有告廷琄反者遂賜死士卒見使者排門不能救乃爲立祠洸口他書或以爲邵廷琄不同

國朝潘美開寶四年平廣南就權州事五年兼嶺南道轉運使向敏中淳化中知廣州至荊南市南藥以往在官一無所須以清德聞後爲名相周頤道州志云周茂叔爲廣東轉運以疾求南康卭以歸馬亮知廣州宜賊未就戮土面遺之委以綏靖至則輯睦見合肥志蘇緘泉州入爲南海簿廣州領市舶司每海商至選官閱實緘以選往有大商樊氏入見遽升階就榻緘捕繫杖之樊訴于州將責以專決緘曰主簿雖卑邑官也舶商雖富部民也部民有罪而邑官杖之安得爲專州將慰諭遣之王罕通略仁宗皇祐四年儂智高反攻廣州甚急時轉運使王罕方徃潮州議鹽事聞廣州被圍即自惠州調諸縣弓手及耆長壯丁得三千餘人順流而下由南門入於是人心稍安益修守備凡圍五十七日始解去魏瓘通略仁宗皇祐四年瓘知廣州築城鑿濠作大弩爲守備至是儂智高爲雲梯土山攻城甚急又斷流水而井飲不竭發弩輒中中輒洞貫智高力屈而退余靖五朝言行錄廣之番舶裝船舊皆取稅公奏罷之以徠遠商又請立法戒當任官吏不得市南藥及公北歸不

載南海一物行狀

蕭注　通略仁宗皇祐四年儂智高反攻廣州時番禺令蕭注募三千餘人與智高泉格鬬焚其戰艦即日發縣門援兵入城城中始有生意

侍其淵　楊文公談苑云儂智高圍廣州運使王罕嬰城拒守都監侍其淵晝夜乘城有裨將誘士卒下城降賊淵遇之諭士卒曰汝曹降賊必驅汝負擔歸其巢穴不若併力完城將有功受賞士卒乃復還登城罕夜寢於城上淵忽來徐撼而覺之與罕帥弩手二十餘人至一處見賊已踰濠蟻附登城淵使射之賊乃退淵終不言裨將謀叛之事

陳從易　知廣州三年遠俗嘉靖璽書褒美加三品服北還不市南物輦俸金過嶺上聞擢知制誥御飛帛書清字以賜之

邵曄　**陳世卿**　曄知廣州鑿內濠以泊舟楫不爲颶風所害次陳世卿代之奏免本州計口買鹽之害廣人歌曰邵父陳母除我二苦

周穜　徽宗朝知廣州番舶以象犀香珠呈樣穜一無所受終任不至舶務及歸部人試詩送行有三年清似鏡之句見泰州圖經

林遹　紹興元年詔新知廣州ㄧㄧ當苗劉之亂首請約祿可除龍圖閣學士以寵其節繫年錄

連南

夫紹興戊午南夫知廣州敵人歸河南上表賀云云信亦信其然豈然又云虞舜之十二州昔皆吾有商於之六百里當念

方滋 容齋四筆云秦氏當國時爾欺遂落職放罷先忠宣公鄭亨仲胡明仲宋新仲皆在謫籍分置廣東方務德爲經略待之盡禮秦對一客言曰丨丨在廣部凡得罪於朝廷者必加意護結得非爲異日地乎客曰丨丨之爲人天性長者凡於人唯以周旋爲志非獨於遷客然也秦悟曰方務德却是箇周旋底人疑遂釋

汪應辰 紹興二十六年通判廣州繫年錄

人物

區冊 韓文公送區冊序云有區生者誓言相好自南海拏舟而來升自賓階儀冠甚偉坐與語文義卓然如斯人者豈易得哉

何澤 廣州人父鼎唐末爲容管經略澤少好學長於歌詩舉進士爲洛陽令唐莊宗好畋獵數踐民田澤乃潛身伏草閒伺莊宗來當馬諫曰陛下未能一天下以休兵而暴斂疲民以給軍食柰何恣畋遊以害多稼使民何以出租賦吏何以督民耕陛下不聽臣言願賜臣死於馬前

使後世知陛下之王定保五代史劉隱傳云唐末中過莊宗爲之止獵　王定保朝士人以嶺外最遠可以避地而唐世名臣謫死南方往往有子孫皆客嶺表如王定保見曙劉濬李衡周傑楊洞潛趙光潤之徒隱皆招禮之定保乃容管巡官曙太學博士濬崇望之子以避亂往衡德裕之孫也唐右補闕以奉使往皆辟置幕府待以客禮後劉龑欲僭位憚王定保不從遣定保使荆南及還告以建國定保曰建國當有制度吾入南門清海軍額猶在四方其不取笑乎　羅威字德行番禺人事母至孝遇寒嘗以身先溫席鄰家牛犯其稼威刈芻納其門牛家相論莫犯每見老稚負於途率代其任令異其行除吏不就遂與母遁於增城母死晝哀白鹿止墓側　黃舒東莞人事親至孝慕曾參爲人人目其居曰參里

馮元大中祥符元年中甲科調江陰縣會有詔選明經者補學官元自陳通五經時諫議大夫謝泌領銓事笑曰古治一經或至皓首子能盡通之耶對曰達者一以貫之泌嘉其對問以疑義隨輒辨析遂爲國子監講書

仙釋

浮邱丈人 浮邱山在洲西四里上有朱明觀下有揖仙軒郎｜｜｜｜得道之地

安期生 有煉丹井在州■又云於菖蒲澗服菖東北成仙

葛仙翁 有煉丹井在城碧虛觀東嶺上

鮑姑 即靚女葛洪蒲而與洪俱隱羅浮行灸於南海有神艾唐崔煒者遊開元寺有丐嫗覆酒甕爲當爐者毆煒計直解衣償之翌日嫗詣煒日吾善灸贅疣今有越井岡艾少許奉子每遇贅一炷耳煒受之莫知嫗爲誰後入趙佗墓始知爲｜｜文見裴鉶傳奇

何氏女 孔氏六帖云增城何氏女有神仙之術持一石措小石樓之上遠觀其石如畫羅浮山有大小石樓

何仙 會仙觀記昔有｜｜居此食雲母唐景龍中白日昇仙

菖蒲澗仙 寰宇記云咸平中桃成甫採菊於菖蒲澗側遇一丈夫謂成甫曰此澗菖蒲昔安期生所餌可以忘老徊翔俯仰倏然不知所終蓋仙者焉

盃渡禪師 世傳盃渡禪師渡海來居盃渡山

達磨禪師 梁普通中達磨航海至其地指示人日下

有黃金萬餘兩貪者力鑿今汲者不絕號爲達磨井今大通正覺院存｜｜｜｜化身在焉

一行禪師 新會縣北一里有山名貴峰唐一行禪師嘉其山之秀麗忽有雲從山飛出遂卓一小庵歸嚮者五百餘人後建寺名曰黃雲今庵基存

休咎大師 姓梁氏新興人武后時遊羅浮山元和間至番禺縣扶胥鎮夜憩南海廟師語王曰嵩王性嚴急舟楫遇風溺死者衆願王勿爲師授三皈五戒而行至廣州住海光寺卒賜謚｜｜｜｜寺今爲靈化寺

景泰禪師 梁大同中駐錫羅浮山結庵小石樓下廣州刺史蕭譽召與語甚異之朝遊南海夕返羅浮時謂之聖僧

碑記

吳隱之貪泉詩 在州治廳事東

貪泉碑 唐南海別駕陳元伯銘舊植于泉之側亭上今徙于廣平堂

廣州都督宋公遺愛碑頌 張說撰公諱璟

饗軍堂記 柳子厚文

南海神廟碑 集古錄云唐韓愈撰陳諫書并篆額元和十二年孔戣重修廟

海神祠以十五年立此碑在廣州南海海廟　梁羅浮山中圖經云又有修廟碑修東西二廟碑

銘集古錄云梁蕭宗撰蕭世貞書大同元年立廣州古塼皇朝類苑云魏侍郎瓘初知廣州忽于城一角頹執得一古塼塼面範四大字云委於鬼工盍合而成魏也乃大築子城未幾儂智高寇廣其城一擊而摧獨子城堅完民逃於中獲生者甚衆東莞縣五百羅漢閣記蘇軾撰又有舍利塔銘詞幷書十賢贊幷後序蔣之奇撰州學記王十朋撰南海志郡守陳峴序南海文集三十卷無編集人姓名

總廣州詩上

古人云此水一歃懷千金試使夷齊飲終當不易心晉吳隱之貪泉

冠冕通南極文章落上台詔從三殿去碑到百蠻開杜甫送翰林張司馬南海勒碑

北風隨爽氣南斗避文星杜甫

送李大夫赴廣州　紅旗照海壓南荒徵入中臺作侍郎　韓愈贈馬總　番禺軍府盛欲說暫停盃蓋海旗幢出連天觀閣開衙時龍戶集上日馬人來風靜鶢鶋去官廉蚌蛤迴　韓愈送鄭尚書　縣樓重蜃氣邑里雜鮫人海暗三山雨江明五嶺春　岑參送楊瑗尉南海　戍頭龍腦鋪關口象牙堆毛氈家家織紅椒處處栽　文苑英華云王建送鄭權尚書南海　椰葉瘴雲濕桂枝鸞鳥聲　張籍送蠻客　海花蠻草連天有行處無家不滿船　張籍送侯判官赴廣州　海北蠻夷來蹈舞嶺南封管送圖經白鷴飛遶迎官舫紅槿開當宴客亭此處莫言多瘴癘天邊看取老人星　張籍送鄭尚書　遠人來百越元老事

三朝霧遠龍川暗山連象郡遥劉長卿送徐大夫赴廣州去到番禺日應傷昔所依路識梅花在家看棣萼稀獨逢迴鴈去猶作舊行飛劉長卿送李秘書赴南海越嶺向南風景異人人傳說到京城經冬來往不踏雪盡在刺桐花上行朱慶餘嶺南路夜月江流闊春風嶺路深珠繁楊氏果翠耀孔家禽張祜送蘇紹之歸嶺南聞道衡陽外由來鴈不飛送君從此去書信定應稀賈至送夏參軍五月畬田收火米三更津吏報潮鷄李德裕海對羊城闊山連象郡高唐高適送柴司戶判官之嶺外漢家旌旆付雄才百越南溟統外臺云云連天浪靜長鯨息映日飄多寶舶來劉禹錫象筵照日會詞

客銅鼓臨軒舞海夷百越酋豪稱故吏十州風景助新詩劉禹錫 五羊城在蜃樓邊墨綬槌腰正少年山靜不應聞屈鳥草深從使翳貪泉蠻奴晴上臨朝檻燕婢秋隨過海船一事與君消遠宦乳蕉花發訟庭前皮日休送李明府 居人愛近沈珠浦候吏多來拾翠洲賓稅盡應輸紫貝蠻童多學佩金鈎知君不戀南州久拋却終冬白劉裘陸龜蒙同上 退公秖傍蘇勞竹移宴多隨茉莉花銅鼓夜敲溪上月布帆晴照海邊霞皮日休送南海二同年 江館連沙市瀧船泊水濱騎田迴北顧銅柱指南隣波心蹋樓閣規外布星辰交廣閒南極浸高北極浸低圓規度外星

氣全泉大如五曜者數十皆不在星厥俗多豪傑古經元微之和樂天送客游嶺南詩

來難致理唯君飲冰心可酌貪泉水錢起送人赴廣州花鳥名皆别寒暄氣不均杜荀鶴送友人遊南海番禺萬里路遠客片帆過盛府依横海荒祠拜伏波劉文房送人赴嶺南獨立陽臺望廣州更添羈客異鄉愁晚潮未至早潮落井邑暫依沙上頭劉左史越井臺謝家爲郡實風流畫得青山寄楚囚驚起草堂寒氣晚海陽潮水到牀頭李涉謝人送海陽圖猿啼山不斷鳶跕路難登海岸出交趾江城連始興高適餞送判官之嶺外瘴霧南邊久寄家海中來往信流槎林藏萬厲音萬拂多殘笋樹過猩猩少落花深洞有雲龍蛻

骨半巖無草象生牙許渾送黃隱居歸南海

詩下

嵐薰瘴染却膚腴笑飲貪泉獨繼吳東坡謝程德孺惠海中柏石天涯未覺遠處處各樵漁東誦詩佳句說南屏瘴雲應逐秋風靡東坡荻坡荀蕨不及還悵望荔子何時丹東坡誰言嶺外無霜雪何事秋來亦滿頭魏權書事千門日照珍珠市萬瓦煙生碧玉城山海是爲中國藏梯航尤見外夷情程師孟題共樂亭千載猶存古越城余靖客聽潮鷄迯早夜人瞻颶母識陰晴前人石有羣星象注云庭除羅亡舊名九曜石花多外國名注云異花皆舶上所來嶺北無之余靖題廣州田諫議西園

公輔產日南九齡起韶陽早知朱泚叛預識胡雛狂蔣之奇

鹿鳴宴番禺二月尾落花已無春唯有薔薇水衣襟四時薰郭祥正蔣潁叔招飲吳園

元元分古觀南鎮越王城五石空蛩瑞羣仙不記名古城之五仙觀

鯨魚有浪春濤闊銅鼓無聲夜柝閒吳中復寄清海程諫議

地窮山亦斷煙水是封圻外國衣裝盛中原氣象非陶弼

石門見月隨潮早洸口聞猿上峽遲新酒滿篘蠻嫗店古碑當道海神祠陶弼

越地春生草春城瞰渺茫朔風驚瘴海霧雨破南荒巨舶通蕃國孤雲遠帝鄉張俞

春生桂嶺外人在海門西僧希畫

文物從來屬斗南張致遠

一酌不能藏千年依

舊淸漢州綿竹令古城之貪泉江山禹貢外城郭漢兵餘唐庚送容之五羊岸邊天影隨潮入樓上春容帶雨來陳與義海山樓南縣富魚鹽沿田勞少休薛弼舒嘯亭

越王臺詩

本爲雙鳧入何知駟馬來人非漢使槖郡是越王臺張九齡使至廣州海郡雄蠻落津亭壯越臺里樹桄榔出時禽翡翠來曲江公送周判官貨通獅子國樂奏越王臺韓愈蠻聲喧夜市海色潤朝臺殘角天邊月寒關嶺上梅張籍送鄭尚書鎭南海白煙和月藏蠻洞明月隨潮入瘴村更忒臨高見佳景越王臺上酒盈罇沈彬送人遊南海海靜天高

顥氣殊鯨鯖失彩蚌潛珠不知今夜越臺上望見瀛州方丈無李祥正中秋憶歸林上越王臺歸思臨高不易裁爲客正當無鴈處故園誰道有書來曹松南海旅次鷺將吉了語猿共猓然啼定尋雷令劒應識越王笄殷堯藩寄張明甫城連虎踞山圖麗路入龍編海舶遥江客漁歌衝白荇野人貪語映紅蕉庭中必有君遷樹莫向空臺望漢朝交州記云有君遷樹有朝漢臺尉佗望漢所築右陸龜蒙和皮日休寄南海桂林無葉落梅嶺自花開陸賈千年後誰看朝漢臺劉文房送人使嶺南傷心欲問前朝事惟見江流去不回日暮東風春草綠鷓鴣飛上越王臺竇鞏南遊重岡複嶺勢崔嵬

一卒當關萬卒迴不是大夫多辦說尉佗爭肯築朝臺胡曾朝來數花發身在尉佗宮許用晦南海對菊趙佗西拜已登壇馬援南征土宇寬越國舊無唐印綬蠻鄉今有漢衣冠許用晦朝漢臺劉項持兵鹿未窮自乘黃屋島夷中南來作尉任囂力北向稱臣陸賈功簫鼓尙陳今世廟旌旗猶鎮昔時宮許渾登尉佗樓尉佗椎髻爾何爲謾古海隅蛟蜃穴祝融之符天下歸豈假陸生三寸舌千金裝橐未爲多更上高臺望堯闕郭祥正朝漢臺番禺城北越王臺登臨下瞰何壯哉三城連環鐵作甕睥睨百世無傾摧郭祥正越王臺不終屈強蠻夷上稍復低回禮

義中自昔一時成霸業至今千載仰英風蔣之奇朝漢臺西場有臺號朝漢其下復見香爐坵云云近城故有武王臺拂雲千尺高崔嵬謂之朝漢乃非是歲時嘉會傾尊罍蔣之奇子牟心未老愁上越王臺朱師復

五羊菖蒲澗仙詩

石關通越井蒲澗邇靈洲江總別南海賓化侯千載安期獨師友五羊從古是仙鄉李勃衆妙堂五仙騎五羊何代降茲鄉澗有堯時韮山餘禹代糧李羣玉菖蒲澗古木脩篁絕世聞越王臺殿作仙壇白羊常在玉虛遠元鶴不來金井寒陳覺民五仙觀瘴霧日消嵐氣靜颶風朝息海波閒安

期嘗餌菖蒲在馬援應無薏苡還吳中復和承謙議撥破紅
塵入紫煙五羊壇上訪神仙人間自覺無閒地城裏
誰知有洞天蔣之奇梁閒許渾詩壁上李翱記同上一石
尚存垂釣處五羊時載老仙還郭祥正番禺五代人騎
羊各一色手持六秬穗翺翔遶城壁翩然去乘雲諸
羊化爲石至今留空祠異像猶可識郭祥正菖蒲澗中
生九節流水遂作菖蒲香安期服之已仙去謾脫雙
舄留秦皇郭祥正菖蒲澗舊日菖蒲方士宅後來薝蔔祖師
禪如今只有花含笑笑道秦皇欲學仙東坡蒲澗疎鍾
外黃灣落木初東坡飛泉一派木千章九節蒲根澗裏

香拔宅不留雞與犬至今無處問仙方季陵菖蒲寺

峽山寺詩

一水遠赴海兩山高入雲魚龍晴自戲猿狖曉成羣唐文公翱峽山

洞丁多斲石蠻女半淘金南浦驚春至西樓送月沈許渾

樹隨山崦合泉到石稜分許渾

海虛爭翡翠溪邐鬬芙蓉許渾峽山詩新州亦有翡翠墟芙蓉邐

清人耳目中流水壯客精神兩岸山廖君玉

嶺外江數百會此清遠峽洛陽朱敦儒

風變尉佗國聲歡舜帝民蕭固

鐘聲出峽口塔影落潭心蕭蕭

山似牛頭峽水如龍眼灣胡銓

山水同三峽煙霞似十洲蔡伯

兩崖天作帶萬壑樹披衣宋之問

四六

三閩奧壤，百越舊都。藝文類聚梁王僧孺至南海地總百越，山連五嶺。史通鎮茲奇壤，式是南州，篤五管之政教，總三軍之旗鼓。幅員萬里，循致九譯。唐張燕公撰宋公遺愛碑頌五羊仙郡，白粵奧區。星分牛斗之光，水合巽乾之秀。張致遠上梁文五嶺之交，百蠻之會。在昔爲荒服，于今爲奧區。張舜仁遠堂地聯夷島，犀象寶貨之川流；背倚閩山，韋布衣冠之都會。楊汝南試院上梁文治行冠十賢之右，威聲聳百粵之閒。楊汝南設蕃致語七縣豐登，臥聽清閒之鼓角；三城晏靜，坐觀回合之溪山。張致遠雙門上梁文百蠻荒服，五嶺炎陬。林遹到任謝表尉佗舊俗竚聽於變風子年遐心稍寛於戀闕事迹廣平之清白無雙方慶之循良第一事迹李朝隱之清風劉崇龜之明察事迹宋廣平古之遺愛吳隱之直哉惟清事迹唐朝五管之雄南越一都之會事迹切惟五羊實控百粤岳霖南極北向戶北至于桂林旁帶邑容分置征鎮而南海尤居劇地舊制輒得臨莅諸管元微之裴溫充清海節度參謀制誥節制五嶺幅員萬里伏波之銅柱猶在永謝奇功士燮之鼓吹日聞彌慙武幹呂溫代鄭南海謝表越井朝臺備經艱險貪泉湞水益勵平生李義山爲濮陽公陳情表四牡載驅和氣久騰於大庾五羊夾道懽聲迎見

於緺侯李公甫同洪廣州襟帶五嶺控制百蠻淨惠寺塔記尉佗

故區隱之遐迹陳景肅步雲傳賦

輿地紀勝卷第八十九

輿地紀勝卷第九十 文選樓影宋鈔本

東陽王象之編　甘泉岑鎔淦長生校刊

廣南東路

韶州　韶石　始興　曲江　白星　廣輿　武溪

州沿革

韶州 中 始興郡軍事 九域志 禹貢楊州之域 寰宇記云楊州之域圖經以爲荊州之域諸書皆以廣州爲楊州之域今韶在廣州之東廣尚爲楊州之域則韶涉廣而東又在嶺外不應反屬荊州當從寰宇記云楊州之域 星土分野與廣州同 舊經以爲越地牛女之分新經以爲楚地翼軫之分二者不同韶地邊楚亦交涉荊楊二州之境姑兩存之然韶乃包在廣州之東當同廣州 春秋爲百越地戰國皆楚地 輿地廣記 秦屬

南海郡元和郡縣志與寰宇記輿地廣記皆同漢初趙佗有國地屬南粵圖經云漢興趙佗僭號侵擾邊陲始以五嶺爲界雄據其地築城於今仁化之北門以隆南粵之勢至武帝平南粵置十三部刺史而曲江縣隸桂陽郡統於荆州武帝平南粵而曲江以縣隸桂陽郡統於荆州元和志云今州即桂陽郡曲江縣也後漢因之圖經云班范二史志所載曲江縣皆屬桂陽郡置始興都尉元和志今州即都尉所部三國屬吳通鑑漢獻帝二十年吳蜀分荆州以湘水爲界長沙江夏桂陽以東屬權孫皓分桂陽爲始興郡仍屬荆州晉志云吳置始興郡治曲江皇朝郡縣志云吳甘露元年以桂陽南部爲始興郡晉武平吳以始興郡屬廣州晉志廣州序云太康中平吳遂以荆州之始安始興臨賀三郡來屬荆州東晉安帝時盧循陷廣州徐道覆陷始興通鑑在安帝元興三年道覆使人伐材於

南康山至始興賤賣之居民爭市之船材大集而八不疑及劉裕北伐道覆勸盧循乘虛入寇悉取以裝艦旬日而辦循遂自始興寇長沙道覆寇南康通鑑在義熙六年及盧循敗走劉藩孟懷玉等追盧循至嶺表懷玉尅始興誅徐道覆通鑑在義熙七年宋更郡名曰廣興齊復爲始興已上並通典又南齊志有始興郡是復爲始興也梁武帝末年陳霸先爲始興太守自始興起兵討侯景通鑑在武帝太清三年陳於此置東衡州隋志云陳置東衡州元和郡縣志云梁承聖中蕭勃據嶺南於此置東衡州不同象之謹按曲江志侯安都傳以爲安都定議立世祖功封司空父文捍爲始興內史卒于郡安都迎其母還建康母固求歸里乃爲置東衡州以安都弟安曉爲刺史在鄉侍養則東衡州之置當在

陳世祖文帝之時今從隋志**隋平陳改東衡州爲韶州**元和郡縣志在開皇九年以州北韶石爲名**尋廢韶州以縣屬廣州**元和郡縣志云開皇十一年廢韶州以縣屬廣州故隋志南海郡下有曲江始興二縣**又自南海縣移廣州來理曲江之廢韶州城即今州理是也**元和郡縣志在開皇十二年**置廣州總管府於此**此據隋志始興縣下**後廣州還治南海**廣州移治始興一節廣州圖經既不該載亦不載還治南海縣年月攷之通鑑開皇十一年番禺夷王仲宣反引兵圍廣州仲宣又遣別將圍東衡州則是此時廣之與韶尚分治也已而仲宣衆潰廣州獲全則是移廣州於韶當在開皇十七年王仲宣寇亂之後而元和志又云仁壽元年改廣州爲番州大業二年移番州治南海象之謹按番州之名是因番禺二山而命之則其改易郡名當在還治南海之後不應在移治始興之日使其尚在移治始興之日則東衡州與韶州皆有舊名可命何必遠取番禺之山而命之耶隋

志始興縣下注云平陳置廣州總管於此開皇末移向南海而通鑑仁壽元年立晉王廣爲太子始避太子廣之諱改廣州爲番州則是開皇末年廣州還治南海而仁壽初年改爲番州庶與隋志相應耳元和志謂改番州之名於治始興之時與隋志不類今不取 隋末陷賊元和郡縣志 唐平蕭銑置番州於此元和志又唐志云武德四年析廣州之曲江始興樂昌翁源四縣置番州又韶州壁記武德二年已有番州刺史鄧文進不同 尋更名東衡州唐志 又更名韶州唐志在正觀元年 復舊名也元和志 分天下爲十道韶屬嶺南道圖經 改始興郡天寶元年 復爲韶州乾元元年 唐末虔州盧光稠攻嶺南陷韶州通鑑在昭宗光復二年 使其子延昌守之光稠卒延昌自韶歸虔襲位以其將廖彥守韶州通鑑在梁開平四年 梁又命譚全播爲虔韶二州節度開通

使通鑑在梁乾化二年全播治虔州而韶州先已陷于劉巖通鑑無月日可考而五代史劉龔傳云當盧氏時龔已取韶五代年表龔以乾化元年即位即韶州之陷當在乾化初年象之謹按通鑑梁太祖乾化元年劉巖發兵攻韶州刺史廖爽奔楚則韶乃陷於劉巖巖後方改名為龔巖即龔也然劉氏僞命割湞昌今為保昌始興二縣置雄州寰宇記在乾祐二年國朝平嶺外地歸版圖五代史在開寶四年分二十三路韶屬廣南東路元豐九域志今領縣五治曲江

縣沿革

曲江縣　望

倚郭圖經云在州南一里漢志桂陽郡下有曲江縣元和郡縣志云本漢舊縣屬桂陽郡江流迴曲因以爲名吳甘露元年置始興郡縣屬焉圖經云晉因之故晉志始興縣下亦有｜｜｜通典云宋屬廣興郡

齊復屬始興郡隋志南海郡曲江縣下注云舊置始興郡平陳郡廢十六年又廢湞陽縣入焉唐志武德四年析廣州之曲江等四縣置番州尋更名東衡州正觀元年又更名韶州縣皆屬焉圖經云正觀八年省臨瀧貞化二縣入曲江國朝會要云咸平二年徙治涍水西善政坊會要又云崇甯乙陞韶州涍水場作縣乙撥曲江之廉平福建兩鄉翁源縣之太平鄉隸焉

翁源縣 望

在州東南九十里元和郡縣志云本漢湞陽縣地在今廣州界梁承聖末蕭勃分湞陽立｜｜｜因縣界翁水之源爲名也後因不改舊圖經云縣境靈池中有老人鬚鬢皓然或時隱見因名翁源隋志南海郡｜｜｜下注云梁置翁源陳又置清遠郡平陳郡廢唐志韶州云武德元年析廣州之翁源來隸元和郡縣志又云正元元年刺史徐申移於今理

樂昌縣 中

在州北八十里元和郡縣志云本漢曲江縣地梁天監七年分曲江置梁化縣屬始興郡開皇十年改屬廣州隋志云梁置梁化縣又分梁化縣置平石縣開皇十二年省平石縣入焉十八年改名樂昌唐志韶州云武德四年析廣州之丨丨丨來隸

仁化縣　中

在州東北八十里唐志云本隸廣州垂拱四年析曲江縣置後屬韶州國朝會要云開寶五年併入樂昌咸平四年復分置故寰宇記無仁化縣

圖經云乾道三年分依化鄉置乳源縣

乳源縣

在州西一百里皇朝郡縣志本曲江縣地隆興二年本路諸司言本州諸縣不通水道欲就曲江縣管下洲頭津置乳源縣便於催科水路可通州城詔從之圖經云先是本路憲司奏云曲江崇信樂昌依化鄉地廣人稀山溪險阻請就曲江縣洲頭津置縣作乳源名會要云乾道二年分曲江縣樂昌縣地置

監司沿革

廣南東路提點刑獄司

圖經云提點刑獄司在城西風憲坊創置之始不可攷臺治之南爲大門由西而入曰僉廳次爲中門爲設廳廳之東偏軒曰明允廳之西偏齋曰詳讞又西有堂曰丹荔自丹荔而右有說堂又東有堂曰明啟自明啟而入有三省堂有光風霽月之樓卽城門之西樓也皆奇偉壯麗爲一郡之最云

風俗形勝

形勝隆阜山川穹奧雅有名邦之稱謝肇重建韶東廳壁記在番禺之北去天子治所三千餘里余靖修州衙記控扼五嶺韶爲交衢同上虞舜南巡奏樂於此郡有貴跡因山得名同上唇齒江湘咽喉交廣同上虞舜南狩蒼梧九韶之

樂奏於石上余靖韶石亭記嶠南溪山之勝曲江稱最余靖湧泉亭記廣之旁郡一十五韶最大余靖新建望京樓記州以山名縣以水名余靖韶州真水館記真水出大庾嶺與武水合二水回曲而流故名曲江虞舜奏簫韶於羣石之右故名其山曰韶真水武水回曲而流故名曲江見上韶於嶺外爲劇郡同上井邑不異江浙梁安世盤冠亭記庾嶠之南舜遊之地許申張曲江祠張文獻余襄公父母之國卓然清風振起百世梁寺丞滿淑堂記嶺南屬州以百數而韶州爲大皇甫集朝陽樓記其地高其氣清同上以韶石爲名元和郡縣志舜登韶石奏樂名曰曲江見桂陽志越之北門九朝通略開寶三年潘美長驅至韶州奏云此地越人之北門也始興溪子拳勇善戰通鑑晉安帝義

熙六年何無忌拒盧循殷闡謂無忌曰云云

韶州佳山水之名聞於天下而韶石爲之最韶石圖記韶之景富於山水而佛刹古勝相望於野余靖遊大峒山序始興北嶺峭嶮巉絕大庾南谷坦然平易公乃獻狀詔委開通曾不閱時行可方軌唐徐浩張文獻碑曲江本區越之分謝肇東廳壁記僞劉割據所析其地建英雄二州故始興之名移於他部余靖修州衙記六祖偃息石牀存焉余靖洌溪石室記嶺道九十里爲馬上之役餘皆篙工楫人之勞余靖眞水館記自唐張文獻公以忠烈崛起是邦我朝余襄公繼之亦大有聞論者以爲山川英氣所鍾張省元韶石圖記韶之名以山而山之名以

石范端臣望韶亭記王荆公天聖間侍其父令公守韶日讀書之所梁寺丞淑清堂記庾嶠之南舜遊之地樂石奇怪而甲出曹溪甘爽而泌涌八泉會而同沼二流合爲曲江許申撰張曲江祠堂記

景物上

西園在郡圃　鈴齋在設廳西　王城元和郡縣志云一名故郡城在曲江縣南六里地勢險固晉義熙初盧循寇廣州循將徐道覆移始興郡據此城　王山在曲江縣寰宇記云一名越王山二千石初到皆致虔祠祈請多應　皇潭寰宇記云在曲江縣潭側有舜祠昔爲舜遊處　翁水在翁源縣東一百四十里源出本縣界靈池山南流九十里至英州江口合大水入廣州　玉山在曲江縣東北五里按寰宇記昔有一人得玉璞於此因名有銀山白石山及浮山其地躡一處則百餘步地動

銀山元和志云在州東北五里桂山上　臘嶺在乳源縣西五里壁立峭拔居五嶺之一　錦石九域志　桂山在曲江縣西北四十里按寰宇記多菌桂　桂水在曲江縣西北四十里源出本縣界桂嶺下東流一百里合武水嶺上有桂因名　曲江貞水武水合而曲抱州城故名　浮山在州東北五里躡地一處百步餘地動　溫水在樂昌縣東北四十里冬夏常溫疾者浴之皆愈　逃石在曲江縣舊經云本在桂陽汝成縣因夜迅雷至此人見其逃來因以名之　韶石在曲江縣郡國志云斗勞水間有兩石相峙高百仞廣五里相去一里大小略均似雙闕州取名焉永和二年有飛仙之冠遊二石上昔舜遊登此石奏韶歌隋開皇九年取以名郡　虎市在曲江縣靈鷲山舊經云山多虎一名｜｜晉義熙中有天竺僧居此而虎絕　武水在曲江縣西二十步江源出桂陽監平陽縣界臨武岡流出郴州宜章縣下南流入樂昌縣界古名虎溪唐改名爲武溪湍瀧危峻南流一百二十里入本縣界合眞水　武溪輿地廣記在樂昌縣溪自臨武東南流入曲江界巖崖峻阻湍

浪震驚名曰瀧水韓愈詩云南行踰六旬始下樂昌瀧險惡不可狀船石相舂撞

牢石 元和志云在曲江縣東六十里色備五彩狀若樓樓觀上多羚羊

湞水 元和志云在曲江縣東一里元鼎五年征南越樓船將軍下橫水入｜｜即此水也圖經云在城東六步源出南雄州大庾嶺南流三百六十里入曲江合武水柳子厚酬裴韶州詩云｜｜想澄灣謂此也

滄湖 元和志云在樂昌縣東南十里周迴三十五里南通瀧水

昌山 在樂昌縣九域志云士庶嬉遊之處唐武德中夜有星如銀墜於山頂山有石多奇大人呼為樂石取為懸磬者是也

盧水 寰宇記云在曲江縣此水合武水處甚險名曰新瀧有太守周昕廟即始開此瀧者行者放雞散米以祈福而忌濕衣入廟云

勞水 有韶石在水中

景物下

韶陽樓 許渾｜｜｜｜夜讌詩待月西樓卷翠羅玉杯瑤瑟近星河使君莫惜通霄飲刀筆初從馬伏波

朝陽樓 唐李守建以其居城之東名｜｜｜｜皇甫湜有記

武溪亭 郭朴正｜｜｜

詩云形容不上凌煙閣馬革裹尸那可尋**曲江亭**在通津門外臨江艤舟之所**迎山館**在曲江亭西偏過客憩息之所**相江亭**在東門外一里亭前横江爲迎送之所**整冠亭**梁安世有記云左瞰貞水右俯武溪萬山衮衮悉聚目前**卓錫泉**在曹溪蘇潁濱有銘**清淑堂**在九成臺下圖經云王荆公讀書于此楊中詩云但願清淑氣徹盡海嶺隅**逍遙臺**隋薛道衡爲刺史創一臺號爲丨丨丨今水東城有遺址存張九齡陪王司馬登丨丨丨詩云常聞薛公淚非直雍門琴竄逐畱遺跡悲涼見此心府中因暇裕江上幸招尋人事已成古風流獨至今張子壽集陪王司馬登丨丨丨序云故郡城有荒臺焉雖層宇落搆而遺製巋然邑老相傳斯則薛公道衡之所憩也薛公不容隋季出守海隅作臺覘遠以滌孤憤**燕譽亭** **魚樂亭**在州治**不住亭**在天王嶺上入山之人得少憩**思古堂**太守狄咸建東坡名并書在宅堂**望韶亭**知郡范端臣記云韶之名以山而山之名以石**大峒山**余靖有遊山詩并序**雙闕石**在韶

石山　**三瀧水**曰新瀧垂瀧腰瀧今與樂昌縣爲分界源出湖南莽山　**三峯石**在韶石山

三楓亭圖經云曲江有修仁水水北有｜｜｜　**四接石**在韶石山　**五渡水**寰宇

記云三楓亭｜｜｜皆仁化縣故迹　**九成臺**在州衙狄咸建東坡書且銘焉　**松派水**元和

郡縣志云在翁源縣與湞水合經縣二十步　**黎溪水**在曲江縣東七十里源出本縣界東坑嶺

下西流合湞水下入武水故俗名｜｜｜　**芙蓉崗**郡國志云崗之半有石至伏洞深莫可測漢末

道士容康得仙於此　**芙蓉山**在州西五里其山先有芙蓉株故名許渾有｜｜｜寺詩云宋玉含

悽夢亦驚｜｜｜響一猿聲　**蓮花山**在州東五里形似蓮花故名州治對山也　**帽子峯**

州治主山也圜巒如帽焉　**盤龍石**　**駱駝石**　**獅子石**　**虹蜺石**

並在韶石山　**龍光寺**余靖有｜｜｜詩云雙澗洗寒月千峯鎖暮煙　**鳳閣石**　**馬**

鞍石在韶石山　**靈鷲山**山似天竺｜｜｜因名始興記云｜｜｜臺殿宏麗面象巧妙嶺南

佛寺此爲最也唐沈佺期有登靈鷲寺詩**金鳳寺**陳縝有題丨丨丨詩**錢石山**湘州記云山狀四方有臺其石三面壁立上有碎石如錢故名類要云**金鏡堂**在州衙取張曲江千秋金鏡錄以爲名**寶石山**在州南十里唐時駱家移徙一石團夜虎含其石回舊處因名寶石**寶林寺**余靖有詩**錦石巖**在仁化縣南十七里有三巖分上中下上有佛像宛若堂殿其遥彎環直上千餘級夾道杉松高凌霄漢**錦石溪**寰宇記云在仁化縣其里人能績竹爲布**賢相坊**在州城張曲江入相故名**將軍壘**在州南官灘下古城宋武討盧循遣沈田子伏軍於此連築一城其傍今呼爲丨丨丨**天王嶺**在南峯山下**越王山**在州北六里高六丈州牧初至皆禱祠焉**聖鼓灘**寰宇記云在曲江縣灘頗靈異舟人以篙棹觸之卽病**皇崗嶺**在州西北七里嶺下有舜祠**禪龕石**在仁化縣南十里高三十五丈臨大江傍有石室舊經云昔有漁人於江上遥見一僧儼然安坐人共異之數日間莫知所在禪牀今在室中**韶石山**在州

東北八十里高七十丈昔舜登此山石奏樂因名州之得名亦本此

恩溪水在仁化縣北一百里源出郴州舊經云越滅吳吳之後王之子孫避居於此行失路逢一女子導而去後以金帛遺之因名爲恩溪

零溪水在曲江縣東七十里源出本縣界淸化嶺下西流合眞水下入武水同流俗呼爲零溪

曹溪水在曲江縣東南三十五里源出本縣界牛嶺下西流五十里合大江眞水南流下英州界昔有僧智藥嘗此水味甘乃云堪充沙門所居之地後土人曹叔良捨宅爲寺因名曹溪東坡詩云又試曹溪一勺甘卽此水也

吳溪水在仁化縣北三十里眞水舊經云越王勾踐滅吳吳其子孫避難於此因名

宣溪水在曲江縣南八十里源出螺坑

修仁水在曲江縣界

藍豪山元和郡縣志云在樂昌縣崖嶺峻阻所謂瀧中卽此

斜階山寰宇記云在曲江縣斜階水出焉

目嶺水寰宇記云在曲江縣水巖間有石穴如人眼極大瞳子白黑分明故曰目嶺

天慶觀大中祥符元年置其後王爲寶爲郡載更基郴今觀是也常取終南山太平宮玉皇殿法紫霄

之樸於是樓閣廊廡寔皆奇壯塑成眞儀爰憑古畫今韶之一一一自京傳其勝妙以爲出諸州郡也

月華山 見余靖遊大峒山序

雲水源 寰宇記云在曲江縣有湯泉沸湧每至雲霜其上蒸氣高數丈生物投之俄而熟矣泉有細赤魚出遊莫有獲者韓文公詩云韶州南去接宣溪雲水茫茫日向西是也

臨水源 寰宇記云在曲江縣其山重疊有石室室前盤石上羅列十甕悉列銀餅山行者取之輒昏迷失路昔縣人封驅之奴株蒙遂竊銀餅行未數里爲大蛇所螫封驅驚悟尋奴則奴死銀存

林水源 寰宇記云在曲江縣時有紅光狀如驚電夜舒

靈池山 寰宇記云在翁源縣池中有石人或藏或見鬚眉皓白自號老翁人居此源皆享壽考因名翁水故曰翁源

靈君山 在樂昌縣東北四十五里山下有靈君之神因名舊經云山頂有池周圍四十步深五尺內有銀名九牛根與半夏同

靈溪水 在樂昌縣東北一百二十里源出本縣靈君嶺下與武水合流灌田一百二十餘頃舊經云水味甘飲之者壽鄉人取以醞酒

會眞水 在仁化縣南一百步源出本縣仁化

鄉南流二百五十里合湞水水色潔清味甘美多白石舊傳飲之令人壽志意精潔 **湞陽溪** 在仁化縣西五十步源出湞陽鄉東南流一百二十里合湞水湞嶺中岸傍多生梔子黃金竹 **臨沅山** 見東漢志注曲江縣下 **臨江院** 余靖有題|||詩 **南華寺** 太平興國塔梁天監元年有天竺國僧智藥自西土來泛船至漢土尋流上至韶州曹溪水口聞其香掬嘗其味曰此水上流有勝地尋之遂開山立石名寶林乃云此去一百七十年當有無上法寶在此演法今六祖|||是也唐萬歲通天初則天大皇后錫賚宣詔元和間賜塔曰靈照之塔柳宗元爲記焉開寶八年進勑賜額乃六祖大鑒禪師道場爲嶺外禪林之冠唐曹松詩云西土文殊曾印跡太中皇帝舊參禪郭祥正詩云曹溪有路人人到踏斷[元]關古亦稀楊誠齋詩云南斗東頭第一山白頭初得扣禪關祖衣半似雲來薄金鎖才開霧作團一鉢可能盈只尺 **石頭山** 在曲江縣北十三里許千年有底萬人看 山上有石高峻有二聖眞身下建石頭寺 **仙人石室** 在樂昌縣西五里舊經云石高三十餘丈室外藤蘿交聯登之

者攀援而入有石牀石臼仙經七十二福地此係泐溪福地

古跡

古州城在水西去今州城一里唐刺史鄧文進移州水西改爲之今號｜｜｜

古城在州南官灘下十里晉末盧循竊發番禺以徐道覆爲始興守道覆保始興因險自固於北嶺門增修城守今官灘下地名｜｜是也宋武帝討盧循遣沈田子伏軍於此連築一城其傍今人又呼爲沈將軍壘

樂昌廢城在縣西南二里周迴五里即秦時南海尉任囂築之今瀧口有任將軍城

仁化舊城寰宇記云在縣北一百一十里唐垂拱二年置開寶五年併入樂昌縣城遂廢

仁化古城在本縣北一百三十里舊經云昔尉佗自王南粵以五嶺爲界乃築城於此以定粵境

任囂故城元和郡縣志在樂昌縣南五里壘秦楚之際南海都尉｜｜因中國方亂欲據嶺南築此城以圖進取囂死此城尉佗因之遂有南越

大庾嶺新路唐志始興縣下注云開元十七年詔張九齡開

官道松 天禧元年太守許申栽至今茂盛

書堂巖 在城東十五里曹口里白芒渡之對巖洞劃然泉清石潔張曲江公讀書之地

岑水場 出產銀銅慶歷七年置長沙志云始饒之張潛博通方技得變鐵爲銅之法使其子甲詣闕獻其說朝廷始行其法於鉛山及饒之興利韶之涔水潭之永興皆其法也輿地廣記云崇寧元年陞涔水場爲建福縣今無此縣不知廢於何時圖經亦不載變置年月

永通錢監 在州西一里慶歷開葉公清臣宋公祁經度山澤置監分遣金工以採之歲用銅百萬斤可得盛幣三百萬三分其一以上供餘復市銅幾得二百萬慶歷八年九月三司言本州天興場銅大發歲采二十五萬斤請置監鑄錢詔爲永通監

王導宅 在水西按劉史君廳記云晉司空王導充始興內史今光運寺即導宅焉

侯安都宅 在曲江縣豐樂鄉大圖里桂山之下

張九齡宅 在州東六十里平圃驛畔今廟宇乃其宅基墳在曲江縣二十五里羅源村

張九齡畫像 長編云太平興國三年韶州言准詔訪唐相張九齡事迹得其畫像及文集九卷獻之

鄧史君宅在州西二里廣利王廟側余襄公祠堂在張相國廟治平中建學有祠于令公祠堂在張相國廟西偏令公名益字損之王荆公之父也天聖明道間知韶州元豐間立祠濂溪明道伊川三先生祠堂在州學東廊太守周舜元謂濂溪先生發明聖學明道伊川二先生皆得其傳況是邦實濂溪熙甯間弭節之地乃祠濂溪於學以二程配焉舜祠在惠應將軍廟之西侯司空廟在曲江縣西北四十里父老相傳即侯安都宅基因以立廟張相國廟在州城內東二十步先是廟在水西太守許申自水西遷廟入城盧太傅廟在州東太傅即光稠也唐末藩鎮擅有疆土光稠以虔韶二州請命于梁光稠卒南漢攻取韶郡人立祠祀之寶貺廟在曲江縣岑水場場人立寶廟一所坑爐人戶祈福七任將軍廟在樂昌縣舊經云即南海尉任囂也劉王鋹墓在曲江縣獅子崗余襄公墓在曲江縣西四十里成家山

官吏

晉王導爲始興內史　宋蕭道成爲始興內史即齊高祖子蕭頤爲內史即武帝　梁范雲本傳云｜｜爲始興內史郡多盜賊雲撫以恩德商賈露宿郡中稱爲神明圖經云曲江有修仁水北有三楓亭五渡水齊｜｜爲始興內史至修仁酌水而飲之賦詩云三楓何習習五渡何悠悠且飲修仁水不挹邪階流　唐徐申遷韶州刺史韶州兵興四十年刺史以縣爲治所申按公田之蠻者募人假牛犂耕墾以所取半畀之歲入凡三萬斛乃徙治故州未幾邑閈如初　吳武陵信州人爲韶州刺史　王明開寶四年領韶州刺史王師南伐明爲轉運使嶺道險絕不通舟車但以丁夫負荷糗糧數萬衆仰給無闕每下郡邑必先收其版籍圖守倉庫上嘉其功故擢用焉長編　鄒非熊鄭江集云臨州｜｜｜宰曲江民張九部遭兇盜逸去憲怒尉執平民劉威陳進等十八人憲下之州獄獄官假煉誣伏二囚已斃餘皆欲悉寘極典鄒詣憲白之甯棄官去憲悟以囚付縣審鞫乃索囚徒

破械遣之居亡幾何羣盜敗于隆興而九
韶家失物咸在公所活者衆絕口不言　本朝曹光
實開寶中自白州刺史權州事　許申天禧初到任公
後與夏人戰擒李繼遷之母
有器度日夕勤恪其年天慶觀有甘露降移曲江公張九齡廟自水
西入城中又栽官道松榕數萬株至今行者感德
王益天聖八年到任初夷越無男女之別公一切窮
治未幾男女之行別於塗翁源多虎公下教捕
之民言虎自斃者五長老言
爲吾州者未有賢於王公　孔平仲字毅父元祐中入館爲郎出爲
京西提刑坐黨籍　祖無擇皇祐三年
四年謫知韶州　爲提刑　侍其淵嘉祐五年爲提
刑平儂智
高有功　周頤熙甯四年爲提刑不憚瘴毒荒涯絕
島人迹所不至皆緩視徐按以洗冤
澤物爲己任以病求知南康軍
號濂溪先生見張栻祠堂記　狄咸作九成臺東坡作記　宇文
虛中繫年錄云建炎二年韶州居住丨丨丨丨乘
驛赴行在以其應詔使絕域後死於忠義　朱
翌紹興十一年韶州居住以言者
論其爲趙鼎之黨故也繫年錄　陳瞱爲提刑以落
南士夫孤遺

而不能歸起屋六十七間籍本州官田及買到田歲得米二千石以養之提刑廖德明爲記

人物

陳侯安都 字師成始興曲江人善騎射侯景之亂招集甲兵三千人陳武帝入援臺城安都引兵從之尅平侯景力戰有功

唐鄧文進 始興人唐初爲本州刺史移州於水西蕭銑叛發兵攻樂昌城文進堅守累有戰功廟食樂昌

張九齡 字子壽曲江人七歲知屬文擢進士調校書郎中道侔伊呂科初安祿山以范陽偏校入奏事九齡謂裴光庭曰亂幽州者此胡雛也及討奚契丹師敗又奏請誅之帝不聽祿山犯闕帝思其忠遣使祭於韶州厚幣卹其家方明皇千秋節日衆獻服玩公奏金鑑錄以箴規之

皇朝余靖 曲江人爲集賢校理范仲淹以言事忤意貶饒州諫官御史不敢言靖上疏論仲淹不當貶出知秦州

王陶 官至度支郎中夫人朱氏賢淑教子與諸婦約曰今歲科舉汝等夫有能預鄉薦者免執廚爨諸婦各勉其夫是年五子應舉中選者三人今鄉人教子以王

郎中爲法

蕭雄 樂昌人與兄雅弟維淮俱隸業上庠雄俞桌榜淮賈安宅榜雅莫儔榜起自白屋連擢高第

鄧戩 傳通經登天聖五年第子堂登皇祐二年第孫弼亮登元祐三年第三世登科有聲南士

譚必 字子思天聖間王益守韶州必應童子舉日誦萬言京師引試稱旨調邕州推官交趾破邕沒於王事

仙釋

道士康容 漢末於曲江芙蓉山之石室燒丹昇仙

六祖大鑒禪師 姓盧名惠能新州人得法於黃梅五祖忍大師唐武后時傳五祖衣鉢在廣州宗印師席下披度法性寺受戒後歸曹溪大興佛法今南寺卽其道場熙甯十年賜眞空大鑒禪師東坡答周循州詩云前身自是盧行者卽曹溪六祖也

普勳定慧大師 卽六祖弟子唐時始開翁源靈池山景龍初置寺額爲翁山寺在縣東北一百里碑云昔開山和尚靈震眞身僞漢封普勳定慧大師

法海禪師 初見

六祖問曰卽心卽佛願垂指喻祖曰吾若具說窮劫不盡吾偈曰卽心名慧卽佛乃定定慧等持意中清淨法海信受以偈賛曰卽心元是佛不悟而自屈我知言慧因雙修離諸物

覺化大師 名文偃爲劉乾和間住雲門寺坐化慶歷七年有叛寇唐和過其寺欲爲害覺化師現身在空唐和感悟本寺首僧覇因而招降元祐八年賜號覺化大師

寂通證誓大師 郴人姓朱名道廣駐錫韶州仁壽臺羣丐所居與臺密邇師日持盂化食以所得同之一器爲和羅飰唐天寶元載此地大旱沿流至官灘泝回于岸謂人曰雨將至矣須臾陰雲滿空雨露霈下今光運寺住持處也元豐賜寂通證誓大師

惠慤聖師 元河北道人也姓陳咸通中乘虎至韶州仁化縣潼陽鄉駐錫卽今大雲寺咸通十三年坐化立塔

碑記

漢周府君碑 府君後漢時爲桂陽太守開瀧水有利於民當時立碑紀其績碑在樂昌縣西

武溪上廟中郭蒼文碑尾云太和九年重修歐陽脩集古錄凡三跋尾云此君漢書無之今碑石缺不著其名

靈池山碑 碑云開山和尚靈震於山頂開池

始興郡記 見東漢志注曲江縣下

唐張九皐碑 集古錄云蕭昕撰史仲方書長慶三年立

陸羽題名 在仙人石室中古傳鴻漸嘗水至此

韶州重修東廳壁記 乾符元年刺史謝肇撰

新修虞舜廟碣文 唐嶺南東道節度推官謝楚撰長慶元年立

六祖賜謚碑 唐柳州刺史柳宗元撰元和十年立

張文獻碑銘 唐嶺南節度經略使徐浩撰集古錄長慶三年立

張尚書碑銘 尚書諱仲方白居易撰

朝陽樓記 皇甫湜撰

余襄公神道碑 歐陽脩撰

韶州修衙記 余靖撰

韶州泐溪石室記 余靖撰

韶石亭記 余靖撰

韶州湧泉亭記 余靖撰

韶州眞水館記 余靖撰

九成臺銘 東坡

曹溪銘 蘇頲撰

濂溪祠堂記 張栻撰

又州學濂溪祠堂記朱熹撰 州學張公余公祠堂記楊萬里撰 朱晦菴韶州學講堂西齋銘明倫堂曰天敘有典匪學弗明我作此堂大猷是經匪忠曷勸匪孝曷程詔爾學子永觀厥成崇德齋曰尊我德性晞聖學兮玩心神明悅修獨兮 廣業齋曰樂節禮樂道中庸兮克勤小物來膚公兮 居仁齋曰勝己之私復天理兮宅此廣居純不已兮 由義齋曰羞惡爾修勉擴充兮遵彼大路行无窮兮 圖經郡守楊祐跋

韶州詩

候曉踰閩漳乘春望越臺宿雲鵬際落殘月蚌中開薜荔搖青氣桄榔翳碧苔南中雖可悅北思日悠哉宋之問 炎海韶州牧風流漢署郎分符先令望同舍有輝光杜甫送韋員外牧韶州 故人湖外少春日嶺南長憑報韶

州牧新詩昨寄將杜甫寄韋韶州白髮絲難比新詩錦不如

雖無南過鴈看取北來魚同上養拙江湖外朝廷記憶

疎同上曲江山水聞來久恐不知名訪倍難願借圖經

將入界每逢佳處便開看韓吏部將至韶州先寄張使君借圖經韶州

南去接宣溪雲水蒼茫日向西客淚數行先自落鷓

鴣休傍耳邊啼韓吏部退之幼孤常隨伯兄會貶官韶州會卒貶所退之過韶感懷故詩中有客淚先落之句韶陽李太守高步凌雲煙韓退之送靈師南行踰

六句始下樂昌瀧險惡不可狀船石相舂撞韓退之越

絕孤城千萬峰空齋不語坐高舂印文生綠經旬合

硯匣留塵盡日封梅嶺寒煙藏翡翠桂江秋水露鰅

鱅柳柳州寄周韶州疑山看積翠須水想澄灣柳文酬韶州裴曹長張史君詩注云湞水合在韶州界江曲山如畫貪程亦駐舟許渾送竇司直出嶺簷外千帆背夕陽歸心杳杳鬢蒼蒼嶺猿羣宿夜山靜沙鳥獨飛秋水涼露墮桂花棊局濕風吹荷葉酒瓶香主人不醉下樓去月在南軒更漏長許渾驛樓宴日落靑巖際谿行綠篠邊張子壽始興溪祗役已去久乘閑返服初塊然屏塵事幽獨坐林閭淸曠前山遠紛喧此地疎但樂多幽意甯知有毀譽尙想爭言者誰云要路居都亡下流歎傾奪竟何如張子壽閑放詔下忽臨山水郡不妨從事悤攀登莫言向北千行鴈別有圖南

六月鵬權德輿寄李韶州　行舟傍越岑窈窕越溪深水闇先秋冷山晴當晝陰張曲江湞陽詩　溪流清且深松石復陰臨正爾可嘉處胡爲無賞心張曲江發曲江溪中　乘船泛鷁下韶湍絶景方知在嶺南唐胡曾自嶺下泛舟清遠峽詩云乘船泛鷁下韶湍

薛荔雨餘山似染蒹葭煙盡水如藍日遊蕭帝新松寺夜宿姮娥桂影潭不爲篋中書未獻便來此地結茅菴　韶山南國鎮靈蹤傳自曩雙闕倚天秀一逕尋雲上余靖　斫得龍光竹兩竿持歸嶺北萬人看竹中一滴曹溪水漲起西江十八灘蘇東坡贈南華首座　森森畫戟擁朱輪坐嘯梁公覺有神爲公過嶺傳新唱催發寒梅一信春東坡次韻韶守狄大夫　回首天涯一悵望却登梅嶺

望楓宸東坡次韻韶倅李通直雙闕浮空照短亭至今猿鳥歗青熒君王自此西巡狩再使魚龍舞洞庭東坡宿建封寺登盡善亭望韶石二峯羣峯合勢曲江頭二水交流夾一州地有九嶷清淑氣人無五嶺鬱蒸愁譚太博清淑堂清人耳目中流水壯客精神兩岸山廖君玉峽山

韶石詩

暫欲繫船韶石下上賓虞舜整冠裾韓文簫韶曾此奏鍾石無遺像但見薰風存翛然天籟爽余靖泫泫曲江水天借九秋色樓臺飛半空秀氣盤韶石王荆公怪石巉巉上泬寥昔人於此奏簫韶水清但有嘉魚出風

援何曾毒草搖王荆公韶山秀拔清江瀉王荆公首參虞舜嘆韶石於謁六祖登南岸坡詩生逢堯舜仁得作嶺海遊坡詩我兄清廟器持節瘴海頭坡詩巖頭風急樹欹斜溪畔漁樵十數家老盡往來名利客年年秋水映蘆花章邵才過清遠峽簫韶有遺韻流入武溪中孔平仲南踰瘴嶺窮崎崟梅花初開雪成林韶石髣髴聞舜琴曹源一滴清人心蔣穎叔武溪深辭當日昌黎繫纜初曾瞻雙闕整冠裾致君堯舜今誰是想像聞韶更起予蔣穎叔望韶石九韶先幸舜五嶺後通秦朱舍人題南華寺遺音自有天地響聽不以耳精神完重瞳一去無復還隨風波兮

陟雲間郭祥正韶石行

張曲江詩

北望詎令傷塞鴈南遷纔免葬江魚韓吏部酬張韶州寂寞韶陽廟魂歸不見人劉禹錫弔張曲江鐵胎重整英儀峻燕厦新成暑氣涼韶石遍圖輝壁落荔枝分植映房廊開元舊事豐碑在家笥猶傳故笏囊許申張相公祠當年致主陳金鏡後世空祠見鐵胎武水直疑龍臥久韶山時想鶴歸來我朝繼有襄公出誰道南方乏美材郭祥正張相公祠金鑑束高閣鐵胎空數尺博士唐庚張相鐵像詩開元太平久錯處非一拍就令乏賢人何至相仙客直道旣彫喪曲江遂疎斥汲黯困後薪賈生罷前席｜｜｜｜

鐵胎空數尺妙處難形容英表艮髣髴摩挲許國姿尙想立朝色同時反棄置異代長歎息唐庚注云張相鐵胎詔人相傳以僞明皇悔時所鑄五湖煙浪渺難尋有像區區欲鑄金試問鐵胎身後事何如羽扇用時心梁安世張相公祠

功業終令萬古傳豈惟文采動當年曲江相繼成雙廟慶曆同稱有四賢楊蟠余襄公祠

天以伊皐生百越力回堯舜作開元波濤漏網魚龍活日月無光蝃蝀昏一自漁陽鼙鼓起九重方憶老臣存呂夏卿謁張相公祠

銅柱將軍嗟不見鐵胎丞相鎭長存劉誼

中興創業兩興唐遺列誰如魏與張笏在孰知囊可寶書成未覺鑑今亡張提刑訢奠

曲江丞相言不售范陽烽火連京畿鄒補謁曲江墓

之題曲
江墓

四六

眷是始輿舊惟南粵（韓亞卿表）山明水秀九成之韶樂可賓人傑地靈千秋之鑑錄未泯（韓亞卿）其去炎州此爲樂土（韓亞卿）惟山水之名聞來久豈待借於圖經而籍韶之樂至於斯諒有忘於肉味（余崇龜謝韶州韓守）

輿地紀勝卷第九十

甯縣隸東官郡則是割興甯縣屬東官郡耳於永平一郡了無干涉不知寰宇記何所據而書屬永平郡耶而皇朝郡縣志以秦屬南海郡東晉屬東官郡而不知晉宋以來志書龍川縣尚隸南海郡乃以爲併屬東官亦非其實輿地廣記云宋分屬東官及南海郡所書雖得其實而年月不類蓋興甯縣之分東官郡之立皆在東晉如晉志元和志所書皆立於晉而輿地廣記以爲分立於宋亦非是今第書云晉氏江左中興立興甯縣隸東官郡故又爲南海東官二郡之地庶幾所隸及年月得與晉志及元和志相應耳

隋平陳於歸善縣置循州此隋志之文然隋初置一循州乃以循州惠州合爲一州後既分置惠州而循州非盡循之故境也元和志云開皇十年置循州煬帝改循州爲龍川郡元和志在大業三年唐平蕭銑復爲循州元和志云武德五年復曰循州通鑑武德五年書曰蕭銑既敗嶺南俚帥楊世畧以循潮二州來降置循州總管府寰宇記管循潮二州尋廢寰宇記二年廢總管而不書年號當考改海豐

郡在天寶元年唐志云本名龍川郡天寶元年更名海豐郡復爲循州乾元元年南漢劉龑音儼僞命移循州於雷鄉縣置分循之歸善博羅海豐河源四縣爲禎州即今惠州也寰宇記云唐末劉鋹割據僞號乾亨元年分歸善博羅海豐河源等四縣爲禎州而五代史劉鋹以周世宗顯德五年歲在戊午卽位改元大寶而顯德元年己有禎州節度使劉宏正己不可據而乾亨乃唐昭宗年號爲甲寅之歲先於周世宗顯德五年戊午凡六十五年是時劉氏尚未有國劉鋹亦未曾生不應預改州郡之名不同象之謹按寰宇記於惠州下又書云惠州本循州舊理廣南僞漢劉龑乾亨元年移循州於雷鄉縣於此置禎州循州之移禎州之建同一年月而所書不同蓋唐末有乾亨年號而漢劉有乾亨年號既差乾亨以爲乾亨遂以劉鋹以爲唐末有國耳循州所書非是今依禎州書曰劉龑乾亨元年移循州於雷鄉縣置分循州歸善等四縣立禎州而循州只領龍川興寧二縣寰宇記國朝平嶺南地

歸版圖九朝通畧在開寶四年析興甯縣置長甯縣國朝會要在熈甯五年賜名博羅郡會要在宣和二年今領縣三治龍川

縣沿革

龍川縣 望

倚郭西漢志南海郡龍川縣下注云本博川縣之東鄉也輿地廣記云趙佗爲令於此漢及晉宋齊志皆有龍川縣隋志云隋開皇十一年省龍川入河源縣隷循州唐志云武后天授二年置雷鄉縣元和郡縣志亦云天授二年廣東都督陳崇業奏置雷鄉縣寰宇記云舊雷鄉縣廣南劉龑僞號乾亨六年改爲龍川縣移州就縣古趙佗城國朝會要云改爲雷鄉縣紹興元年依舊爲龍川縣

興甯縣 望

在州東北一百三十五里寰宇記云本漢龍川縣地圖經云東晉元興中析置興甯縣元和郡縣志云晉

於今縣西三里置興甯縣屬東莞郡開皇十年以縣屬循州唐志云貞觀中省齊昌縣入焉國朝會要云天禧二年移治長樂舊址

長樂縣 上

在州東北一百里圖經云本興甯舊縣治五代爲齊昌國朝天禧中移於興甯置鎭國朝會要云熈甯五年析興甯縣地置長樂縣紹興六年廢爲鎭十九年復爲縣

風俗形勝

織竹爲布 寰宇記云風俗織竹爲布人多蠻獠婦人爲市男子坐家 取循江以爲名 元和郡縣志云開皇十年置循州 趙佗爲龍川令時築城居之遺趾猶存 循陽志州治門 西接嶅山遠鄰涮水 寰宇記龍川江舊名涮溪 東南抵惠東北接梅潮西連汀贛重山峻嶺數

百循陽志粱唐晉漢周之間常爲總管府甲兵屯焉慶歷中林諸人廳記羽則五距碧鷄越鳥鸚䳇寰宇記山多生海中草木見後霍山下循之山林梗楠杞梓罔不畢具慶歷中林諸大廳記今日庵蓋不爲使君南溟之變化耶權載之送賈循州序使君以司有佐黔陽之政遂詔舉領海豐天慈覆露無有遠邇及夫書於循吏爲後世法程則古人交趾九眞之績與河內潁川固何以異焉知云云嶺南無大寒甚暑秋冬之交勾萌盜發春夏之際柯葉潛改東坡黔化堂序今惠之境皆循所莅循陽志韓京遷于城東郎尉佗城之故基循陽志在紹興十五年龍川郡者漢之名部越之沃野地近魚鹽之饒士多江海之樂故其資奉易足余襄公普安寺記循戶四萬

歲出租米僅十萬碩於番禺都會中爲最饒富慶歷六年判官林諮大廳記云今租米僅三萬耳藉蘇陳二公爲光榮循陽志云蘇黃門陳諫議次升遷徙茲土蘇著龍川志陳有論諫循之談者云云

景物上

龍潭龍川敖山上有三潭龍藏焉人禱之必應蚌湖在興甯縣東北四十里有老蚌大數尺嘗夜生光亘數里鰐湖在龍川鴈池在興甯古號ㄧㄧ一視彌望循江元和郡縣志云自河源縣界流入于ㄧㄧ敖山寰宇記在龍川縣西北五里敖湖在州北龍潭之水注焉周圍數里俗號敖塘中有廣福寺契石在敎場山背俗呼雷石天門在龍川霍山天然如鑿城遊諸峯從此門入水精出長樂縣山間石甕在霍山容龜之前穴狀如甕可容三十人有泉不枯案山在州正南長江水之外霍山在龍川縣東北八十里爾雅曰大山宮小山霍其著

者有佛跡石逕白牛塔搗藥石樓大獨石遊仙峯藏經獅子臺鍾書堂仙藥五石又有大中石房聖容龕辟支窒山多海中草木上有石壇舊記云頂高七千七百七十丈周回三百六十里峯巒秀聳凡三百六十可居者七十有二下有祠宇曰香積靈龕顯教靈峯四寺

熱水興地廣記在長樂縣

湯泉在州北三井溫冷熱不同

洌溪寰宇記龍川江一名||

老酒市酤也臘月醞之用罌煨熟歷夏秋味全呼為老酒子由在循詩云老酒仍為頻開甕

景物下

玉香亭在郡治

仰止堂在郡治本綏帶堂近易名||

默化堂在郡治東坡在惠州時為循守周彥質命名大書其榜

水心閣在城廣福寺前鰲塘環遶前峯疊秀為循州登臨勝處

大中房唐會昌中有浮屠遊此山累年不顯名氏有詩載于後

清涼堂在龍川霍山巖竇清幽冷氣迫人

佳秀堂在郡治

連雲觀在郡圃

就日臺在郡

圖

滴水巖在龍川上有龕室可容數榻水滴錚然而鳴 搗藥石在龍川仙遊峯後上有石曰二嘗有搗聲 靈泉嶺在興甯縣東南四十里 龍川水裴氏廣州記云龍川本博羅之東鄉有龍穿地而出卽穴流泉因以爲號自贛州安遠縣界流入惠州河源縣 虎頭井在興甯縣西林寺有井旱投虎頭卽雨 白鹿洞卽白鹿山也 白鹿山在龍川縣東二十七里九域志云唐開元中有白鹿遊於此故名 白牛塔在龍川霍山仙遊殿峯之前旃檀佛像乘白牛至此化爲石 白鷗山在州北 黃牛漿在霍山大佛迹之傍自然泓澈照見毛髮 白雲洞在州北十八里五代史南唐遇賢據此造宮室聚衆十餘萬 白石巖在興甯縣東南十里夜嘗有光燭天 獅子臺在龍川石形孤峭狀如獅子 辟支堂其峯峭直如壁藤蘿蒙密仰視萬仞人莫能攀 神光山在興甯嘗騰焰獨大 仙樂石在龍川霍山有石可坐數十人每遇月夜或聞簫管之聲 書堂石僞漢國籍使狄昭嘗謂霍山有

丨丨丨三教聖賢並萃此山**經藏石**在龍川靈龕寺隋建經藏今有遺跡**鐘樓石**在龍川靈龕寺陳隋之間僧徒盛寺不能容散處巖穴樓植于此擊鐘以聚衆焉**石樓峯**在龍川霍山與大佛迹相亞勢若樓臺上有履迹**石井泉**在龍川其水清冷夏月食之令人凍齒**興寧水**在興寧縣東南三十七里自本縣石馬村疊岫流下丹陽水口合寧昌渡流入梅潮州元和郡縣志云去縣一百八十里不同**寧昌溪**在興寧縣西三十里溪上有三源一源自本縣隆歸里蚌湖神潭一源自漁產橋一源自太平村流及鳫池合流出梅潮州**揭陽山**輿地廣記在興寧縣**齊昌溪**在長樂舊縣南一百里有齊昌縣故名發源本縣羅翊里合丹陽水出梅潮州**遊仙峯**在龍川**羅浮山**東漢志博羅縣有丨丨丨自會稽浮往博羅山故曰博羅縣**博羅山**郡國志云循州有博羅山浮海而來博著羅山故名**崑崙山**在龍川與霍山相接**左別溪**寰宇記云在興寧縣**右別溪**寰宇記云在興寧縣並合流出梅潮至海**南林溪**在長

樂南一十里合左別溪入興甯縣合丹陽水入梅潮至海

宣黃山 輿地廣記在長樂縣

大萬嶺 在上長樂縣西四十五里有石池仙壇

大獨石峯 在霍山高千餘丈絕頂有石室深不可測

六石山 元和志在興甯縣西二里

水心寺 在州北二里嶅湖環繞

普安寺 余襄公寺記云掘地數尺有古石像七十餘軀亦精廬之故基也

古迹

龍川故城 元和志在河源縣東北水路百七十五里秦龍川縣也秦南海尉任囂疾召龍川令趙佗授之以政卽此處也今在州治西三十步又謂之古趙佗城

武婆城 在興甯西二里可容千人當五代擾攘寇盜猖獗而武婆者乃能糾合村落之衆屯堡自衛故基猶存婦人女子能爲烈丈夫事閭巷傳流數百載名不泯沒

故齊昌縣 舊經云在興甯縣東一百五十里南齊縣隸東莞郡隋省唐復立至貞觀元年省之

佛跡橋 在龍川東賈石嶺下石上有古佛跡

旃檀佛像

在龍川霍山三清鐵像在霍山遊仙殿內俗傳越王所鑄大獨石嶺在霍山絕頂大佛迹峯在霍山石上有神迹一十有四感應記云文殊遊戲之迹小佛迹峯去大佛跡峯五里翰林堂在興甯見羅公滌硯池下丞相嶺寰宇記云在興甯循廣二州分水嶺也唐常袞除潮州途經此嶺上人呼爲丨丨丨蘇陳堂在白雲橋西蘇黃門陳諫議謫居此邦隆興元年彭侯僖更台隱曰蘇陳像二公而祠之台隱堂舊在淨名寺今州學地也蘇黃門嘗往來其間比比其北還邦人思之名其堂曰台隱洗研池在翰林堂之傍昔泉清冷羅公嘗滌研于此三王廟在龍川北八十里霍山記感應傳云霍山有神號羅王魏王霍王曾經丈殊受記祭以蔬食僞劉時封國清公後封昌國祐化永淸王威惠廟朱翌威惠廟記云陳元光河東人家于漳之溪口唐儀鳳中廣之崖山盜起潮泉百應王以布衣乞兵遂平潮州以泉之雲霄爲漳浦命王爲左郎將守之後以戰沒漳人哭之慟在立祠于徑山有紀功碑靈應錄見于廟云韓侯祠天

慶觀西廡公諱京河東人以忠義起上黨帥衆數十萬破敵義士壯之朝廷授以高爵使總兵嶺南平大盜七十餘屯持軍有律所過秋毫無犯郡邑多肖像生祠守循十年大有功於民云

官吏

秦趙佗 西漢南粵王傳佗爲龍川令 **唐張錫** 唐詩紀事云張錫文宗之子也久視初爲宰相請還廬陵王不爲張易之所右流循州韋后臨朝爲相 **賈循州** 權載之有送賈循州序 **李義山** 文集中有謝循州刺史表 **牛僧孺** 本傳爲循州長史 **李翺** 字習之文集云元和四年翺知循州 **杜元穎** 唐詩紀事云元穎淹之孫也穆宗時爲宰相鎮蜀坐南詔之寇斥爲循州司馬 **李道古** 曹成王臯之子以先朝憲宗時道古在鄂州嘗信柳賁能不死藥薦之不効貶循州司馬事見韓文公墓誌 **梁悅** 富平人元和六年父爲秦果所殺悅殺仇詣縣請罪下尚書省議韓愈曰不許復讎則傷孝子之心許復讎則人將倚法專殺有詔以悅申冤請罪詣公門流循州見唐

書孝友傳 **陳諫** 嘗理臨封滿歲遷循州刺史元微之集 **元仁惠** 歷循州河源縣令張說集

克己爲政蠻貊化忠信之言 **本朝林積** 尤溪人慶歷中進士補循州判官強盜積詳覆得其實止黥三十人餘盡釋之忤部使者意初欲薦積遽已之積笑曰失一薦章而生全五十八人復何憾

陳次升 字當時仙遊人擢第神宗朝爲御史紹聖復爲御史論章子厚譴太輕及疏蔡京蔡卞罪又坐乞留陳瓘湔洗鄒浩得責循州後以星變放還初呂升卿爲廣南按察公奏曰陛下初欲保全元祐臣僚今乃欲殺之何耶上曰無殺之意公曰呂升卿爲廣南按察升卿乃惠卿之弟元祐中貶羅恐外臺按察嘗致仕家居太皇太后上升自眞州泛小舟隱姓名不七日至京師投匭上書其人資性慘刻善求人過失今將使指於元祐臣寮遷謫之地理無全者於是罷升卿廣南按察元城劉公曰當時有功元祐人爲多事見莆中人物志 **蘇轍** 在循州著龍川志 **巢谷** 眉山人也蘇軾責黃州□與谷同鄉從而識之因與之遊及軾與其弟轍在朝谷浮沈里中未嘗一見紹聖初軾轍謫嶺海平生親舊無復相

聞者谷獨慨然自眉山徒步訪兩蘇谷至梅州遺軾書曰我萬里步行見公不自意全今至不旬日必見死無恨矣轍喜曰玭非今世人古之人也既見握手相泣已而道平生逾月不厭時谷年七十三矣將復見軾於海南自循至新遂病死

韓絅紹興戊午任澧州推官上書論和議知州李紹祖得其副本繳納秦檜以動搖因是謫居循州到貶所為韓京窘全家死

韓京紹興十六年殿前司擢鋒軍統制兼知循州丨丨將所部會之詔進京一階久而未代秦檜慮其難制諭知廣州薛弼使圖之京迎見弼諭之京乞罷遂遣人衛京出嶺命張宵馳入戍所統其軍繫年錄

人物

羅孟郊五代時自南昌遷于興甯官至翰林學士有茆屋數間曰翰林堂旁有泉滙而為池號羅公滌硯池

韋思明唐詩紀事載李彙征客循州宿韋思明家思明年八十餘自稱野八與彙征談論至李涉詩酷稱善韋曰老身弱齡不肖浪游江湖為不平事後遇李涉擬陸士衡之薦戴若思中心藏

之遂隱羅浮經于一紀李既云亡不復再游秦楚反袂而歌云風雨蕭蕭江上村綠林豪客夜知聞他時不用相迴避世上如今半是君彙征會於韋叟之居覩李涉之手翰云

仙釋

藍喬 夷堅志云喬字子升相者謂有仙骨辭母之京師七年而歸出丹一粒黃金數斤遺曰兒去不歸矣吳子野遇于京師同登汴橋買瓜於水中啖之時有瓜皮浮出至夜吳往候之則已酣寢吳始知喬得道後遊洛陽飛昇吟曰下窺夫子不可及矯首相思空斷腸

訓禪師 龍川霍山有石室在

陳禪師 有石室在龍川霍山

碑記

唐威惠紀功碑 有靈應錄在本廟唐儀鳳中刻

白鹿石刻 白鹿山唐開元二十三年二白鹿出見於此山因以爲號時雷鄉縣令杜楚賓靳斯永記此石刻之文也後立于龍川縣治

張曲江遺筆興甯縣學二字乃曲江公書模自博羅有年矣霍山記國朝至和二年司法朱何作記云入書峯巒三百七十二如大佛迹峯志公樓峯仙殿前峯白牛塔峯大獨石峯皆峯之特秀者其靈勝如旃檀彌勒之像文殊印迹之所石白搗藥之聲浮邱鍊丹之竈靈迹之尤著其塔廟有答蒙靈龕之寺循陽志翁部序

詩

瘴海寄雙魚中宵達我居兩行燈下淚一紙嶺南書地說炎蒸極人稱老病餘殷勤報賈傅莫共酒杯疎盧綸夜中得循州趙司馬侍郎書因寄迴使

七千七百七十丈丈丈藤蘿入九天西土文殊曾印跡大中皇帝舊參禪月將河漢巡巖轉僧與龍蛇共穴眠直是畫工須閣筆更無

名畫入畱傳曹松不將直性染埃塵爲有煙霞伴此身
帶月長江好歸去博羅山下碧桃春高駢羅浮別業知君清
俸難多輟且覓黃精與療飢東坡昔我遷龍川不見平
生八傾囊買破屋風雨茈病身頎然一道士野鶴墮
雞羣飛鳴閭巷中稍與季子親子由贈廖有象尉佗城下兩
重陽白酒黃雞意自長子由太一峯前是我家滿床書
史盡生涯春深滯酒不歸去老却碧桃無限花藍仙海
嶠經行涉兩年藍輿觸熱道龍川只愁靑草黃茅瘴
敢意好風佳月天李綱深入循梅瘴癘鄉煙雲浮動日
蒼涼連年踏破嶠東土賴有仙翁肘後方李綱題黃土舖曉

登丞相嶺暮宿翰林堂李綱行盡天涯意未休循州過了到梅州平生不慣乘肥馬老去須敎遇瘦牛楊誠齋瘦牛嶺道俗驛闐亩不住羅浮山上有心期却愁仙處人難到別後音書寄與誰施肩吾別王鍊師往羅浮不知誰向交州去爲謝羅浮葛長官前人

四六

越井遺封尉佗舊壤李義山謝表龍川平海牛嶺參雲李義山謝表云云擧戶籍而雖有蠻夷考地志而尙無魑魅漢之名邦越之沃野地近魚鹽之饒士多江海之樂余靖白雲普安寺記

輿地紀勝卷第九十一